# 2021
# 의료급여법령집

MINISTRY OF HEALTH & WELFARE

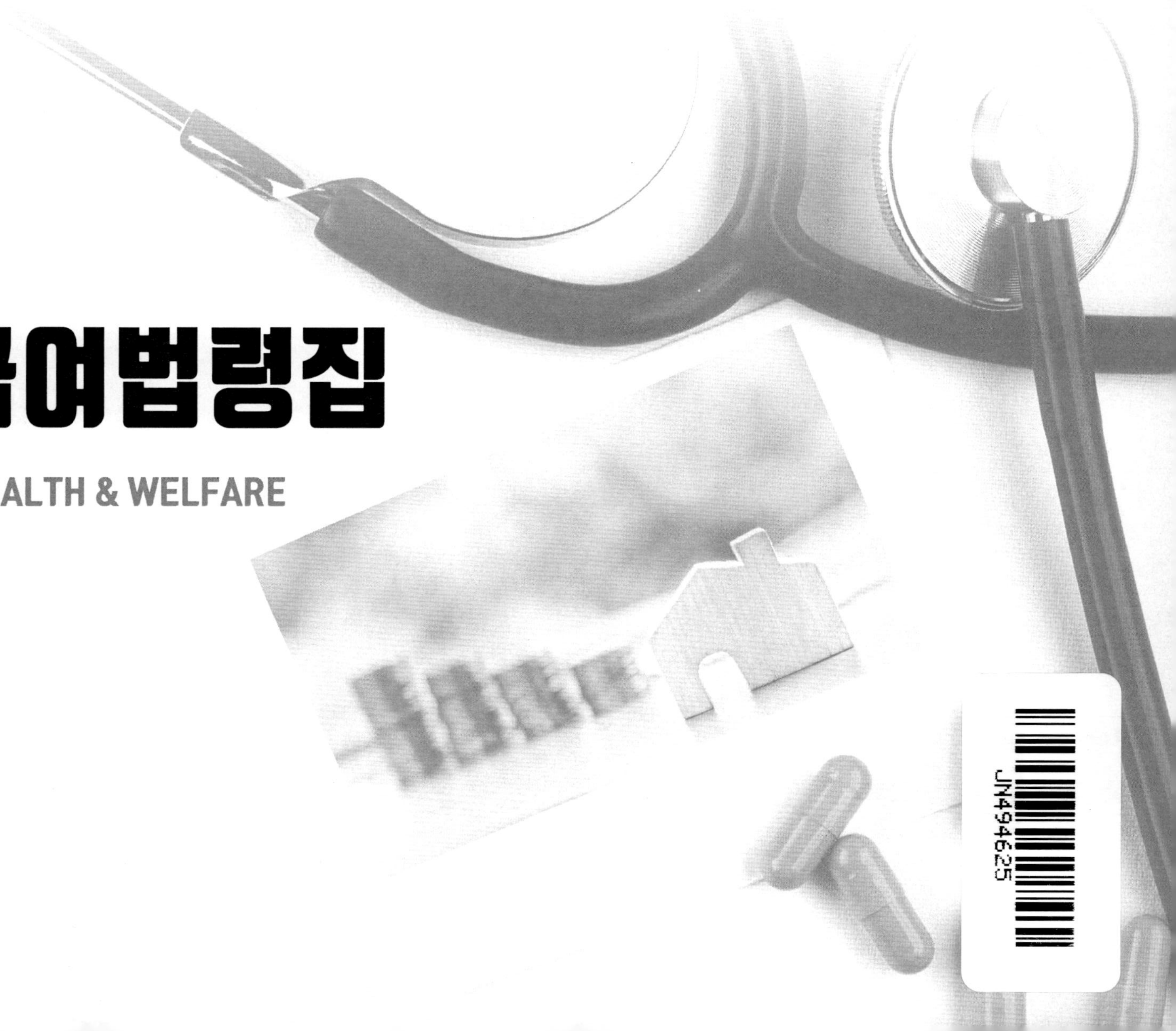

보건복지부

2021년 6월 29일 1판 1쇄 인쇄
2021년 6월 29일 1판 1쇄 발행

지 은 이 보건복지부 기초의료보장과
발 행 인 이헌숙
표 지 김학용
발 행 처 생각쉼표 & 주)휴먼컬처아리랑
경기 양평군 옥천면 용천로 37
전 화 070) 8866 – 2220
등록번호 제 2009 – 000008호
등록일자 2009년 12월 29일

www.휴먼컬처아리랑.kr
ISBN 979-11-6537-149-4

# 목 차 CONTENTS

# 의료급여법·시행령·시행규칙

# 목　　차

| 의 료 급 여 법 | 의료급여법 시행령 | 의료급여법 시행규칙 |
|---|---|---|
| 제 정 1977.12.31. 법률 제 3076호 | 제 정 1978. 5.23. 대통령령 제 9029호 | 제 정 1978. 9. 1. 보건사회부령 제606호 |
| 타법개정 1978.12. 6. 법률 제 3156호 | 일부개정 1978.12.30. 대통령령 제 9263호 | 일부개정 1980.12.12. 보건사회부령 제660호 |
| 타법개정 1989.12.30. 법률 제 4183호 | 일부개정 1980.11. 5. 대통령령 제10058호 | 일부개정 1982. 4.13. 보건사회부령 제700호 |
| 전부개정 1991. 3. 8. 법률 제 4353호 | 일부개정 1981.12.31. 대통령령 제10687호 | 일부개정 1982. 6.30. 보건사회부령 제708호 |
| 타법개정 1993. 3. 6. 법률 제 4541호 | 일부개정 1982. 6.30. 대통령령 제10856호 | 일부개정 1986. 1. 6. 보건사회부령 제778호 |
| 타법개정 1993. 6.11. 법률 제 4568호 | 일부개정 1985.12.31. 대통령령 제11832호 | 일부개정 1991. 1. 7. 보건사회부령 제861호 |
| 타법개정 1994.12.31. 법률 제 4856호 | 일부개정 1990.12.31. 대통령령 제13218호 | 전부개정 1991.10.10. 보건사회부령 제883호 |
| 일부개정 1995. 8. 4. 법률 제 4974호 | 전부개정 1991. 9. 6. 대통령령 제13461호 | 일부개정 1993.12.31. 보건사회부령 제923호 |
| 타법개정 1996.12.30. 법률 제 5225호 | 일부개정 1992.12.31. 대통령령 제13815호 | 일부개정 1997. 9. 1. 보건복지부령 제 55호 |
| 타법개정 1997. 1.13. 법률 제 5259호 | 일부개정 1993.12.31. 대통령령 제14067호 | 일부개정 1998. 6.30. 보건복지부령 제 68호 |
| 타법개정 1997. 1.13. 법률 제 5291호 | 타법개정 1994.12.23. 대통령령 제14446호 | 일부개정 1999.10. 2. 보건복지부령 제135호 |
| 타법개정 1997.12.13. 법률 제 5453호 | 일부개정 1995. 3. 4. 대통령령 제14546호 | 일부개정 2000. 9.30. 보건복지부령 제177호 |
| 타법개정 1999. 5.24. 법률 제 5982호 | 일부개정 1995.12.29. 대통령령 제14852호 | 전부개정 2001.10. 9. 보건복지부령 제202호 |
| 일부개정 1999. 2. 8. 법률 제 5853호 | 일부개정 1997. 2.19. 대통령령 제15279호 | 일부개정 2001.12.31. 보건복지부령 제206호 |
| 타법개정 1999. 3.31. 법률 제 5959호 | 타법개정 1997.12.31. 대통령령 제15598호 | 일부개정 2003. 1.24. 보건복지부령 제236호 |
| 타법개정 1999. 9. 7. 법률 제 6024호 | 일부개정 1998. 2.24. 대통령령 제15674호 | 일부개정 2003.12.31. 보건복지부령 제267호 |
| 전부개정 2001. 5.24. 법률 제 6474호 | 일부개정 1999. 6.30. 대통령령 제16425호 | 일부개정 2004. 7. 6. 보건복지부령 제288호 |
| 일부개정 2002.12. 5. 법률 제 6758호 | 일부개정 2000. 6.27. 대통령령 제16868호 | 일부개정 2004.12.31. 보건복지부령 제304호 |
| 일부개정 2003. 5.15. 법률 제 6875호 | 전부개정 2001. 9.29. 대통령령 제17379호 | 일부개정 2005. 6.29. 보건복지부령 제319호 |
| 일부개정 2004. 3. 5. 법률 제 7182호 | 일부개정 2003. 1. 2. 대통령령 제17878호 | 일부개정 2006. 4.13. 보건복지부령 제356호 |
| 타법개정 2005. 1.27. 법률 제 7347호 | 일부개정 2003.12.30. 대통령령 제18206호 | 일부개정 2007. 3.27. 보건복지부령 제390호 |
| 일부개정 2005.12.23. 법률 제 7736호 | 일부개정 2004. 6.29. 대통령령 제18460호 | 일부개정 2007. 3.27. 보건복지부령 제390호 |
| 일부개정 2006.10. 4. 법률 제 8036호 | 일부개정 2004.12.30. 대통령령 제18622호 | 일부개정 2007. 3.27. 보건복지부령 제390호 |
| 일부개정 2006.12.28. 법률 제 8114호 | 일부개정 2005. 7. 5. 대통령령 제18935호 | 타법개정 2007.12.28. 보건복지부령 제424호 |
| 타법개정 2007. 8. 3. 법률 제 8609호 | 일부개정 2005.11.11. 대통령령 제19129호 | 일부개정 2007.12.28. 보건복지부령 제427호 |
| 타법개정 2007.12.14. 법률 제 8694호 | 일부개정 2006. 2. 2. 대통령령 제19313호 | 일부개정 2008. 2.28. 보건복지부령 제441호 |
| 타법개정 2008. 2.29. 법률 제 8852호 | 일부개정 2006. 4.13. 대통령령 제19445호 | 타법개정 2008. 3. 3. 보건복지가족부령 제 1호 |
| 타법개정 2010. 1.18. 법률 제 9932호 | 일부개정 2007. 2.28. 대통령령 제19918호 | 일부개정 2008.11.26. 보건복지가족부령 제 75호 |
| 일부개정 2011. 3.30. 법률 제10514호 | 타법개정 2008. 2.29. 대통령령 제20679호 | 일부개정 2009.10.22. 보건복지가족부령 제136호 |

| 의 료 급 여 법 | 의료급여법 시행령 | 의료급여법 시행규칙 |
|---|---|---|
| 타법개정 2011. 6. 7. 법률 제10784호 | 일부개정 2008. 2.19. 대통령령 제20612호 | 일부개정 2010. 2.26. 보건복지가족부령 제165호 |
| 타법개정 2011. 6. 7. 법률 제10788호 | 일부개정 2009. 3.31. 대통령령 제21395호 | 타법개정 2010. 3.19. 보건복지부령 제 1호 |
| 타법개정 2011. 9.15. 법률 제11042호 | 일부개정 2009. 2. 6. 대통령령 제21313호 | 일부개정 2010. 9. 7. 보건복지부령 제 19호 |
| 타법개정 2011. 8. 4. 법률 제11007호 | 일부개정 2009.12.31. 대통령령 제21957호 | 일부개정 2010.12.15. 보건복지부령 제 29호 |
| 타법개정 2012. 2.10. 법률 제11298호 | 타법개정 2010. 3.15. 대통령령 제22075호 | 타법개정 2010.12.30. 보건복지부령 제 32호 |
| 일부개정 2013. 6.12. 법률 제11878호 | 일부개정 2010. 9.17. 대통령령 제22384호 | 일부개정 2011. 3.30. 보건복지부령 제 47호 |
| 일부개정 2014. 1.28. 법률 제12362호 | 타법개정 2012. 1. 6. 대통령령 제23488호 | 타법개정 2011. 4.15. 보건복지부령 제 51호 |
| 타법개정 2014.12.30. 법률 제12933호 | 일부개정 2012. 6. 7. 대통령령 제23844호 | 일부개정 2011. 7. 4. 보건복지부령 제 67호 |
| 타법개정 2015. 3.27. 법률 제13248호 | 타법개정 2012. 8.31. 대통령령 제24077호 | 일부개정 2012. 3.30. 보건복지부령 제117호 |
| 일부개정 2015.12.29. 법률 제13657호 | 타법개정 2013. 3.23. 대통령령 제24454호 | 일부개정 2012. 6.29. 보건복지부령 제133호 |
| 일부개정 2016. 2. 3. 법률 제14003호 | 일부개정 2013. 6.11. 대통령령 제24589호 | 타법개정 2012. 8.31. 보건복지부령 제157호 |
| 일부개정 2017. 3.21. 법률 제14697호 | 일부개정 2013. 9. 3. 대통령령 제24700호 | 일부개정 2012.11.21. 보건복지부령 제170호 |
| 일부개정 2019. 1.15. 법률 제16253호 | 일부개정 2013.12.11. 대통령령 제24995호 | 일부개정 2013. 7. 1. 보건복지부령 제201호 |
| 일부개정 2019. 4.23. 법률 제16374호 | 일부개정 2014. 7.16. 대통령령 제25477호 | 일부개정 2013. 9.13. 보건복지부령 제208호 |
| | 타법개정 2014.12. 9. 대통령령 제25840호 | 일부개정 2013.10. 1. 보건복지부령 제212호 |
| | 일부개정 2015. 6.30. 대통령령 제26365호 | 일부개정 2013.12.13. 보건복지부령 제226호 |
| | 일부개정 2015.10.29. 대통령령 제26606호 | 타법개정 2013.12.31. 보건복지부령 제228호 |
| | 타법개정 2015.12.31. 대통령령 제26844호 | 일부개정 2014.11.19. 보건복지부령 제269호 |
| | 일부개정 2016. 6.28. 대통령령 제27275호 | 타법개정 2015. 1. 5. 보건복지부령 제283호 |
| | 일부개정 2016.12.30. 대통령령 제27730호 | 일부개정 2015. 7. 1. 보건복지부령 제328호 |
| | 일부개정 2017. 3. 8. 대통령령 제27934호 | 일부개정 2015.10.30. 보건복지부령 제361호 |
| | 일부개정 2017. 9.29. 대통령령 제28349호 | 일부개정 2015.12.31. 보건복지부령 제385호 |
| | 일부개정 2017.12.29. 대통령령 제28550호 | 일부개정 2016. 6.29. 보건복지부령 제410호 |
| | 일부개정 2018. 1.23. 대통령령 제28603호 | 일부개정 2016.12.30. 보건복지부령 제459호 |
| | 일부개정 2018. 6.26. 대통령령 제29003호 | 타법개정 2017. 8. 4. 보건복지부령 제512호 |
| | 일부개정 2018.10.30. 대통령령 제29265호 | 일부개정 2017. 9.15. 보건복지부령 제520호 |
| | 일부개정 2018.12.24. 대통령령 제29410호 | 일부개정 2018. 8. 1. 보건복지부령 제586호 |
| | 일부개정 2019. 4. 2. 대통령령 제29676호 | 타법개정 2018.12.28. 보건복지부령 제606호 |
| | 일부개정 2019. 7. 2. 대통령령 제29945호 | 일부개정 2018.12.31. 보건복지부령 제605호 |

| 의 료 급 여 법 | 의료급여법 시행령 | 의료급여법 시행규칙 |
| --- | --- | --- |
| | 타법개정 2019. 7. 2. 대통령령 제29950호<br>일부개정 2019. 8.27. 대통령령 제30061호<br>일부개정 2019.10.22. 대통령령 제30144호<br>일부개정 2020. 6. 2. 대통령령 제30748호<br>일부개정 2020.10. 7. 대통령령 제31097호<br>타법개정 2020.12.29. 대통령령 제31337호 | 일부개정 2019. 7. 1. 보건복지부령 제649호<br>타법개정 2019. 9.27. 보건복지부령 제672호<br>일부개정 2019.10.24. 보건복지부령 제675호<br>일부개정 2019.11.19. 보건복지부령 제686호<br>타법개정 2019.12.20. 보건복지부령 제691호<br>일부개정 2019.12.31. 보건복지부령 제693호<br>일부개정 2020. 6.29. 보건복지부령 제739호<br>일부개정 2020.12.31. 보건복지부령 제775호 |
| **제1조(목적)** 이 법은 생활이 어려운 사람에게 의료급여를 함으로써 국민보건의 향상과 사회복지의 증진에 이바지함을 목적으로 한다.<br>[전문개정 2013. 6. 12.]<br><br>**제2조(정의)** 이 법에서 사용하는 용어의 뜻은 다음과 같다.<br>1. "수급권자"란 이 법에 따라 의료급여를 받을 수 있는 자격을 가진 사람을 말한다.<br>2. "의료급여기관"이란 수급권자에 대한 진료·조제 또는 투약 등을 담당하는 의료기관 및 약국 등을 말한다.<br>3. "부양의무자"란 수급권자를 부양할 책 | **제1조(목적)** 이 영은 「의료급여법」에서 위임된 사항과 그 시행에 관하여 필요한 사항을 규정함을 목적으로 한다. 〈개정 2005. 7. 5.〉 | **제1조(목적)** 이 규칙은 「의료급여법」 및 「의료급여법 시행령」에서 위임된 사항과 그 시행에 관하여 필요한 사항을 규정함을 목적으로 한다. 〈개정 2005. 6. 29.〉 |

| 의 료 급 여 법 | 의료급여법 시행령 | 의료급여법 시행규칙 |
|---|---|---|
| 임이 있는 사람으로서 수급권자의 1촌 직계혈족 및 그 배우자를 말한다.<br>[전문개정 2013. 6. 12.]<br><br>**제3조(수급권자)** ① 이 법에 따른 수급권자는 다음 각 호와 같다. 〈개정 2014. 12. 30., 2015. 3. 27.〉<br>1. 「국민기초생활 보장법」에 따른 의료급여 수급자<br>2. 「재해구호법」에 따른 이재민으로서 보건복지부장관이 의료급여가 필요하다고 인정한 사람<br>3. 「의사상자 등 예우 및 지원에 관한 법률」에 따라 의료급여를 받는 사람<br>4. 「입양특례법」에 따라 국내에 입양된 18세 미만의 아동<br>5. 「독립유공자예우에 관한 법률」, 「국가유공자 등 예우 및 지원에 관한 법률」 및 「보훈보상대상자 지원에 관한 법률」의 적용을 받고 있는 사람과 그 가족으로서 국가보훈처장이 의료급여가 필요 | | |

| 의 료 급 여 법 | 의료급여법 시행령 | 의료급여법 시행규칙 |
|---|---|---|
| 하다고 추천한 사람 중에서 보건복지부장관이 의료급여가 필요하다고 인정한 사람<br>6. 「무형문화재 보전 및 진흥에 관한 법률」에 따라 지정된 국가무형문화재의 보유자(명예보유자를 포함한다)와 그 가족으로서 문화재청장이 의료급여가 필요하다고 추천한 사람 중에서 보건복지부장관이 의료급여가 필요하다고 인정한 사람<br>7. 「북한이탈주민의 보호 및 정착지원에 관한 법률」의 적용을 받고 있는 사람과 그 가족으로서 보건복지부장관이 의료급여가 필요하다고 인정한 사람<br>8. 「5·18민주화운동 관련자 보상 등에 관한 법률」 제8조에 따라 보상금등을 받은 사람과 그 가족으로서 보건복지부장관이 의료급여가 필요하다고 인정한 사람<br>9. 「노숙인 등의 복지 및 자립지원에 관한 법률」에 따른 노숙인 등으로서 보건복지부장관이 의료급여가 필요하다고 인정한 사람 | | |

| 의 료 급 여 법 | 의료급여법 시행령 | 의료급여법 시행규칙 |
| --- | --- | --- |
| 10. 그 밖에 생활유지 능력이 없거나 생활이 어려운 사람으로서 대통령령으로 정하는 사람<br>② 제1항제2호 및 제5호부터 제9호까지의 규정에 따른 수급권자의 인정 기준 등에 관한 사항은 보건복지부장관이 정하는 바에 따른다. | **제2조(수급권자)** 「의료급여법」(이하 "법"이라 한다) 제3조제1항제10호에서 "대통령령으로 정하는 사람"이란 법 제3조제1항제1호부터 제9호까지의 규정에 해당하는 사람과 유사한 사람으로서 다음 각 호의 어느 하나에 해당하는 사람 중 보건복지부장관이 의료급여가 필요하다고 인정하는 사람을 말한다. 〈개정 2010. 3. 15., 2012. 6. 7., 2013. 12. 11.〉<br>1. 일정한 거소가 없는 사람으로서 경찰관서에서 무연고자로 확인된 사람<br>2. 그 밖에 보건복지부령으로 정하는 사람<br>[전문개정 2009. 2. 6.] | |
| ③ 제1항에 따른 수급권자에 대한 의료급여의 내용과 기준은 대통령령으로 정하는 바에 따라 구분하여 달리 정할 수 있다.<br>④ 제1항에 따른 수급권자에 대한 의료급여의 개시일 등에 관하여 필요한 사항은 대통령령으로 정한다.<br>[전문개정 2013. 6. 12.] | **제3조(수급권자의 구분)** ① 수급권자는 법 제3조제3항에 따라 1종수급권자와 2종수급권자로 구분한다. 〈개정 2015. 6. 30.〉<br>② 1종수급권자는 다음 각 호의 어느 하나에 해당하는 자로 한다. 〈개정 2003. 1. 2., 2003. 12. 30., 2004. 12. 30., 2005. 7. 5., 2008. 2. 19., 2008. 2. | |

| 의 료 급 여 법 | 의료급여법 시행령 | 의료급여법 시행규칙 |
| --- | --- | --- |
|  | 29., 2009. 2. 6., 2009. 12. 31., 2010. 3. 15., 2012. 6. 7., 2013. 9. 3., 2016. 6. 28.〉<br>1. 법 제3조제1항제1호에 따른 「국민기초생활 보장법」에 의한 수급자중 다음 각 목의 어느 하나에 해당하는 자<br>가. 다음 각 항목의 어느 하나에 해당하는 자 또는 근로능력이 없거나 근로가 곤란하다고 인정하여 보건복지부장관이 정하는 자만으로 구성된 세대의 구성원<br>(1) 18세 미만인 자<br>(2) 65세 이상인 자<br>(3) 「장애인고용촉진 및 직업재활법」 제2조제2호에 해당하는 중증장애인<br>(4) 「국민기초생활 보장법 시행령」 제7조제1항제2호에 해당하는 자<br>(5) 임신 중에 있거나 분만 후 6개월 미만의 여자<br>(6) 「병역법」에 의한 병역의무를 이행중인 자 |  |

| 의 료 급 여 법 | 의료급여법 시행령 | 의료급여법 시행규칙 |
|---|---|---|
| | 나. 「국민기초생활 보장법」 제32조에 따른 보장시설에서 급여를 받고 있는 자<br>다. 삭제 〈2016. 6. 28.〉<br>라. 보건복지부장관이 정하여 고시하는 결핵질환, 희귀난치성질환 또는 중증질환을 가진 사람<br>2. 법 제3조제1항제2호부터 제9호까지의 규정에 해당하는 자<br>3. 제2조제1호에 해당하는 수급권자<br>4. 제2조제2호에 해당하는 자로서 보건복지부장관이 1종의료급여가 필요하다고 인정하는 자<br>③ 2종수급권자는 다음 각 호의 어느 하나에 해당하는 자로 한다. 〈개정 2003. 12. 30., 2004. 12. 30., 2008. 2. 19., 2008. 2. 29., 2009. 2. 6., 2010. 3. 15.〉<br>1. 법 제3조제1항제1호의 규정에 해당하는 자중 제2항제1호에 해당하지 아니하는 자<br>2. 삭제 〈2009. 2. 6.〉 | |

| 의료급여법 | 의료급여법 시행령 | 의료급여법 시행규칙 |
| --- | --- | --- |
|  | 3. 제2조제2호에 해당하는 자로서 보건복지부장관이 2종의료급여가 필요하다고 인정하는 자<br><br>**제4조** 삭제 〈2013. 12. 11.〉<br><br>**제5조** 삭제 〈2013. 12. 11.〉<br><br>**제6조(의료급여의 개시일)** 수급권자에 대한 의료급여는 법 제3조제1항제1호의 「국민기초생활 보장법」에 따른 수급자가 되거나 법 제3조의3제5항에 따라 수급권자로 인정된 날부터 개시한다. 다만, 제2조제1호의 규정에 해당하는 무연고자는 행정기관이 응급진료를 받게 한 날부터, 법 제3조제1항제3호의 규정에 해당하는 의상자 또는 의사자의 유족은 의상자 또는 의사자가 다른 사람의 생명·신체 또는 재산을 구하다가 신체의 부상을 입거나 사망한 날부터 개시한다. 〈개정 2004. 6. 29., 2013. 12. 11.〉 |  |

| 의 료 급 여 법 | 의료급여법 시행령 | 의료급여법 시행규칙 |
| --- | --- | --- |
| **제3조의2(난민에 대한 특례)** 「난민법」에 따른 난민인정자로서 「국민기초생활 보장법」 제12조의3제2항에 따른 의료급여 수급권자의 범위에 해당하는 사람은 수급권자로 본다. 〈개정 2014. 12. 30.〉<br>[전문개정 2013. 6. 12.] | | |
| **제3조의3(수급권자의 인정 절차 등)** ① 제3조제1항제2호부터 제10호까지의 수급권자가 되려는 사람은 보건복지부령으로 정하는 바에 따라 특별자치시장·특별자치도지사·시장(특별자치도의 행정시장은 제외한다)·군수·구청장(구청장은 자치구의 구청장을 말하며, 이하 "시장·군수·구청장"이라 한다)에게 수급권자 인정 신청을 하여야 한다.<br>② 시장·군수·구청장은 제1항에 따른 신청인을 수급권자로 인정하는 것이 타당한지를 확인하기 위하여 필요한 경우 그 신청인에게 「국민기초생활 보장법」 제21조제3항 각 호에 따른 자료 또는 정보의 제 | | **제1조의2(수급권자의 인정 신청)** ① 「의료급여법」(이하 "법"이라 한다) 제3조의3제1항 또는 제16조에 따라 수급권자 인정 신청 또는 의료급여의 변경 신청을 하려는 사람은 제2조의2에 따른 의료급여(변경) 신청서에 다음 각 호의 서류를 첨부하여 거주지를 관할하는 특별자치시장·특별자치도지사·시장(특별자치도의 행정시장은 제외한다)·군수·구청장(구청장은 자치구의 구청장을 말하며, 이하 "시장·군수·구청장"이라 한다)에게 제출하여야 한다. 다만, 법 제3조제1항제2호부터 제4호까지 또는 같은 항 제8호부터 제10호까지의 규정에 해당하는 경우에는 제1호의 서류만 |

| 의 료 급 여 법 | 의료급여법 시행령 | 의료급여법 시행규칙 |
| --- | --- | --- |
| 공에 동의한다는 서면을 제출하게 할 수 있다.<br>③ 제1항의 신청에 따른 조사, 확인조사, 금융정보 등의 제공 등에 관하여는 「국민기초생활 보장법」 제22조, 제23조 및 제23조의2를 준용한다. | | 첨부할 수 있다.<br>1. 법 제3조제1항제2호부터 제10호까지에서 규정된 법령의 적용 대상자임을 증명할 수 있는 서류<br>2. 제2조의2에 따른 소득·재산 신고서 및 임대차계약서 등 소득·재산상태를 확인할 수 있는 서류로서 보건복지부장관이 정하여 고시하는 서류<br>3. 제2조의2에 따른 「국민기초생활 보장법」 제21조제3항 각 호의 자료 또는 정보의 제공 동의서 |
| ④ 국가보훈처장과 문화재청장은 대통령령으로 정하는 바에 따라 제3조제1항제5호 및 제6호의 수급권자로 인정할 필요가 있는 사람을 추천하여 그 결과를 수급권자의 주소지를 관할하는 시장·군수·구청장에게 알려야 한다. 이 경우 제3조제1항제5호 및 제6호의 수급권자가 되려는 사람이 제1항에 따른 수급권자 인정 신청을 한 것으로 본다.<br>⑤ 시장·군수·구청장은 제1항 및 제4항에 | **제6조의2(수급권자의 추천 등)** ① 법 제3조의3제4항에 따라 국가보훈처장 또는 문화재청장의 추천을 받으려는 사람은 보건복지부령으로 정하는 추천 신청서에 보건복지부령으로 정하는 서류(전자문서를 포함한다. 이하 같다)를 첨부하여 국가보훈처장 또는 문화재청장에게 추천 신청을 하여야 한다.<br>② 제1항에 따른 추천 신청을 받은 국가보훈처장과 문화재청장은 해당 신청자의 | ② 법 제3조의3제4항 및 「의료급여법 시행령」(이하 "영"이라 한다) 제6조의2에 따라 국가보훈처장 또는 문화재청장의 추천을 받으려는 사람은 제2조의2에 따른 추천 신청서에 제1항제2호 및 제3호의 서류를 첨부하여 국가보훈처장 또는 문화재청장에게 제출하여야 한다.<br>[본조신설 2013. 12. 13.] |

| 의 료 급 여 법 | 의료급여법 시행령 | 의료급여법 시행규칙 |
|---|---|---|
| 따라 인정 신청을 한 사람(제3조제1항제3호 및 제4호에 해당하는 사람은 제외한다) 중에서 제3조제2항에 따른 수급권자의 인정 기준에 따라 수급권자를 정하여야 한다.<br>⑥ 제1항부터 제5항까지에서 규정한 사항 외에 수급권자의 인정 절차 등에 관하여 필요한 사항은 대통령령으로 정한다.<br>[본조신설 2013. 6. 12.] | 가족(국가보훈처장과 문화재청장이 해당 신청자와 함께 의료급여를 받을 필요가 있다고 인정하여 정하는 범위의 가족을 말하며, 이하 "가족"이라 한다)에 대하여 다음 각 호의 요건을 충족하는지를 확인하여야 한다.<br>1. 법 제3조제1항제5호 또는 제6호에 따른 법률의 적용 대상자가 1명 이상 있을 것<br>2. 가족 전원이 제6항에 따른 추천 기준을 충족할 것<br>③ 국가보훈처장과 문화재청장은 제2항 각 호의 요건을 모두 충족하는 신청자와 그 가족을 해당 신청자의 주소지를 관할하는 특별자치시장·특별자치도지사·시장(특별자치도의 행정시장은 제외한다)·군수·구청장(구청장은 자치구의 구청장을 말하며, 이하 "시장·군수·구청장"이라 한다)에게 법 제3조제1항제5호 또는 제6호에 따른 수급권자로 인정할 필요가 있는 사람(이하 "의료급여 인정 대상자"라 한다)으로 추천하여야 한다. | |

| 의 료 급 여 법 | 의료급여법 시행령 | 의료급여법 시행규칙 |
| --- | --- | --- |
|  | ④ 국가보훈처장과 문화재청장은 제3항에 따라 의료급여 인정 대상자를 추천하는 경우 추천 신청자로부터 제출받은 제1항의 서류를 함께 제출하여야 한다.<br>⑤ 제3항에 따라 의료급여 인정 대상자를 추천받은 시장·군수·구청장은 수급권자 인정 여부와 수급권자로 인정하는 경우 의료급여의 내용을 결정하고 그 결정 내용을 서면(전자문서를 포함한다)으로 해당 추천 기관에 알려야 한다.<br>⑥ 국가보훈처장과 문화재청장은 의료급여 인정 대상자의 추천 기준을 매년 9월 30일까지 보건복지부장관에게 통보하여야 한다.<br>⑦ 제1항부터 제6항까지에서 규정한 사항 외에 의료급여 인정 대상자 추천에 관한 사항은 보건복지부장관이 따로 정한다.<br>[본조신설 2013. 12. 11.]<br><br>**제6조의3(수급권자에 관한 사항의 통보)** 시장·군수·구청장은 다음 각 호의 사유가 발생 | **제2조(수급권자의 자격 통보)** 영 제6조의3에 따라 「국민건강보험법」 제13조에 따른 국 |

| 의 료 급 여 법 | 의료급여법 시행령 | 의료급여법 시행규칙 |
| --- | --- | --- |
| | 한 경우에는 지체 없이 보건복지부령으로 정하는 바에 따라 해당 수급권자와 「국민건강보험법」 제13조에 따른 국민건강보험공단(이하 "보험공단"이라 한다)에 그 사실을 통보하여야 한다.<br>1. 법 제3조제1항제1호의 「국민기초생활보장법」에 따른 수급자가 된 사람이 있거나 법 제3조의3제5항에 따른 수급권자 인정을 한 경우<br>2. 수급권자가 법 제3조제1항에 따른 수급권자의 요건에 해당하지 아니하게 된 경우<br>3. 법 제16조에 따라 수급권자에 대한 의료급여의 내용 등을 변경한 경우<br>4. 법 제17조에 따라 수급권자에 대한 의료급여를 중지한 경우<br>[본조신설 2013. 12. 11.] | 민건강보험공단(이하 "공단"이라 한다)에 통보하는 서식은 다음 각 호의 구분에 따른다. <개정 2005. 6. 29., 2013. 12. 13.><br>1. 영 제6조의3제1호의 사유가 발생한 경우: 별지 제1호서식의 수급권자자격취득통보서<br>2. 영 제6조의3제2호 또는 제4호의 사유가 발생한 경우: 별지 제2호서식의 수급권자자격상실통보서<br>3. 영 제6조의3제3호의 사유가 발생한 경우: 별지 제1호서식의 수급권자자격취득통보서, 별지 제2호서식의 수급권자자격상실통보서 및 별지 제9호서식의 의료급여증기재사항변경통보서<br><br>**제2조의2(서식)** 제1조의2제1항 각 호 외의 부분에 따른 의료급여(변경)신청서, 같은 항 제2호에 따른 소득·재산신고서, 같은 |

| 의 료 급 여 법 | 의료급여법 시행령 | 의료급여법 시행규칙 |
| --- | --- | --- |
| **제4조(적용 배제)** ① 수급권자가 업무 또는 공무로 생긴 질병·부상·재해로 다른 법령에 따른 급여나 보상(報償) 또는 보상(補償)을 받게 되는 경우에는 이 법에 따른 의료급여를 하지 아니한다. 〈개정 2017. 3. 21.〉<br>② 수급권자가 다른 법령에 따라 국가나 지방자치단체 등으로부터 의료급여에 상당하는 급여 또는 비용을 받게 되는 경우에는 그 한도에서 이 법에 따른 의료급여를 하지 아니한다. 〈신설 2017. 3. 21.〉<br>[전문개정 2013. 6. 12.] |  | 항 제3호에 따른 자료 또는 정보의 제공 동의서, 같은 조 제2항에 따른 추천 신청서 및 영 제6조의3에 따른 수급권자에 대한 통보 서식은 보건복지부장관이 정하여 고시하는 공통서식에 따른다.<br>[본조신설 2013. 12. 13.]<br>[종전 제2조의2는 제2조의3으로 이동 〈2013. 12. 13.〉] |

| 의 료 급 여 법 | 의료급여법 시행령 | 의료급여법 시행규칙 |
|---|---|---|
| **제5조(보장기관)** ① 이 법에 따른 의료급여에 관한 업무는 수급권자의 거주지를 관할하는 특별시장·광역시장·도지사와 시장·군수·구청장이 한다.<br>② 제1항에도 불구하고 주거가 일정하지 아니한 수급권자에 대한 의료급여 업무는 그가 실제 거주하는 지역을 관할하는 시장·군수·구청장이 한다.<br>③ 특별시장·광역시장·도지사 및 시장·군수·구청장은 수급권자의 건강 유지 및 증진을 위하여 필요한 사업을 실시하여야 한다.<br>[전문개정 2013. 6. 12.] | | |
| **제5조의2(사례관리)** ① 보건복지부장관, 특별시장·광역시장·도지사 및 시장·군수·구청장은 수급권자의 건강관리 능력 향상 및 합리적 의료이용 유도 등을 위하여 사례관리를 실시할 수 있다.<br>② 제1항에 따른 사례관리를 실시하기 위하여 특별시·광역시·특별자치시·도·특별 | | **제2조의3(의료급여 관리사의 자격 등)** ① 법 제5조의2제2항에 따른 의료급여 관리사 |

| 의 료 급 여 법 | 의료급여법 시행령 | 의료급여법 시행규칙 |
|---|---|---|
| 자치도(이하 "시·도"라 한다) 및 시(특별자치도의 행정시를 제외한다. 이하 같다)·군·구(자치구를 말한다. 이하 같다)에 의료급여 관리사를 둔다. | | (이하 "의료급여 관리사"라 한다)는 「의료법」 제2조에 따른 의료인으로서 같은 법 제3조에 따른 의료기관에서 2년 이상 근무한 경력을 가진 사람으로 한다. 〈개정 2013. 12. 13.〉<br>② 의료급여 관리사는 다음 각 호의 구분에 따라 해당 인원을 배치하되, 보장기관의 수급권자 수, 수급권자의 질환 정도 등을 고려하여 보건복지부장관이 정한 기준에 따라 더 배치할 수 있다. 〈개정 2013. 12. 13.〉<br>1. 특별시·광역시·특별자치시·도·특별자치도(이하 "시·도"라 한다): 1명, 다만, 관할 시·군·구의 수가 15개를 초과하는 경우 1명을 더 배치할 수 있다.<br>2. 시(특별자치도의 행정시를 제외한다. 이하 같다)·군·구(자치구를 말한다. 이하 같다): 1명<br>③ 의료급여 관리사의 업무는 다음 각 호와 같다.<br>1. 수급권자의 건강관리 능력 향상을 위한 교육 및 상담 |

| 의 료 급 여 법 | 의료급여법 시행령 | 의료급여법 시행규칙 |
| --- | --- | --- |
| | | 2. 의료급여제도 안내 및 의료기관 이용 상담<br>3. 의사의 의료와 보건지도 및 약사의 복약지도에 대한 수급권자의 이행여부 모니터링 등 요양방법의 지도<br>4. 수급권자와 보장시설 등 보건복지자원과의 연계<br>5. 그 밖의 의료급여 관리에 필요한 사항으로서 보건복지부장관이 정하는 사항<br>④ 보건복지부장관 또는 특별시장·특별자치시장·광역시장·도지사·특별자치도지사(이하 "시·도지사"라 한다)는 의료급여 관리사에 대하여 교육훈련을 실시하여야 한다. 이 경우 교육훈련 시간은 연간 12시간 이상으로 한다. 〈개정 2019. 7. 1.〉<br>⑤ 제4항에 따라 교육훈련을 실시하는 기관, 교육기간, 교육방법 및 내용 등에 관하여 필요한 사항은 보건복지부장관이 정한다.<br>[본조신설 2012. 11. 21.]<br>[제2조의2에서 이동, 종전 제2조의3은 제2조의4로 이동 〈2013. 12. 13.〉] |

| 의 료 급 여 법 | 의료급여법 시행령 | 의료급여법 시행규칙 |
|---|---|---|
| ③ 보건복지부장관은 제1항에 따른 사례관리 사업의 전문적인 지원을 위하여 해당 업무를 공공 또는 민간 기관·단체 등에 위탁하여 실시할 수 있다.<br>④ 제2항에 따른 의료급여 관리사의 자격·배치기준 등 운영에 관한 사항과 제3항에 따른 사례관리 사업의 지원 업무 위탁 실시 등에 필요한 사항은 보건복지부령으로 정한다.<br>[전문개정 2013. 6. 12.] | | **제2조의4(사례관리사업 지원 업무의 위탁)** 보건복지부장관이 법 제5조의2제3항에 따라 사례관리사업 지원업무를 위탁하는 공공 또는 민간 기관·단체 등은 다음 각 호와 같다. 〈개정 2013. 12. 13.〉<br>1. 정부가 설립·운영비용의 일부를 출연한 법인<br>2. 공단 및 건강보험심사평가원(이하 "심사평가원"이라 한다)<br>3. 수급권자에 대한 사례관리 및 의료급여 관리사의 업무 등에 관한 전문적인 능력을 갖춘 법인<br>[본조신설 2012. 11. 21.]<br>[제2조의3에서 이동 〈2013. 12. 13.〉] |
| **제6조(의료급여심의위원회)** ① 이 법에 따른 의료급여사업의 실시에 관한 사항을 심의하기 위하여 보건복지부, 시·도 및 시·군·구에 각각 의료급여심의위원회를 둔다. 다만, 시·도 및 시·군·구에 두는 의료급여심의위원회의 경우에는 그 기능을 담당하기 | **제7조(위원회의 구성 및 기능)** ① 법 제6조에 따라 특별시·광역시·특별자치시·도·특별자치도(이하 "시·도"라 한다)에 두는 의료급여심의위원회는 위원장 및 부위원장 각 1명을 포함한 7명 이하의 위원으로 성별을 고려하여 구성하고, 시(특별자치도의 | |

| 의 료 급 여 법 | 의료급여법 시행령 | 의료급여법 시행규칙 |
| --- | --- | --- |
| 에 적합한 다른 위원회가 있고 그 위원회의 위원이 제4항에 규정된 자격을 갖춘 경우 시·도 또는 시·군·구의 조례로 각각 정하는 바에 따라 그 위원회로 하여금 의료급여심의위원회의 기능을 수행하게 할 수 있다.<br>② 보건복지부에 두는 의료급여심의위원회(이하 "중앙의료급여심의위원회"라 한다)는 다음 각 호의 사항을 심의한다.<br>1. 의료급여사업의 기본방향 및 대책 수립에 관한 사항<br>2. 의료급여의 기준 및 수가에 관한 사항<br>3. 그 밖에 보건복지부장관 또는 위원장이 부의하는 사항<br>③ 중앙의료급여심의위원회는 위원장을 포함하여 15명 이내의 위원으로 구성하고 위원은 보건복지부장관이 다음 각 호의 어느 하나에 해당하는 사람 중에서 위촉·지명하며 위원장은 보건복지부차관으로 한다. 〈개정 2017. 3. 21.〉<br>1. 공익을 대표하는 사람(의료보장에 관한 | 행정시는 제외한다. 이하 같다)·군·구(자치구를 말한다. 이하 같다)에 두는 의료급여심의위원회는 위원장 및 부위원장 각 1명을 포함한 5명 이하의 위원으로 성별을 고려하여 구성한다. 〈개정 2013. 12. 11.〉<br>② 시·도에 두는 의료급여심의위원회는 다음 각 호의 사항을 심의한다. 〈개정 2013. 12. 11., 2014. 7. 16.〉<br>1. 법 제25조의 규정에 의한 의료급여기금(이하 "기금"이라 한다)의 관리·운영에 관한 주요사항<br>2. 시·군·구의 의료급여사업의 조정에 관한 사항<br>3. 그 밖에 의료급여사업과 관련하여 특별시장·광역시장·특별자치시장·도지사·특별자치도지사(이하 "시·도지사"라 한다)가 필요하다고 인정하여 회의에 부치는 사항<br>③ 시·군·구에 두는 의료급여심의위원회는 다음 각 호의 사항을 심의한다. 〈개정 2003. 1. 2., 2013. 12. 11.〉 | |

| 의 료 급 여 법 | 의료급여법 시행령 | 의료급여법 시행규칙 |
|---|---|---|
| 전문가로서 대학의 조교수 이상인 사람 또는 연구기관의 연구원으로 재직 중인 사람)<br>2. 의약계를 대표하는 사람 및 사회복지계를 대표하는 사람 | 1. 법 제24조에 따른 대지급금 및 부당이득금 등의 결손처분에 관한 사항<br>2. 의료급여일수의 연장승인에 관한 사항<br>3. 그밖에 의료급여사업과 관련하여 시장·군수·구청장이 필요하다고 인정하여 회의에 부치는 사항 | |
| 3. 관계 행정기관 소속의 3급 이상 공무원<br>④ 제1항에 따른 시·도 및 시·군·구 의료급여심의위원회의 위원은 특별시장·광역시장·도지사 또는 시장·군수·구청장이 다음 각 호의 어느 하나에 해당하는 사람 중에서 위촉·지명하며 위원장은 해당 특별시장·광역시장·도지사 또는 시장·군수·구청장으로 한다. 다만, 제1항 단서에 따라 다른 위원회가 의료급여심의위원회의 기능을 대신하는 경우 위원장은 조례로 정한다.<br>1. 의료보장에 관한 학식과 경험이 있는 사람<br>2. 공익을 대표하는 사람<br>3. 관계 행정기관 소속의 공무원 | **제8조(위원의 임기와 직무)** ① 보건복지부, 시·도 및 시·군·구에 두는 의료급여심의위원회(이하 "각 위원회"라 한다) 위원의 임기는 3년으로 하되, 연임할 수 있다. 다만, 법 제6조제3항제3호 또는 법 제6조제4항제3호의 규정에 의한 공무원인 위원의 임기는 해당 직에 재직하는 기간으로 한다. 〈개정 2008. 2. 29., 2010. 3. 15.〉<br>② 각 위원회의 위원장은 해당 위원회를 대표하며, 그 위원회의 사무를 통할한다.<br>③ 각 위원회의 부위원장은 위원장을 보좌하며, 위원장이 부득이한 사유로 직무를 수행할 수 없는 때에는 그 직무를 대행한다. | |

| 의 료 급 여 법 | 의료급여법 시행령 | 의료급여법 시행규칙 |
|---|---|---|
| ⑤ 제1항에 따른 의료급여심의위원회는 심의와 관련하여 필요한 경우 제5조에 따른 보장기관에 대하여 그 소속 공무원의 출석이나 자료의 제출을 요청할 수 있다. 이 경우 해당 보장기관은 정당한 사유가 없는 한 이에 응하여야 한다.<br>⑥ 보건복지부와 시·도 및 시·군·구에 두는 의료급여심의위원회의 기능과 각 의료급여심의위원회의 구성·운영 등에 관하여 필요한 사항은 대통령령으로 정한다.<br>[전문개정 2013. 6. 12.] | **제8조의2(각 위원회 위원의 해촉 등)** 보건복지부장관, 시·도지사 또는 시장·군수·구청장은 법 제6조제3항 각 호 또는 같은 조 제4항 각 호에 따른 각 위원회의 위원이 다음 각 호의 어느 하나에 해당하는 경우에는 해당 위원을 해촉(解囑)하거나 지명을 철회할 수 있다.<br>1. 심신장애로 인하여 직무를 수행할 수 없게 된 경우<br>2. 직무와 관련된 비위사실이 있는 경우<br>3. 직무태만, 품위손상이나 그 밖의 사유로 인하여 위원으로 적합하지 아니하다고 인정되는 경우<br>4. 위원 스스로 직무를 수행하는 것이 곤란하다고 의사를 밝히는 경우<br>[본조신설 2015. 12. 31.]<br><br>**제9조(위원회의 회의 등)** ① 각 위원회의 위원장은 해당 위원회의 회의를 소집하고, 그 의장이 된다.<br>② 각 위원회의 회의는 해당 위원회를 두 | |

| 의 료 급 여 법 | 의료급여법 시행령 | 의료급여법 시행규칙 |
|---|---|---|
|  | 는 기관의 장 또는 재적위원 3분의 1 이상의 회의소집 요청이 있거나 위원장이 필요하다고 인정하는 때에 소집한다.<br>③ 각 위원회의 회의는 재적위원 과반수의 출석으로 개의하고, 출석위원 과반수의 찬성으로 의결한다. |  |
|  | **제10조(수당 등)** 각 위원회의 회의에 출석한 위원에 대하여는 예산의 범위 안에서 수당과 여비를 지급할 수 있다. 다만, 공무원인 위원이 그 소관업무와 직접 관련되어 출석하는 경우에는 그러하지 아니하다. |  |
|  | **제11조(운영세칙)** 이 영에 규정한 것외에 각 위원회의 운영에 관하여 필요한 사항은 해당 위원회의 의결을 거쳐 위원장이 정한다. |  |
|  |  | **제3조(의료급여의 절차)** ① 수급권자가 의료급여를 받으려는 경우에는 법 제9조제2항제1호에 따른 제1차의료급여기관(이하 |

| 의 료 급 여 법 | 의료급여법 시행령 | 의료급여법 시행규칙 |
| --- | --- | --- |
| | | "제1차의료급여기관"이라 한다)에 의료급여를 신청해야 한다. 다만, 다음 각 호 중 제1호부터 제8호까지의 어느 하나에 해당하는 경우에는 같은 항 제2호 또는 제3호에 따른 제2차의료급여기관(이하 "제2차의료급여기관"이라 한다) 또는 제3차의료급여기관(이하 "제3차의료급여기관"이라 한다)에 의료급여를 신청할 수 있고, 제9호부터 제14호까지의 어느 하나에 해당하는 경우에는 제2차의료급여기관에 의료급여를 신청할 수 있다. 〈개정 2003. 12. 31., 2005. 6. 29., 2007. 3. 27., 2008. 2. 28., 2008. 3. 3., 2009. 10. 22., 2010. 3. 19., 2010. 12. 30., 2012. 11. 21., 2013. 9. 13., 2013. 12. 13., 2015. 10. 30., 2016. 6. 29., 2019. 7. 1., 2019. 10. 24., 2020. 12. 31.〉<br>1. 「응급의료에 관한 법률」 제2조제1호에 해당하는 응급환자인 경우<br>2. 분만의 경우<br>3. 영 제3조제2항제1호라목에 따라 보건 |

| 의 료 급 여 법 | 의료급여법 시행령 | 의료급여법 시행규칙 |
| --- | --- | --- |
| | | 복지부장관이 정하여 고시하는 결핵질환, 희귀난치성질환 또는 중증질환을 가진 사람이 의료급여를 받으려는 경우<br>4. 제2차의료급여기관 또는 제3차의료급여기관에서 근무하는 수급권자가 그 근무하는 의료급여기관에서 의료급여를 받으려는 경우<br>5. 「장애인복지법」 제32조에 따라 등록한 장애인이 「장애인·노인 등을 위한 보조기기 지원 및 활용촉진에 관한 법률」 제3조제2호에 따른 보조기기를 지급받으려는 경우<br>6. 「장애인복지법」 제32조에 따라 등록한 장애인이 「구강보건법」 제15조의2에 따른 장애인구강진료센터에서 의료급여를 받으려는 경우<br>7. 감염병의 확산 등 긴급한 사유가 있어 보건복지부장관이 정하여 고시하는 기준에 따라 의료급여를 받으려는 경우<br>8. 「건강검진기본법」에 따른 국가건강검진을 받은 사람이 보건복지부장관이 정 |

| 의 료 급 여 법 | 의료급여법 시행령 | 의료급여법 시행규칙 |
|---|---|---|
| | | 하여 고시하는 결핵질환의 확진검사에 대하여 의료급여를 받으려는 경우<br>9. 단순물리치료가 아닌 작업치료·운동치료 등의 재활치료가 필요하다고 인정되는 사람이 재활의학과에서 의료급여를 받으려는 경우<br>10. 한센병환자가 의료급여를 받으려는 경우<br>11. 「장애인복지법」 제32조에 따라 등록한 장애인이 의료급여를 받으려는 경우(제6호의 경우는 제외한다)<br>12. 「국민건강보험법 시행령」 제45조제1호에 해당하는 지역의 의료급여수급권자가 의료급여를 받으려는 경우<br>13. 「국가유공자 등 예우 및 지원에 관한 법률 시행령」 제14조 또는 「보훈보상대상자 지원에 관한 법률 시행령」제8조에 따른 상이등급을 받은 사람이 의료급여를 받으려는 경우<br>14. 15세 이하의 아동이 의료급여를 받으려는 경우<br>② 제1항에도 불구하고 법 제3조제1항제 |

| 의 료 급 여 법 | 의료급여법 시행령 | 의료급여법 시행규칙 |
|---|---|---|
| | | 9호에 따른 노숙인 등(법 제3조제1항제1호에 해당하는 사람은 제외하며, 이하 "노숙인 등"이라 한다)인 수급권자는 「노숙인 등의 복지 및 자립지원에 관한 법률」 제16조제1항제6호에 따른 노숙인진료시설(이하 "노숙인진료시설"이라 한다)인 제1차의료급여기관 또는 제2차의료급여기관에 의료급여를 신청하여야 한다. 다만, 다음 각 호의 어느 하나에 해당하는 경우에는 노숙인진료시설이 아닌 제1차의료급여기관, 제2차의료급여기관 및 제3차의료급여기관에 의료급여를 신청할 수 있다. 〈신설 2012. 6. 29.〉<br>1. 노숙인 등이 「응급의료에 관한 법률」 제2조제1호에 해당하는 응급환자인 경우<br>2. 노숙인 등이 분만하는 경우<br>③ 제1항 및 제2항에 따른 의료급여 신청을 받은 의료급여기관은 진찰 결과 또는 진료 중에 다른 의료급여기관의 진료가 필요하다고 판단하는 경우에는 진료담당 의사의 진료의견을 기재한 별지 제3호서 |

| 의 료 급 여 법 | 의료급여법 시행령 | 의료급여법 시행규칙 |
| --- | --- | --- |
| | | 식의 의료급여의뢰서를 수급권자 또는 그 보호자에게 발급하여야 한다. 이 경우 진료를 의뢰할 수 있는 다른 의료급여기관의 범위는 다음 각 호의 구분에 따른다. 〈개정 2010. 2. 26., 2012. 6. 29.〉<br>1. 제1차의료급여기관이 의료급여 신청을 받은 경우: 제2차의료급여기관에 의뢰. 다만, 제2항에 따라 의료급여 신청을 받은 제1차의료급여기관은 노숙인진료시설인 제2차의료급여기관에 의뢰하여야 한다.<br>2. 제2차의료급여기관이 의료급여 신청을 받은 경우: 다른 제2차의료급여기관 또는 제3차의료급여기관에 의뢰. 다만, 제2항에 따라 의료급여 신청을 받은 2차의료급여기관은 제3차의료급여기관 또는 다른 노숙인진료시설인 제2차의료급여기관에 의뢰하여야 한다.<br>3. 제3차의료급여기관이 의료급여 신청을 받은 경우: 다른 제3차의료급여기관에 의뢰<br>④ 제3항에 따라 의료급여의뢰서를 발급받은 수급권자는 발급받은 날부터 7일(공 |

| 의 료 급 여 법 | 의료급여법 시행령 | 의료급여법 시행규칙 |
|---|---|---|
| | | 휴일을 제외한다. 이하 같다) 이내에 제2차의료급여기관 또는 제3차의료급여기관에 이를 제출하여야 한다. 이 경우 의료급여의뢰서를 발급받은 날부터 7일 이내에 진료를 예약하고 진료를 받는 때에 의료급여의뢰서를 제출하는 경우에는 예약접수일을 의료급여의뢰서 제출일로 본다. 〈개정 2012. 6. 29.〉<br>⑤ 제3항에 따라 의료급여를 의뢰받은 의료급여기관은 수급권자의 상태가 호전되는 때에는 별지 제4호서식의 의료급여회송서를 수급권자에게 발급하여 의료급여를 의뢰한 의료급여기관이나 다음 각 호의 구분에 따른 적절한 다른 의료급여기관으로 수급권자를 회송할 수 있다. 〈개정 2012. 6. 29.〉<br>1. 의뢰받은 의료급여기관이 제3차의료급여기관인 경우: 제2차의료급여기관 또는 제1차의료급여기관에 회송. 이 경우 수급권자가 노숙인 등일 때에는 노숙인진료시설인 의료급여기관에 회송하여야 한다. |

| 의 료 급 여 법 | 의료급여법 시행령 | 의료급여법 시행규칙 |
|---|---|---|
| | | 2. 의뢰받은 의료급여기관이 제2차의료급여기관인 경우: 제1차의료급여기관에 회송. 이 경우 수급권자가 노숙인 등일 때에는 노숙인진료시설인 의료급여기관에 회송하여야 한다.<br>⑥ 제3항 및 제5항에 따라 의료급여를 의뢰하거나 수급권자를 회송하는 의료급여기관은 수급권자의 동의를 받아 진료기록의 사본 등 의료급여에 관한 자료를 의료급여를 의뢰받거나 수급권자를 회송받는 의료급여기관에 제공해야 한다. 〈개정 2012. 6. 29., 2020. 6. 29.〉<br>⑦ 심사평가원은 의료급여의 의뢰 및 수급권자의 회송이 효율적으로 이루어질 수 있도록 진료 의뢰·회송 중계시스템을 설치하여 운영할 수 있다. 〈신설 2020. 6. 29.〉<br>⑧ 제1항부터 제7항까지에서 규정한 사항 외에 의료급여의 의뢰, 수급권자의 회송, 진료 의뢰·회송 중계시스템의 운영 방법 등에 필요한 사항은 보건복지부장관이 정하여 고시한다. 〈신설 2020. 6. 29.〉 |

| 의 료 급 여 법 | 의료급여법 시행령 | 의료급여법 시행규칙 |
|---|---|---|
| | | **제4조(요양병원 입원진료 현황의 고지)** ① 보건복지부장관은 「의료법」 제3조제2항제3호라목에 따른 요양병원(「정신건강증진 및 정신질환자 복지서비스 지원에 관한 법률」 제3조제5호에 따른 정신의료기관 중 정신병원인 요양병원 및 「장애인복지법」 제58조제1항제4호에 따른 의료재활시설로서 「의료법」 제3조의2의 요건을 갖춘 의료기관인 요양병원은 제외한다. 이하 이 조에서 같다)의 장에게 해당 요양병원에서 입원진료를 받는 수급권자의 입원·퇴원 일시 등 입원진료 현황을 공단에 알리도록 요구할 수 있다.<br>② 제1항에 따른 입원진료 현황의 내용, 고지 방법 및 절차 등에 관한 구체적인 사항은 보건복지부장관이 정하여 고시한다.<br>[본조신설 2019. 11. 19.]<br><br>**제5조** 삭제 〈2013. 12. 13.〉<br><br>**제6조(의료급여의 적용기준 및 방법)** ① 의료 |

| 의 료 급 여 법 | 의료급여법 시행령 | 의료급여법 시행규칙 |
|---|---|---|
| | | 급여의 적용기준 및 방법은 「국민건강보험 요양급여의 기준에 관한 규칙」 제5조제2항부터 제4항까지 및 별표 1(제2호나목은 제외한다)에 따른다. 〈개정 2020. 6. 29.〉<br>② 「국민건강보험법」 제5조에 따른 건강보험 가입자 또는 피부양자에서 의료급여수급권자로 자격이 변동된 자에 대하여 제1항에 따른 기준을 적용하는 때에는 의료급여의 기간 또는 인정개수 등을 정하고 있는 행위·약제 및 치료재료에 대한 건강보험의 요양급여 내용과 의료급여의 수급내용을 연계하여 적용한다.<br>[전문개정 2008. 2. 28.]<br><br>**제7조(의료급여비용계산서의 발급 및 보존)** ① 의료급여기관이 의료급여를 행한 경우(본인부담금이 없는 경우를 포함한다)에는 수급권자에게 의료급여비용계산서를 발급하여야 한다.이 경우 의료급여비용계산서의 서식은 「국민건강보험 요양급여의 기준에 관한 규칙」 제7조제1항의 규정에 의한 계 |

| 의 료 급 여 법 | 의료급여법 시행령 | 의료급여법 시행규칙 |
|---|---|---|
| | | 산서에 의한다. 〈개정 2005. 6. 29.〉<br>② 의료급여기관은 수급권자가 제1항의 규정에 의한 계산서에 대하여 세부산정내역을 요구하는 경우에는 이를 제공하여야 한다. |
| **제7조(의료급여의 내용 등)** ① 이 법에 따른 수급권자의 질병·부상·출산 등에 대한 의료급여의 내용은 다음 각 호와 같다.<br>1. 진찰·검사<br>2. 약제(藥劑)·치료재료의 지급<br>3. 처치·수술과 그 밖의 치료<br>4. 예방·재활<br>5. 입원<br>6. 간호<br>7. 이송과 그 밖의 의료목적 달성을 위한 조치<br>② 제1항에 따른 의료급여의 방법·절차· | | **제8조(의료급여의 범위 등)** ① 법 제7조에 따른 의료급여의 범위(이하 "의료급여대상"이라 한다)는 다음 각 호와 같다. 〈개정 2007. 3. 27., 2020. 6. 29.〉<br>1. 법 제7조제1항 각 호의 의료급여(약제를 제외한다) : 제9조에 따른 비급여대상을 제외한 일체의 것<br>2. 법 제7조제1항제2호의 의료급여(약제로 한정한다) : 「국민건강보험 요양급여의 기준에 관한 규칙」 제11조의2, 제12조 및 제13조에 따라 요양급여대상으로 결정 또는 조정되어 고시된 것<br>3. 법 제7조제1항제7호에 따른 그 밖의 의료목적 달성을 위한 조치: 법 제5조제3항에 따라 특별시장·광역시장·도지사 |

| 의 료 급 여 법 | 의료급여법 시행령 | 의료급여법 시행규칙 |
|---|---|---|
| 범위·한도 등 의료급여의 기준에 관하여는 보건복지부령으로 정하고, 의료수가기준과 그 계산방법 등에 관하여는 보건복지부장관이 정한다. | | 및 시장·군수·구청장이 수급권자의 건강 유지 및 증진을 위하여 실시하는 사업으로서 보건복지부장관이 정하여 고시한 것<br>② 「국민건강보험 요양급여의 기준에 관한 규칙」 제8조제2항 및 제4항은 의료급여대상에 관하여 이를 준용한다. 〈개정 2005. 6. 29., 2007. 12. 28.〉<br><br>**제8조의2(임신·출산 진료비의 지원)** ① 시장·군수·구청장은 임신 중이거나 출산(유산 또는 사산을 포함한다. 이하 같다)한 수급권자가 보건복지부장관이 정하여 고시하는 기준에 해당하는 의료급여기관에서 받는 임신 및 출산과 관련된 진료(출산 전후 산모와 그 산모의 1세 미만인 자녀의 건강관리와 관련된 진료를 포함한다)에 드는 비용과 임신 및 출산과 관련하여 처방된 약제·치료재료(출산 전후 산모와 그 산모의 1세 미만 자녀의 건강관리와 관련하여 처방된 약제·치료재료를 포함한다)의 구 |

| 의 료 급 여 법 | 의료급여법 시행령 | 의료급여법 시행규칙 |
| --- | --- | --- |
| | | 입에 드는 비용(이하 이 조에서 "임신·출산 진료비"라 한다)을 지원하되, 그 지급액은 다음 각 호의 구분에 따른 금액의 범위에서 임신 중이거나 출산한 수급권자 본인이 부담하는 금액으로 한다. 다만, 보건복지부장관이 필요하다고 인정하여 고시하는 경우에는 다음 각 호의 상한을 초과하여 지원할 수 있다. 〈개정 2010. 2. 26., 2010. 3. 19., 2010. 9. 7., 2011. 3. 30., 2012. 3. 30., 2012. 6. 29., 2016. 6. 29., 2016. 12. 30., 2017. 9. 15., 2018. 12. 31., 2020. 6. 29.〉<br>1. 하나의 태아를 임신·출산한 경우: 60만원<br>2. 둘 이상의 태아를 임신·출산한 경우: 100만원<br>② 임신·출산 진료비는 제8조제1항에 따른 의료급여대상 외에 제9조에 따른 비급여대상에도 사용할 수 있다. 〈개정 2010. 2. 26.〉<br>③ 제1항 및 제2항에서 규정한 사항 외에 |

| 의 료 급 여 법 | 의료급여법 시행령 | 의료급여법 시행규칙 |
|---|---|---|
| | | 임신·출산 진료비의 신청과 지급 및 그 사용 등에 필요한 사항은 보건복지부장관이 정하여 고시한다. 〈개정 2010. 2. 26., 2010. 3. 19.〉<br>[본조신설 2008. 11. 26.]<br>[제목개정 2010. 2. 26.]<br>[종전 제8조의2는 제8조의3으로 이동 〈2008. 11. 26.〉]<br><br>**제8조의3(의료급여일수의 상한)** ① 수급권자가 의료급여기금의 부담으로 의료급여를 받을 수 있는 일수(이하 "상한일수"라 한다)는 다음 각 호에 정하는 바에 따른다. 다만, 인체면역결핍증바이러스 질환자에 대해서는 상한일수를 제한하지 않는다. 〈개정 2007. 3. 27., 2008. 2. 28., 2008. 3. 3., 2010. 3. 19., 2013. 9. 13., 2014. 11. 19., 2016. 6. 29., 2020. 12. 31.〉<br>1. 영 제3조제2항제1호라목에 따라 보건복지부장관이 정하여 고시하는 결핵질 |

| 의 료 급 여 법 | 의료급여법 시행령 | 의료급여법 시행규칙 |
|---|---|---|
| | | 환, 희귀난치성질환 및 중증질환 : 각 질환별로 연간 365일(윤년의 경우 366일로 한다. 이하 같다)<br>2. 정신 및 행동장애 등 보건복지부장관이 정하여 고시하는 질환 : 각 질환별로 연간 380일<br>3. 제1호 및 제2호 외의 질환 : 모든 질환의 의료급여 일수를 합하여 연간 400일<br>② 제1항 본문에도 불구하고 수급권자가 장기간 입원 또는 복합적인 투약 등으로 불가피하게 의료급여를 받아야 할 사유가 발생한 경우에는 보건복지부장관이 정하는 기준에 따라 시장·군수·구청장의 승인을 얻어 상한일수를 초과하여 의료급여를 받을 수 있다. 다만, 제1항제2호 및 제3호에 따른 질환의 경우 시장·군수·구청장은 법 제6조에 따른 시·군·구 의료급여심의위원회의 심의를 거쳐야 한다. 〈개정 2003. 1. 24., 2003. 12. 31., 2007. 3. 27., 2008. 3. 3., 2010. 3. 19., 2016. 12. 30., 2020. 12. 31.〉 |

| 의 료 급 여 법 | 의료급여법 시행령 | 의료급여법 시행규칙 |
|---|---|---|
| | | ③ 시장·군수·구청장은 제2항에 따라 상한일수를 초과하여 의료급여를 받으려는 사람 중 중복투약으로 인하여 건강상 위해가 발생할 우려가 있는 사람으로서 보건복지부장관이 정하여 고시하는 기준에 해당하는 사람에 대해서는 의료급여를 받을 수 있는 의료급여기관의 선택 범위를 다음 연도 말일까지 제한하는 것을 조건으로 승인할 수 있다. 〈신설 2007. 3. 27., 2008. 3. 3., 2010. 2. 26., 2010. 3. 19., 2020. 12. 31.〉<br>④ 제3항에 따라 수급권자가 선택할 수 있는 의료급여기관(이하 "선택의료급여기관"이라 한다)의 범위 및 절차 등은 별표 1과 같다. 〈신설 2007. 3. 27.〉<br>⑤ 제3항에 해당하지 아니하는 수급권자라 하더라도 의료급여기관을 선택하여 이용할 것을 시장·군수·구청장에게 신청하는 경우에는 별표 1에 정하는 기준에 따라 선택의료급여기관을 선택하여 이용하게 할 수 있다. 〈신설 2007. 3. 27., |

| 의 료 급 여 법 | 의료급여법 시행령 | 의료급여법 시행규칙 |
| --- | --- | --- |
| | | 2010. 2. 26.〉<br>⑥ 영 별표 1 제3호다목에서 "보건복지부령으로 정하는 상한일수"란 제1항에 따른 상한일수를 말하고, 같은 목에서 "보건복지부령으로 정하는 승인"이란 제2항 및 제3항에 따른 승인을 말한다. 〈신설 2018. 12. 31.〉<br>[본조신설 2001. 12. 31.]<br>[제8조의2에서 이동, 종전 제8조의3은 제8조의4로 이동 〈2008. 11. 26.〉]<br><br>**제8조의4(의료급여일수의 산정방법 등)** ① 의료급여일수(이하 "급여일수"라 한다)는 매년 1월 1일부터 12월 31일까지의 입원일수, 투약일수, 투약없이 외래로 의료급여를 받는 경우의 급여일수 및 제4호의 규정에 의한 경구약제만을 투여받는 경우의 급여일수를 합하여 산정한다. 다만, 다음 각호의 일수를 제외한다. 〈개정 2005. 6. 29., 2007. 3. 27., 2008. 2. 28., 2008. 3. 3., 2010. 3. 19.〉 |

| 의 료 급 여 법 | 의료급여법 시행령 | 의료급여법 시행규칙 |
|---|---|---|
| | | 1. 입원중 입원한 의료급여기관에서 투약받는 경우 그 입원기간중의 투약일수<br>2. 동일 처방에 의하여 원내투약과 원외투약이 동시에 이루어지는 경우 중복되는 투약일수<br>3. 삭제 〈2008. 2. 28.〉<br>4. 혈액투석 또는 복막투석을 받고 있는 만성신부전증환자와 장기이식을 받은 환자가 「국민건강보험 요양급여의 기준에 관한 규칙」 제5조제2항에 따라 보건복지부장관이 정하여 고시하는 필수적인 경구약제를 투여받는 경우 그 투약일수<br>② 급여일수는 의료급여를 받는 날짜의 순서에 따라 산정한다.<br>[본조신설 2001. 12. 31.]<br>[제8조의3에서 이동, 종전 제8조의4는 제8조의5로 이동 〈2008. 11. 26.〉]<br><br>**제8조의5(급여일수의 통보 등)** ① 공단은 급여일수가 180일 이상이 되는 수급권자가 있는 경우에는 다음 각 호의 사항을 그 수 |

| 의료급여법 | 의료급여법 시행령 | 의료급여법 시행규칙 |
|---|---|---|
| | | 급권자 및 해당 시장·군수·구청장에게 해당 연도 6월 30일까지 통보해야 한다. 다만, 급여일수가 300일 이상이 되는 수급권자의 경우에는 매월 1회 이상 통보해야 한다. 〈개정 2003. 1. 24., 2005. 6. 29., 2007. 3. 27., 2012. 8. 31., 2012. 11. 21., 2018. 12. 31.〉<br>1. 해당 연도 1월 1일부터 통보일까지의 급여일수<br>2. 상한일수를 초과하여 의료급여를 받으면서 제8조의3제2항 및 제3항에 따른 승인을 얻지 않은 경우에 수급권자가 부담해야 하는 의료급여비용<br>② 수급권자 또는 시장·군수·구청장은 급여일수에 대한 의료급여내역의 확인을 공단에 요청할 수 있다. 이 경우 공단은 의료급여내역별 급여일수를 지체없이 확인해 주어야 한다. 〈개정 2007. 3. 27.〉<br>③ 수급권자가 상한일수를 초과하여 의료급여를 받아 공단이 그 초과하는 일수에 해당하는 비용을 의료급여기관에 지급한 |

| 의 료 급 여 법 | 의료급여법 시행령 | 의료급여법 시행규칙 |
|---|---|---|
| | | 경우에는 공단은 그 내역을 해당 시장·군수·구청장에게 통보하여야 하며, 시장·군수·구청장은 그 통보된 내역에 따라 초과되는 일수에 해당하는 금액을 수급권자로부터 징수하여야 한다.<br>[본조신설 2001. 12. 31.]<br>[제8조의4에서 이동 〈2008. 11. 26.〉]<br><br>**제8조의6(동일성분 의약품의 중복처방·조제 제한)** 제8조의3제1항 각 호에 따른 상한일수 이내이거나 같은 조 제2항에 따라 상한일수 초과승인을 받더라도, 수급권자가 둘 이상의 의료급여기관을 방문하여 동일한 상병(傷病)으로 동일성분 의약품을 처방·조제 받을 수 있는 급여일수는 6개월 동안 215일 미만으로 한다. 이 경우 급여일수의 산정방법과 통보 및 동일 상병의 판단기준 등에 관하여 필요한 사항은 보건복지부장관이 정하여 고시한다. 〈개정 2010. 3. 19.〉<br>[본조신설 2010. 2. 26.] |

| 의 료 급 여 법 | 의료급여법 시행령 | 의료급여법 시행규칙 |
|---|---|---|
| ③ 보건복지부장관은 제2항에 따라 의료급여의 기준을 정할 때에는 업무 또는 일상생활에 지장이 없는 질환 등 보건복지부령으로 정하는 사항은 의료급여 대상에서 제외할 수 있다.<br>[전문개정 2013. 6. 12.] | | **제9조(비급여대상)** 법 제7조제3항의 규정에 의하여 의료급여대상에서 제외되는 사항(이하 "비급여대상"이라 한다)은 「국민건강보험 요양급여의 기준에 관한 규칙」 별표 2에 규정된 비급여대상으로 한다. 〈개정 2005. 6. 29., 2007. 3. 27.〉<br><br>**제10조(신의료기술등에 대한 결정 및 조정 등)** ① 의료급여대상 또는 비급여대상으로 결정되지 아니한 새로운 행위 및 치료재료(이하 "신의료기술등"이라 한다)에 대한 의료급여대상 및 비급여대상 여부(이하 "의료급여대상여부"라 한다)의 결정은 「국민건강보험 요양급여의 기준에 관한 규칙」 제9조의2, 제10조, 제11조, 제12조, 제13조제1항 및 제3항, 제14조에 따른다. 〈개정 2001. 12. 31., 2005. 6. 29., 2007. 3. 27., 2015. 10. 23.〉<br>② 보건복지부장관은 의료급여기관이 정당한 사유없이 신의료기술등에 대하여 「국민건강보험 요양급여의 기준에 관한 |

| 의 료 급 여 법 | 의료급여법 시행령 | 의료급여법 시행규칙 |
| --- | --- | --- |
| | | 규칙」 제10조제1항의 규정에 위반하여 의료급여대상여부의 결정을 신청하지 아니하고 수급권자에게 실시 또는 사용한 후 그 비용을 부담시킨 신의료기술등이 의료급여대상으로 확인된 경우에는 법 제28조제1항제1호의 규정에 의하여 그 의료급여기관의 업무정지를 명하거나 법 제29조제1항의 규정에 의하여 과징금처분을 하여야 한다. 〈개정 2001. 12. 31., 2005. 6. 29., 2008. 3. 3., 2010. 3. 19.〉<br><br>**제10조의2(약제의 의료급여 결정 및 조정 등)** 「국민건강보험 요양급여의 기준에 관한 규칙」 제8조제2항에 따른 급여목록표에 요양급여대상으로 고시되지 아니한 새로운 약제에 대한 의료급여대상여부의 결정 및 조정은 동 규칙 제10조의2, 제11조의2, 제12조, 제13조제2항 및 제4항, 제14조에 따른다.<br>[본조신설 2007. 3. 27.] |

| 의 료 급 여 법 | 의료급여법 시행령 | 의료급여법 시행규칙 |
|---|---|---|
| | | **제11조(서류의 보존)** ① 의료급여기관이 법 제11조의2제1항에 따라 5년간 보존하여야 하는 서류는 다음 각 호와 같다. 〈개정 2006. 4. 13.〉<br>1. 제7조제1항의 규정에 의한 의료급여비용계산서부본 또는 별지 제5호서식의 본인부담금수납대장<br>2. 제20조의 규정에 의한 의료급여비용심사청구서 및 의료급여비용명세서<br>3. 약제 및 치료재료 그밖에 의료급여 구성요소의 구입에 관한 서류<br>4. 개인별 투약기록<br>5. 그밖에 간호관리등급료의 산정자료 등 급여비용의 산정에 필요한 서류 및 이를 증명하는 서류<br>6. 제1호 내지 제5호의 서류를 전산기록장치에 의하여 디스켓·마그네틱 테이프 등 자기매체에 저장하고 있는 경우에는 동 자료<br>② 제22조의 규정에 의하여 전자문서교환방식에 의한 경우에는 제1항제2호의 서류에 |

| 의 료 급 여 법 | 의료급여법 시행령 | 의료급여법 시행규칙 |
|---|---|---|
| | | 갈음하여 전자문서로 이를 보존할 수 있다.<br>③ 법 제11조의2제2항에서 "보건복지부령이 정하는 의료급여기관"이라 함은 「약사법」에 따라 등록된 약국을 말한다. 〈신설 2006. 4. 13., 2008. 3. 3., 2010. 3. 19.〉 |
| **제8조(의료급여증)** ① 시장·군수·구청장은 수급권자에게 의료급여증을 발급하여야 한다. 다만, 부득이한 사유가 있는 경우에는 의료급여증을 갈음하여 의료급여증명서를 발급하거나 보건복지부령으로 정하는 바에 따라 의료급여증을 발급하지 아니할 수 있다.<br>② 수급권자가 의료급여를 받을 때에는 제1항의 의료급여증 또는 의료급여증명서를 제9조제1항에 따른 의료급여기관(이하 "의료급여기관"이라 한다)에 제출하여야 한다. 다만, 천재지변이나 그 밖의 부득이한 사유가 있으면 그러하지 아니하다. | | **제12조(의료급여증의 발급)** ① 시장·군수·구청장은 법 제3조제1항제1호 또는 법 제3조의3제5항에 따라 수급권자가 된 사람에게 지체 없이 법 제8조제1항에 따라 별지 제6호서식의 의료급여증을 발급하여야 한다. 다만, 부득이한 사유로 의료급여증을 발급할 수 없는 경우에는 별지 제7호서식의 의료급여증명서를 발급하여 의료급여증이 발급될 때까지 사용하게 하여야 한다.<br>② 제1항에도 불구하고 법 제3조제1항제4호 또는 같은 항 제10호에 따른 수급권자에게는 법 제8조제1항 단서에 따라 의료급여증을 발급하지 아니할 수 있다.<br>③ 수급권자가 수학·보육 등의 사유로 의료급여증을 추가로 발급받거나 의료급여 |

| 의 료 급 여 법 | 의료급여법 시행령 | 의료급여법 시행규칙 |
| --- | --- | --- |
| | | 증의 분실, 기재사항 변경 등의 사유로 의료급여증을 재발급받으려면 별지 제8호서식의 의료급여증(추가발급·재발급) 신청서에 추가 또는 재발급 신청 사유를 증명하는 서류를 첨부하여 시장·군수·구청장에게 제출하고, 시장·군수·구청장은 그 사유를 확인하여 의료급여증을 수급권자에게 추가로 발급하거나 재발급하여야 한다.<br>④ 시장·군수·구청장은 법 제16조에 따라 의료급여의 내용이 변경된 수급권자에 대해서는 의료급여증을 회수하고, 변경된 내용에 맞는 새로운 의료급여증을 지체 없이 발급하여야 한다.<br>⑤ 제1항부터 제4항까지에서 규정한 사항 외에 의료급여증 발급에 관한 사항은 보건복지부장관이 정한다.<br>[전문개정 2013. 12. 13.]<br><br>**제13조(의료급여증의 사용)** ① 수급권자가 의료급여를 신청할 때에는 의료급여증, 의료급여증명서 또는 제14조에 따른 신분증명 |

| 의 료 급 여 법 | 의료급여법 시행령 | 의료급여법 시행규칙 |
|---|---|---|
| | | 서(이하 이 조에서 "의료급여증등"이라 한다)를 의료급여기관에 제출하여야 한다. 다만, 수급권자가 의식불명 등의 사유로 의료급여증등을 제출하지 못한 경우에는 그 사유가 없어진 날부터 7일 이내에 의료급여증등을 제출할 수 있다.<br>② 의료급여기관이 제1항에 따라 의료급여증등을 제출받은 때에는 정보통신망을 통하여 본인 여부를 확인하여야 한다. 다만, 정보통신망의 고장 등 부득이한 사유로 인하여 해당 수급권자의 자격을 확인할 수 없는 경우 수급권자 또는 의료급여기관은 시장·군수·구청장에게 수급권자의 자격 확인을 요청할 수 있으며, 요청을 받은 시장·군수·구청장은 해당 수급권자가 자격이 있는지를 확인하여 지체 없이 팩스를 통하여 제12조제1항 단서에 따른 의료급여증명서를 송부하거나 유선을 통하여 해당 수급권자 또는 의료급여기관에 알려야 한다. 〈개정 2019. 9. 27.〉<br>③ 수급권자는 의료급여증을 다른 사람에 |

| 의 료 급 여 법 | 의료급여법 시행령 | 의료급여법 시행규칙 |
| --- | --- | --- |
|  |  | 게 넘겨주거나 빌려주어서는 아니 된다.<br>[전문개정 2013. 12. 13.] |
| ③ 수급권자는 제2항 본문에도 불구하고 주민등록증, 운전면허증, 여권, 그 밖에 본인 여부를 확인할 수 있는 보건복지부령으로 정하는 신분증명서(이하 "신분증명서"라 한다)로 의료급여기관이 그 자격을 확인할 수 있으면 의료급여증 또는 의료급여증명서를 제출하지 아니할 수 있다.<br>④ 제1항에 따른 의료급여증 및 의료급여증명서의 서식과 그 사용 등에 필요한 사항은 보건복지부령으로 정한다.<br>[전문개정 2013. 6. 12.] |  | **제14조(의료급여증을 대체하는 신분증명서)** 법 제8조제3항에서 "보건복지부령으로 정하는 신분증명서"란 다음 각 호의 증명서 또는 서류를 말한다. 이 경우 그 증명서 또는 서류에 유효기간이 적혀 있는 경우에는 그 유효기간이 지나지 아니하여야 한다.<br>1. 행정기관이나 공공기관이 발행한 증명서로서 사진이 붙어 있어 본인임을 확인할 수 있는 공무원증, 국가유공자증, 장애인등록증, 외국인등록증, 국가기술자격증, 그 밖에 신분을 확인할 수 있는 증명서<br>2. 행정기관이나 공공기관이 기록·관리하는 서류로서 사진이 붙어 있어 본인을 확인할 수 있는 서류<br>[전문개정 2013. 12. 13.]<br><br>**제15조(의료급여증의 반납 및 회수)** ① 수급권자는 다음 각호의 1에 해당하는 사유가 |

| 의 료 급 여 법 | 의료급여법 시행령 | 의료급여법 시행규칙 |
|---|---|---|
| | | 생긴 때에는 시장·군수·구청장에게 의료급여증을 지체없이 반납하여야 한다.<br>1. 의료급여증을 잃어버려 재발급을 받은 자가 잃어버린 의료급여증을 찾은 때<br>2. 수급권자가 법 제3조제1항의 규정에 의한 수급권자의 요건에 해당하지 아니하게 된 때<br>3. 법 제17조의 규정에 의하여 수급권자에 대한 의료급여가 중지된 때<br>② 시장·군수·구청장은 수급권자가 제1항제2호 또는 제3호에 해당하는 경우에 의료급여증을 반납하지 아니하는 때에는 지체없이 이를 회수하여야 한다. 〈개정 2014. 11. 19.〉 |
| **제9조(의료급여기관)** ① 의료급여는 다음 각 호의 의료급여기관에서 실시한다. 이 경우 보건복지부장관은 공익상 또는 국가시책상 의료급여기관으로 적합하지 아니하다고 인정할 때에는 대통령령으로 정하는 바에 따라 의료급여기관에서 제외할 수 | **제12조(의료급여기관에서 제외되는 의료기관 등)** ① 법 제9조제1항 각 호 외의 부분 후단에 따라 보건복지부장관이 의료급여기관에서 제외할 수 있는 의료기관 등은 다음 각 호와 같다. 〈개정 2005. 7. 5., 2007. 2. 28., 2008. 2. 19., 2008. 2. | |

| 의 료 급 여 법 | 의료급여법 시행령 | 의료급여법 시행규칙 |
|---|---|---|
| 있다. 〈개정 2019. 1. 15.〉<br>1. 「의료법」에 따라 개설된 의료기관<br>2. 「지역보건법」에 따라 설치된 보건소·보건의료원 및 보건지소<br>3. 「농어촌 등 보건의료를 위한 특별조치법」에 따라 설치된 보건진료소<br>4. 「약사법」에 따라 개설등록된 약국 및 같은 법 제91조에 따라 설립된 한국희귀·필수의약품센터<br>② 의료급여기관은 다음 각 호와 같이 구분하되, 의료급여기관별 진료범위는 보건복지부령으로 정한다.<br>1. 제1차 의료급여기관<br>가. 「의료법」 제33조제3항에 따라 개설신고를 한 의료기관<br>나. 제1항제2호부터 제4호까지의 규정에 따른 의료급여기관<br>2. 제2차 의료급여기관: 「의료법」 제33조제4항 전단에 따라 개설허가를 받은 의료기관<br>3. 제3차 의료급여기관: 제2차 의료급여 | 29., 2010. 3. 15.〉<br>1. 「의료법」 제35조에 따라 개설된 부속의료기관<br>2. 「의료법」 제66조 또는 「약사법」 제79조제2항에 따른 면허자격정지처분을 5년 동안에 2회 이상 받은 의료인 또는 약사가 개설·운영하는 의료기관 또는 약국<br>3. 법 제28조 또는 법 제29조의 규정에 의한 업무정지 또는 과징금 처분을 5년 동안에 2회 이상 받은 의료기관 또는 약국<br>4. 법 제28조의 규정에 의한 업무정지처분의 절차가 진행중이거나 업무정지처분을 받은 의료급여기관의 개설자가 개설한 의료기관 또는 약국<br>② 의료급여기관에서 제외되는 기간은 제1항제2호 및 제3호의 경우에는 1년 이하로 하고, 제1항제4호의 경우에는 업무정지처분이 끝나는 날까지로 한다.<br>[제목개정 2007. 2. 28.] | **제16조(의료급여기관별 진료범위)** 법 제9조제2항에 따른 의료급여기관별 진료범위는 다음 각 호와 같다. 〈개정 2005. 6. 29., 2008. 2. 28., 2008. 3. 3., 2010. 2. 26., 2010. 3. 19., 2012. 6. 29., 2020. 12. 31.〉<br>1. 제1차의료급여기관(약국을 제외한다)에서 행할 수 있는 진료의 범위<br>가. 간단한 외과적 처치 그 밖의 통원치료가 가능한 질병의 진료<br>나. 장기치료가 필요한 만성질환으로서 입원할 필요가 없는 질병의 진료 |

| 의 료 급 여 법 | 의료급여법 시행령 | 의료급여법 시행규칙 |
| --- | --- | --- |
| 기관 중에서 보건복지부장관이 지정하는 의료기관<br>③ 제1항 각 호에 따른 의료급여기관은 정당한 이유 없이 이 법에 따른 의료급여를 거부하지 못한다. | | 다. 질병상태·이송거리 및 이송시간을 고려할 때 환자를 다른 의료급여기관으로 이송을 하여서는 환자의 생명에 위험이 초래되는 경우의 입원진료<br>라. 제1차의료급여기관에서 입원진료를 받는 것이 수급권자에게 유리하다고 판단하여 보건복지부장관이 정하여 고시하는 입원진료<br>마. 「지역보건법」에 의한 보건의료원에서의 입원진료<br>바. 제3조제2항 각 호 외의 부분 본문에 따라 노숙인 등인 수급권자가 의료급여를 신청한 경우의 진료(노숙인진료시설인 제1차의료급여기관만 해당한다)<br>사. 제3조제5항에 따라 제2차의료급여기관 또는 제3차의료급여기관으로부터 회송받은 환자의 진료<br>2. 약국에서 행할 수 있는 조제의 범위<br>가. 처방전에 의한 조제<br>나. 「약사법」 제23조제3항 단서의 규정에 의하여 처방전에 의하지 아니한 직 |

| 의 료 급 여 법 | 의료급여법 시행령 | 의료급여법 시행규칙 |
| --- | --- | --- |
| | | 접 조제<br>3. 제2차의료급여기관에서 행할 수 있는 진료의 범위<br>가. 제3조제1항 각 호의 어느 하나 또는 같은 조 제2항 각 호의 어느 하나에 해당하는 경우의 진료<br>나. 제3조제2항 각 호 외의 부분 본문에 따라 노숙인 등인 수급권자가 의료급여를 신청한 경우의 진료(노숙인진료시설인 제2차의료급여기관만 해당한다)<br>다. 제3조제3항제1호 및 제2호에 따라 제1차의료급여기관 또는 다른 제2차의료급여기관으로부터 의뢰받은 환자의 진료<br>라. 당해 의료급여기관에 입원하였던 환자로서 퇴원후 경과의 관찰이 필요한 환자의 진료<br>마. 제3조제5항에 따라 제3차의료급여기관으로부터 회송받은 환자의 진료<br>4. 제3차의료급여기관에서 행할 수 있는 진료의 범위 |

| 의 료 급 여 법 | 의료급여법 시행령 | 의료급여법 시행규칙 |
| --- | --- | --- |
| | | 가. 제3조제1항제1호부터 제8호까지의 규정 및 같은 조 제2항 각 호에 해당하는 경우의 진료<br>나. 제3조제3항제2호 및 제3호에 따라 제2차의료급여기관 또는 다른 제3차의료급여기관으로부터 의뢰받은 환자의 진료<br>다. 당해 의료급여기관에 입원하였던 환자로서 퇴원후 경과의 관찰이 필요한 환자의 진료<br><br>**제17조(제3차의료급여기관의 지정 등)** ① 제3차의료급여기관은 「의료법」 제3조의4에 따라 지정된 상급종합병원으로 한다. 〈개정 2016. 12. 30.〉<br>② 보건복지부장관은 제1항의 규정에 의하여 제3차의료급여기관을 지정한 때에는 별지 제10호서식의 제3차의료급여기관지정서를 교부하여야 한다. 〈개정 2008. 3. 3., 2010. 3. 19.〉<br>③ 보건복지부장관은 법 제28조제2항의 |

| 의 료 급 여 법 | 의료급여법 시행령 | 의료급여법 시행규칙 |
| --- | --- | --- |
| | | 규정에 의하여 제3차의료급여기관의 지정을 취소한 때에는 제2항의 규정에 의한 지정서를 지체없이 회수하여야 한다. 〈개정 2008. 3. 3., 2010. 3. 19.〉 |
| ④ 특별시장·광역시장·도지사 또는 시장·군수·구청장은 제1항 각 호에 따른 의료급여기관이 개설·설치되거나, 개설·설치된 의료급여기관의 신고·허가 및 등록 사항 등이 변경되었을 때에는 보건복지부령으로 정하는 바에 따라 그 내용을 다음 각 호의 전문기관에 알려야 한다. 〈개정 2017. 3. 21.〉<br>1. 제33조제2항에 따라 의료급여에 든 비용(이하 "급여비용"이라 한다)의 심사·조정, 의료급여의 적정성 평가 및 급여대상 여부의 확인 업무를 위탁받은 전문기관(이하 "급여비용심사기관"이라 한다)<br>2. 제33조제2항에 따라 급여비용의 지급업무를 위탁받은 전문기관(이하 "급여비용지급기관"이라 한다) | | **제18조(의료급여기관 개설 등의 통보)** 법 제9조제4항의 규정에 의한 의료급여기관의 개설·폐업·변경의 통보는 별지 제11호서식에 의한다. |

| 의 료 급 여 법 | 의료급여법 시행령 | 의료급여법 시행규칙 |
|---|---|---|
| ⑤ 제2항제3호에 따른 제3차 의료급여기관의 지정기준 및 지정절차 등에 관하여 필요한 사항은 보건복지부령으로 정한다.<br>[전문개정 2013. 6. 12.] | | |
| **제10조(급여비용의 부담)** 급여비용은 대통령령으로 정하는 바에 따라 그 전부 또는 일부를 제25조에 따른 의료급여기금에서 부담하되, 의료급여기금에서 일부를 부담하는 경우 그 나머지 비용은 본인이 부담한다.<br>[전문개정 2013. 6. 12.] | **제13조(급여비용의 부담)** ① 법 제10조에 따라 기금에서 부담하는 급여비용의 범위는 별표 1과 같다. 〈개정 2003. 12. 30., 2005. 7. 5., 2013. 12. 11.〉<br>1. 삭제 〈2005. 7. 5.〉<br>2. 삭제 〈2005. 7. 5.〉<br>② 삭제 〈2005. 7. 5.〉<br>③ 제1항의 규정에 불구하고 법 제15조제1항의 규정에 의하여 의료급여가 제한되는 경우, 기금에 상당한 부담을 초래한다고 인정되는 경우 등 보건복지부령이 정하는 경우 또는 항목에 대하여는 보건복지부령이 정하는 금액을 수급권자가 부담한다. 〈개정 2008. 2. 29., 2010. 3. 15.〉<br>④ 제1항의 규정에 따라 기금에서 부담하는 급여비용외에 수급권자가 부담하는 본 | **제19조(급여비용의 본인부담)** 영 제13조제3항의 규정에 의하여 수급권자가 급여비용을 부담하는 경우 또는 항목과 부담률은 별표 1의2와 같다. 〈개정 2007. 3. 27.〉 |

| 의 료 급 여 법 | 의료급여법 시행령 | 의료급여법 시행규칙 |
| --- | --- | --- |
| | 인부담금(이하 "급여대상 본인부담금"이라 한다)과 제3항의 규정에 따라 수급권자가 부담하는 본인부담금은 의료급여기관의 청구에 의하여 수급권자가 의료급여기관에 지급한다. 〈개정 2004. 6. 29.〉<br>⑤ 제4항의 규정에 따라 의료급여기관에 지급한 급여대상 본인부담금(별표 1 제1호라목·마목, 같은 표 제2호마목·바목 및 같은 표 제3호에 따라 의료급여기관에 지급한 급여대상 본인부담금은 제외한다. 이하 이 조에서 같다)이 매 30일간 다음 각 호의 금액을 초과한 경우에는 그 초과한 금액의 100분의 50에 해당하는 금액을 보건복지부령이 정하는 바에 따라 시장·군수·구청장이 수급권자에게 지급한다. 다만, 지급하여야 할 금액이 2천원 미만인 경우에는 이를 지급하지 아니한다. 〈개정 2004. 6. 29., 2007. 2. 28., 2008. 2. 29., 2010. 3. 15., 2012. 6. 7., 2014. 7. 16.〉<br>1. 1종수급권자 : 2만원 | **제19조의2(본인부담금의 일부지급)** ① 수급권자는 영 제13조제5항의 규정에 의한 본인부담금의 초과금액을 지급받고자 하는 때에는 별지 제11호의2서식의 청구서를 시장·군수·구청장에게 제출하여야 한다. 〈개정 2014. 11. 19.〉<br>② 시장·군수·구청장은 제1항의 규정에 의한 지급청구를 받은 때에는 지체없이 지급대상 여부 및 대상금액을 확인한 후 이를 지급하여야 한다.<br>③ 시장·군수·구청장은 공단의 의료급여비용에 관한 자료를 확인하여 지급청구를 하지 아니한 수급권자가 있는 경우에는 보건복지부장관이 정하는 절차에 따라 본인부담금의 초과금액을 수급권자에게 지급하고, 계좌불명 등의 사유로 지급이 불 |

| 의 료 급 여 법 | 의료급여법 시행령 | 의료급여법 시행규칙 |
|---|---|---|
| | 2. 2종수급권자 : 20만원<br>⑥ 급여대상 본인부담금에서 제5항에 따라 지급받은 금액을 차감한 금액이 다음 각 호의 금액을 초과한 경우에는 그 초과금액을 기금에서 부담한다. 다만, 초과금액이 2천원 미만인 경우에는 이를 수급권자가 부담한다. 〈개정 2004. 6. 29., 2007. 2. 28., 2009. 3. 31., 2017. 12. 29.〉<br>1. 1종수급권자 : 매 30일간 5만원<br>2. 2종수급권자: 연간 80만원. 다만, 「의료법」 제3조제2항제3호라목에 따른 요양병원에 연간 240일을 초과하여 입원한 경우에는 연간 120만원으로 한다.<br>⑦ 시장·군수·구청장은 수급권자가 제6항 본문의 규정에 따라 기금에서 부담하여야 하는 초과금액을 의료급여기관에 지급한 경우에는 보건복지부령이 정하는 바에 따라 그 초과금액을 수급권자에게 지급하여야 한다. 〈신설 2004. 6. 29., 2008. 2. 29., 2010. 3. 15.〉 | 가능한 경우에는 해당 수급권자에게 제1항의 규정에 의한 지급청구를 하도록 알려야 한다. 〈개정 2010. 2. 26., 2010. 3. 19.〉<br>[전문개정 2004. 7. 6.]<br><br>**제19조의3(본인부담금의 초과금액 지급)** ① 수급권자는 영 제13조제7항의 규정에 의한 기금부담분의 초과금액을 지급받고자 하는 때에는 별지 제11호의3서식의 청구서를 시장·군수·구청장에게 제출하여야 한다. 〈개정 2014. 11. 19.〉<br>② 제19조의2제2항 및 제3항의 규정은 기금부담분의 초과금액 지급에 관하여 이 |

| 의 료 급 여 법 | 의료급여법 시행령 | 의료급여법 시행규칙 |
|---|---|---|
| | | 를 준용한다.<br>[본조신설 2004. 7. 6.]<br><br>**제19조의4(급여비용의 본인부담금 면제대상 등)** ① 영 별표 제1호다목(6)에서 "보건복지부령으로 정하는 자"란 다음 각 호의 자를 말한다. 〈개정 2008. 2. 28., 2008. 3. 3., 2008. 11. 26., 2010. 3. 19., 2012. 11. 21.〉<br>1. 「의료법」 제33조제1항제4호에 따라 가정간호를 받고 있는 자<br>2. 삭제 〈2013. 9. 13.〉<br>3. 제8조의3제3항 및 제5항에 따라 선택의료급여기관을 이용하는 자로서 별표 1에 따라 선택의료급여기관에서 외래진료를 받고 있는 자 및 그 선택의료급여기관에서 교부한 처방전에 따라 의약품을 조제받은 자<br>② 제1항에 불구하고 제1항제3호에 따라 선택의료급여기관을 이용하는 자가 다음 각 호의 어느 하나에 해당하는 경우에는 |

| 의 료 급 여 법 | 의료급여법 시행령 | 의료급여법 시행규칙 |
|---|---|---|
| | | 영 별표 제1호다목 단서에 따라 기금에서 부담하는 급여비용을 제외한 비용을 본인이 부담한다.<br>1. 별표 1 제1호다목에 따라 의료급여를 의뢰받은 의료급여기관에서 외래진료를 받거나 그 의료급여기관에서 교부한 처방전에 따라 의약품을 조제받은 경우<br>2. 별표 1 제1호라목에 따라 의료급여를 의뢰받은 의료급여기관에서 외래진료를 받거나 그 의료급여기관에서 교부한 처방전에 따라 의약품을 조제받은 경우<br>[본조신설 2007. 3. 27.]<br><br>**제19조의5(급여비용의 본인부담금 차등 적용 제외 대상)** 영 별표 1 제2호아목 본문에서 "보건복지부령으로 정하는 경우"란 제8조의3제3항 및 제5항에 해당하는 사람이 선택의료급여기관이 발행한 처방전에 따라 의약품을 조제받은 경우를 말한다.<br>[본조신설 2015. 10. 30.] |

| 의 료 급 여 법 | 의료급여법 시행령 | 의료급여법 시행규칙 |
|---|---|---|
| **제11조(급여비용의 청구와 지급)** ① 의료급여기관은 제10조에 따라 의료급여기금에서 부담하는 급여비용의 지급을 시장·군수·구청장에게 청구할 수 있다. 이 경우 제2항에 따른 심사청구는 시장·군수·구청장에 대한 급여비용의 청구로 본다.<br>② 제1항에 따라 급여비용을 청구하려는 의료급여기관은 급여비용심사기관에 급여비용의 심사청구를 하여야 하며, 심사청구를 받은 급여비용심사기관은 이를 심사한 후 지체 없이 그 내용을 시장·군수·구청장 및 의료급여기관에 알려야 한다. | | **제20조(급여비용의 심사청구 등)** ① 법 제11조제2항 또는 제6항에 따라 의료급여기관이나 대행청구단체가 의료급여비용의 심사청구를 하려면 의료급여비용심사청구서에 의료급여를 받은 사람에 대한 의료급여비용명세서를 첨부하여 심사평가원에 제출해야 한다. 〈개정 2005. 6. 29., 2012. 8. 31., 2012. 11. 21., 2013. 12. 13., 2020. 6. 29.〉<br>② 의료급여기관 또는 대행청구단체는 제1항에 따른 의료급여비용명세서에 다음 각 호의 사항을 기재하여야 한다. 〈신설 2012. 11. 21., 2013. 12. 13.〉<br>1. 세대주 성명<br>2. 의료급여를 받은 자의 성명, 주민등록 |

| 의 료 급 여 법 | 의료급여법 시행령 | 의료급여법 시행규칙 |
|---|---|---|
| | | 번호 및 보장기관 기호<br>3. 질병 또는 부상명<br>4. 진료개시일 및 의료급여일수<br>5. 의료급여비용의 내용<br>6. 본인부담금 및 비용청구액<br>7. 처방전 내용 등<br>③ 제1항에 따른 급여비용의 심사청구방법, 의료급여비용심사청구서 및 의료급여비용명세서의 서식·작성요령 그 밖의 급여비용심사청구에 필요한 사항은 보건복지부장관이 정하여 고시한다. 〈개정 2008. 3. 3., 2010. 3. 19., 2012. 11. 21., 2020. 6. 29.〉<br><br>**제21조(급여비용의 심사·지급)** ① 심사평가원은 제20조의 규정에 의하여 급여비용의 심사청구를 받은 때에는 그 심사청구내용이 법 제7조제2항 및 제3항의 규정에 의한 의료급여의 기준 및 의료수가기준에 적합한 지를 심사한다. 이 경우 심사평가원의 원장은 제20조 또는 법 제32조제4 |

| 의 료 급 여 법 | 의료급여법 시행령 | 의료급여법 시행규칙 |
|---|---|---|
| | | 항의 규정에 의하여 제출받은 자료에 대한 사실여부를 확인할 필요가 있다고 인정하는 때에는 소속직원으로 하여금 현지 출장하여 확인을 하게 할 수 있다.<br>② 심사평가원의 원장은 제20조의 규정에 의하여 급여비용의 심사청구를 받은 때에는 그로부터 40일[정보통신망(「정보통신망 이용촉진 및 정보보호 등에 관한 법률」 제2조제1항제1호에 따른 전기통신설비를 이용하거나 전기통신설비와 컴퓨터 및 컴퓨터의 이용기술을 활용하여 정보를 수집·가공·저장·검색·송신 또는 수신하는 정보통신체제를 말한다. 이하 같다)에 의한 경우에는 15일] 이내에 심사하여 그 내용이 기재된 의료급여비용심사결과통보서를 시장·군수·구청장, 공단 및 그 의료급여기관에 지체없이 송부하여야 한다. 이 경우 심사기간을 산정함에 있어서 해당 의료급여기관에 대하여 심사에 필요한 자료를 요청한 경우 등 특별한 사유가 있는 경우에는 그에 소요되는 기간을 제외한다. |

| 의 료 급 여 법 | 의료급여법 시행령 | 의료급여법 시행규칙 |
|---|---|---|
| ③ 제2항에 따라 심사의 내용을 통보받은 시장·군수·구청장은 지체 없이 그 내용에 따라 급여비용을 의료급여기관에 지급하여야 한다. 이 경우 수급권자가 이미 납부한 본인부담금(제10조에 따라 수급권자가 부담하여야 하는 급여비용을 말한다. 이하 같다)이 과다한 경우에는 의료급여기관에 지급할 금액에서 그 과다하게 납부된 금액을 공제하여 수급권자에게 반환하여야 한다. |  | 〈개정 2012. 11. 21.〉<br>③ 제2항의 규정에 의하여 의료급여비용심사결과통보서를 송부받은 공단은 법 제27조의 규정에 의하여 예탁받은 시·도별 예탁금의 범위 안에서 급여비용을 해당 의료급여기관에 지체없이 지급하고 급여비용지급내역이 기재된 의료급여비용지급통보서를 시장·군수·구청장 및 그 의료급여기관에 송부하여야 한다.<br>④ 공단은 법 제11조제3항의 규정에 의하여 의료급여기관에 지급할 급여비용에서 과다하게 납부된 본인부담금을 공제한 경우에는 그 공제내역을 시장·군수·구청장 및 의료급여기관에 송부하여야 한다.<br>⑤ 의료급여비용심사결과통보서 및 의료급여비용지급통보서의 서식과 급여비용의 심사·지급에 필요한 사항은 보건복지부장관이 정하여 고시한다. 〈개정 2008. 3. 3., 2010. 3. 19.〉<br><br>**제22조(정보통신망 등에 의한 제출)** ① 제2조 |

| 의 료 급 여 법 | 의료급여법 시행령 | 의료급여법 시행규칙 |
|---|---|---|
| | | 에 따른 통보 및 서류의 송부는 정보통신망의 고장 등 부득이한 경우를 제외하고는 정보통신망으로 한다. 〈개정 2008. 11. 26., 2012. 11. 21., 2013. 12. 13.〉<br>② 제20조제1항의 규정에 의한 의료급여비용심사청구서 및 의료급여비용명세서의 제출은 전산기록장치에 의한 전산매체 또는 정보통신망에 의할 수 있다. 이 경우 「국민건강보험법 시행령」 제28조제2항의 규정에 의하여 보건복지부장관이 고시한 전산관리기준에 따라 적합 판정을 받은 소프트웨어를 사용하여야 한다. 〈신설 2005. 6. 29., 2008. 3. 3., 2010. 3. 19., 2012. 11. 21., 2017. 9. 15.〉<br>③ 제21조제2항의 규정에 의한 의료급여비용심사결과통보서의 송부 및 동조제3항의 규정에 의한 의료급여비용지급통보서의 송부는 전산기록장치에 의한 전산매체 또는 정보통신망에 의할 수 있다. 〈개정 2005. 6. 29., 2007. 3. 27., 2012. 11. 21.〉<br>[제목개정 2012. 11. 21.] |

| 의 료 급 여 법 | 의료급여법 시행령 | 의료급여법 시행규칙 |
|---|---|---|
| ④ 시장·군수·구청장은 의료급여의 적정성 여부를 평가할 수 있고, 그 평가결과에 따라 급여비용을 가산 또는 감액 조정하여 지급한다. 이 경우 평가결과에 따른 급여비용의 가감지급의 기준은 보건복지부령으로 정한다. 〈개정 2017. 3. 21.〉<br>⑤ 시장·군수·구청장은 제4항에 따른 적정성 평가결과를 공개할 수 있다. 〈신설 2017. 3. 21.〉<br>⑥ 의료급여기관은 제2항에 따른 심사청구를 다음 각 호의 단체가 대행하게 할 수 있다. 〈개정 2017. 3. 21.〉<br>1. 「의료법」 제28조제1항에 따른 의사회·치과의사회·한의사회·조산사회 또는 같은 조 제6항에 따라 신고한 각각의 지부 및 분회<br>2. 「의료법」 제52조에 따른 의료기관단체<br>3. 「약사법」 제11조에 따른 대한약사회 또는 같은 법 제14조에 따라 신고한 지부 및 분회<br>⑦ 제1항부터 제6항까지에서 규정한 사항 | | **제23조(급여비용의 가감지급기준)** 법 제11조제4항의 규정에 의한 의료급여의 적정여부 평가결과에 따른 급여비용의 가산 또는 감액지급의 금액은 평가대상 의료급여기관의 전년도 심사결정 의료급여기금(이하 "기금"이라 한다)부담액의 100분의 10의 범위 안에서 보건복지부장관이 정하여 고시한 기준에 의하여 산정한 금액으로 한다. 〈개정 2008. 3. 3., 2010. 3. 19.〉 |

| 의 료 급 여 법 | 의료급여법 시행령 | 의료급여법 시행규칙 |
|---|---|---|
| 외에 급여비용의 청구, 심사, 지급 등의 방법 및 절차에 필요한 사항은 보건복지부령으로 정한다. 〈개정 2017. 3. 21.〉<br>⑧ 시장·군수·구청장은 「산업재해보상보험법」 제10조에 따른 근로복지공단이 이 법에 따라 의료급여를 받을 수 있는 사람에게 「산업재해보상보험법」 제40조에 따른 요양급여를 지급한 후 그 지급결정이 취소된 경우로서 그 요양급여 비용을 청구하는 경우에는 그 요양급여가 이 법에 따라 실시할 수 있는 의료급여에 상당한 것으로 인정되면 그 의료급여에 해당하는 금액을 지급할 수 있다. 〈개정 2017. 3. 21.〉<br>[전문개정 2013. 6. 12.]<br><br>**제11조의2(서류의 보존)** ① 의료급여기관은 의료급여가 끝난 날부터 5년간 보건복지부령으로 정하는 바에 따라 제11조에 따른 급여비용의 청구에 관한 서류를 보존하여야 한다. | | |

| 의 료 급 여 법 | 의료급여법 시행령 | 의료급여법 시행규칙 |
| --- | --- | --- |
| ② 제1항에도 불구하고 약국 등 보건복지부령으로 정하는 의료급여기관은 처방전을 급여비용을 청구한 날부터 3년간 보존하여야 한다.<br>[전문개정 2013. 6. 12.]<br><br>**제11조의3(급여 대상 여부의 확인 등)** ① 수급권자는 본인부담금 외에 부담한 비용이 제7조제3항에 따라 의료급여의 대상에서 제외되는 사항에 해당하는 비용(이하 "비급여비용"이라 한다)인지에 대하여 급여비용심사기관에 확인을 요청할 수 있다.<br>② 제1항에 따라 확인을 요청받은 급여비용심사기관은 그 확인결과를 확인을 요청한 수급권자에게 알려야 하며, 확인을 요청한 비용이 급여비용에 해당하는 것으로 확인되었을 때에는 급여비용지급기관 및 관련 의료급여기관에도 각각 알려야 한다.<br>③ 제2항에 따라 통보받은 의료급여기관은 과다 징수한 금액을 지체 없이 수급권자에게 반환하여야 한다. | | |

| 의 료 급 여 법 | 의료급여법 시행령 | 의료급여법 시행규칙 |
|---|---|---|
| ④ 급여비용지급기관은 제3항에도 불구하고 의료급여기관이 과다 징수한 금액을 반환하지 아니하면 그 의료급여기관에 지급할 급여비용에서 과다 징수한 금액을 공제하여 그 공제한 금액을 수급권자에게 지급할 수 있다.<br>[전문개정 2013. 6. 12.] | | |
| **제11조의4(의료급여기관의 비용 청구에 관한 금지행위)** 의료급여기관은 의료급여를 하기 전에 수급권자에게 본인부담금을 청구하거나 수급권자가 이 법에 따라 부담하여야 하는 비용과 비급여비용 외에 입원보증금 등 다른 명목의 비용을 청구하여서는 아니 된다.<br>[전문개정 2013. 6. 12.] | | |
| **제11조의5(급여비용의 지급 보류)** ① 제11조제3항에도 불구하고 시장·군수·구청장은 급여비용의 지급을 청구한 의료급여기관이 「의료법」 제33조제2항 또는 「약사법」 | **제13조의2(급여비용의 지급 보류)** ① 시장·군수·구청장은 법 제11조의5제1항에 따라 급여비용의 지급을 보류하려면 해당 의료급여기관에 미리 서면으로 그 내용을 통 | |

| 의 료 급 여 법 | 의료급여법 시행령 | 의료급여법 시행규칙 |
|---|---|---|
| 제20조제1항을 위반하였다는 사실을 수사기관의 수사결과로 확인한 경우에는 해당 의료급여기관이 청구한 급여비용의 지급을 보류할 수 있다.<br>② 시장·군수·구청장은 제1항에 따라 급여비용의 지급을 보류하기 전에 해당 의료급여기관에게 의견제출의 기회를 주어야 한다. | 지하여야 한다. 이 경우 그 서면에 포함되어야 하는 사항은 다음 각 호와 같다.<br>1. 해당 의료급여기관의 명칭, 대표자 및 주소<br>2. 지급 보류의 원인이 되는 사실과 지급 보류의 대상이 되는 급여비용 및 법적 근거<br>3. 제2호의 사항에 대하여 의견을 제출할 수 있다는 뜻과 의견을 제출하지 아니하는 경우의 처리방법<br>② 제1항에 따라 통지를 받은 의료급여기관은 지급 보류에 이의가 있는 경우에는 통지를 받은 날부터 7일 이내에 급여비용의 지급 보류에 대한 의견서에 이의 신청의 취지와 이유를 적고 필요한 자료를 첨부하여 시장·군수·구청장에게 제출하여야 한다.<br>③ 시장·군수·구청장은 제2항에 따라 의료급여기관이 제출한 의견서를 검토한 후 그 결과를 서면으로 통보하여야 한다. | |
| ③ 법원의 무죄 판결이 확정되는 등 대통령령으로 정하는 사유로 제1항에 따른 의 | ④ 법 제11조의5제3항에서 "법원의 무죄 판결이 확정되는 등 대통령령으로 정하는 | |

| 의 료 급 여 법 | 의료급여법 시행령 | 의료급여법 시행규칙 |
| --- | --- | --- |
| 료급여기관이 「의료법」 제33조제2항 또는 「약사법」 제20조제1항을 위반한 혐의가 입증되지 아니한 경우에는 시장·군수·구청장은 지급 보류된 급여비용에 지급 보류된 기간 동안의 이자를 가산하여 해당 의료급여기관에 지급하여야 한다.<br>④ 제1항 및 제2항에 따른 지급 보류 절차 및 의견제출의 절차 등에 필요한 사항, 제3항에 따른 지급 보류된 급여비용 및 이자의 지급 절차와 이자의 산정 등에 필요한 사항은 대통령령으로 정한다.<br>[본조신설 2015. 12. 29.] | 사유"란 다음 각 호의 어느 하나에 해당하는 사유를 말한다. 다만, 제2호 또는 제3호의 경우 불송치 또는 불기소를 받은 이후 해당 사건이 다시 수사 및 기소되어 법원의 판결에 따라 유죄가 확정된 경우는 제외한다. 〈개정 2020. 12. 29.〉<br>1. 무죄판결의 확정<br>2. 불송치(혐의없음 또는 죄가안됨으로 한정한다. 이하 같다)<br>3. 불기소(혐의없음 또는 죄가안됨으로 한정한다. 이하 같다)<br>⑤ 법 제11조의5제1항에 따라 급여비용의 지급 보류 결정을 받은 의료급여기관은 무죄 판결이나 불송치 또는 불기소를 받은 경우에는 그 사실을 즉시 시장·군수·구청장에게 통지해야 한다. 〈개정 2020. 12. 29.〉<br>⑥ 제5항에 따라 통지를 받은 시장·군수·구청장은 지체 없이 지급 보류된 급여비용과 지급 보류된 기간 동안의 이자를 지급하여야 한다. 이 경우 이자는 지급 보류 | |

| 의 료 급 여 법 | 의료급여법 시행령 | 의료급여법 시행규칙 |
|---|---|---|
| | 한 날부터 지급하는 날까지의 기간에 대하여 지급 보류된 급여비용에 「국세기본법 시행령」 제43조의3제2항에 따른 국세환급가산금의 이자율을 곱하여 산정한 금액으로 한다.<br>⑦ 제1항부터 제6항까지에서 규정한 사항 외에 급여비용의 지급 보류에 필요한 세부사항은 보건복지부장관이 정한다.<br>[본조신설 2016. 6. 28.] | |
| **제12조(요양비)** ① 시장·군수·구청장은 수급권자가 보건복지부령으로 정하는 긴급하거나 그 밖의 부득이한 사유로 의료급여기관과 같은 기능을 수행하는 기관으로서 보건복지부령으로 정하는 기관(제28조제1항에 따라 업무정지기간 중인 의료급여기관을 포함한다)에서 질병·부상·출산 등에 대하여 의료급여를 받거나 의료급여기관이 아닌 장소에서 출산을 하였을 때에는 그 의료급여에 상당하는 금액을 보건복지부령으로 정하는 바에 따라 수급권자에게 | | **제24조(요양비)** ① 법 제12조제1항에서 "보건복지부령이 정하는 긴급하거나 그 밖의 부득이한 사유"란 다음 각 호의 어느 하나에 해당하는 경우를 말한다. 〈개정 2007. 3. 27., 2008. 3. 3., 2008. 11. 26., 2010. 3. 19., 2011. 7. 4., 2013. 7. 1., 2015. 12. 31., 2016. 12. 30., 2018. 8. 1., 2019. 12. 31.〉<br>1. 의료급여기관을 이용할 수 없거나 의료급여기관이 없는 경우<br>2. 만성신부전증환자가 의사의 처방전에 |

| 의 료 급 여 법 | 의료급여법 시행령 | 의료급여법 시행규칙 |
| --- | --- | --- |
| 요양비로 지급한다.<br>② 제1항에 따라 의료급여를 실시한 기관은 보건복지부장관이 정하는 요양비명세서 또는 요양의 명세를 적은 영수증을 요양을 받은 사람에게 내주어야 하며, 요양을 받은 사람은 이를 시장·군수·구청장에게 제출하여야 한다.<br>③ 제1항에 따른 요양비의 지급방법 등에 필요한 사항은 보건복지부령으로 정한다.<br>[전문개정 2013. 6. 12.] | | 의하여 복막관류액 또는 자동복막투석에 사용되는 소모성 재료를 의료급여기관 외의 의약품판매업소에서 구입·사용한 경우<br>3. 산소치료를 필요로 하는 환자가 의사의 산소치료처방전에 의하여 보건복지부장관이 정하여 고시하는 방법으로 산소치료를 받은 경우<br>4. 당뇨병환자가 의사의 처방전에 따라 혈당검사 또는 인슐린주사에 사용되는 소모성 재료나 당뇨병 관리기기를 의료급여기관 외의 의료기기판매업소에서 구입·사용한 경우<br>5. 신경인성 방광환자가 의사의 처방전에 따라 자가도뇨에 사용되는 소모성 재료를 의료급여기관 외의 의료기기판매업소에서 구입·사용한 경우<br>6. 보건복지부장관이 정하여 고시하는 질환이 있는 사람으로서 인공호흡기·기침유발기를 필요로 하는 환자가 의사의 처방전에 따라 인공호흡기·기침유발기를 대여받아 사용하는 경우 |

| 의 료 급 여 법 | 의료급여법 시행령 | 의료급여법 시행규칙 |
|---|---|---|
| | | 7. 수면무호흡증 환자가 의사의 처방전에 따라 양압기(수면 중 좁아진 기도에 지속적으로 공기를 불어 넣어 기도를 확보해 주는 기구를 말한다)를 대여 받아 사용하는 경우<br>② 법 제12조제1항에서 "보건복지부령이 정하는 기관"이란 다음 각 호의 기관을 말한다. 〈개정 2007. 3. 27., 2008. 3. 3., 2008. 11. 26., 2010. 3. 19., 2011. 7. 4., 2013. 7. 1., 2015. 12. 31., 2016. 12. 30., 2018. 8. 1., 2019. 12. 31.〉<br>1. 영 제12조제1항 각 호에 따라 의료급여기관에서 제외된 의료기관 및 약국<br>2. 제1항제2호에 따른 의약품판매업소(자동복막투석에 사용되는 소모성 재료인 경우에는 보건복지부장관이 정하여 고시하는 기준에 해당하는 의약품판매업소만 해당한다)<br>3. 산소치료를 필요로 하는 환자에게 의료용 산소발생기 등으로 산소치료 서비스를 제공하는 의료급여기관 외의 기관으 |

| 의 료 급 여 법 | 의료급여법 시행령 | 의료급여법 시행규칙 |
| --- | --- | --- |
| | | 로서 공단에 등록한 기관(해당 환자가 제공받는 경우만 해당한다)<br>4. 당뇨병환자에게 혈당검사 또는 인슐린 주사에 사용되는 소모성 재료나 당뇨병 관리기기를 판매하는 의료기기판매업소로서 공단에 등록한 기관<br>5. 신경인성 방광환자에게 자가도뇨에 사용되는 소모성 재료를 판매하는 의료급여기관 외의 의료기기판매업소로서 공단에 등록한 업소<br>6. 인공호흡기·기침유발기를 필요로 하는 환자에게 이를 대여하는 의료급여기관 외의 기관으로서 공단에 등록한 기관<br>7. 양압기를 필요로 하는 환자에게 이를 대여하는 의료급여기관 외의 기관으로서 공단에 등록한 기관<br>③ 수급권자가 법 제12조에 따른 요양비를 지급받으려는 때에는 다음 각 호에 정하는 서류를 시장·군수·구청장에게 제출해야 한다. 다만, 제1항제3호, 제6호 또는 제7호에 해당하여 요양비를 지급받은 사 |

| 의 료 급 여 법 | 의료급여법 시행령 | 의료급여법 시행규칙 |
|---|---|---|
| | | 람이 같은 종류의 요양비를 지급받으려는 경우로서 이미 제출한 처방전의 처방기간이 지나지 않은 경우에는 처방전을 제출하지 않을 수 있다. 〈개정 2007. 3. 27., 2011. 3. 30., 2011. 7. 4., 2013. 7. 1., 2015. 12. 31., 2016. 6. 29., 2016. 12. 30., 2018. 8. 1., 2019. 7. 1., 2019. 12. 31.〉<br>1. 제1항제1호에 해당하는 사유로 질병·부상·출산(사산의 경우에는 임신 16주 이상인 경우를 말한다)에 대하여 요양을 받은 경우에는 별지 제12호서식의 요양비지급청구서와 다음 각 목의 서류<br>가. 요양비명세서 또는 세금계산서(약국의 경우에는 처방전과 세금계산서를 말한다) 1부<br>나. 의료급여기관에서 의료급여를 받을 수 없었던 사유를 증명할 수 있는 서류 1부<br>2. 제1항제2호 또는 제5호에 해당하는 경우에는 별지 제12호서식의 요양비지급 |

| 의 료 급 여 법 | 의료급여법 시행령 | 의료급여법 시행규칙 |
| --- | --- | --- |
| | | 청구서와 다음 각 목의 서류<br>가. 의사의 처방전 1부<br>나. 세금계산서 1부<br>3. 제1항제3호에 해당하는 경우에는 별지 제12호의2서식의 요양비지급청구서와 다음 각 목의 서류<br>가. 의사의 처방전 1부<br>나. 산소치료를 하였음을 증명할 수 있는 서류 1부<br>다. 세금계산서 1부<br>4. 제1항제4호에 해당하는 경우에는 별지 제12호의4서식 또는 별지 제12호의5서식의 요양비 지급청구서와 다음 각 목의 서류<br>가. 의사의 처방전 1부<br>나. 세금계산서 1부<br>5. 제1항제6호에 해당하는 경우에는 별지 제12호의6서식의 요양비지급청구서와 다음 각 목의 서류<br>가. 의사의 처방전 1부<br>나. 인공호흡기·기침유발기를 대여하였음을 증명할 수 있는 서류 1부 |

| 의 료 급 여 법 | 의료급여법 시행령 | 의료급여법 시행규칙 |
|---|---|---|
| | | 다. 세금계산서 1부<br>라. 기관절개 또는 기관봉합을 증명할 수 있는 서류 1부(선택 소모품의 종류를 변경하는 경우만 해당한다)<br>6. 제1항제7호에 해당하는 경우에는 별지 제12호의7서식의 요양비 지급청구서와 다음 각 목의 서류<br>가. 의사의 처방전 1부<br>나. 양압기를 대여하였음을 증명할 수 있는 서류 1부<br>다. 세금계산서 1부<br>7. 의료급여기관 외의 장소에서 출산한 경우에는 별지 제12호서식의 요양비지급청구서와 출산사실을 증명할 수 있는 서류 각 1부<br>④ 법 제12조에 따른 요양비의 지급금액은 보건복지부장관이 정하여 고시하는 금액으로 한다. 〈개정 2007. 3. 27., 2008. 3. 3., 2010. 3. 19.〉<br>⑤ 제3항에 따라 수급권자로부터 요양비 지급청구를 받은 시장·군수·구청장은 그 |

| 의 료 급 여 법 | 의료급여법 시행령 | 의료급여법 시행규칙 |
|---|---|---|
| | | 지급여부를 결정한 후 지체없이 수급권자 또는 제2항제2호부터 제7호까지의 기관(제1항제2호부터 제7호까지의 어느 하나에 해당하는 경우로서 수급권자가 해당기관에 요양비를 지급하도록 요청한 경우만 해당한다)에 요양비를 지급해야 한다. 〈개정 2003. 1. 24., 2010. 2. 26., 2011. 7. 4., 2013. 7. 1., 2015. 12. 31., 2018. 8. 1., 2019. 7. 1.〉<br>⑥ 시장·군수·구청장은 제2항제1호에 따른 의료기관·약국과 법 제28조제1항에 따라 업무정지처분중인 의료급여기관에서 요양을 받은 경우의 요양비 지급결정을 하기 전에 심사평가원의 심사를 거쳐야 한다. 〈개정 2019. 7. 1.〉<br>⑦ 제1항부터 제6항까지에서 규정한 사항 외에 요양비의 지급기준, 절차, 방법 그 밖에 필요한 사항은 보건복지부장관이 정하여 고시한다. 〈신설 2007. 3. 27., 2008. 3. 3., 2010. 3. 19., 2019. 7. 1.〉<br>[제목개정 2011. 7. 4.] |

| 의 료 급 여 법 | 의료급여법 시행령 | 의료급여법 시행규칙 |
|---|---|---|
| **제13조(장애인 및 임산부에 대한 특례)** ① 시장·군수·구청장은 「장애인복지법」에 따라 등록한 장애인인 수급권자에게 「장애인·노인 등을 위한 보조기기 지원 및 활용촉진에 관한 법률」 제3조제2호에 따른 보조기기(이하 이 조에서 "보조기기"라 한다)에 대하여 급여를 실시할 수 있다. 〈개정 2019. 4. 23.〉<br>② 시장·군수·구청장은 임신한 수급권자가 임신기간 중 의료급여기관에서 받는 진료에 드는 비용(출산비용을 포함한다)에 대하여 추가급여를 실시할 수 있다.<br>③ 제1항에 따른 보조기기 급여 및 제2항에 따른 추가급여의 방법·절차·범위·한도 등에 필요한 사항은 보건복지부령으로 정한다. 〈개정 2019. 4. 23.〉<br>[전문개정 2013. 6. 12.] | | **제25조(장애인 보조기기에 대한 급여기준 등)**<br>① 법 제13조제1항에 따른 보조기기(소모품을 포함하며, 이하 "보조기기"라 한다)에 대한 급여의 범위 및 기금의 부담금액은 별표 2와 같다. 〈개정 2010. 12. 15., 2019. 10. 24.〉<br>② 제1항에 따른 보조기기에 대한 의료급여를 받으려는 사람은 별지 제13호서식의 보조기기 급여 신청서에 별지 제14호서식 및 별지 제14호의2서식부터 별지 제14호의4서식까지에 따른 보조기기 처방전(전동휠체어, 전동스쿠터, 자세보조용구, 이동식전동리프트, 보청기 및 욕창예방매트리스의 처방전에는 해당 보조기기의 처방을 위해 실시한 검사 결과에 관한 서류를 포함해야 한다)을 첨부하여 시장·군수·구청장에게 제출해야 한다. 〈개정 2001. 12. 31., 2007. 3. 27., 2010. 12. 15., 2013. 10. 1., 2015. 12. 31., 2018. 8. 1., 2019. 10. 24.〉<br>1. 삭제 〈2003. 12. 31.〉 |

| 의 료 급 여 법 | 의료급여법 시행령 | 의료급여법 시행규칙 |
| --- | --- | --- |
| | | 2. 삭제 〈2007. 3. 27.〉<br>3. 삭제 〈2007. 3. 27.〉<br>③ 제2항에 따라 보조기기 급여신청을 받은 시장·군수·구청장은 제출받은 보조기기 처방전에 기재된 신청인의 장애상태 등을 확인하여 급여여부를 신청인에게 통보해야 한다. 〈신설 2007. 3. 27., 2013. 10. 1., 2019. 10. 24.〉<br>④ 제3항에 따라 급여를 받기로 결정된 사람은 별지 제14호의5서식의 보조기기 급여비 지급청구서에 다음 각 호의 서류를 첨부하여 시장·군수·구청장에게 제출해야 한다. 다만, 수동휠체어, 전동휠체어, 전동스쿠터, 욕창예방방석, 욕창예방매트리스, 이동식전동리프트, 전·후방보행보조차, 돋보기 및 망원경에 대한 의료급여를 받으려는 경우에는 제1호의 서류를 첨부하지 않는다. 〈신설 2007. 3. 27., 2012. 6. 29., 2012. 8. 31., 2013. 10. 1., 2016. 6. 29., 2018. 8. 1., 2019. 9. 27., 2019. 10. 24.〉 |

| 의 료 급 여 법 | 의료급여법 시행령 | 의료급여법 시행규칙 |
| --- | --- | --- |
| | | 1. 의사가 발행한 별지 제14호의6서식의 보조기기 검수확인서 1부<br>2. 의료급여기관 또는 보조기기 제작·판매자가 발행한 세금계산서 1부<br>3. 삭제 〈2013. 10. 1.〉<br>⑤ 지팡이, 목발, 시각장애인용 흰지팡이 또는 보조기기의 소모품에 대하여 의료급여를 받으려는 경우에는 제2항부터 제4항까지의 규정에도 불구하고 별지 제14호의5서식의 보조기기 급여비 지급청구서에 제4항제2호에 따른 세금계산서만을 첨부하여 시장·군수·구청장에게 제출한다. 〈신설 2013. 10. 1., 2018. 8. 1., 2019. 10. 24.〉<br>⑥ 제4항 또는 제5항에 따라 보조기기 급여비의 지급청구를 받은 시장·군수·구청장은 지체 없이 수급권자에게 제1항에 따른 기금의 부담금액을 지급해야 한다. 이 경우 수급권자가 보조기기 급여비를 보조기기 제작·판매자에게 지급할 것을 신청한 때에는 시장·군수·구청장은 그 보조기 |

| 의 료 급 여 법 | 의료급여법 시행령 | 의료급여법 시행규칙 |
|---|---|---|
| | | 기 제작·판매자에게 보조기기 급여비를 직접 지급할 수 있다. 〈개정 2003. 1. 24., 2007. 3. 27., 2013. 10. 1., 2019. 10. 24.〉<br>⑦ 제6항 후단에 따라 보조기기 급여비를 보조기기 제작·판매자에게 지급할 것을 신청하는 경우에는 해당 보조기기 제작·판매자가 「장애인복지법」에 따라 개설된 의지·보조기 제작·수리업자이거나 「의료기기법」에 따라 허가받은 수입·제조·판매업자[보조기기 소모품 중 전동휠체어 및 전동스쿠터용 전지(電池)의 경우는 「의료기기법」에 따라 신고한 수리업자를 말한다]임을 증명하는 서류를 첨부해야 한다. 다만, 다음 각 호의 어느 하나에 해당하는 경우는 제외한다. 〈신설 2007. 3. 27., 2010. 12. 15., 2012. 8. 31., 2013. 10. 1., 2019. 10. 24.〉<br>1. 별표 2 제1호다목에 따라 공단에 등록한 보조기기 업소에서 구입한 경우<br>2. 지체장애 및 뇌병변장애에 대한 보행보 |

| 의 료 급 여 법 | 의료급여법 시행령 | 의료급여법 시행규칙 |
| --- | --- | --- |
| | | 조를 위하여 지팡이 또는 목발을 구입하거나 시각장애에 대한 보행보조를 위하여 흰지팡이를 구입한 경우<br>3. 보조기기를 제조 또는 수입한 업소에서 해당 보조기기의 소모품 중 전동휠체어 및 전동스쿠터용 전지를 구입한 경우<br>⑧ 시장·군수·구청장은 제6항에 따라 보조기기 급여비를 지급한 경우에는 별지 제15호서식의 개인별 보조기기 지급관리대장에 기록·관리해야 한다. 이 경우 개인별 보조기기 지급관리대장을 전자적 방식으로 기록·관리할 수 있다. 〈개정 2003. 1. 24., 2007. 3. 27., 2013. 10. 1., 2019. 10. 24.〉<br>⑨ 수급권자가 「주민등록법」에 따른 전입신고를 한 경우에는 신거주지의 시장·군수·구청장은 전거주지의 시장·군수·구청장으로부터 개인별 보조기기 지급관리대장의 원본을 이관받아 관리해야 한다. 다만, 개인별 보조기기 지급관리대장을 전자적 방식으로 기록·관리하는 경우에는 그 |

| 의 료 급 여 법 | 의료급여법 시행령 | 의료급여법 시행규칙 |
| --- | --- | --- |
| | | 렇지 않다. 〈개정 2005. 6. 29., 2007. 3. 27., 2013. 10. 1., 2019. 10. 24.〉<br>⑩ 제2항부터 제9항까지에서 규정한 사항 외에 보조기기 급여의 지급기준, 절차 등에 관하여 필요한 사항은 보건복지부장관이 정하여 고시한다. 〈신설 2007. 3. 27., 2008. 3. 3., 2010. 3. 19., 2013. 10. 1., 2019. 10. 24.〉<br>[제목개정 2019. 10. 24.] |
| **제14조(건강검진)** ① 시장·군수·구청장은 이 법에 따른 수급권자에 대하여 질병의 조기발견과 그에 따른 의료급여를 하기 위하여 건강검진을 할 수 있다.<br>② 제1항에 따른 건강검진의 대상·횟수·절차와 그 밖에 필요한 사항은 보건복지부장관이 정한다.<br>[전문개정 2013. 6. 12.] | | |
| **제15조(의료급여의 제한)** ① 시장·군수·구청장은 수급권자가 다음 각 호의 어느 하나 | **제14조(급여의 제한사유 통보)** ① 의료급여기관의 장은 수급권자가 법 제15조제1항의 | **제26조(급여의 제한사유 통보 등)** ① 의료급여기관은 수급권자가 법 제15조제1항 각 호 |

| 의 료 급 여 법 | 의료급여법 시행령 | 의료급여법 시행규칙 |
|---|---|---|
| 에 해당하면 이 법에 따른 의료급여를 하지 아니한다. 다만, 보건복지부장관이 의료급여를 할 필요가 있다고 인정하는 경우에는 그러하지 아니하다.<br>1. 수급권자가 자신의 고의 또는 중대한 과실로 인한 범죄행위에 그 원인이 있거나 고의로 사고를 일으켜 의료급여가 필요하게 된 경우<br>2. 수급권자가 정당한 이유 없이 이 법의 규정이나 의료급여기관의 진료에 관한 지시에 따르지 아니한 경우<br>② 의료급여기관은 수급권자가 제1항 각 호의 어느 하나에 해당하는 경우 대통령령으로 정하는 바에 따라 수급권자의 거주지를 관할하는 시장·군수·구청장에게 알려야 한다.<br>[전문개정 2013. 6. 12.] | 규정에 의한 급여의 제한사유에 해당된다고 판단되는 경우에는 의사의 진찰소견, 환자 또는 보호자 그 밖의 관계인의 진술내용, 수급권자의 인적사항 등을 지체없이 수급권자의 거주지를 관할하는 시장·군수·구청장에게 통보하여야 한다.<br>② 시장·군수·구청장은 제1항의 규정에 의하여 통보를 받은 때에는 지체없이 그 수급권자에 대한 의료급여의 필요성 여부를 조사·확인하여 그 의료급여기관에 통보하여야 한다. | 의 어느 하나에 해당하는 경우에는 별지 제16호서식의 급여 제한 여부 조회서를 시장·군수·구청장에게 제출하여야 한다. 〈개정 2007. 3. 27., 2014. 11. 19.〉<br>② 영 제14조제2항의 규정에 의한 급여제한 여부의 결정통보는 별지 제18호서식의 급여제한여부결정통보서에 의한다.<br>**제26조의2(의료급여 자격득실 확인)** 의료급여 수급자 또는 수급자이었던 사람으로부터 의료급여자격 득실내용을 확인해 줄 것을 |

| 의 료 급 여 법 | 의료급여법 시행령 | 의료급여법 시행규칙 |
| --- | --- | --- |
| | | 요청받은 시장·군수·구청장은 별지 제18호의2서식의 의료급여 자격득실 확인서를 발급하여야 한다.<br>[본조신설 2010. 12. 15.] |
| **제16조(의료급여의 변경)** ① 시장·군수·구청장은 수급권자의 소득, 재산상황, 근로능력 등이 변동되었을 때에는 직권으로 또는 수급권자나 그 친족, 그 밖의 관계인의 신청을 받아 의료급여의 내용 등을 변경할 수 있다.<br>② 시장·군수·구청장은 제1항에 따라 의료급여의 내용 등을 변경하였을 때에는 서면으로 그 이유를 밝혀 수급권자에게 알려야 한다.<br>[전문개정 2013. 6. 12.]<br><br>**제17조(의료급여의 중지 등)** ① 시장·군수·구청장은 수급권자가 다음 각 호의 어느 하나에 해당하면 의료급여를 중지하여야 한다.<br>1. 수급권자에 대한 의료급여가 필요 없게 | | |

| 의 료 급 여 법 | 의료급여법 시행령 | 의료급여법 시행규칙 |
| --- | --- | --- |
| 된 경우<br>2. 수급권자가 의료급여를 거부한 경우<br>② 시장·군수·구청장은 수급권자가 의료급여를 거부한 경우에는 수급권자가 속한 가구원 전부에 대하여 의료급여를 중지하여야 한다. 〈개정 2017. 3. 21.〉<br>③ 시장·군수·구청장은 제1항에 따라 의료급여를 중지하였을 때에는 서면으로 그 이유를 밝혀 수급권자에게 알려야 한다.<br>[전문개정 2013. 6. 12.]<br><br>**제18조(수급권의 보호)** 의료급여를 받을 권리는 양도하거나 압류할 수 없다.<br>[전문개정 2013. 6. 12.]<br><br>**제19조(구상권)** ① 시장·군수·구청장은 제3자의 행위로 인하여 수급권자에게 의료급여를 한 경우에는 그 급여비용의 범위에서 제3자에게 손해배상을 청구할 권리를 얻는다.<br>② 제1항에 따라 의료급여를 받은 사람이 | | |

| 의 료 급 여 법 | 의료급여법 시행령 | 의료급여법 시행규칙 |
|---|---|---|
| 제3자로부터 이미 손해배상을 받은 경우에는 시장·군수·구청장은 그 배상액의 한도에서 의료급여를 하지 아니한다.<br>[전문개정 2013. 6. 12.] | | |
| **제20조(급여비용의 대지급)** ① 제10조에 따라 급여비용의 일부를 의료급여기금에서 부담하는 경우 그 나머지 급여비용(보건복지부장관이 정한 금액으로 한정한다)은 수급권자 또는 그 부양의무자의 신청을 받아 제25조에 따른 의료급여기금에서 대지급(代支給)할 수 있다.<br>② 제1항에 따른 대지급금의 신청 및 지급방법 등에 필요한 사항은 보건복지부령으로 정한다.<br>[전문개정 2013. 6. 12.] | | **제27조(급여비용의 대지급 신청 및 상환방법 등)** ① 수급권자 또는 그 부양의무자가 법 제20조에 따라 기금에서 급여비용을 대지급받으려는 경우에는 별지 제19호서식의 급여비용대지급신청서를 의료급여를 행한 의료급여기관의 확인을 받아 시장·군수·구청장에게 제출하여야 한다. 〈개정 2013. 12. 13.〉<br>② 제1항에 따라 급여비용의 대지급 신청을 받은 시장·군수·구청장은 지체 없이 대지급 여부를 심사·결정하고 대지급을 승인한 때에는 별지 제19호서식의 급여비용대지급승인서를 수급권자 또는 그 부양의무자에게 발급하여야 하며, 수급권자 또는 그 부양의무자는 급여비용대지급승인서를 의료급여를 행한 의료급여기관에 제 |
| **제21조(대지급금의 상환)** ① 제20조에 따라 대지급금을 받은 사람(그 부양의무자를 포함한다. 이하 "상환의무자"라 한다)은 보건복지부령으로 정하는 바에 따라 대지급 | | |

| 의 료 급 여 법 | 의료급여법 시행령 | 의료급여법 시행규칙 |
|---|---|---|
| 금을 그 거주지를 관할하는 시장·군수·구청장에게 상환하여야 한다. 이 경우 대지급금의 상환은 무이자로 한다.<br>② 상환의무자가 그 거주지를 다른 특별자치시·특별자치도·시·군·구로 이전하였을 때에는 대지급금을 새 거주지를 관할하는 시장·군수·구청장에게 상환하여야 한다.<br>③ 제1항 및 제2항에 따라 대지급금을 상환받은 시장·군수·구청장은 이를 제25조에 따른 의료급여기금에 납입하여야 한다.<br>[전문개정 2013. 6. 12.] | | 출하여야 한다. 〈개정 2013. 12. 13.〉<br>③ 제2항에 따른 급여비용대지급승인서를 받은 의료급여기관은 시장·군수·구청장이 급여비용의 대지급을 결정한 금액을 제20조제1항에 따른 의료급여비용명세서에 기재하여 심사평가원에 심사청구를 하여야 한다. 〈개정 2013. 12. 13.〉<br>④ 제2항에 따라 대지급을 승인한 시장·군수·구청장은 심사평가원으로부터 제21조제2항에 따라 심사결과를 통보받은 때에는 그 급여비용대지급금을 지체 없이 의료급여기관에 지급하여야 한다. 〈개정 2013. 12. 13.〉<br>⑤ 법 제20조제1항에 따라 대지급을 받은 수급권자 또는 그 부양의무자는 대지급금 총액을 다음 각 호의 구분에 따라 3월마다 같은 액수로 분할하여 상환하여야 한다. 이 경우 최초의 납입기한은 급여비용을 대지급한 날부터 3월이 경과된 날이 속하는 달의 말일로 한다. 〈개정 2013. 12. 13.〉 |

| 의 료 급 여 법 | 의료급여법 시행령 | 의료급여법 시행규칙 |
|---|---|---|
| | | 1. 대지급금액이 10만원 미만은 3회<br>2. 대지급금액이 10만원 이상 30만원 미만은 8회<br>3. 대지급금액이 30만원 이상은 12회<br>⑥ 시장·군수·구청장은 제5항에도 불구하고 대지급금상환의무자의 경제적 사정을 고려하여 상환기간 및 상환횟수를 달리할 수 있다. 〈개정 2013. 12. 13.〉<br>⑦ 급여비용의 대지급 및 상환 등에 관하여 필요한 세부사항은 보건복지부장관이 정하는 바에 의한다. 〈개정 2008. 3. 3., 2010. 3. 19., 2013. 12. 13.〉<br>[제목개정 2013. 12. 13.] |
| **제22조(대지급금의 독촉 등)** ① 시장·군수·구청장은 상환의무자가 대지급금을 납부기한까지 상환하지 아니하면 납부기한이 지난 날부터 6개월 이내의 기간을 정하여 지체 없이 독촉장을 발급하여야 한다.<br>② 시장·군수·구청장은 상환의무자가 제1항에 따른 대지급금의 독촉을 받고도 상 | | |

| 의 료 급 여 법 | 의료급여법 시행령 | 의료급여법 시행규칙 |
|---|---|---|
| 환하지 아니하면 대지급금을 지방세 체납처분의 예에 따라 징수할 수 있다.<br>[전문개정 2013. 6. 12.]<br><br>**제23조(부당이득의 징수)** ① 시장·군수·구청장은 속임수나 그 밖의 부당한 방법으로 의료급여를 받은 사람 또는 급여비용을 받은 의료급여기관에 대하여는 그 급여 또는 급여비용에 상당하는 금액의 전부 또는 일부를 부당이득금으로 징수한다.<br>② 시장·군수·구청장은 의료급여기관과 의료급여를 받으려는 사람이 공모하여 속임수나 그 밖의 부당한 방법으로 제1항에 따른 의료급여가 이루어진 경우에는 그 의료급여기관에 대하여 의료급여를 받은 사람과 연대하여 제1항의 부당이득금을 납부하게 할 수 있다.<br>③ 시장·군수·구청장은 제1항에 따라 속임수나 그 밖의 부당한 방법으로 급여비용을 받은 의료급여기관이 다음 각 호의 어느 하나에 해당하는 경우에는 해당 의 | | |

| 의 료 급 여 법 | 의료급여법 시행령 | 의료급여법 시행규칙 |
|---|---|---|
| 료급여기관을 개설한 자에게 그 의료급여기관과 연대하여 제1항의 부당이득금을 납부하게 할 수 있다.<br>1. 「의료법」 제33조제2항을 위반하여 의료기관을 개설할 수 없는 자가 의료인의 면허나 의료법인 등의 명의를 대여받아 개설·운영하는 의료기관<br>2. 「약사법」 제20조제1항을 위반하여 약국을 개설할 수 없는 자가 약사 등의 면허를 대여받아 개설·운영하는 약국<br>④ 시장·군수·구청장은 의료급여기관이 속임수나 그 밖의 부정한 방법으로 수급권자로부터 급여비용을 받았을 때에는 그 의료급여기관으로부터 해당 급여비용을 징수하여 수급권자에게 지체 없이 지급하여야 한다.<br>⑤ 시장·군수·구청장은 제1항 및 제2항에 따른 부당이득금 납부의무자가 부당이득금을 내지 아니하면 기한을 정하여 독촉할 수 있다.<br>⑥ 시장·군수·구청장은 제5항에 따라 독 | | |

| 의 료 급 여 법 | 의료급여법 시행령 | 의료급여법 시행규칙 |
|---|---|---|
| 촉을 할 때에는 10일 이상 15일 이내의 납부기한을 정하여 독촉장을 발급하여야 한다.<br>⑦ 시장·군수·구청장은 제5항에 따라 독촉을 받은 자가 그 납부기한까지 부당이득금을 내지 아니하면 지방세 체납처분의 예에 따라 징수할 수 있다.<br>⑧ 제1항 및 제2항에 따른 부당이득금 납부의무자는 그 거주지를 다른 특별자치시·특별자치도·시·군·구로 이전한 경우에는 부당이득금을 새 거주지를 관할하는 시장·군수·구청장에게 납부하여야 한다. 〈개정 2017. 3. 21.〉<br>⑨ 제8항에 따라 부당이득금을 납부 받은 시장·군수·구청장은 이를 제25조에 따른 의료급여기금에 납입하여야 한다. 〈신설 2017. 3. 21.〉<br>[전문개정 2013. 6. 12.]<br><br>**제24조(결손처분)** 시장·군수·구청장은 다음 각 호의 어느 하나에 해당하는 사유가 있 | | |

| 의 료 급 여 법 | 의료급여법 시행령 | 의료급여법 시행규칙 |
| --- | --- | --- |
| 으면 특별자치시·특별자치도·시·군·구 의료급여 심의위원회의 심의를 거쳐 대지급금 및 부당이득금 등을 결손처분할 수 있다.<br>1. 체납처분이 끝나고 체납액에 충당될 배분금액이 그 체납액에 미치지 못하는 경우<br>2. 해당 권리에 대한 소멸시효가 완성된 경우<br>3. 그 밖에 징수할 가능성이 없다고 인정되는 경우로서 대통령령으로 정하는 경우<br>[전문개정 2013. 6. 12.] | **제15조(결손처분)** 법 제24조제3호에서 "대통령령으로 정하는 경우"란 다음 각 호의 경우를 말한다. 〈개정 2013. 12. 11.〉<br>1. 체납자의 재산이 없거나 체납처분의 목적물인 총 재산의 견적가격이 체납처분비보다 적은 것이 확인된 경우<br>2. 그밖에 징수할 가능성이 없다고 시·군·구 의료급여심의위원회에서 의결한 경우 | |
| **제25조(의료급여기금의 설치 및 조성)** ① 이 법에 따른 급여비용의 재원에 충당하기 위하여 시·도에 의료급여기금(이하 "기금"이라 한다)을 설치한다. | | |

| 의 료 급 여 법 | 의료급여법 시행령 | 의료급여법 시행규칙 |
|---|---|---|
| ② 기금은 다음 각 호의 재원으로 조성한다.<br>1. 국고보조금<br>2. 지방자치단체의 출연금<br>3. 제21조에 따라 상환받은 대지급금<br>4. 제23조에 따라 징수한 부당이득금<br>5. 제29조에 따라 징수한 과징금<br>6. 기금의 결산상 잉여금 및 그 밖의 수입금<br>③ 국가와 지방자치단체는 기금운영에 필요한 충분한 예산을 확보하여야 한다.<br>④ 제2항제1호의 국고보조금의 비율은 「보조금 관리에 관한 법률」 및 관계 법령에서 정하는 바에 따른다.<br>[전문개정 2013. 6. 12.] | | |
| **제26조(기금의 관리 및 운용)** ① 기금은 일반회계와 구분하여 별도의 계정을 설정하여 관리하여야 한다.<br>② 기금은 급여비용, 대지급에 드는 비용, 제33조제2항에 따른 업무 위탁에 드는 비용 또는 그 밖의 의료급여 업무에 직접 드는 비용으로서 보건복지부령으로 정하는 | **제16조(기금관리공무원)** 시·도지사는 기금을 관리하기 위하여 그 소속 공무원중에서 기금의 지출행위와 징수결정에 관한 사무를 담당하는 기금담당관과 기금의 수입 및 지출에 관한 사무를 담당하는 기금출납원을 임명하여야 한다. | **제28조(기금의 관리·운용)** ① 시장·군수·구청장은 의료급여사업에 충당하기 위하여 기금의 교부를 신청하고자 하는 때에는 별지 제20호서식에 의하여 시·도지사에게 신청하여야 한다. 〈개정 2012. 11. 21.〉<br>② 제1항의 규정에 의한 신청을 받은 시·도지사는 시장·군수·구청장에게 기금을 |

| 의 료 급 여 법 | 의료급여법 시행령 | 의료급여법 시행규칙 |
| --- | --- | --- |
| 비용에만 사용하여야 한다.<br>③ 특별시장·광역시장·특별자치시장·도지사·특별자치도지사(이하 "시·도지사"라 한다)는 기금에 여유자금이 있을 때에는 다음 각 호의 방법으로 기금을 운용할 수 있다.<br>1. 금융기관 또는 체신관서에의 예치<br>2. 국채·공채의 매입<br>④ 이 법에서 정한 사항 외에 기금의 관리·운용에 관하여 필요한 사항은 보건복지부령으로 정하는 바에 따라 해당 지방자치단체의 조례로 정한다.<br>[전문개정 2013. 6. 12.] | | 교부한 경우 다음 각호의 1에 해당하는 때에는 교부한 기금의 전부 또는 일부를 반환할 것을 명하거나 필요한 조치를 하여야 한다.<br>1. 기금을 목적외의 용도에 사용한 때<br>2. 법령 또는 시·도의 조례나 규칙에 의한 감독상의 명령을 이행하지 아니한 때<br>3. 기금운용상 증감조정이 필요한 때<br>③ 시장·군수·구청장은 시·도지사로부터 교부받은 기금에 대하여는 일반회계와 구분하여 별도의 계정(이하 "기금계정"이라 한다)을 설정·운용하여야 한다.<br>④ 시장·군수·구청장은 대지급금의 상환, 부당이득금의 징수 등으로 교부받은 기금이 소요비용을 초과하여 잉여금이 발생한 경우에는 그 전액을 지체없이 시·도지사에게 반환하여야 한다. 〈개정 2013. 12. 13.〉<br>⑤ 시장·군수·구청장은 회계연도마다 기금계정의 결산에 관한 서류를 작성하여 다음해 2월 말일까지 시·도지사에게 제출하여야 하며, 결산상 잉여금이 발생한 경 |

| 의 료 급 여 법 | 의료급여법 시행령 | 의료급여법 시행규칙 |
| --- | --- | --- |
| | | 우에는 그 전액을 시·도지사에게 반환하여야 한다.<br>⑥ 시·도지사는 법 제33조제2항의 규정에 의한 업무위탁시에 소요되는 비용으로 의료급여비용심사위탁수수료, 수급권자전산관리위탁수수료, 급여비용지급위탁수수료 및 의료급여의 적정성평가 위탁수수료 등 소요비용을 의료급여기금계정에 계상하여야 한다.<br>⑦ 법 제26조제2항에서 "보건복지부령이 정하는 비용"이라 함은 다음 각 호의 비용을 말한다. 〈개정 2007. 3. 27., 2008. 3. 3., 2010. 3. 19., 2012. 11. 21.〉<br>1. 수급권자의 본인부담금 지원을 위한 비용<br>2. 법 제5조의2에 따른 사례관리사업 수행을 위한 비용<br>3. 수당·일용잡급·국내여비·교육비·수용비·수수료 및 보건복지부장관이 정하는 물품구입비(이하 "행정경비"라 한다). 이 경우 행정경비는 당해연도 기금지출액의 1000분의 3을 초과할 수 없다.<br>⑧ 시·도지사는 조례가 정하는 바에 따라 |

| 의 료 급 여 법 | 의료급여법 시행령 | 의료급여법 시행규칙 |
|---|---|---|
| | | 의료급여기금계정에 예비비를 계상할 수 있다.<br>⑨ 의료급여기금의 관리·운용에 관하여 법·영 및 이 규칙에서 정한 것외에 필요한 사항은 지방자치단체의 조례로 정한다. 〈신설 2001. 12. 31.〉<br><br>**제29조(기금의 운용현황 및 결산보고)** ① 시·도지사는 매분기 종료 후 1월 이내에 의료급여기금의 운용현황을 별지 제21호서식에 의하여 보건복지부장관에게 보고하여야 한다. 〈개정 2008. 3. 3., 2010. 3. 19.〉<br>② 시·도지사는 기금에 관한 다음의 결산서류를 작성하여 다음 연도 3월 31일까지 보건복지부장관에게 보고하여야 한다. 〈개정 2008. 3. 3., 2010. 3. 19., 2013. 12. 13.〉<br>1. 세입·세출총괄표<br>2. 결산내역서<br>3. 결산잉여금계산서<br>4. 대지급금의 지출 및 상환조서 |

| 의 료 급 여 법 | 의료급여법 시행령 | 의료급여법 시행규칙 |
| --- | --- | --- |
| **제27조(급여비용의 예탁)** ① 제33조제2항에 따라 급여비용의 지급업무가 위탁된 경우 시·도지사는 기금에서 보건복지부령으로 정하는 바에 따라 추정급여비용을 급여비용지급기관에 예탁하여야 한다.<br>② 시·도지사는 제25조제2항제2호에 따른 지방자치단체의 출연금 예산이 성립되지 못한 경우 「지방재정법」 제36조에도 불구하고 국고보조금은 즉시 급여비용지급기관에 예탁하여야 한다.<br>[전문개정 2013. 6. 12.] | | **제30조(급여비용의 예탁 등)** ① 법 제27조의 규정에 의하여 시·도지사는 매월 20일까지 제31조의 규정에 의한 급여비용의 예탁금결정액을 공단의 지정계좌에 예탁하여야 한다.<br>② 공단은 매월 말일까지 제1항의 규정에 의한 시·도별 급여비용의 예탁금결정액의 예탁현황 및 예탁금의 집행현황을 보건복지부장관에게 보고하여야 한다. 〈개정 2008. 3. 3., 2010. 3. 19.〉<br><br>**제31조(급여비용의 예탁금결정액)** ① 법 제27조의 규정에 의한 추정급여비용의 월별 예탁금결정액은 당해연도에 조성된 기금의 범위 안에서 보건복지부장관이 정하는 금액으로 한다. 〈개정 2008. 3. 3., 2010. 3. 19.〉<br>② 급여비용의 예탁금결정액의 예탁 등에 관하여 이 규칙에서 정한 것 외에 필요한 세부사항은 보건복지부장관이 정하여 고시한다. 〈개정 2008. 3. 3., 2010. 3. 19.〉 |

| 의 료 급 여 법 | 의료급여법 시행령 | 의료급여법 시행규칙 |
| --- | --- | --- |
| **제28조(의료급여기관의 업무정지 등)** ① 보건복지부장관은 의료급여기관이 다음 각 호의 어느 하나에 해당하면 1년의 범위에서 기간을 정하여 의료급여기관의 업무정지를 명할 수 있다.<br>1. 속임수나 그 밖의 부당한 방법으로 수급권자, 부양의무자 또는 시장·군수·구청장에게 급여비용을 부담하게 한 경우<br>2. 제11조의4를 위반하여 본인부담금을 미리 청구하거나 입원보증금 등 다른 명목의 비용을 청구한 경우<br>3. 제32조제2항에 따른 보고 또는 서류제출을 하지 아니하거나 거짓 보고를 하거나 거짓 서류를 제출하거나 소속 공무원의 질문 및 검사를 거부·방해 또는 기피한 경우<br>② 보건복지부장관은 제3차 의료급여기관이 제1항 각 호의 어느 하나에 해당하면 그 지정을 취소할 수 있다.<br>③ 보건복지부장관은 제2항에 따라 지정취소처분을 받은 제3차 의료급여기관을 그 | | |

| 의 료 급 여 법 | 의료급여법 시행령 | 의료급여법 시행규칙 |
| --- | --- | --- |
| 지정을 취소한 날부터 1년 이내에는 제3차 의료급여기관으로 다시 지정할 수 없다.<br>④ 제1항에 따라 업무정지처분을 받은 자는 해당 업무정지기간 중에는 의료급여를 하지 못한다.<br>⑤ 보건복지부장관은 제1항 및 제2항에 따른 처분을 한 경우에는 보건복지부령으로 정하는 바에 따라 그 사실을 급여비용심사기관 및 급여비용지급기관에 알려야 한다.<br>⑥ 제1항에 따른 업무정지처분의 효과는 그 처분이 확정된 의료급여기관을 양수한 자 또는 합병 후 존속하는 법인이나 합병으로 설립된 법인에 승계되고, 업무정지처분의 절차가 진행 중인 때에는 양수인 또는 합병 후 존속하는 법인이나 합병으로 설립되는 법인에 대하여 그 절차를 계속 진행할 수 있다. 다만, 양수인 또는 합병 후 존속하는 법인이나 합병으로 설립되는 법인이 그 처분 또는 위반사실을 알지 못하였음을 증명하는 경우에는 그러하지 아니하다. |  | **제32조(행정처분 사실의 통보)** ① 보건복지부장관은 법 제28조제5항에 따라 같은 조 제1항 또는 제2항에 따른 처분 사실을 별지 제22호서식의 행정처분통보서로 급여비용심사기관, 급여비용지급기관 및 법 제5조에 따른 보장기관에 알려야 한다. |

| 의 료 급 여 법 | 의료급여법 시행령 | 의료급여법 시행규칙 |
|---|---|---|
| ⑦ 제1항에 따른 업무정지처분을 받았거나 업무정지처분 절차가 진행 중인 자는 행정처분을 받은 사실 또는 행정처분 절차가 진행 중인 사실을 보건복지부령으로 정하는 바에 따라 양수인 또는 합병 후 존속하는 법인이나 합병으로 설립된 법인에 지체 없이 알려야 한다. | | ② 업무정지 처분을 받았거나 업무정지 처분의 절차가 진행 중인 자는 법 제28조제7항에 따라 행정처분을 받은 사실 또는 행정처분 절차가 진행 중인 사실을 「우편법 시행규칙」 제25조제1항제4호가목에 따른 내용증명으로 양수인 또는 합병 후 존속하는 법인이나 합병으로 설립되는 법인에 지체 없이 알려야 한다.<br>[전문개정 2013. 12. 13.] |
| ⑧ 제1항 및 제2항에 따른 행정처분의 기준 등은 대통령령으로 정한다.<br>[전문개정 2013. 6. 12.] | **제16조의2(행정처분의 기준)** 법 제28조제8항에 따른 의료급여기관에 대한 행정처분의 기준은 별표 2와 같다.<br>[본조신설 2013. 12. 11.] | **제33조** 삭제 〈2013. 12. 13.〉 |
| **제29조(과징금 등)** ① 보건복지부장관은 의료급여기관이 제28조제1항제1호에 해당하여 업무정지처분을 하여야 하는 경우로서 그 업무정지처분이 수급권자에게 심한 불편을 주거나 그 밖의 특별한 사유가 있다고 인정되면 그 업무정지처분을 갈음하여 | **제16조의3(과징금 미납자에 대한 처분)** ① 보건복지부장관은 법 제29조제1항에 따른 과징금을 내야 할 자가 납부기한까지 과징금을 내지 아니하면 같은 조 제2항에 따라 납부기한이 지난 후 15일 이내에 독촉장을 발급하여야 한다. 이 경우 납부기 | **제34조** 삭제 〈2013. 12. 13.〉 |

| 의 료 급 여 법 | 의료급여법 시행령 | 의료급여법 시행규칙 |
|---|---|---|
| 속임수나 그 밖의 부당한 방법으로 부담하게 한 급여비용의 5배 이하의 금액을 과징금으로 부과·징수할 수 있다. 이 경우 보건복지부장관은 12개월의 범위에서 분할 납부를 하게 할 수 있다.<br>② 보건복지부장관은 제1항에 따른 과징금을 납부하여야 할 자가 납부기한까지 내지 아니하면 대통령령으로 정하는 바에 따라 제1항에 따른 과징금 부과 처분을 취소하고 제28조제1항에 따른 업무정지 처분을 하거나 국세 체납처분의 예에 따라 징수할 수 있고, 제33조제1항에 따라 과징금 징수에 관한 권한이 시·도지사에게 위임된 경우에는 시·도지사가 지방세 체납처분의 예에 따라 징수할 수 있다. 이 경우 의료급여기관의 폐업 등으로 제28조제1항에 따른 업무정지 처분을 할 수 없으면 국세 체납처분 또는 지방세 체납처분의 예에 따라 징수한다. 〈개정 2016. 2. 3.〉<br>③ 보건복지부장관은 과징금을 징수하기 위하여 필요하면 다음 각 호의 사항을 적 | 한은 독촉장을 발급하는 날부터 10일 이내로 하여야 한다.<br>② 보건복지부장관은 과징금을 내야 하는 자가 제1항에 따른 독촉장을 받고도 그 납부기한까지 과징금을 내지 아니하면 법 제33조제1항 및 이 영 제19조제1호에 따라 과징금 징수에 관한 권한을 위임받은 시·도지사의 요청을 받아 과징금 부과처분을 취소하고 법 제28조제1항에 따른 업무정지처분을 하거나 국세 체납처분 또는 지방세 체납처분(법 제33조제1항 및 이 영 제19조제1호에 따라 과징금 징수에 관한 권한이 시·도지사에게 위임된 경우만 해당한다)의 예에 따라 징수하여야 한다.<br>③ 제2항에 따라 과징금 부과처분을 취소하고 업무정지처분을 하려면 처분대상자에게 서면으로 그 내용을 통지하여야 한다. 이 경우 그 서면에는 처분의 변경사유와 업무정지처분의 기간 등 업무정지처분에 필요한 사항이 포함되어야 한다.<br>[본조신설 2016. 6. 28.] | |

| 의 료 급 여 법 | 의료급여법 시행령 | 의료급여법 시행규칙 |
|---|---|---|
| 은 문서로 관할 세무관서의 장 또는 지방자치단체의 장에게 과세정보의 제공을 요청할 수 있다.<br>1. 납세자의 인적사항<br>2. 사용목적<br>3. 과징금 부과 사유 및 부과 기준 | [종전 제16조의3은 제16조의4로 이동 〈2016. 6. 28.〉] | |
| ④ 제1항에 따른 과징금을 부과하는 위반행위의 종류, 위반 정도 등에 따른 과징금의 금액과 그 밖에 필요한 사항은 대통령령으로 정한다.<br>[전문개정 2013. 6. 12.] | **제16조의4(과징금의 부과 기준)** 법 제29조제4항에 따른 과징금의 부과 기준은 별표 3과 같다.<br>[본조신설 2013. 12. 11.]<br>[제16조의3에서 이동 〈2016. 6. 28.〉] | |
| **제29조의2(제조업자등의 금지행위 등)** ① 「약사법」에 따른 의약품의 제조업자·위탁제조판매업자·수입자·판매업자 및 「의료기기법」에 따른 의료기기 제조업자·수입업자·수리업자·판매업자·임대업자(이하 이 조에서 "제조업자등"이라 한다)는 약제·치료재료와 관련하여 제7조제2항에 따른 의료급여의 범위 및 의료수가를 계산할 때에 제28조제1항제1호에 따른 의료급여기 | | |

| 의 료 급 여 법 | 의료급여법 시행령 | 의료급여법 시행규칙 |
|---|---|---|
| 관의 위반행위에 개입하거나 거짓 자료를 제출하여 약제·치료재료의 가격 한도나 판매가격을 높이는 등 속임수나 그 밖에 보건복지부령으로 정하는 부당한 방법으로 기금에 손실을 주는 행위를 하여서는 아니 된다.<br>② 보건복지부장관은 제조업자등이 제1항을 위반한 사실이 있는지를 확인하기 위하여 그 제조업자등에게 관련 서류의 제출을 명하거나 소속 공무원으로 하여금 관계인에게 질문을 하게 하거나 관계 서류를 검사하게 하는 등 필요한 조사를 할 수 있다. 이 경우 소속 공무원은 그 권한을 표시하는 증표를 지니고 이를 관계인에게 보여주어야 한다.<br>[본조신설 2013. 6. 12.] | | |
| **제30조(이의신청 등)** ① 수급권자의 자격, 의료급여 및 급여비용에 대한 시장·군수·구청장의 처분에 이의가 있는 자는 시장·군수·구청장에게 이의신청을 할 수 있다. | **제17조(이의신청의 결정 및 통지)** ① 시장·군수·구청장 및 법 제9조제4항제1호의 규정에 의한 급여비용심사기관(이하 "급여비용심사기관"이라 한다)은 법 제30조의 규정에 | **제35조(이의신청서 등)** ① 법 제30조제1항 및 영 제17조제3항에 따른 시장·군수·구청장의 처분에 대한 이의신청과 이의신청에 대한 결정은 각각 별지 제23호서식 및 |

| 의 료 급 여 법 | 의료급여법 시행령 | 의료급여법 시행규칙 |
|---|---|---|
| ② 급여비용의 심사·조정, 의료급여의 적정성 평가 및 급여 대상 여부의 확인에 관한 급여비용심사기관의 처분에 이의가 있는 제5조에 따른 보장기관, 의료급여기관 또는 수급권자는 급여비용심사기관에 이의신청을 할 수 있다. 〈개정 2017. 3. 21.〉<br>③ 제1항 및 제2항에 따른 이의신청은 처분이 있음을 안 날부터 90일 이내에 문서(전자문서를 포함한다)로 하여야 하며, 처분이 있은 날부터 180일이 지나면 제기하지 못한다. 다만, 정당한 사유에 따라 그 기간에 이의신청을 할 수 없었음을 소명한 경우에는 그러하지 아니하다.<br>④ 제3항 본문에도 불구하고 의료급여기관이 제11조의3에 따른 급여비용심사기관의 확인에 대하여 이의신청을 하려면 같은 조 제2항에 따라 통보받은 날부터 30일 이내에 하여야 한다.<br>⑤ 제1항부터 제4항까지에서 규정한 사항 외에 이의신청의 방법, 이의신청에 대한 결정 및 결정의 통지 등에 필요한 사항은 | 의한 이의신청을 받은 때에는 그로부터 60일 이내에 결정을 하여야 한다. 다만, 부득이한 사정이 있는 경우에는 30일의 범위 내에서 그 기간을 연장할 수 있다.<br>② 제1항 단서의 규정에 의하여 결정기간을 연장하는 때에는 결정기간이 만료되기 7일전까지 이의신청인에게 이를 통지하여야 한다.<br>③ 시장·군수·구청장 및 급여비용심사기관의 장은 제1항의 규정에 의하여 이의신청에 대한 결정을 한 때에는 지체없이 이의신청인에게 이의신청결정서의 정본을 송부하고, 이해관계인에게 그 사본을 송부하여야 한다. | 별지 제24호서식에 따른다.<br>② 법 제30조제2항 및 영 제17조제3항에 따른 급여비용심사기관의 처분에 대한 이의신청과 이의신청에 대한 결정은 각각 별지 제25호서식 및 별지 제26호서식에 따른다.<br>[전문개정 2010. 9. 7.] |

| 의 료 급 여 법 | 의료급여법 시행령 | 의료급여법 시행규칙 |
| --- | --- | --- |
| 대통령령으로 정한다.<br>[전문개정 2013. 6. 12.] | | |
| **제30조의2(심판청구)** ① 제30조제2항에 따른 급여비용심사기관의 이의신청에 대한 결정에 불복이 있는 자는 「국민건강보험법」 제89조에 따른 건강보험분쟁조정위원회에 심판청구를 할 수 있다. 이 경우 심판청구의 제기기간 및 제기방법에 관하여는 제30조제3항을 준용한다.<br>② 제1항에 따라 심판청구를 하려는 자는 대통령령으로 정하는 심판청구서를 제30조제2항에 따른 처분을 행한 급여비용심사기관에 제출하거나 제1항에 따른 건강보험분쟁조정위원회에 제출하여야 한다.<br>③ 제1항 및 제2항에서 규정한 사항 외에 심판청구의 절차·방법·결정 및 그 결정의 통지 등에 필요한 사항은 대통령령으로 정한다.<br>[본조신설 2014. 1. 28.] | **제17조의2(심판청구서의 제출)** ① 법 제30조의2제1항에 따라 심판청구를 하려는 자는 다음 각 호의 사항을 적은 심판청구서를 급여비용심사기관 또는 같은 법 제89조에 따른 건강보험분쟁조정위원회(이하 "분쟁조정위원회"라 한다)에 제출하여야 한다.<br>1. 청구인의 이름과 주소(법인인 경우에는 그 명칭, 대표자의 이름 및 주사무소의 소재지)<br>2. 청구인이 처분을 받은 자가 아닌 경우에는 처분을 받은 자와의 관계<br>3. 처분을 한 자<br>4. 심판청구의 대상이 되는 처분의 내용<br>5. 처분이 있음을 알게 된 날<br>6. 심판청구의 취지 및 이유<br>7. 심판청구에 관한 고지의 유무 및 그 내용<br>8. 첨부서류의 표시<br>② 청구인이 심판청구서를 급여비용심사 | |

| 의 료 급 여 법 | 의료급여법 시행령 | 의료급여법 시행규칙 |
| --- | --- | --- |
| | 기관이나 분쟁조정위원회 외의 기관에 제출한 경우에는 그 기관은 심판청구서를 지체 없이 급여비용심사기관이나 분쟁조정위원회에 보내야 한다.<br>③ 제2항에 따라 심판청구서를 급여비용심사기관이나 분쟁조정위원회에 보낸 기관은 지체 없이 그 사실을 청구인에게 알려야 한다.<br>④ 심판청구 기간을 계산할 때에는 제1항에 따른 급여비용심사기관이나 분쟁조정위원회 또는 제2항에 따른 기관에 심판청구서가 제출된 때에 심판청구가 된 것으로 본다.<br>[본조신설 2014. 7. 16.]<br><br>**제17조의3(급여비용심사기관의 심판청구서 접수·처리)** ① 급여비용심사기관은 제17조의2제1항·제2항에 따라 심판청구서를 제출받거나 제17조의4제1항에 따라 심판청구서의 사본 또는 부본(副本)을 송부받으면 10일 이내에 심판청구서(제17조의2제 | |

| 의 료 급 여 법 | 의료급여법 시행령 | 의료급여법 시행규칙 |
| --- | --- | --- |
| | 1항 또는 제2항의 경우만 해당한다)에 답변서 2부와 제17조제3항에 따른 이의신청결정서 사본을 첨부하여 분쟁조정위원회에 보내야 한다.<br>② 제1항에 따른 답변서에는 다음 각 호의 사항이 포함되어야 한다.<br>1. 처분의 근거와 이유<br>2. 심판청구의 취지와 이유에 대응하는 답변<br>[본조신설 2014. 7. 16.]<br><br>**제17조의4(분쟁조정위원회의 접수·처리)** ① 분쟁조정위원회는 제17조의2제1항 및 제2항에 따라 심판청구서를 제출받으면 지체 없이 심판청구서의 사본 또는 부본을 급여비용심사기관에 보내야 한다.<br>② 분쟁조정위원회는 제17조의3제1항에 따라 급여비용심사기관으로부터 답변서가 제출되면 답변서 부본을 청구인에게 송달하여야 한다.<br>[본조신설 2014. 7. 16.] | |

| 의 료 급 여 법 | 의료급여법 시행령 | 의료급여법 시행규칙 |
| --- | --- | --- |
|  | **제17조의5(심판청구의 결정 및 통지)** ① 분쟁조정위원회는 심판청구서가 제출된 날부터 60일 이내에 결정을 하여야 한다. 다만, 부득이한 사정이 있는 경우에는 30일의 범위에서 그 기간을 연장할 수 있다.<br>② 제1항 단서에 따라 결정기간을 연장하려면 결정기간이 끝나기 7일 전까지 청구인에게 그 사실을 알려야 한다.<br>③ 분쟁조정위원회의 위원장은 심판청구에 대하여 결정을 하였을 때에는 다음 각 호의 사항을 적은 결정서에 서명 또는 기명날인한 후 지체 없이 청구인에게는 결정서의 정본을, 급여비용심사기관에는 그 사본을 각각 보내야 한다.<br>1. 청구인의 이름과 주소(법인인 경우에는 그 명칭, 대표자의 이름 및 주사무소의 소재지)<br>2. 처분을 한 자<br>3. 결정 주문(主文)<br>4. 심판청구의 취지<br>5. 결정 이유 |  |

| 의 료 급 여 법 | 의료급여법 시행령 | 의료급여법 시행규칙 |
| --- | --- | --- |
| **제31조(소멸시효)** ① 다음 각 호의 권리는 3년간 행사하지 아니하면 소멸시효가 완성된다.<br>1. 의료급여를 받을 권리<br>2. 급여비용을 받을 권리<br>3. 대지급금을 상환받을 권리<br>② 제1항에 따른 시효는 다음 각 호의 어느 하나에 해당하는 사유로 중단된다.<br>1. 급여비용의 청구<br>2. 대지급금에 대한 납입의 고지 및 독촉<br>③ 소멸시효 및 시효중단에 관하여 이 법에서 정한 사항 외에는 「민법」에 따른다.<br>[전문개정 2013. 6. 12.]<br><br>**제32조(보고 및 검사)** ① 보건복지부장관은 필요한 경우에는 기금의 관리·운용 및 의료급여와 관련된 사항에 관하여 시·도 및 시·군·구를 지도·감독하거나 필요한 보고를 하게 할 수 있다. | 6. 결정한 날짜<br>[본조신설 2014. 7. 16.] | |

<table>
<tr><th>의 료 급 여 법</th><th>의료급여법 시행령</th><th>의료급여법 시행규칙</th></tr>
<tr><td>② 보건복지부장관은 의료급여기관(제12조에 따라 의료급여를 실시한 기관을 포함한다) 및 제11조제6항에 따라 급여비용의 심사청구를 대행하는 단체(이하 "대행청구단체"라 한다)에 대하여 진료·약제의 지급 등 의료급여에 관한 보고 또는 관계 서류의 제출을 명하거나 소속 공무원으로 하여금 질문을 하게 하거나 관계 서류를 검사하게 할 수 있다. 〈개정 2017. 3. 21.〉<br>③ 보건복지부장관 또는 시장·군수·구청장은 의료급여를 받는 사람에게 그 의료급여의 내용에 관하여 보고하게 하거나 소속 공무원으로 하여금 질문하게 할 수 있다.<br>④ 제2항 및 제3항에 따라 질문 또는 조사를 하는 소속 공무원은 그 권한을 표시하는 증표 및 조사기간, 조사범위, 조사담당자, 관계 법령 등 보건복지부령으로 정하는 사항이 기재된 서류를 지니고 이를 관계인에게 보여주어야 한다. 〈개정 2016. 2. 3.〉<br>⑤ 제2항 및 제3항에 따른 질문 또는 조</td><td>제18조(검사업무의 지원) 보건복지부장관은 법 제32조제2항에 따른 의료급여기관 및 대행청구단체에 대한 검사업무를 효율적으로 수행하기 위하여 필요한 경우에는 「국민건강보험법」 제62조에 따른 건강보험심사평가원(이하 "심사평가원"이라 한다)으로 하여금 그 업무를 지원하게 할 수 있다. 〈개정 2005. 7. 5., 2008. 2. 29., 2010. 3. 15., 2012. 8. 31., 2013. 12. 11.〉</td><td>제35조의2(현장조사서) 법 제32조제4항에서 "보건복지부령으로 정하는 사항이 기재된 서류"란 별지 제27호서식의 현장조사서를 말한다.<br>[본조신설 2016. 6. 29.]</td></tr>
</table>

| 의 료 급 여 법 | 의료급여법 시행령 | 의료급여법 시행규칙 |
|---|---|---|
| 사의 내용·절차·방법 등에 관하여 이 법에서 정하는 사항을 제외하고는 「행정조사기본법」에서 정하는 바를 따른다. 〈신설 2016. 2. 3.〉<br>[전문개정 2013. 6. 12.]<br><br>**제32조의2(자료의 제공)** ① 시장·군수·구청장, 급여비용심사기관 및 급여비용지급기관은 국가, 지방자치단체, 의료급여기관 또는 그 밖의 공공단체 등에 대하여 의료급여사업을 위하여 필요한 자료를 요청할 수 있다. 이 경우 요청받은 자는 성실히 자료를 제공하여야 한다.<br>② 급여비용심사기관은 의료급여기관에 대하여 급여비용의 심사·조정, 의료급여의 적정성 평가 및 급여 대상 여부의 확인을 위하여 필요한 자료를 요청할 수 있다. 이 경우 자료의 제공을 요청받은 의료급여기관은 특별한 사유가 없으면 그 요청에 따라야 한다. 〈개정 2017. 3. 21.〉<br>③ 제1항 및 제2항에 따라 국가, 지방자 | | |

| 의 료 급 여 법 | 의료급여법 시행령 | 의료급여법 시행규칙 |
|---|---|---|
| 치단체, 의료급여기관 또는 그 밖의 공공단체 등이 시장·군수·구청장, 급여비용심사기관 및 급여비용지급기관에 제공하는 자료에 대하여는 사용료와 수수료 등을 면제한다.<br>[본조신설 2013. 6. 12.] | | |
| **제32조의3(포상금 및 장려금의 지급)** ① 시장·군수·구청장은 속임수나 그 밖의 부당한 방법으로 급여비용을 받은 의료급여기관을 신고한 사람에게 포상금을 지급할 수 있다.<br>② 시장·군수·구청장은 의료급여 재정을 효율적으로 운영하는 데에 이바지한 의료급여기관에 대하여 장려금을 지급할 수 있다.<br>③ 제1항 및 제2항에 따른 포상금과 장려금의 지급 기준과 범위, 절차 및 방법 등에 필요한 사항은 대통령령으로 정한다.<br>[본조신설 2013. 6. 12.] | **제18조의2(포상금의 지급 등)** ① 법 제32조의3제1항에 따라 속임수나 그 밖의 부당한 방법으로 급여비용을 받은 의료급여기관을 신고하려는 사람은 보건복지부장관이 정하는 바에 따라 시장·군수·구청장에게 신고하여야 한다. 이 경우 2명 이상이 공동명의로 신고할 때에는 대표자를 지정하여야 한다.<br>② 시장·군수·구청장은 제1항에 따라 신고를 받으면 그 내용을 확인한 후 포상금 지급 여부를 결정하여 신고인(2명 이상이 공동명의로 신고한 경우에는 제1항 후단에 따른 대표자를 말한다. 이하 이 조에서 같다)에게 통보하여야 한다. | |

| 의 료 급 여 법 | 의료급여법 시행령 | 의료급여법 시행규칙 |
| --- | --- | --- |
|  | ③ 신고인은 제2항에 따라 포상금 지급 결정을 통보받으면 보건복지부장관이 정하는 바에 따라 시장·군수·구청장에게 포상금 지급을 신청하여야 한다.<br>④ 시장·군수·구청장은 제3항에 따라 포상금 지급 신청을 받은 날부터 1개월 이내에 신고인에게 별표 4의 포상금 지급 기준에 따른 포상금을 지급하여야 한다.<br>⑤ 제1항에 따른 신고를 받은 후에 신고된 내용과 같은 내용의 신고를 한 사람에게는 포상금을 지급하지 아니한다.<br>⑥ 제1항부터 제5항까지에서 규정한 사항 외에 포상금의 지급 기준과 방법·절차 등에 관한 사항은 보건복지부장관이 정하여 고시한다.<br>[본조신설 2013. 12. 11.]<br><br>**제18조의3(장려금의 지급 등)** ① 시장·군수·구청장은 성분 또는 효능이 같아 대체 사용이 가능한 약제 중 급여비용이 보다 저렴한 약제를 처방하거나 조제하는 등 보 |  |

| 의 료 급 여 법 | 의료급여법 시행령 | 의료급여법 시행규칙 |
|---|---|---|
| | 건복지부장관이 정하여 고시하는 방법으로 의료급여 재정 지출을 절감하는 데 이바지한 의료급여기관에 법 제32조의3제2항에 따른 장려금(이하 "장려금"이라 한다)을 지급한다.<br>② 장려금은 제1항에 따른 처방 또는 조제로 인하여 의료급여 재정 지출에서 절감된 금액의 100분의 70을 넘지 아니하는 금액으로 한다.<br>③ 제1항 및 제2항에서 규정한 사항 외에 장려금의 지급 기준과 방법·절차 등에 관한 사항은 보건복지부장관이 정하여 고시한다.<br>[본조신설 2013. 12. 11.] | |
| **제33조(권한의 위임 및 위탁)** ① 이 법에 따른 보건복지부장관의 권한은 대통령령으로 정하는 바에 따라 그 일부를 시·도지사에게 위임할 수 있다. | **제19조(권한의 위임)** 법 제33조제1항의 규정에 의하여 보건복지부장관의 권한중 다음 각호의 권한을 시·도지사에게 위임한다. 〈개정 2008. 2. 29., 2010. 3. 15.〉<br>1. 법 제29조제1항의 규정에 의하여 보건복지부장관이 의료급여기관에 대하여 부과처분한 과징금의 징수권한 | |

<table>
<tr><th>의 료 급 여 법</th><th>의료급여법 시행령</th><th>의료급여법 시행규칙</th></tr>
<tr><td><br>② 이 법에 따른 시장·군수·구청장의 업무 중 수급권자의 관리, 급여비용의 심사·조정, 의료급여의 적정성 평가, 급여 대상 여부의 확인 및 급여비용의 지급 업무 등 의료급여에 관한 업무는 그 일부를 대통령령으로 정하는 바에 따라 관계 전문기관에 위탁할 수 있다. 이 경우 위탁에 드는 비용은 보건복지부장관이 정하는 바에 따라 기금에서 부담한다. 〈개정 2017. 3. 21.〉<br>[전문개정 2013. 6. 12.]</td><td>2. 법 제32조제1항의 규정에 의한 시·군·구에 대한 지도·감독 및 보고에 관한 권한<br><br>제20조(업무의 위탁) ① 시장·군수·구청장은 법 제33조제2항에 따라 다음 각 호의 업무를 심사평가원에 위탁한다. 〈개정 2019. 8. 27.〉<br>1. 법 제11조제2항에 따른 급여비용(건강검진비용을 포함한다. 이하 같다)의 심사·조정<br>2. 법 제11조제4항에 따른 의료급여(건강검진을 포함한다)의 적정성 평가<br>3. 제1호 및 제2호와 관련된 심사 및 평가기준의 설정<br>② 시장·군수·구청장은 법 제33조제2항에 따라 다음 각 호의 업무를 보험공단에 위탁한다. 〈개정 2019. 8. 27.〉<br>1. 법 제11조제3항·제4항에 따른 급여비용의 지급 및 법 제11조의5에 따른 급여비용의 지급 보류<br>2. 법 제14조제1항에 따른 건강검진의 실</td><td></td></tr>
</table>

| 의 료 급 여 법 | 의료급여법 시행령 | 의료급여법 시행규칙 |
| --- | --- | --- |
|  | 시 및 그 결과의 관리<br>3. 법 제15조에 따른 의료급여의 제한에 필요한 실태조사 및 자료수집<br>4. 다음 각 목의 업무에 필요한 정보시스템의 구축 또는 운영<br>가. 법 제7조제2항에 따른 의료급여의 한도 관리<br>나. 법 제10조, 이 영 별표 1 제1호다목(5), 같은 호 라목·마목 및 같은 표 제2호마목·바목에 따라 기금에서 부담하는 급여비용을 적용받는 수급권자의 관리<br>다. 수급권자의 자격 및 개인별 진료내역의 관리<br><br>**제21조(민감정보 및 고유식별정보의 처리)** 보건복지부장관(법 제5조의2제3항 또는 이 영 제19조에 따라 보건복지부장관의 권한 또는 업무를 위임·위탁받은 자를 포함한다), 시·도지사 또는 시장·군수·구청장(제20조 또는 조례·규칙에 따라 해당 권한 |  |

| 의 료 급 여 법 | 의료급여법 시행령 | 의료급여법 시행규칙 |
|---|---|---|
| | 또는 업무를 위임·위탁받은 자를 포함한다)은 다음 각 호의 사무를 수행하기 위하여 불가피한 경우 「개인정보 보호법」 제23조에 따른 건강에 관한 정보, 같은 법 시행령 제18조제1호 또는 제2호에 따른 유전정보 또는 범죄경력자료에 해당하는 정보, 같은 영 제19조제1호 또는 제4호에 따른 주민등록번호 또는 외국인등록번호가 포함된 자료를 처리할 수 있다. 〈개정 2013. 12. 11.〉<br>1. 법 제3조, 제3조의2, 제3조의3, 제4조, 제8조, 제16조 및 제17조에 따른 의료급여 수급권자 인정 등 및 변경, 중지에 관한 사무<br>2. 법 제5조제3항에 따른 수급권자 건강증진을 위하여 필요한 사업에 관한 사무<br>3. 법 제5조의2에 따른 사례관리에 관한 사무<br>4. 법 제6조에 따른 의료급여심의위원회 운영에 관한 사무<br>5. 법 제7조, 제9조부터 제11조까지, 제 | |

| 의 료 급 여 법 | 의료급여법 시행령 | 의료급여법 시행규칙 |
| --- | --- | --- |
| | 11조의2부터 제11조의4까지의 규정에 따른 의료급여, 급여비용의 청구·지급 등에 관한 사무<br>6. 법 제12조 및 제13조에 따른 요양비 등 지원에 관한 사무<br>7. 법 제14조에 따른 건강검진에 관한 사무<br>8. 법 제15조, 제19조, 제23조 및 제24조에 따른 급여의 제한, 구상권, 부당이득금의 징수 등에 관한 사무<br>9. 법 제20조부터 제22조까지의 규정에 따른 대지급금에 관한 사무<br>10. 법 제26조 및 제27조에 따른 기금 및 예탁금 관리에 관한 사무<br>11. 법 제28조, 제29조, 제29조의2, 제30조, 제32조, 제32조의2 및 제32조의3에 따른 의료급여기관에 대한 행정처분, 보고·검사, 자료 요청 및 포상금·장려금 지급 등에 관한 사무<br>[본조신설 2012. 1. 6.] | |

| 의 료 급 여 법 | 의료급여법 시행령 | 의료급여법 시행규칙 |
|---|---|---|
| **제34조(끝수 및 소액의 처리)** ① 의료급여에 관한 비용을 계산할 때 「국고금 관리법」 | **제21조의2(규제의 재검토)** 보건복지부장관은 제16조의4 및 별표 3에 따른 과징금 부과기준에 대하여 2015년 1월 1일을 기준으로 2년마다(매 2년이 되는 해의 1월 1일 전까지를 말한다) 그 타당성을 검토하여 개선 등의 조치를 하여야 한다. 〈개정 2016. 6. 28.〉<br>[본조신설 2014. 12. 9.] | **제36조(규제의 재검토)** ① 보건복지부장관은 다음 각 호의 사항에 대하여 다음 각 호의 기준일을 기준으로 3년마다(매 3년이 되는 해의 기준일과 같은 날 전까지를 말한다) 그 타당성을 검토하여 개선 등의 조치를 하여야 한다. 〈개정 2015. 1. 5., 2019. 12. 20.〉<br>1. 제2조의3제1항에 따른 의료급여 관리사의 자격: 2014년 1월 1일<br>2. 제17조에 따른 제3차의료급여기관의 지정 등: 2014년 1월 1일<br>② 보건복지부장관은 제16조에 따른 의료급여기관별 진료범위에 대하여 2019년 1월 1일을 기준으로 2년마다(매 2년이 되는 해의 1월 1일 전까지를 말한다) 그 타당성을 검토하여 개선 등의 조치를 해야 한다. 〈개정 2018. 12. 28.〉<br>[전문개정 2013. 12. 31.] |

| 의 료 급 여 법 | 의료급여법 시행령 | 의료급여법 시행규칙 |
| --- | --- | --- |
| 제47조에 따른 끝수는 계산하지 아니한다.<br>② 특별시장·광역시장·도지사 및 시장·군수·구청장은 징수·지급 또는 반환하여야 할 금액이 건당 2천원 미만인 경우에는 이를 징수·지급 또는 반환하지 아니한다.<br>[전문개정 2013. 6. 12.]<br><br>**제35조(벌칙)** ① 제3조의3제3항에 따라 준용되는 「국민기초생활 보장법」 제23조의2제6항을 위반하여 금융정보·신용정보 또는 보험정보를 사용·제공 또는 누설한 사람은 5년 이하의 징역 또는 5천만원 이하의 벌금에 처한다. 〈개정 2017. 3. 21.〉<br>② 삭제 〈2017. 3. 21.〉<br>③ 다음 각 호의 어느 하나에 해당하는 사람은 3년 이하의 징역 또는 3천만원 이하의 벌금에 처한다. 〈개정 2017. 3. 21.〉<br>1. 제3조의3제3항에 따라 준용되는 「국민기초생활 보장법」 제22조제6항(같은 법 제23조제2항에서 준용하는 경우를 포함한다)을 위반하여 정보 또는 자료를 사 | | |

| 의 료 급 여 법 | 의료급여법 시행령 | 의료급여법 시행규칙 |
|---|---|---|
| 용하거나 제공한 사람<br>2. 삭제 〈2017. 3. 21.〉<br>3. 대행청구단체의 종사자로서 거짓이나 그 밖의 부정한 방법으로 급여비용을 청구한 자<br>④ 다음 각 호의 어느 하나에 해당하는 자는 1년 이하의 징역 또는 1천만원 이하의 벌금에 처한다. 〈개정 2017. 3. 21.〉<br>1. 제9조제3항을 위반하여 정당한 이유 없이 이 법에 따른 의료급여를 거부한 자<br>2. 제11조제6항에 따른 대행청구단체가 아닌 자로 하여금 급여비용의 심사청구를 대행하게 한 자<br>3. 속임수나 그 밖의 부정한 방법으로 의료급여를 받은 자 또는 제3자로 하여금 의료급여를 받게 한 자<br>4. 제28조제4항을 위반하여 업무정지기간 중에 의료급여를 한 의료급여기관의 개설자<br>⑤ 정당한 이유 없이 제32조제2항에 따른 보고 또는 서류제출을 하지 아니하거나 | | |

| 의료급여법 | 의료급여법 시행령 | 의료급여법 시행규칙 |
| --- | --- | --- |
| 거짓으로 보고하거나 거짓 자료를 제출하거나 검사를 거부·방해 또는 기피한 사람은 1천만원 이하의 벌금에 처한다.<br>[전문개정 2013. 6. 12.]<br><br>**제36조(양벌규정)** 법인의 대표자나 법인 또는 개인의 대리인, 사용인, 그 밖의 종업원이 그 법인 또는 개인의 업무에 관하여 제35조의 위반행위를 하면 그 행위자를 벌하는 외에 그 법인 또는 개인에게도 해당 조문의 벌금형을 과(科)한다. 다만, 법인 또는 개인이 그 위반행위를 방지하기 위하여 해당 업무에 관하여 상당한 주의와 감독을 게을리하지 아니한 경우에는 그러하지 아니하다.<br>[전문개정 2013. 6. 12.]<br><br>**제37조(과태료)** ① 제28조제7항을 위반하여 행정처분을 받은 사실 또는 행정처분 절차가 진행 중인 사실을 양수인 또는 합병 후 존속하는 법인이나 합병으로 설립된 | | |

| 의 료 급 여 법 | 의료급여법 시행령 | 의료급여법 시행규칙 |
|---|---|---|
| 법인에 알리지 아니한 자에게는 500만원 이하의 과태료를 부과한다.<br>② 다음 각 호의 어느 하나에 해당하는 자에게는 100만원 이하의 과태료를 부과한다.<br>1. 제11조의2에 따른 서류보존의무를 위반한 자<br>2. 정당한 사유 없이 제29조의2제2항에 따른 서류제출을 하지 아니하거나 거짓 서류를 제출하거나 질문에 대하여 진술을 거부하거나 거짓으로 진술하거나 검사 등 조사를 거부·방해·기피한 자 | | |
| ③ 제1항 및 제2항에 따른 과태료는 대통령령으로 정하는 바에 따라 보건복지부장관이 부과·징수한다.<br>[전문개정 2013. 6. 12.] | **제22조(과태료 부과의 기준)** 법 제37조제3항에 따른 과태료 부과의 기준은 별표 5와 같다.<br>[본조신설 2013. 12. 11.] | |
| **부 칙** 〈제6474호, 2001. 5. 24.〉<br>**제1조(시행일)** 이 법은 2001년 10월 1일부터 시행한다.<br>**제2조(의료보호대상자에 관한 경과조치)** 이 법 시행 당시 종전의 규정에 의한 의료보호 | **부 칙** 〈제17379호, 2001. 9. 29.〉<br>**제1조(시행일)** 이 영은 2001년 10월 1일부터 시행한다.<br>**제2조(다른 법령의 개정)** ①정신보건법시행령 중 다음과 같이 개정한다. | **부 칙** 〈제202호, 2001. 10. 9.〉<br>**제1조(시행일)** 이 규칙은 공포한 날부터 시행한다.<br>**제2조(의료보호비용의 지급에 관한 경과조치)** 이 규칙 시행 당시 종전의 규정에 의하여 |

| 의 료 급 여 법 | 의료급여법 시행령 | 의료급여법 시행규칙 |
|---|---|---|
| 대상자는 제3조의 개정규정에 의한 수급권자로 본다.<br>**제3조(의료보호심의위원회에 관한 경과조치)** 이 법 시행 당시 종전의 규정에 의한 의료보호심의위원회는 제6조의 개정규정에 의한 의료급여심의위원회로 본다.<br>**제4조(의료보장증에 관한 경과조치)** 이 법 시행 당시 종전의 규정에 따라 발급받은 의료보장증은 제8조의 개정규정에 따라 발급받은 의료급여증으로 본다.<br>**제5조(의료보호진료기관에 관한 경과조치)** 이 법 시행 당시 종전의 규정에 의한 의료보호진료기관은 제9조의 개정규정에 의한 의료급여기관으로 본다.<br>**제6조(보호비용에 관한 경과조치)** 이 법 시행 당시 종전의 규정에 의한 보호비용은 제10조의 개정규정에 의한 급여비용으로 본다.<br>**제7조(의료보호기금에 관한 경과조치)** 이 법 시행 당시 종전의 규정에 의한 의료보호기금은 제25조의 개정규정에 의한 의료급여기금으로 본다. | 제22조제1항 단서중 "의료보호법"을 "의료급여법"으로, "의료보호기금"을 "의료급여기금"으로 한다.<br>② 전염병예방법시행령중 다음과 같이 개정한다.<br>제19조의2제1호중 "의료보호법"을 "의료급여법"으로, "의료보호기금"을 "의료급여기금"으로 한다<br>**제3조(다른 법령과의 관계)** 이 영 시행당시 다른 법령에서 종전의 의료보호법시행령을 인용하고 있는 경우 이 영에 그에 해당하는 규정이 있는 때에는 종전의 규정에 갈음하여 이 영 또는 이 영의 해당규정을 각각 인용한 것으로 본다.<br><br>**부 칙** 〈제17878호, 2003. 1. 2.〉<br>① **(시행일)** 이 영은 공포한 날부터 시행한다. 다만, 제3조제2항제1호 가목(2)의 개정규정중 상한연령에 관한 부분은 다음 각호와 같이 단계별로 시행한다.<br>1. 이 영 시행일부터 2003년 12월 31일 | 발생된 의료보호비용은 해당 시장·군수·구청장이 지급한다.<br>**제3조(행정처분기준의 변경에 따른 경과조치)** 이 규칙 시행전에 행한 행위에 대한 행정처분기준은 별표 3의 개정규정에 불구하고 종전의 규정에 의한다.<br>**제4조(다른 법령의 개정)** ①국립결핵병원운영규칙중 다음과 같이 개정한다.<br>제4조제1호를 다음과 같이 한다.<br>1. 의료급여법 제3조의 규정에 의한 수급권자<br>② 국립정신병원운영규칙중 다음과 같이 개정한다.<br>제4조제1항제1호를 다음과 같이 한다.<br>1. 의료급여법 제3조의 규정에 의한 수급권자<br>제4조제2항중 "의료보호대상자"를 각각 "의료급여수급권자"로, "특별시장·광역시장·도지사 또는 시장·군수·구청장"을 "시장·군수·구청장"으로 한다.<br>제5조제2항제1호중 "의료보호법"을 "의료 |

| 의 료 급 여 법 | 의료급여법 시행령 | 의료급여법 시행규칙 |
|---|---|---|
| **제8조(지정취소된 의료보호진료기관에 관한 경과조치)** 법률 제5853호 의료보호법중개정법률 시행 당시 종전의 규정에 따라 지정취소된 의료보호진료기관중 재지정의 제한기간이 끝나지 아니한 진료기관은 동법 제24조의 규정에 따라 그 남은 기간동안 의료보호에 관한 업무의 정지처분을 받은 것으로 본다.<br>**제9조(지정취소 등에 관한 경과조치)** 법률 제5853호 의료보호법중개정법률 시행 당시 지정취소·면허자격정지·과태료 또는 부당이득금에 관한 처분을 하기 위하여 절차가 진행중인 자에 대한 처분은 동법 시행전의 규정에 의한다.<br>**제10조(과태료 등에 관한 경과조치)** 이 법 시행 당시 종전의 규정에 따라 부과된 과태료 및 부당이득금의 징수에 관하여는 종전의 규정에 의한다.<br>**제11조(벌칙에 관한 경과조치)** 이 법 시행전의 행위에 대한 벌칙의 적용에 있어서는 종전의 규정에 의한다. | 까지 : 63세<br>2. 2004년 1월 1일 이후 : 65세<br>② **(1종수급권자에 관한 경과조치)** 이 영 시행당시 종전의 제3조제2항제1호 가목중 연령기준에 따라 제1종수급권자로 선정된 자는 이 영에 의한 1종수급권자로 본다.<br>③ **(업무위탁에 관한 경과조치)** 이 영 시행당시 종전의 규정에 따라 지급되어야 할 요양비 및 장애인보장구는 보험공단이 이를 지급한다.<br><br>**부 칙** 〈제18206호, 2003. 12. 30.〉<br>이 영은 2004년 1월 1일부터 시행한다.<br><br>**부 칙** 〈제18460호, 2004. 6. 29.〉<br>① **(시행일)** 이 영은 2004년 7월 1일부터 시행한다.<br>② **(본인부담금 상한제에 관한 적용례)** 제13조제6항 및 제7항의 개정규정은 2004년 7월 1일 이후에 실시하는 의료급여부터 적용한다. | 급여법"으로 한다.<br>제10조를 다음과 같이 한다.<br>**제10조(수가기준)** 제9조의 규정에 의한 수가기준은 국민건강보험법 제39조제2항의 규정에 의한 요양급여의 기준에 의한다. 다만, 의료급여법에 의한 수급권자에 대하여는 의료급여법 제7조제2항의 규정에 의한 의료수가기준 및 그 계산방법에 의하며, 낮병동환자(의료급여법에 의한 의료급여환자를 제외한다)와 입원환자(의료급여법에 의한 의료급여환자를 제외한다) 및 국민건강보험법에 의한 보험급여가 되지 아니하는 항목의 수가기준은 보건복지부장관의 승인을 얻어 병원장이 정하는 바에 의한다.<br>제11조제2호를 다음과 같이 한다.<br>2. 의료급여법 제7조제2항의 규정에 의한 의료수가의 기준 및 그 계산방법에 의할 때<br>별지 제1호서식 구비서류란 제1호중 "의료보호법"을 "의료급여법"으로, "의료보호대상자"를 "의료급여수급권자"로 한다. |

| 의 료 급 여 법 | 의료급여법 시행령 | 의료급여법 시행규칙 |
|---|---|---|
| **제12조(다른 법률의 개정)** ① 국민건강보험법중 다음과 같이 개정한다.<br>제5조제1항제1호를 다음과 같이 한다.<br>1. 의료급여법에 따라 의료급여를 받는 자 (이하 “수급권자”라 한다)<br>제7조제1항제1호 및 제9조제1항제5호중 “의료보호대상자”를 각각 “수급권자”로 한다.<br>② 의사상자예우에관한법률중 다음과 같이 개정한다.<br>제9조의 제목 "(의료보호)“를 ”(의료급여)“로 하고, 동조제1항중 ”의료보호법“을 ”의료급여법“으로, ”의료보호“를 ”의료급여“로 하며, 동조제2항중 ”의료보호“를 ”의료급여"로 한다.<br>③ 북한이탈주민의보호 및정착지원에관한법률중 다음과 같이 개정한다.<br>제25조의 제목 "(의료보호)“를 ”(의료급여)“로 하고, 동조 본문중 ”의료보호법“을 ”의료급여법“으로, ”의료보호“를 ”의료급여"로 한다.<br>**제13조(다른 법령과의 관계)** 이 법 시행 당시 | **부 칙** 〈제18622호, 2004. 12. 30.〉<br>이 영은 2005년 1월 1일부터 시행한다.<br><br>**부 칙** 〈제18935호, 2005. 7. 5.〉<br>이 영은 공포한 날부터 시행한다. 다만, 별표 제3호의 개정규정은 2005년 1월 1일부터 적용한다.<br><br>**부 칙** 〈제19129호, 2005. 11. 11.〉<br>① **(시행일)** 이 영은 공포한 날부터 시행한다.<br>② **(기금 부담률의 변경에 관한 적용례)** 별표 제4호의 개정규정은 2005년 9월 1일 이후에 실시하는 의료급여부터 적용한다.<br><br>**부 칙** 〈제19313호, 2006. 2. 2.〉<br>① **(시행일)** 이 영은 공포한 날부터 시행한다.<br>② **(본인부담금 면제에 관한 적용례)** 별표 제3호의 개정규정은 2006년 1월 1일 이후에 실시하는 의료급여부터 적용한다.<br><br>**부 칙** 〈제19445호, 2006. 4. 13.〉 | ③ 국립재활원운영규칙중 다음과 같이 개정한다.<br>제6조의 제목중 “의료보호대상자”를 “의료급여수급권자”로 하고, 동조중 “의료보호법”을 “의료급여법”으로, “의료보호대상자”를 각각 “의료급여수급권자”로, “의료보호급여”를 “의료급여”로 한다.<br>④ 국민건강보험법시행규칙중 다음과 같이 개정한다.<br>제2조제3항제2호중 “의료보호대상자”를 “의료급여수급권자”로 한다.<br>제30조제2항중 “의료보호진료비심사”를 “의료급여비용심사”로 한다.<br>⑤ 국민기초생활보장법시행규칙중 다음과 같이 개정한다.<br>제17조제1항중 “의료보호법 제10조의 규정에 의한 의료보호진료기관”을 “의료급여법 제2조제2호의 규정에 의한 의료급여기관”으로 한다.<br>⑥ 노인복지법시행규칙중 다음과 같이 개정한다. |

| 의 료 급 여 법 | 의료급여법 시행령 | 의료급여법 시행규칙 |
|---|---|---|
| 다른 법령에서 종전의 의료보호법 또는 그 규정을 인용하고 있는 경우에 이 법중 그에 해당하는 규정이 있는 때에는 종전의 규정에 갈음하여 이 법 또는 이 법의 해당 규정을 인용한 것으로 본다.<br><br>**부 칙** 〈제6758호, 2002. 12. 5.〉<br>이 법은 공포한 날부터 시행한다.<br><br>**부 칙** 〈제6875호, 2003. 5. 15.〉<br>이 법은 공포한 날부터 시행한다.<br><br>**부 칙** 〈제7182호, 2004. 3. 5.〉<br>① **(시행일)** 이 법은 2005년 1월 1일부터 시행한다.<br>② **(수급권자에 관한 적용례)** 이 법 시행전에 이미 입양촉진 및절차에관한특례법에 의하여 국내에 입양된 아동에 대하여도 제3조제1항제4호의 개정규정을 적용한다.<br><br>**부 칙** 〈제7347호, 2005. 1. 27.〉 | 이 영은 공포한 날부터 시행한다.<br><br>**부 칙** 〈제19918호, 2007. 2. 28.〉<br>① **(시행일)** 이 영은 2007년 7월 1일부터 시행한다. 다만, 제12조제1항 각 호 외의 부분의 개정 규정은 2007년 3월 29일부터 시행한다.<br>② **(1종수급권자 본인부담금 부담액 및 일부지급 등에 관한 적용례)** 제13조제5항제1호 및 제6항제1호, 별표 1 제1호의 개정 규정은 이 영 시행 이후 최초로 실시하는 의료급여부터 적용한다.<br><br>**부 칙** 〈제20612호, 2008. 2. 19.〉<br>**제1조(시행일)** 이 영은 2008년 4월 1일부터 시행한다.<br>**제2조(본인부담금에 관한 적용례)** 별표 제1호가목 및 제2호가목의 개정규정은 이 영 시행 후 최초로 실시하는 의료급여부터 적용한다. | 제8조제4호를 다음과 같이 개정한다.<br>4. 의료급여법 제2조제2호의 규정에 의한 의료급여기관<br>⑦ 모자보건법시행규칙중 다음과 같이 개정한다.<br>제19조제2항중 "의료보호법 제4조의 규정에 의한 의료보호대상자"를 "의료급여법 제3조의 규정에 의한 수급권자"로 한다.<br>⑧ 보건복지부와그소속기관직제시행규칙중 다음과 같이 개정한다.<br>제11조제5항제5호중 "의료보호제도"를 "의료급여제도"로 하고, 동항제6호중 "의료보호진료기관"을 "의료급여기관"으로 하며, 동항제7호중 "의료보호기금"을 "의료급여기금"으로 한다.<br>⑨ 의료법시행규칙중 다음과 같이 개정한다.<br>별지 제10호서식중 "의료보호"를 "의료급여"로 한다.<br>⑩ 의사상자예우에관한법률시행규칙중 다음과 같이 개정한다.<br>제4조의2제2항제2호중 "의료보호법시행 |

| 의 료 급 여 법 | 의료급여법 시행령 | 의료급여법 시행규칙 |
|---|---|---|
| **제1조(시행일)** 이 법은 2005년 7월 1일부터 시행한다.<br>**제2조** 및 **제3조** 생략<br>**제4조(다른 법률의 개정)** ① 내지 ⑥생략<br>⑦ 의료급여법중 다음과 같이 개정한다.<br>제34조중 "국고금단수계산법 제1조의 규정에 의한 단수"를 "국고금관리법 제47조의 규정에 의한 단수"로 한다.<br><br>**부 칙** 〈제7736호, 2005. 12. 23.〉<br>이 법은 공포 후 3월이 경과한 날부터 시행한다.<br><br>**부 칙** 〈제8036호, 2006. 10. 4.〉<br>이 법은 공포한 날부터 시행한다.<br><br>**부 칙** 〈제8114호, 2006. 12. 28.〉<br>① **(시행일)** 이 법은 공포 후 3개월이 경과한 날부터 시행한다.<br>② **(급여의 제한 완화에 관한 적용례)** 제15조제1항제2호의 개정규정은 이 법 시행 후 | **부 칙** 〈제20679호, 2008. 2. 29.〉<br>**제1조(시행일)** 이 영은 공포한 날부터 시행한다.<br>**제2조**부터 **제8조**까지 생략<br>**제9조(다른 법령의 개정)** ①부터 ㊻까지 생략<br>㊼ 의료급여법 시행령 일부를 다음과 같이 개정한다.<br>제2조 각 호 외의 부분·제2호 및 제3호의2, 제3조제2항제1호가목 각 항목 외의 부분 및 (4)·다목·라목 및 제4호·제3항제3호, 제4조제1항 본문·제2항·제3항 후단 및 제4항, 제12조제1항 각 호 외의 부분, 제18조, 제19조 각 호 외의 부분 및 제1호, 제21조제1항·제2항 전단 및 제3항, 별표의 제1호가목 의료급여의 내용란 및 다목(4)·제2호가목 의료급여의 내용란·제3호 및 제4호 중 "보건복지부장관"을 각각 "보건복지가족부장관"으로 한다.<br>제2조제4호, 제5조 각 호 외의 부분, 제13조제3항·제5항 각 호 외의 부분 본문 및 제7항, 제21조제4항, 별표의 제1호다목 각 항목 외의 부분 단서 및 (5) 중 "보 | 규칙"을 "의료급여법시행령"으로, "2종보호대상자"를 "2종수급권자"로, "보호기관"을 "보장기관"으로 한다.<br>⑪ 응급의료에관한법률시행규칙중 다음과 같이 개정한다.<br>별지 제4호서식 앞면의 (주)란제2호중 "의료보호"를 각각 "의료급여"로 한다.<br>⑫ 위생분야종사자등의건강진단규칙중 다음과 같이 개정한다.<br>제6조를 삭제한다.<br>**제6조(다른 법령과의 관계)** 이 규칙 시행당시 다른 법령에서 종전의 의료보호법시행규칙을 인용하고 있는 경우 이 규칙에 그에 해당하는 규정이 있는 때에는 종전의 규정에 갈음하여 이 규칙 또는 이 규칙의 해당 규정을 각각 인용한 것으로 본다.<br><br>**부 칙** 〈제206호, 2001. 12. 31.〉<br>이 규칙은 2002년 1월 1일부터 시행한다. 다만, 별표 1 제1호 라목의 개정규정은 2002년 3월 1일부터 시행한다. |

| 의 료 급 여 법 | 의료급여법 시행령 | 의료급여법 시행규칙 |
|---|---|---|
| 최초로 행하는 의료급여부터 적용한다.<br><br>**부 칙** 〈제8609호, 2007. 8. 3.〉<br>**제1조(시행일)** 이 법은 공포 후 6개월이 경과한 날부터 시행한다. 〈단서 생략〉<br>**제2조**부터 **제5조**까지 생략<br>**제6조(다른 법률의 개정)** ① 생략<br>② 의료급여법 일부를 다음과 같이 개정한다.<br>제3조제1항제3호를 다음과 같이 한다.<br>3. 「의사상자 등 예우 및 지원에 관한 법률」에 따른 의상자 및 의사자유족<br>**제7조** 생략<br><br>**부 칙** 〈제8694호, 2007. 12. 14.〉<br>**제1조(시행일)** 이 법은 2008년 7월 1일부터 시행한다. 〈단서 생략〉<br>**제2조**부터 **제24조**까지 생략<br>**제25조(다른 법률의 개정)** ①부터 ⑦까지 생략<br>⑧ 의료급여법 일부를 다음과 같이 개정한다. | 건복지부령"을 각각 "보건복지가족부령"으로 한다.<br>제4조제4항 중 "행정자치부장관"을 "행정안전부장관"으로 한다.<br>제8조제1항 본문 중 "보건복지부"를 "보건복지가족부"로 한다.<br>㊽부터 〈80〉까지 생략<br><br>**부 칙** 〈제21313호, 2009. 2. 6.〉<br>이 영은 2009년 4월 1일부터 시행한다.<br><br>**부 칙** 〈제21395호, 2009. 3. 31.〉<br>**제1조(시행일)** 이 영은 공포한 날부터 시행한다. 다만, 별표 제2호가목의 개정규정은 2009년 6월 1일부터 시행한다.<br>**제2조(급여대상 본인부담금의 상한에 관한 적용례)** ① 제13조제6항제2호의 개정규정은 2009년 1월 1일 이후 최초로 개시된 의료급여부터 적용한다.<br>② 제1항에도 불구하고 2008년 12월 31일 이전에 의료급여가 개시되어 2009년 | **부 칙** 〈제236호, 2003. 1. 24.〉<br>이 규칙은 공포한 날부터 시행한다.<br><br>**부 칙** 〈제267호, 2003. 12. 31.〉<br>① **(시행일)** 이 규칙은 2004년 1월 1일부터 시행한다.<br>② **(의료급여일수의 연장에 관한 경과조치)** 이 규칙 시행전에 상한일수를 초과하여 의료급여를 받은 자는 제8조의2제2항의 개정규정에 따라 시장·군수·구청장에게 급여일수의 연장승인을 신청할 수 있다.<br><br>**부 칙** 〈제288호, 2004. 7. 6.〉<br>이 규칙은 공포한 날부터 시행한다.<br><br>**부 칙** 〈제304호, 2004. 12. 31.〉<br>이 규칙은 공포한 날부터 시행한다.<br><br>**부 칙** 〈제319호, 2005. 6. 29.〉<br>① **(시행일)** 이 규칙은 공포한 날부터 시행한다.<br>② **(장애인보장구에 대한 의료급여기준에 관한** |

| 의 료 급 여 법 | 의료급여법 시행령 | 의료급여법 시행규칙 |
|---|---|---|
| 제11조에 제8항을 다음과 같이 신설한다.<br>⑧ 시장·군수·구청장은 「산업재해보상보험법」 제10조에 따른 근로복지공단이 이 법에 따라 의료급여를 받을 수 있는 자에게 「산업재해보상보험법」 제40조에 따른 요양급여를 지급한 후 그 지급결정이 취소된 경우로서 그 요양급여의 비용을 청구하는 경우에는 그 요양급여가 이 법에 따라 실시할 수 있는 의료급여에 상당한 것으로 인정되면 그 의료급여에 해당하는 금액을 지급할 수 있다.<br>⑨ 및 ⑩ 생략<br>**제26조** 생략<br><br>**부 칙** 〈제8852호, 2008. 2. 29.〉<br>**제1조(시행일)** 이 법은 공포한 날부터 시행한다. 다만, …〈생략〉… 부칙 제6조에 따라 개정되는 법률 중 이 법의 시행 전에 공포되었으나 시행일이 도래하지 아니한 법률을 개정한 부분은 각각 해당 법률의 시행일부터 시행한다. | 1월 1일 이후에도 의료급여를 계속 받고 있는 사람의 경우에는 해당 의료급여의 개시일부터 6개월간 120만원을 넘는 그 초과금액과 제13조제6항제2호의 개정규정에 따라 2009년 1월 1일부터 6개월간 60만원을 넘는 그 초과금액 중 더 많은 금액을 기금에서 부담한다.<br>**제3조(2종수급권자의 본인부담률에 관한 적용례)** 2009년 6월 1일 전에 의료급여기관에 입원하여 2009년 6월 1일 이후에도 계속 입원을 하고 있는 사람의 경우에는 2009년 6월 1일 이후의 입원진료부터 별표 제2호가목의 개정규정을 적용한다.<br><br>**부 칙** 〈제21957호, 2009. 12. 31.〉<br>**제1조(시행일)** 이 영은 공포한 날부터 시행한다.<br>**제2조(적용례)** 별표 제4호의 개정규정은 암환자의 경우에는 2009년 12월 1일 이후 실시한 의료급여부터, 암환자 외의 중증환자의 경우에는 2010년 1월 1일 이후 실시한 의료급여부터 각각 적용한다. | **적용례)** 별표 2의 개정규정은 2005년 4월 22일 이후 발행한 처방전에 대한 의료급여부터 적용한다.<br><br>**부 칙** 〈제356호, 2006. 4. 13.〉<br>이 규칙은 공포한 날부터 시행한다.<br><br>**부 칙** 〈제390호, 2007. 3. 27.〉<br>**제1조(시행일)** 이 규칙은 공포한 날부터 시행한다. 다만, 제24조, 제25조 및 별표 1의2의 개정 규정은 공포 후 1개월이 경과한 날부터, 제8조의2제3항 내지 제5항, 제19조의4 및 별표 1의 개정 규정은 2007년 7월 1일부터, 제26조제1항의 개정 규정은 2007년 3월 29일부터 시행한다.<br>**제2조(의료급여기관 선택제도 적용 수급권자의 의료급여일수 기산에 관한 적용례)** 제8조의2제3항에 따른 상한일수를 산정함에 있어 의료급여일수의 기산점은 2007년 1월 1일로 한다.<br>**제3조(의료급여기관 선택 수급권자 등에 대한** |

| 의 료 급 여 법 | 의료급여법 시행령 | 의료급여법 시행규칙 |
|---|---|---|
| **제2조**부터 **제5조**까지 생략<br>**제6조(다른 법률의 개정)** ①부터 〈479〉까지 생략<br>〈480〉 의료급여법 일부를 다음과 같이 개정한다.<br>제3조제1항제5호부터 제8호까지, 제6조제2항제3호·제3항 각 호 외의 부분, 제7조제2항·제3항, 제9조제1항 각 호 외의 부분 후단·제2항제3호, 제12조제2항, 제14조제2항, 제15조제1항 각 호 외의 부분 단서, 제20조제1항, 제28조제1항 각 호 외의 부분·제2항·제3항·제5항, 제29조제1항·제3항 본문, 제32조제1항부터 제3항까지, 제33조제1항·제2항 후단, 제37조제2항부터 제4항까지 중 "보건복지부장관"을 각각 "보건복지가족부장관"으로 한다.<br>제6조제1항 본문·제2항 각 호 외의 부분·제6항 중 "보건복지부"를 각각 "보건복지가족부"로 한다.<br>제6조제3항 각 호 외의 부분 중 "보건복 | 부 칙 〈제22075호, 2010. 3. 15.〉<br>**제1조(시행일)** 이 영은 2010년 3월 19일부터 시행한다. 〈단서 생략〉<br>**제2조(다른 법령의 개정)** ①부터 〈118〉까지 생략<br>〈119〉 의료급여법 시행령 일부를 다음과 같이 개정한다.<br>제2조 각 호 외의 부분, 제3조제2항제1호가목(1)부터 (6)까지 외의 부분·다목·라목·제4호 및 제3항제3호, 제4조제1항 본문·제2항·제3항 후단 및 제4항, 제12조제1항 각 호 외의 부분, 제18조, 제19조 각 호 외의 부분 및 제1호, 별표 제1호가목의 의료급여의 내용란·같은 호 다목(4)·같은 표 제2호가목의 의료급여의 내용란·같은 표 제3호 및 제4호 중 "보건복지가족부장관"을 각각 "보건복지부장관"으로 한다.<br>제2조제2호, 제5조 각 호 외의 부분, 제13조제3항·제5항 각 호 외의 부분 본문 및 제7항, 별표 제1호다목(1)부터 (5)까지 | **본인부담금 면제에 관한 적용례)** 제19조의4의 개정 규정은 2007년 7월 1일 이후 시행하는 의료급여부터 적용한다.<br>**제4조(산소치료에 대한 요양비 지급에 관한 적용례)** 제24조의 개정 규정에 따른 요양비의 지급은 2006년 11월 1일 이후 실시한 산소치료분부터 적용한다.<br>**제5조(외용제제에 대한 본인부담률에 대한 적용례)** 별표 1의2 제1호바목의 개정 규정은 동 개정 규정의 시행 이후 최초로 실시하는 의료급여분부터 적용한다.<br>**제6조(장애인보장구 지급청구절차 등에 관한 경과조치)** 이 규칙 시행 당시 종전의 규정에 따라 장애인 보장구급여비지급청구서 등을 제출한 경우에는 제25조의 개정 규정에 불구하고 종전의 규정에 따른다.<br><br>부 칙 〈제424호, 2007. 12. 28.〉<br>**제1조(시행일)** 이 규칙은 공포한 날부터 시행한다.<br>**제2조** 생략 |

| 의 료 급 여 법 | 의료급여법 시행령 | 의료급여법 시행규칙 |
|---|---|---|
| 지부차관"을 "보건복지가족부차관"으로 한다.<br>제7조제2항·제3항, 제8조제4항, 제9조제2항 각 호 외의 부분·제4항 각 호 외의 부분·제5항, 제11조제4항 후단·제5항, 제11조의2제1항·제2항, 제12조제1항·제3항, 제13조제2항, 제20조제2항, 제21조제1항 전단, 제26조제2항·제4항, 제27조제1항, 제28조제5항·제6항, 제29조제2항 중 "보건복지부령"을 각각 "보건복지가족부령"으로 한다.<br>〈481〉부터 〈760〉까지 생략<br>**제7조** 생략<br><br>**부 칙** 〈제9932호, 2010. 1. 18.〉<br>**제1조(시행일)** 이 법은 공포 후 2개월이 경과한 날부터 시행한다. 〈단서 생략〉<br>**제2조** 및 **제3조** 생략<br>**제4조(다른 법률의 개정)** ①부터 〈91〉까지 생략<br>〈92〉 의료급여법 일부를 다음과 같이 개정한다. | 외의 부분 단서 및 같은 목(5) 중 "보건복지가족부령"을 각각 "보건복지부령"으로 한다.<br>제8조제1항 본문 중 "보건복지가족부"를 "보건복지부"로 한다.<br>〈120〉부터 〈187〉까지 생략<br><br>**부 칙** 〈제22384호, 2010. 9. 17.〉<br>이 영은 2010년 10월 1일부터 시행한다.<br><br>**부 칙** 〈제23488호, 2012. 1. 6.〉<br>**제1조(시행일)** 이 영은 공포한 날부터 시행한다. 〈단서 생략〉<br>**제2조** 생략<br><br>**부 칙** 〈제23844호, 2012. 6. 7.〉<br>**제1조(시행일)** 이 영은 2012년 6월 8일부터 시행한다. 다만, 제13조제5항, 별표 제1호라목 및 제2호마목의 개정규정은 2012년 7월 1일부터 시행한다.<br>**제2조(적용례)** 별표 제1호다목의 개정규정은 | **제3조(다른 법령의 개정)** ①부터 ⑧까지 생략<br>⑨ 의료급여법 시행규칙 일부를 다음과 같이 개정한다.<br>제32조제1항제5호 중 "제29조의 규정에 의하여"를 "제32조에 따라"로 한다.<br>제32조제1항제8호 중 "제29조의 규정"을 "제32조"로 한다.<br>⑩부터 ⑫까지 생략<br>**제4조** 생략<br><br>**부 칙** 〈제427호, 2007. 12. 28.〉<br>**제1조(시행일)** 이 규칙은 2008년 1월 1일부터 시행한다.<br>**제2조(과징금 부과기준에 관한 적용례)** 별표 3 제2호의 개정규정은 이 규칙 시행 후 최초로 부과하는 과징금분부터 적용한다.<br>**제3조(서식개정에 관한 경과조치)** 이 규칙 시행 당시 종전의 규정에 따라 사용하던 서식은 2008년 3월 31일까지 이 규칙에 따른 서식과 함께 사용할 수 있다. |

| 의 료 급 여 법 | 의료급여법 시행령 | 의료급여법 시행규칙 |
|---|---|---|
| 제3조제1항제5호부터 제8호까지, 제6조제2항제3호·제3항 각 호 외의 부분, 제7조제2항·제3항, 제9조제1항 각 호 외의 부분 후단·제2항제3호, 제12조제2항, 제14조제2항, 제15조제1항 각 호 외의 부분 단서, 제20조제1항, 제28조제1항 각 호 외의 부분·제2항·제3항·제5항, 제29조제1항·제3항 본문, 제32조제1항부터 제3항까지, 제33조제1항·제2항 후단, 제37조제2항부터 제4항까지 중 "보건복지가족부장관"을 각각 "보건복지부장관"으로 한다.<br>제6조제1항 본문·제2항 각 호 외의 부분·제6항 중 "보건복지가족부"를 각각 "보건복지부"로 한다.<br>제6조제3항 각 호 외의 부분 중 "보건복지가족부차관"을 "보건복지부차관"으로 한다.<br>제7조제2항·제3항, 제8조제4항, 제9조제2항 각 호 외의 부분·제4항 각 호 외의 부분·제5항, 제11조제4항 후단·제5항, 제11조의2제1항·제2항, 제12조제1항·제 | 2012년 6월 8일 이후 최초로 실시하는 의료급여부터, 제13조제5항, 별표 제1호 라목 및 제2호마목의 개정규정은 2012년 7월 1일 이후 최초로 실시하는 의료급여부터 각각 적용한다.<br><br>**부 칙** 〈제24077호, 2012. 8. 31.〉<br>**제1조(시행일)** 이 영은 2012년 9월 1일부터 시행한다. 〈단서 생략〉<br>**제2조**부터 **제7조**까지 생략<br>**제8조(다른 법령의 개정)** ①부터 ㉑까지 생략<br>㉒ 의료급여법 시행령 일부를 다음과 같이 개정한다.<br>제5조 각 호 외의 부분 중 "「국민건강보험법」 제12조의 규정에 의한"을 "「국민건강보험법」 제13조에 따른"으로 한다.<br>제18조 중 "「국민건강보험법」 제55조의 규정에 의한"을 "「국민건강보험법」 제62조에 따른"으로 한다.<br>㉓부터 ㉚까지 생략<br>**제9조** 생략 | **부 칙** 〈제441호, 2008. 2. 28.〉<br>**제1조(시행일)** 이 규칙은 2008년 4월 1일부터 시행한다.<br>**제2조(의료급여 적용기준에 관한 적용례)** 제6조제2항의 개정규정은 이 규칙 시행 후 최초로 실시하는 의료급여부터 적용한다.<br>**제3조(의료급여 상한일수 산정의 기산점)** 제8조의3제1항의 개정규정에 따른 상한일수의 산정 시 그 기산점은 2008년 1월 1일로 한다.〈개정 2008. 11. 26.〉<br><br>**부 칙** 〈제1호, 2008. 3. 3.〉<br>**제1조(시행일)** 이 규칙은 공포한 날부터 시행한다.<br>**제2조** 생략<br>**제3조(다른 법령의 개정)** ①부터 〈60〉까지 생략<br>〈61〉 의료급여법 시행규칙 일부를 다음과 같이 개정한다.<br>제8조의2제1항 단서·제2항 전단·제3항 전단, 제10조제2항, 제16조제1호라목, 제17조제1항부터 제3항까지, 제20조제2항, |

| 의 료 급 여 법 | 의료급여법 시행령 | 의료급여법 시행규칙 |
|---|---|---|
| 3항, 제13조제2항, 제20조제2항, 제21조제1항 전단, 제26조제2항·제4항, 제27조제1항, 제28조제5항·제6항, 제29조제2항 중 "보건복지가족부령"을 각각 "보건복지부령"으로 한다.<br>〈93〉부터 〈137〉까지 생략<br>**제5조** 생략<br><br>**부 칙** 〈제10514호, 2011. 3. 30.〉<br>이 법은 공포 후 3개월이 경과한 날부터 시행한다.<br><br>**부 칙** 〈제10784호, 2011. 6. 7.〉<br>**제1조(시행일)** 이 법은 공포 후 1년이 경과한 날부터 시행한다.<br>**제2조** 생략<br>**제3조(다른 법률의 개정)** ① 생략<br>② 의료급여법 일부를 다음과 같이 개정한다.<br>제3조제1항제9호를 제10호로 하고, 같은 항에 제9호를 다음과 같이 신설한다. | **부 칙** 〈제24454호, 2013. 3. 23.〉<br>**제1조(시행일)** 이 영은 공포한 날부터 시행한다. 〈단서 생략〉<br>**제2조** 및 **제3조** 생략<br>**제4조(다른 법령의 개정)** ①부터 ㉓까지 생략<br>㉔ 의료급여법 시행령 일부를 다음과 같이 개정한다.<br>제4조제4항 중 "국가보훈처장·문화재청장·통일부장관 및 행정안전부장관"을 "통일부장관·안전행정부장관·국가보훈처장 및 문화재청장"으로 한다.<br>㉕부터 ㊴까지 생략<br><br>**부 칙** 〈제24589호, 2013. 6. 11.〉<br>**제1조(시행일)** 이 영은 2013년 7월 1일부터 시행한다.<br>**제2조(틀니 의료급여비용의 기금부담률에 관한 적용례)** 별표 제1호라목 전단 및 제2호마목의 개정규정은 이 영 시행 후 실시하는 의료급여부터 적용한다. | 제21조제5항, 제22조제2항 후단, 제23조, 제24조제1항제3호·제2항제3호·제4항 및 제7항, 제25조제9항, 제27조제7항, 제28조제7항제2호, 제29조제1항·제2항 각 호 외의 부분, 제30조제2항, 제31조제1항 및 제2항, 제32조 중 "보건복지부장관"을 각각 "보건복지가족부장관"으로 한다.<br>제11조제3항, 제19조의4제1항 각 호 외의 부분, 제24조제1항 각 호 외의 부분 및 제2항 각 호 외의 부분, 제28조제7항 각 호 외의 부분 중 "보건복지부령"을 각각 "보건복지가족부령"으로 한다.<br>별표 1 제4호, 별표 1의2 제1호나목 각 항목 외의 부분·라목 및 바목 중 "보건복지부장관"을 각각 "보건복지가족부장관"으로 한다.<br>별지 제10호서식, 별지 제21호서식 중 "보건복지부장관"을 각각 "보건복지가족부장관"으로 한다.<br>〈62〉부터 〈94〉까지 생략 |

| 의 료 급 여 법 | 의료급여법 시행령 | 의료급여법 시행규칙 |
|---|---|---|
| 9. 「노숙인 등의 복지 및 자립지원에 관한 법률」에 따른 노숙인 등<br><br>**부 칙** 〈제10788호, 2011. 6. 7.〉<br>**제1조(시행일)** ① 이 법은 공포 후 1년이 경과한 날부터 시행한다.<br>② 및 ③ 생략<br>**제2조**부터 **제9조**까지 생략<br>**제10조(다른 법률의 개정)** ① 생략<br>② 의료급여법 일부를 다음과 같이 개정한다.<br>제9조제1항제4호 및 같은 조 제2항제1호 라목 중 "동법 제72조의12의 규정에 따라"를 각각 "같은 법 제91조에 따라"로 한다.<br>**제11조** 생략<br><br>**부 칙** 〈제11007호, 2011. 8. 4.〉<br>**제1조(시행일)** 이 법은 공포 후 1년이 경과한 날부터 시행한다.<br>**제2조** 생략 | **부 칙** 〈제24700호, 2013. 9. 3.〉<br>**제1조(시행일)** 이 영은 2013년 10월 1일부터 시행한다.<br>**제2조(중증질환을 가진 사람의 본인부담금 면제에 관한 적용례)** 별표 제1호다목(5) 및 제2호라목의 개정규정은 이 영 시행 후 실시하는 의료급여부터 적용한다.<br>**제3조(희귀난치성질환을 가진 사람이 속한 세대의 구성원에 관한 경과조치)** 이 영 시행 당시 종전의 제3조제2항제1호라목에 따른 희귀난치성질환을 가진 사람이 속한 세대의 구성원은 그 희귀난치성질환을 가진 사람이 이 영 시행 후 종전의 규정에 따른 희귀난치성질환을 가진 사람에 해당하지 아니하게 되거나 제5조제2호 또는 제4호에 해당하게 될 때까지는 제3조제2항제1호라목의 개정규정에도 불구하고 이 영에 따른 1종수급권자로 본다.<br><br>**부 칙** 〈제24995호, 2013. 12. 11.〉<br>**제1조(시행일)** 이 영은 2013년 12월 13일부 | **부 칙** 〈제75호, 2008. 11. 26.〉<br>**제1조(시행일)** 이 규칙은 공포한 날부터 시행한다. 다만, 제8조의2의 개정규정은 2008년 12월 15일부터 시행한다.<br>**제2조(출산 전 진료비에 관한 적용례)** 제8조의2의 개정규정은 이 규칙 시행 이후 최초로 의료급여기관에서 진료(임신 및 출산과 관련된 진료만 해당한다)를 받는 것부터 적용한다.<br>**제3조(자동복막투석에 사용되는 소모성 재료에 대한 요양비 지급에 관한 적용례)** 제24조제1항제2호 및 제2항제2호의 개정규정은 이 규칙 시행 후 최초로 만성신부전증환자가 자동복막투석에 사용되는 소모성 재료를 구입·사용하는 것부터 적용한다.<br><br>**부 칙** 〈제136호, 2009. 10. 22.〉<br>이 규칙은 공포한 날부터 시행한다.<br><br>**부 칙** 〈제165호, 2010. 2. 26.〉<br>**제1조(시행일)** 이 규칙은 2010년 3월 1일부 |

| 의 료 급 여 법 | 의료급여법 시행령 | 의료급여법 시행규칙 |
|---|---|---|
| **제3조(다른 법률의 개정)** ① 및 ② 생략<br>③ 의료급여법 일부를 다음과 같이 개정한다.<br>제3조제1항제4호를 다음과 같이 한다.<br>4. 「입양특례법」에 따라 국내에 입양된 18세 미만의 아동<br>④ 생략<br>**제4조** 생략<br><br>**부 칙** 〈제11042호, 2011. 9. 15.〉<br>**제1조(시행일)** 이 법은 2012년 7월 1일부터 시행한다.<br>**제2조(다른 법률의 개정)** ①부터 ⑱까지 생략<br>⑲ 의료급여법 일부를 다음과 같이 개정한다.<br>제3조제1항제5호 중 "「독립유공자예우에 관한 법률」 및 「국가유공자 등 예우 및 지원에 관한 법률」"을 "「독립유공자예우에 관한 법률」, 「국가유공자 등 예우 및 지원에 관한 법률」 및 「보훈보상대상자 지원에 관한 법률」"로 한다. | 터 시행한다.<br>**제2조(수급권자로 선정된 사람에 관한 경과조치)** 이 영 시행 당시 종전의 제4조제3항에 따라 수급권자로 선정된 사람은 법 제3조제1항각 호에 따른 수급권자(법 제3조의3 제5항에 따라 수급권자로 인정을 받은 사람을 포함한다)로 본다.<br>**제3조(선정기준에 관한 경과조치)** 이 영 시행 전에 제4조제4항에 따라 국가보훈처장 및 문화재청장이 통보한 선정기준은 제6조의2제6항의 개정규정에 따라 국가보훈처장과 문화재청장이 통보한 의료급여 인정대상자의 추천 기준으로 본다.<br><br>**부 칙** 〈제25477호, 2014. 7. 16.〉<br>**제1조(시행일)** 이 영은 2014년 7월 29일부터 시행한다. 다만, 제13조제5항 및 별표 1 제1호마목, 같은 표 제2호바목 및 같은 표 제3호의 개정규정은 공포한 날부터 시행한다.<br>**제2조(급여대상 본인부담금에 관한 적용례)** 제 | 터 시행한다.<br>**제2조(임신·출산 진료비의 지원에 관한 적용례)** 제8조의2의 개정규정은 이 규칙 시행 후 최초로 같은 조에 따른 지원을 신청한 자부터 적용한다.<br>**제3조(긴급한 경우 등의 요양비에 관한 적용례)** 제24조제5항의 개정규정은 이 규칙 시행 후 최초로 요양비 지급청구를 한 자부터 적용한다.<br><br>**부 칙** 〈제1호, 2010. 3. 19.〉<br>**제1조(시행일)** 이 규칙은 공포한 날부터 시행한다. 〈단서 생략〉<br>**제2조** 생략<br>**제3조(다른 법령의 개정)** ①부터 〈54〉까지 생략<br>〈55〉 의료급여법 시행규칙 일부를 다음과 같이 개정한다.<br>제3조제1항제3호·제6호, 제8조의2제1항·제3항, 제8조의3제1항제1호 및 제2호·제2항 전단·제3항, 제8조의4제1항제4호, 제8조의6 후단, 제10조제2항, 제16조제1 |

| 의 료 급 여 법 | 의료급여법 시행령 | 의료급여법 시행규칙 |
|---|---|---|
| ⑳부터 ㉗까지 생략<br><br>**부 칙** 〈제11298호, 2012. 2. 10.〉<br>**제1조(시행일)** 이 법은 2013년 7월 1일부터 시행한다.<br>**제2조** 생략<br>**제3조(다른 법률의 개정)** ① 생략<br>② 의료급여법 일부를 다음과 같이 개정한다.<br>제3조의2 중 "「출입국관리법」 제76조의2의 규정에 따라 난민의 지위를 인정받은 자"를 "「난민법」에 따른 난민인정자"로 한다.<br>③ 및 ④ 생략<br><br>**부 칙** 〈제11878호, 2013. 6. 12.〉<br>**제1조(시행일)** 이 법은 공포한 날부터 시행한다. 다만, 제3조의2의 개정규정은 2013년 7월 1일부터 시행하고, 제3조의3, 제8조, 제28조제6항·제7항, 제29조, 제29조의2, 제32조의3, 제35조제1항·제3항 및 제37조제1항·제3항의 개정규정은 공포 후 6개 | 13조제5항의 개정규정은 2014년 7월 1일 이후 의료급여기관에 지급한 급여대상 본인부담금부터 적용한다.<br>**제3조(의료급여비용 중 기금부담 금액에 관한 적용례)** 별표 1 제1호마목, 같은 표 제2호바목 및 같은 표 제3호의 개정규정은 2014년 7월 1일 이후 실시한 의료급여부터 적용한다.<br><br>**부 칙** 〈제25840호, 2014. 12. 9.〉<br>**제1조(시행일)** 이 영은 2015년 1월 1일부터 시행한다.<br>**제2조**부터 **제16조**까지 생략<br><br>**부 칙** 〈제26365호, 2015. 6. 30.〉<br>**제1조(시행일)** 이 영은 2015년 7월 1일부터 시행한다.<br>**제2조(의료급여비용 중 기금부담 금액에 관한 적용례)** 별표 1의 개정규정은 이 영 시행 이후 실시하는 의료급여부터 적용한다. | 호라목, 제17조제1항부터 제3항까지, 제19조의2제3항, 제20조제2항, 제21조제5항, 제22조제2항 후단, 제23조, 제24조제1항제3호·제2항제2호 및 제3호·제4항·제7항, 제25조제9항, 제27조제7항, 제28조제7항제2호 전단, 제29조제1항·제2항 각 호 외의 부분, 제30조제2항, 제31조제1항·제2항, 제32조, 별표 1의 제4호, 별표 1의2의 제1호나목(1)·(2)의 규정 외의 부분·라목·바목 및 사목, 별표 2의 제1호사목, 별지 제10호서식 및 별지 제21호서식 중 "보건복지가족부장관"을 각각 "보건복지부장관"으로 한다.<br>제11조제3항, 제19조의4제1항 각 호 외의 부분, 제24조제1항 각 호 외의 부분 및 제2항 각 호 외의 부분, 제28조제7항 각 호 외의 부분 중 "보건복지가족부령"을 각각 "보건복지부령"으로 한다.<br>〈56〉부터 〈84〉까지 생략<br><br>**부 칙** 〈제19호, 2010. 9. 7.〉 |

| 의 료 급 여 법 | 의료급여법 시행령 | 의료급여법 시행규칙 |
|---|---|---|
| 월이 경과한 날부터 시행한다.<br>**제2조(수급권자 인정 신청에 관한 적용례)** 제3조의3제1항 및 제2항의 개정규정은 같은 개정규정 시행 후 최초로 수급권자 인정 신청을 하는 사람부터 적용한다.<br>**제3조(의료급여기관의 부당이득 징수에 관한 적용례)** 제23조제3항의 개정규정은 이 법 시행 후 최초로 부당이득을 징수하는 경우부터 적용한다.<br>**제4조(행정처분의 효과 승계에 관한 적용례)** 제28조제6항 및 제7항의 개정규정은 같은 개정규정 시행 후 최초로 의료급여기관을 양수하거나 합병 후 존속하는 법인이나 합병으로 설립되는 법인부터 적용한다.<br>**제5조(이의신청기간에 관한 적용례)** ① 제30조제3항 본문의 개정규정(전자문서에 관한 사항은 제외한다)은 이 법 시행 후 최초로 한 처분부터 적용한다.<br>② 제30조제4항의 개정규정은 이 법 시행 후 최초로 받은 통보부터 적용한다.<br>**제6조(포상금 지급에 관한 적용례)** 제32조의3 | **부 칙** 〈제26606호, 2015. 10. 29.〉<br>**제1조(시행일)** 이 영은 2015년 11월 1일부터 시행한다.<br>**제2조(의료급여비용 중 기금부담 금액에 관한 적용례)** 별표 1 제1호바목 및 제2호아목의 개정규정은 2015년 11월 1일 이후 발행한 처방전에 따라 의약품을 조제받는 경우부터 적용한다.<br><br>**부 칙** 〈제26844호, 2015. 12. 31.〉<br>이 영은 공포한 날부터 시행한다.<br><br>**부 칙** 〈제27275호, 2016. 6. 28.〉<br>**제1조(시행일)** 이 영은 2016년 6월 30일부터 시행한다. 다만, 별표 1 제1호라목 및 마목과 같은 표 제2호다목·마목 및 바목의 개정규정은 2016년 7월 1일부터 시행하고, 제16조의3의 개정규정은 2016년 8월 4일부터 시행한다.<br>**제2조(과징금 미납자에 대한 처분에 관한 적용례)** 제16조의3의 개정규정은 2016년 8월 | **제1조(시행일)** 이 규칙은 공포한 날부터 시행한다.<br>**제2조(임신·출산 진료비 지급에 관한 적용례)** 제8조의2제1항의 개정규정은 이 규칙 시행 후 최초로 같은 조 제3항에 따른 임신·출산 진료비의 지원을 신청한 자부터 적용한다.<br><br>**부 칙** 〈제29호, 2010. 12. 15.〉<br>**제1조(시행일)** 이 규칙은 공포한 날부터 시행한다.<br>**제2조(장애인보장구의 의료급여에 관한 적용례)** ① 별표 2 제1호라목의 개정규정은 이 규칙 시행 후 최초로 발행된 처방전으로 구입하는 장애인보장구부터 적용한다.<br>② 별표 2 제2호의 개정 규정은 이 규칙 시행 후 최초로 발행된 처방전으로 구입하는 장애인보장구 또는 소모품부터 적용한다.<br>**제3조(장애인보장구의 의료급여에 관한 경과조치)** ① 별표 2 제1호나목의 개정규정에도 |

| 의 료 급 여 법 | 의료급여법 시행령 | 의료급여법 시행규칙 |
| --- | --- | --- |
| 제1항의 개정규정은 같은 개정규정 시행 후 최초로 의료급여기관이 속임수나 그 밖의 부당한 방법으로 급여비용을 받은 것에 대하여 신고를 한 사람부터 적용한다.<br>**제7조(소액처리에 관한 적용례)** 제34조제2항의 개정규정은 이 법 시행 후 최초로 징수·지급 또는 반환하여야 할 금액이 건당 2천원 미만인 경우부터 적용한다.<br>**제8조(의료급여증에 관한 경과조치)** 제8조의 개정규정 시행 당시 종전의 규정에 따른 의료급여증은 그 의료급여증의 유효기간 동안 효력을 가진다.<br><br>**부 칙** 〈제12362호, 2014. 1. 28.〉<br>**제1조(시행일)** 이 법은 공포 후 6개월이 경과한 날부터 시행한다.<br>**제2조(심판청구에 관한 적용례)** 제30조의2의 개정규정은 이 법 시행 후 급여비용심사기관이 최초로 이의신청의 결정을 한 경우부터 적용한다. | 4일 전에 독촉장을 받고도 이 영 시행 후의 납부기한까지 과징금을 내지 아니한 자에 대해서도 적용한다.<br>**제3조(틀니 및 치과임플란트 등의 의료급여에 관한 적용례)** 별표 1 제1호라목 및 마목과 같은 표 제2호다목·마목 및 바목의 개정규정은 2016년 7월 1일 이후 실시하는 의료급여부터 적용한다.<br><br>**부 칙** 〈제27730호, 2016. 12. 30.〉<br>**제1조(시행일)** 이 영은 2017년 1월 1일부터 시행한다.<br>**제2조(임신부 등의 외래진료에 대한 기금 부담률에 관한 적용례)** 별표 1 제2호 자목 및 차목의 개정규정은 이 영 시행 이후 실시하는 의료급여부터 적용한다.<br><br>**부 칙** 〈제27934호, 2017. 3. 8.〉<br>**제1조(시행일)** 이 영은 2017년 3월 13일부터 시행한다.<br>**제2조(정신질환의 외래진료에 대한 기금 부담** | 불구하고 2010년 12월 31일까지 제25조제3항에 따라 급여를 받기로 결정된 자가 공단에 등록하지 아니한 품목의 전동휠체어, 전동스쿠터 또는 보청기를 구입한 경우에는 해당 장애인보장구에 대하여 의료급여를 실시한다.<br>② 별표 2 제1호다목의 개정규정에도 불구하고 2010년 12월 31일까지 제25조제3항에 따라 급여를 받기로 결정된 자가 공단에 등록하지 아니한 보장구 업소에서 의지·보조기, 정형외과용구두, 전동휠체어, 전동스쿠터 또는 보청기를 구입한 경우에는 해당 장애인보장구에 대하여 의료급여를 실시한다.<br><br>**부 칙** 〈제32호, 2010. 12. 30.〉<br>**제1조(시행일)** 이 규칙은 2010년 12월 30일부터 시행한다.<br>**제2조(다른 법령의 개정)** ①부터 ⑩까지 생략<br>⑪ 의료급여법 시행규칙 일부를 다음과 같이 개정한다. |

| 의 료 급 여 법 | 의료급여법 시행령 | 의료급여법 시행규칙 |
|---|---|---|
| **부 칙** 〈제12933호, 2014. 12. 30.〉<br>**제1조(시행일)** 이 법은 공포 후 6개월이 경과한 날부터 시행한다. 〈단서 생략〉<br>**제2조**부터 **제6조**까지 생략<br>**제7조(다른 법률의 개정)** ① 의료급여법 일부를 다음과 같이 개정한다.<br>제3조제1항제1호 중 "「국민기초생활 보장법」에 따른 수급자"를 "「국민기초생활 보장법」에 따른 의료급여 수급자"로 한다.<br>제3조의2 중 "「국민기초생활 보장법」 제5조의 수급권자"를 "「국민기초생활 보장법」 제12조의3제2항에 따른 의료급여 수급권자"로 한다.<br>② 및 ③ 생략<br>**제8조** 생략<br><br>**부 칙** 〈제13248호, 2015. 3. 27.〉<br>**제1조(시행일)** 이 법은 공포 후 1년이 경과한 날부터 시행한다.<br>**제2조**부터 **제5조**까지 생략<br>**제6조(다른 법률의 개정)** ① 생략 | **률에 관한 적용례)** 별표 1 제1호사목 및 같은 표 제2호카목부터 파목까지의 개정규정은 이 영 시행 이후 실시하는 의료급여부터 적용한다.<br><br>**부 칙** 〈제28349호, 2017. 9. 29.〉<br>**제1조(시행일)** 이 영은 2017년 10월 1일부터 시행한다. 다만, 별표 1 제1호라목 및 같은 표 제2호마목의 개정규정은 2017년 11월 1일부터 시행한다.<br>**제2조(의료급여비용의 기금부담률에 관한 적용례)** ① 별표 1 제1호라목 및 같은 표 제2호마목의 개정규정은 2017년 11월 1일 이후 실시하는 의료급여부터 적용한다.<br>② 별표 1 제2호하목부터 더목까지의 개정규정은 2017년 10월 1일 이후 실시하는 의료급여부터 적용한다.<br><br>**부 칙** 〈제28550호, 2017. 12. 29.〉<br>**제1조(시행일)** 이 영은 공포한 날부터 시행한다.<br>**제2조(급여대상 본인부담금 상한에 관한 적용** | 제3조제1항제6호 중 "전염병"을 "감염병"으로 한다.<br>⑫부터 ⑭까지 생략<br>**제3조** 생략<br><br>**부 칙** 〈제47호, 2011. 3. 30.〉<br>**제1조(시행일)** 이 규칙은 2011년 4월 1일부터 시행한다.<br>**제2조(임신·출산 진료비 지급에 관한 적용례)** 제8조의2제1항의 개정규정은 이 규칙 시행 후 최초로 같은 조 제3항에 따른 임신·출산 진료비의 지원을 신청하는 자부터 적용한다.<br><br>**부 칙** 〈제51호, 2011. 4. 15.〉<br>**제1조(시행일)** 이 규칙은 공포한 날부터 시행한다.<br>**제2조(서식 개정에 관한 경과조치)** 이 규칙 시행 당시 종전의 규정에 따른 서식은 2011년 6월 30일까지 이 규칙에 따른 서식과 함께 사용할 수 있다. |

| 의 료 급 여 법 | 의료급여법 시행령 | 의료급여법 시행규칙 |
|---|---|---|
| ② 의료급여법 일부를 다음과 같이 개정한다.<br>제3조제1항제6호 중 "「문화재보호법」에 따라 지정된 중요무형문화재의 보유자(명예보유자를 포함한다)"를 "「무형문화재 보전 및 진흥에 관한 법률」에 따라 지정된 국가무형문화재의 보유자(명예보유자를 포함한다)"로 한다.<br>③부터 ⑧까지 생략<br>**제7조** 생략<br><br>**부 칙** 〈제13657호, 2015. 12. 29.〉<br>이 법은 공포 후 6개월이 경과한 날부터 시행한다.<br><br>**부 칙** 〈제14003호, 2016. 2. 3.〉<br>이 법은 공포 후 6개월이 경과한 날부터 시행한다.<br><br>**부 칙** 〈제14697호, 2017. 3. 21.〉<br>**제1조(시행일)** 이 법은 공포 후 6개월이 경과 | **례)** 제13조제6항제2호의 개정규정은 이 영 시행 이후 실시하는 의료급여부터 적용한다.<br><br>**부 칙** 〈제28603호, 2018. 1. 23.〉<br>이 영은 공포한 날부터 시행한다.<br><br>**부 칙** 〈제29003호, 2018. 6. 26.〉<br>**제1조(시행일)** 이 영은 2018년 7월 1일부터 시행한다.<br>**제2조(의료급여비용의 기금부담률에 관한 적용례)** 별표 1의 개정규정은 2018년 7월 1일 이후 실시하는 의료급여부터 적용한다.<br><br>**부 칙** 〈제29265호, 2018. 10. 30.〉<br>**제1조(시행일)** 이 영은 2018년 11월 1일부터 시행한다.<br>**제2조(업무정지처분 및 과징금 부과처분 기준 변경에 관한 경과조치 등)** ① 2018년 11월 1일 전에 끝나는 조사대상 기간에 발생한 위반행위에 대한 업무정지처분 또는 과징 | **부 칙** 〈제67호, 2011. 7. 4.〉<br>**제1조(시행일)** 이 규칙은 공포한 날부터 시행한다.<br>**제2조(제1형 당뇨병환자에 대한 요양비 지급에 관한 적용례)** 제24조의 개정규정은 이 규칙 시행 후 최초로 발행되는 제1형 당뇨 소모성 재료 처방전으로 혈당검사에 사용되는 소모성 재료를 구입하는 경우부터 적용한다.<br><br>**부 칙** 〈제117호, 2012. 3. 30.〉<br>**제1조(시행일)** 이 규칙은 2012년 4월 1일부터 시행한다.<br>**제2조(임신·출산 진료비 지급에 관한 적용례)** 제8조의2제1항의 개정규정은 이 규칙 시행 후 최초로 임신·출산 진료비의 지원을 신청하는 자부터 적용한다.<br><br>**부 칙** 〈제133호, 2012. 6. 29.〉<br>**제1조(시행일)** 이 규칙은 공포한 날부터 시행한다. 다만, 제8조의2제1항의 개정규정은 |

| 의 료 급 여 법 | 의료급여법 시행령 | 의료급여법 시행규칙 |
| --- | --- | --- |
| 한 날부터 시행한다.<br>**제2조(이의신청에 관한 적용례)** 제30조제2항의 개정규정은 이 법 시행 후 최초로 급여비용심사기관이 처분을 하는 것부터 적용한다.<br><br>**부 칙** 〈제16253호, 2019. 1. 15.〉<br>이 법은 공포한 날부터 시행한다.<br><br>**부 칙** 〈제16374호, 2019. 4. 23.〉<br>이 법은 공포 후 6개월이 경과한 날부터 시행한다. | 금 부과처분은 별표 2 또는 별표 3의 개정규정에도 불구하고 종전의 규정에 따른다.<br>② 2018년 11월 1일 전에 시작되어 2018년 11월 1일 이후에 끝나는 조사대상 기간에 발생한 위반행위에 대한 업무정지처분 또는 과징금 부과처분은 별표 2 또는 별표 3의 개정규정을 적용한다. 다만, 조사대상 기간 중 2018년 10월 31일까지의 기간에 대하여 같은 개정규정을 적용하는 것이 종전의 규정을 적용하는 것보다 의료급여기관에 불리하게 되는 경우에는 종전의 규정에 따른다.<br>③ 별표 2 제1호가목1) 및 별표 3 제3호의 개정규정은 부칙 제2조제1항 및 같은 조 제2항 단서에도 불구하고 2018년 10월 31일까지의 조사대상 기간에 발생한 위반행위에 대한 감면에도 적용한다.<br><br>**부 칙** 〈제29410호, 2018. 12. 24.〉<br>**제1조(시행일)** 이 영은 2019년 1월 1일부터 시행한다. | 2012년 7월 1일부터 시행한다.<br>**제2조(임신·출산 진료비 지급에 관한 적용례)** 제8조의2제1항의 개정규정은 이 규칙 시행 후 최초로 임신·출산 진료비의 지원을 신청하는 사람부터 적용한다.<br><br>**부 칙** 〈제157호, 2012. 8. 31.〉<br>**제1조(시행일)** 이 규칙은 2012년 9월 1일부터 시행한다.<br>**제2조**부터 **제7조**까지 생략<br>**제8조(다른 법령의 개정)** ①부터 ⑥까지 생략<br>⑦ 의료급여법 시행규칙 일부를 다음과 같이 개정한다.<br>제8조의5제1항 중 "「국민건강보험법」 제12조의 규정에 의한"을 "「국민건강보험법」 제13조에 따른"으로 한다.<br>제20조제1항 중 "「국민건강보험법」 제55조의 규정에 의한"을 "「국민건강보험법」 제62조에 따른"으로 한다.<br>제25조제4항제3호가목 중 "국민건강보험공단"을 "공단"으로 하고, 같은 조 제6항 |

| 의 료 급 여 법 | 의료급여법 시행령 | 의료급여법 시행규칙 |
| --- | --- | --- |
| | **제2조(1세 미만인 수급권자의 외래진료에 대한 의료급여기금의 부담 비율에 관한 적용례)** 별표 1 제2호머목 및 버목의 개정규정은 이 영 시행 이후 실시하는 의료급여부터 적용한다.<br>**제3조(의료급여 한도를 초과한 수급권자에 대한 의료급여기금의 부담 비율에 관한 적용례)** 별표 1 제3호다목의 개정규정은 이 영 시행 이후 실시하는 의료급여부터 적용한다.<br>**제4조(포상금 지급 기준에 관한 적용례)** 별표 4의 개정규정은 속임수나 그 밖의 부당한 방법으로 급여비용을 받은 의료급여기관을 이 영 시행 이후 신고하는 경우부터 적용한다.<br><br>**부 칙** 〈제29676호, 2019. 4. 2.〉<br>**제1조(시행일)** 이 영은 공포한 날부터 시행한다.<br>**제2조(추나요법에 대한 의료급여기금의 부담 비율에 관한 적용례)** 별표 1 제3호라목의 개정규정은 2019년 4월 8일 이후 실시하는 의료급여부터 적용한다. | 제1호 중 "「국민건강보험법」 제12조에 따른 국민건강보험공단(이하 "공단"이라 한다)"을 "공단"으로 한다.<br>⑧ 및 ⑨ 생략<br><br>**부 칙** 〈제170호, 2012. 11. 21.〉<br>**제1조(시행일)** 이 규칙은 공포한 날부터 시행한다.<br>**제2조(경과규정)** 이 규칙 시행 당시 의료급여사업 안내 규정 등에 따라 배치된 시·도 및 시·군·구의 의료급여 관리사는 이 규칙 제2조의2에 따른 의료급여 관리사의 자격을 갖추어서 배치된 것으로 본다.<br><br>**부 칙** 〈제201호, 2013. 7. 1.〉<br>**제1조(시행일)** 이 규칙은 2013년 7월 1일부터 시행한다.<br>**제2조(선천성 신경인성 방광환자에 대한 요양비 지급에 관한 적용례)** 제24조의 개정규정은 이 규칙 시행 후 최초로 발행된 의사의 처방전으로 자가도뇨에 사용되는 소모성 |

| 의 료 급 여 법 | 의료급여법 시행령 | 의료급여법 시행규칙 |
|---|---|---|
|  | 부 칙 〈제29945호, 2019. 7. 2.〉<br>**제1조(시행일)** 이 영은 공포한 날부터 시행한다.<br>**제2조(의료급여기금의 부담 비율에 관한 적용례)** 별표 1 제3호나목의 개정규정은 2019년 7월 1일 이후 실시한 의료급여부터 적용한다.<br><br>부 칙 〈제29950호, 2019. 7. 2.〉<br>이 영은 공포한 날부터 시행한다. 〈단서 생략〉<br><br>부 칙 〈제30061호, 2019. 8. 27.〉<br>이 영은 공포한 날부터 시행한다.<br><br>부 칙 〈제30144호, 2019. 10. 22.〉<br>**제1조(시행일)** 이 영은 2019년 11월 1일부터 시행한다. 다만, 별표 1 제2호차목의 개정규정은 2020년 1월 1일부터 시행한다.<br>**제2조(의료급여기금의 부담 비율에 관한 적용례)** 별표 1 제2호차목 및 같은 표 제3호나목의 개정규정은 이 영 시행 이후 실시하는 의료급여부터 적용한다. | 재료를 구입한 경우부터 적용한다.<br><br>부 칙 〈제208호, 2013. 9. 13.〉<br>**제1조(시행일)** 이 규칙은 2013년 10월 1일부터 시행한다. 다만, 제8조의3제1항제1호의 개정규정은 2014년 1월 1일부터 시행한다.<br>**제2조(장기이식환자 기금부담률에 관한 경과조치)** 이 규칙 시행 당시 종전의 규정에 따라 급여비용의 전부를 기금에서 부담하는 수급권자는 제19조의4제1항제2호의 개정규정에도 불구하고 영 제5조제2호 또는 제4호에 해당하게 될 때까지는 급여비용의 전부를 기금에서 부담하는 수급권자로 본다.<br><br>부 칙 〈제212호, 2013. 10. 1.〉<br>**제1조(시행일)** 이 규칙은 2013년 10월 1일부터 시행한다.<br>**제2조(장애인보장구 의료급여에 관한 적용례)** 제25조 및 별표 2의 개정규정 중 자세보 |

| 의 료 급 여 법 | 의료급여법 시행령 | 의료급여법 시행규칙 |
| --- | --- | --- |
| | **부 칙** 〈제30748호, 2020. 6. 2.〉<br>**제1조(시행일)** 이 영은 2020년 7월 1일부터 시행한다.<br>**제2조(의료급여기금의 부담 비율에 관한 적용례)** 별표 1 제1호아목2) 및 같은 표 제2호러목2)의 개정규정은 2020년 7월 1일 이후 실시하는 의료급여부터 적용한다.<br>**제3조(포상금 지급 기준에 관한 적용례)** 별표 4 제1호의 개정규정은 이 영 시행 이후 속임수나 그 밖의 부당한 방법으로 급여비용을 받은 의료급여기관을 신고하는 경우부터 적용한다.<br><br>**부 칙** 〈제31097호, 2020. 10. 7.〉<br>**제1조(시행일)** 이 영은 공포한 날부터 시행한다.<br>**제2조(의료급여기금의 부담 비율에 관한 적용례)** 별표 1 제1호아목3) 및 같은 표 제2호러목3)의 개정규정은 이 영 시행 이후 실시하는 의료급여부터 적용한다. | 조용구에 대한 의료급여 부분은 이 규칙 시행 후 발행된 보장구 처방전에 따라 자세보조용구를 구입한 경우부터 적용한다.<br>**제3조(장애인 등록 전 구입한 장애인보장구에 관한 적용례)** 별표 2 제1호카목의 개정규정은 이 규칙 시행 당시 「장애인복지법」에 따른 장애인 등록을 하지 않은 경우라도 이 규칙 시행 전에 제25조제3항에 따라 의료급여 대상으로 통보받은 장애인보장구를 구입한 수급자가 해당 장애인보장구의 구입일부터 6개월 이내에 「장애인복지법」에 따라 장애인 등록을 한 경우에도 적용한다.<br><br>**부 칙** 〈제226호, 2013. 12. 13.〉<br>이 규칙은 2013년 12월 13일부터 시행한다.<br><br>**부 칙** 〈제228호, 2013. 12. 31.〉<br>이 규칙은 2014년 1월 1일부터 시행한다. |

| 의 료 급 여 법 | 의료급여법 시행령 | 의료급여법 시행규칙 |
|---|---|---|
|  | **부 칙** 〈제31337호, 2020. 12. 29.〉<br>**제1조(시행일)** 이 영은 2021년 1월 1일부터 시행한다.<br>**제2조(일반적 적용례)** 이 영은 이 영 시행 당시 사법경찰관이 수사 중인 사건에 대해서도 적용한다. | **부 칙** 〈제269호, 2014. 11. 19.〉<br>**제1조(시행일)** 이 규칙은 2014년 11월 19일부터 시행한다.<br>**제2조(다른 법령의 개정)** ① 응급의료에 관한 법률 시행규칙 일부를 다음과 같이 개정한다.<br>제33조의2제3항 중 "소방방재청장, 해양경찰청장"을 "국민안전처장관"으로 한다.<br>② 한센인피해사건의 진상규명 및 피해자생활지원 등에 관한 법률 시행규칙 일부를 다음과 같이 개정한다.<br>제2조제1항 중 "안전행정부"를 "행정자치부"로 한다.<br><br>**부 칙** 〈제283호, 2015. 1. 5.〉<br>이 규칙은 공포일로부터 시행한다.<br><br>**부 칙** 〈제328호, 2015. 7. 1.〉<br>**제1조(시행일)** 이 규칙은 2015년 7월 1일부터 시행한다. 다만, 별표 1의2 제1호아목은 2015년 7월 15일부터 시행한다. |

| 의 료 급 여 법 | 의료급여법 시행령 | 의료급여법 시행규칙 |
|---|---|---|
| | | **제2조(완화의료 급여비용 부담에 관한 적용례)** 별표 1의2 제1호아목의 개정규정은 2015년 7월 15일 이후 실시하는 의료급여부터 적용한다.<br>**제3조(장애인보장구의 의료급여에 관한 적용례)** 별표 2 제3호가목의 개정규정은 2015년 7월 1일 이후 구입하는 장애인보장구부터 적용한다.<br><br>**부 칙** 〈제361호, 2015. 10. 30.〉<br>**제1조(시행일)** 이 규칙은 2015년 11월 1일부터 시행한다.<br>**제2조(8세 미만 소아의 의료급여 신청에 관한 적용례)** 제3조제1항의 개정규정은 이 규칙 시행 이후 신청하는 의료급여부터 적용한다.<br><br>**부 칙** 〈제385호, 2015. 12. 31.〉<br>**제1조(시행일)** 이 규칙은 2016년 1월 1일부터 시행한다.<br>**제2조(당뇨병 소모성 재료 관련 요양비에 관한 적용례)** ① 제24조제1항제4호의 개정규정 |

| 의 료 급 여 법 | 의료급여법 시행령 | 의료급여법 시행규칙 |
| --- | --- | --- |
| | | 에 따른 당뇨병 환자 및 당뇨병 소모성 재료와 관련한 요양비는 이 규칙 시행 이후 발행한 처방전에 따라 구입하는 경우부터 적용한다.<br>② 제24조제1항제4호의 개정규정에 따른 당뇨병 환자 및 당뇨병 소모성 재료와 관련한 요양비는 제1형 당뇨병환자가 이 규칙 시행 전에 발행한 처방전(해당 처방전의 처방기간 내의 것을 말한다)에 따라 이 규칙 시행 이후 구입하는 경우에도 적용한다.<br>**제3조(인공호흡기 관련 요양비에 관한 적용례)**<br>① 제24조제1항제6호의 개정규정에 따른 인공호흡기에 관한 요양비는 이 규칙 시행 이후 발행한 처방전에 따라 대여받는 경우부터 적용한다.<br>② 제24조제1항제6호의 개정규정에 따른 인공호흡기에 관한 요양비는 질병관리본부장이 실시하는 희귀난치성질환자의료비지원사업에 포함된 인공호흡기 대여 지원 대상자가 이 규칙 시행 전에 발행한 처방 |

| 의 료 급 여 법 | 의료급여법 시행령 | 의료급여법 시행규칙 |
|---|---|---|
| | | 전(해당 처방전의 처방기간의 종기가 별지 제12호의6서식의 인공호흡기 청구기간의 시기를 경과하지 아니한 것을 말한다)에 따라 이 규칙 시행 이후 인공호흡기를 대여받는 경우에도 적용한다.<br>**제4조(장애인보장구에 관한 적용례)** 별표 2의 개정규정은 이 규칙 시행 이후 발행한 처방전에 따라 구입하는 경우부터 적용한다. 다만, 맞춤형 교정용 신발, 의안 및 보청기 관련 개정 규정은 이 규칙 시행 전에 발행한 처방전에 따라 이 규칙 시행 이후 구입하는 경우에도 적용한다.<br><br>**부 칙** 〈제410호, 2016. 6. 29.〉<br>**제1조(시행일)** 이 규칙은 2016년 7월 1일부터 시행한다. 다만, 제35조의2의 개정규정은 2016년 8월 4일부터 시행한다.<br>**제2조(임신·출산 진료비의 지원에 관한 적용례)** 제8조의2제1항의 개정규정은 이 규칙 시행 이후 최초로 임신·출산 진료비의 지원을 신청하는 경우부터 적용한다. |

| 의 료 급 여 법 | 의료급여법 시행령 | 의료급여법 시행규칙 |
| --- | --- | --- |
| | | **부 칙** 〈제459호, 2016. 12. 30.〉<br>**제1조(시행일)** 이 규칙은 2017년 1월 1일부터 시행한다. 다만, 제17조제1항의 개정규정은 2017년 4월 1일부터 시행한다.<br>**제2조(임신·출산 진료비의 지원에 관한 적용례)** 제8조의2제1항제2호의 개정규정은 이 규칙 시행 이후 임신·출산 진료비의 지원을 신청하는 경우부터 적용한다.<br>**제3조(산소치료 관련 요양비에 관한 적용례)** ① 제24조제1항제3호의 개정규정에 따른 산소치료 관련 요양비는 이 규칙 시행 이후 발행하는 처방전에 따라 산소치료를 받는 경우부터 적용한다.<br>② 제24조제1항제3호의 개정규정에 따른 산소치료 관련 요양비는 가정에서 산소치료를 받고 있던 환자가 이 규칙 시행 전에 발행한 처방전(해당 처방전의 처방기간 내의 것을 말한다)에 따라 이 규칙 시행 이후 산소치료를 받는 경우에도 적용한다.<br>**제4조(자가도뇨 관련 요양비에 관한 적용례)** 제24조제1항제5호의 개정규정에 따른 자 |

| 의 료 급 여 법 | 의료급여법 시행령 | 의료급여법 시행규칙 |
| --- | --- | --- |
| | | 가도뇨 관련 요양비는 이 규칙 시행 이후 발행하는 처방전에 따라 자가도뇨에 사용되는 소모성 재료를 구입하는 경우부터 적용한다.<br>**제5조(기침유발기 관련 요양비에 관한 적용례)** ① 제24조제1항제6호의 개정규정에 따른 기침유발기 관련 요양비는 이 규칙 시행 이후 발행하는 처방전에 따라 기침유발기를 대여하는 경우부터 적용한다.<br>② 제24조제1항제6호의 개정규정에 따른 기침유발기 관련 요양비는 질병관리본부장이 실시하는 희귀난치성질환자의료비지원사업에 포함된 기침유발기 대여 지원 대상자가 이 규칙 시행 전에 발행한 처방전(해당 처방전의 처방기간 종기가 별지 제12호의6서식의 기침유발기 청구기간의 시기를 경과하지 아니한 것을 말한다)에 따라 이 규칙 시행 이후 기침유발기를 대여받는 경우에도 적용한다.<br>**제6조(제3차의료급여기관의 지정에 관한 경과조치)** 부칙 제1조 단서에 따른 시행일 당 |

| 의 료 급 여 법 | 의료급여법 시행령 | 의료급여법 시행규칙 |
|---|---|---|
| | | 시 제3차의료급여기관인 종합병원은 제17조제1항의 개정규정에도 불구하고 2017년 6월 30일까지는 제3차의료급여기관으로 본다.<br><br>**부 칙** 〈제512호, 2017. 8. 4.〉<br>**제1조(시행일)** 이 규칙은 2017년 8월 4일부터 시행한다. 〈단서 생략〉<br>**제2조** 생략<br>**제3조(다른 법령의 개정)** ①부터 ④까지 생략<br>⑤ 의료급여법 시행규칙 일부를 다음과 같이 개정한다.<br>별표 1의2 제1호아목 중 "「암관리법」 제22조에 따라 완화의료전문기관으로 지정된 의료급여기관에서 같은 법 제24조에 따라 완화의료 입원진료를 받는 경우"를 "「호스피스·완화의료 및 임종과정에 있는 환자의 연명의료결정에 관한 법률」 제28조에 따라 호스피스전문기관으로 지정된 의료급여기관에서 호스피스·완화의료의 입원진료를 받는 경우"로 한다. |

| 의 료 급 여 법 | 의료급여법 시행령 | 의료급여법 시행규칙 |
|---|---|---|
| | | **부 칙** 〈제520호, 2017. 9. 15.〉<br>**제1조(시행일)** 이 규칙은 공포한 날부터 시행한다.<br>**제2조(임신·출산 진료비의 지원에 관한 적용례)** 제8조의2제1항의 개정규정은 이 규칙 시행 이후 출산, 유산 또는 사산한 경우부터 적용한다.<br>**제3조(소프트웨어의 사용에 관한 적용례)** 제22조제2항 후단의 개정규정은 이 규칙 시행 이후 전산기록장치에 의한 전산매체 또는 정보통신망에 의하여 의료급여비용심사청구서 및 의료급여비용명세서를 제출하는 경우부터 적용한다.<br><br>**부 칙** 〈제586호, 2018. 8. 1.〉<br>**제1조(시행일)** 이 규칙은 공포한 날부터 시행한다.<br>**제2조(양압기 관련 요양비에 관한 적용례)** 제24조제1항제7호의 개정규정에 따른 요양비는 이 규칙 시행 이후 발행한 처방전에 따라 양압기를 대여받는 경우부터 지급한다. |

| 의 료 급 여 법 | 의료급여법 시행령 | 의료급여법 시행규칙 |
| --- | --- | --- |
| | | **제3조(수동휠체어의 의료급여에 대한 경과조치)** 이 규칙 시행 이전에 수동휠체어를 구입한 경우에는 별표 2 제1호나목·다목의 개정규정에도 불구하고 종전의 규정에 따른다.<br><br>**부 칙** 〈제606호, 2018. 12. 28.〉<br>이 규칙은 2019년 1월 1일부터 시행한다.<br><br>**부 칙** 〈제605호, 2018. 12. 31.〉<br>**제1조(시행일)** 이 규칙은 2019년 1월 1일부터 시행한다.<br>**제2조(임신·출산 진료비에 관한 적용례)** 제8조의2의 개정규정은 이 규칙 시행 이후 임신·출산 진료비의 지원을 신청하는 경우부터 적용한다.<br>**제3조(서식에 관한 적용례)** 별지 제12호의4서식, 별지 제12호의5서식, 별지 제13호서식, 별지 제14호서식 및 별지 제14호의3서식의 개정규정은 이 규칙 시행 이후 제출하는 경우부터 적용한다. |

| 의 료 급 여 법 | 의료급여법 시행령 | 의료급여법 시행규칙 |
|---|---|---|
| | | 부 칙 〈제649호, 2019. 7. 1.〉<br>**제1조(시행일)** 이 규칙은 공포일부터 시행한다. 다만 별표 1의2 제1호자목의 개정규정은 2019년 11월 1일부터 시행한다.<br>**제2조(의료급여 신청에 관한 적용례)** 제3조제1항제6호 및 제13호의 개정규정은 이 규칙 시행 이후 신청하는 의료급여부터 적용한다.<br>**제3조(의료급여비용의 본인부담률에 관한 적용례)** 별표 1의2 제1호자목의 개정규정은 2019년 11월 1일 당시 계속 입원 중인 수급권자 또는 그 보호자에게는 2019년 11월 1일 이후 실시하는 의료급여부터 적용한다.<br><br>부 칙 〈제672호, 2019. 9. 27.〉<br>이 규칙은 공포한 날부터 시행한다.<br><br>부 칙 〈제675호, 2019. 10. 24.〉<br>**제1조(시행일)** 이 규칙은 10월 24일부터 시행한다.<br>**제2조(서식 개정에 따른 경과조치)** 이 규칙 시 |

| 의 료 급 여 법 | 의료급여법 시행령 | 의료급여법 시행규칙 |
| --- | --- | --- |
| | | 행 당시 종전의 규정에 따라 제출한 신청서, 처방전 및 청구서 등은 이 규칙에 따라 제출한 것으로 본다.<br><br>**부 칙** 〈제686호, 2019. 11. 19.〉<br>**제1조(시행일)** 이 규칙은 공포한 날부터 시행한다.<br>**제2조(요양병원 입원진료 현황의 고지에 관한 적용례)** 제4조의 개정규정은 이 규칙 시행 당시 입원진료를 받고 있는 수급권자의 입원진료 현황에 대해서도 적용한다.<br><br>**부 칙** 〈제691호, 2019. 12. 20.〉<br>이 규칙은 공포한 날부터 시행한다.<br><br>**부 칙** 〈제693호, 2019. 12. 31.〉<br>**제1조(시행일)** 이 규칙은 2020년 1월 1일부터 시행한다.<br>**제2조(당뇨병 관리기기 관련 요양비에 관한 적용례)** 제24조제1항제4호의 개정규정에 따른 당뇨병 관리기기 관련 요양비는 이 규칙 시행 이후 발행한 처방전에 따라 구입 |

| 의 료 급 여 법 | 의료급여법 시행령 | 의료급여법 시행규칙 |
|---|---|---|
| | | 하는 경우부터 적용한다.<br><br>**부 칙** 〈제739호, 2020. 6. 29.〉<br>**제1조(시행일)** 이 규칙은 2020년 7월 1일부터 시행한다. 다만, 제3조의 개정규정은 2020년 10월 1일부터 시행하고, 별지 제6호서식의 개정규정은 2021년 1월 1일부터 시행한다.<br>**제2조(보청기에 대한 의료급여에 관한 적용례)** 별표 2 제1호라목4) 및 같은 호 파목의 개정규정은 이 규칙 시행 이후 보청기를 구입하는 경우부터 적용한다.<br><br>**부 칙** 〈제775호, 2020. 12. 31.〉<br>**제1조(시행일)** 이 규칙은 2021년 1월 1일부터 시행한다.<br>**제2조(결핵질환의 확진검사에 대한 의료급여 신청에 관한 적용례)** 제3조제1항제8호의 개정규정은 이 규칙 시행 이후 「건강검진기본법」에 따른 국가건강검진을 받는 경우부터 적용한다. |

# 의료급여법 시행령 별표

[별표 1] 〈개정 2020. 10. 7.〉

## 의료급여기금에서 부담하는 급여비용의 범위(제13조 관련)

### 1. 1종수급권자에 대해서는 다음 각 목의 구분에 따른 부담액 또는 부담률

가. 의료급여기관 및 의료급여의 내용에 따라 기금에서 부담하는 급여비용의 범위

| 의료급여 기관 | 의료급여의 내용 | | 기금에서 부담하는 급여비용(부담률) |
|---|---|---|---|
| 1) 법 제9조제2항 제1호가목에 해당하는 제1차의료급여기관 및 같은 호 나목의 제1차 의료급여기관 중 보건의료원 | 가) 외래 진료 | (1) 「약사법」 제23조제4항에 따라 의사 또는 치과의사가 의약품을 직접 조제하는 경우와 법률 제8365호 약사법 전부개정법률 부칙 제8조에 따라 한의사가 한약 및 한약제제를 직접 조제하는 경우 | 급여비용총액에서 의료급여기관 1회 방문당 1,500원의 본인부담금을 제외한 급여비용 전부 |
| | | (2) 전산화단층촬영(CT), 자기공명영상진단(MRI), 양전자방출단층촬영(PET) 등 보건복지부장관이 정하여 고시하는 진료 | 급여비용총액의 100분의 95. 다만, 법 제7조제1항제2호의 약제(이하 "약제"라 한다)는 급여비용총액에서 「국민건강보험법 시행령」 제22조제1항 각 호 외의 부분 후단에 따른 구입금액(이하 "구입금액"이라 한다)의 100분의 5에 해당하는 본인부담금을 제외한 급여비용 전부로 한다. |
| | | (3) 그 밖의 외래진료 | 급여비용총액에서 의료급여기관 1회 방문당 1,000원의 본인부담금을 제외한 급여비용 전부 |
| | 나) 입원진료 | | 급여비용총액 전부 |
| 2) 법 제9조제2항 제2호에 따른 제2차의료급여 기관 | 가) 외래 진료 | (1) 「약사법」 제23조제4항에 따라 의사 또는 치과의사가 의약품을 직접 조제하는 경우와 법률 제8365호 약사법 전부개정법률 부칙 제8조에 따라 한의사가 한약 및 한약제제를 직접 조제하는 경우 | 급여비용총액에서 의료급여기관 1회 방문당 2,000원의 본인부담금을 제외한 급여비용 전부 |
| | | (2) 전산화단층촬영(CT), 자기공명영상진단(MRI), 양전자방출단층촬영(PET) 등 보건복지부장관이 정하여 고시하는 진료 | 급여비용총액의 100분의 95. 다만, 약제는 급여비용총액에서 구입금액의 100분의 5에 해당하는 본인부담금을 제외한 급여비용 전부로 한다. |

| 의료급여 기관 | 의료급여의 내용 | | 기금에서 부담하는 급여비용(부담률) |
|---|---|---|---|
| | | (3) 그 밖의 외래진료 | 급여비용총액에서 의료급여기관 1회 방문당 1,500원의 본인부담금을 제외한 급여비용 전부 |
| | 나) 입원진료 | | 급여비용총액 전부 |
| 3) 법 제9조제2항 제3호에 따른 제3차의료급여기관 | 가) 외래진료 | (1) 「약사법」 제23조제4항에 따라 의사 또는 치과의사가 의약품을 직접 조제하는 경우와 법률 제8365호 약사법 전부개정법률 부칙 제8조에 따라 한의사가 한약 및 한약제제를 직접 조제하는 경우 | 급여비용총액에서 의료급여기관 1회 방문당 2,500원의 본인부담금을 제외한 급여비용 전부 |
| | | (2) 전산화단층촬영(CT), 자기공명영상진단(MRI), 양전자방출단층촬영(PET) 등 보건복지부장관이 정하여 고시하는 진료 | 급여비용총액의 100분의 95. 다만, 약제는 급여비용총액에서 구입금액의 100분의 5에 해당하는 본인부담금을 제외한 급여비용 전부로 한다. |
| | | (3) 그 밖의 외래진료 | 급여비용총액에서 의료급여기관 1회 방문당 2,000원의 본인부담금을 제외한 급여비용 전부 |
| | 나) 입원진료 | | 급여비용총액 전부 |
| 4) 법 제9조제2항 제1호의 제1차 의료급여기관 중 보건소·보건지소 및 보건진료소 | 외래·입원진료 | | 급여비용총액 전부 |
| 5) 법 제9조제2항 제1호의 제1차 의료급여기관 중 약국 및 한국희귀의약품센터 | 가) 보건소·보건지소 및 보건진료소가 발행한 처방전에 의하여 의약품을 조제하는 경우 | | 급여비용총액 전부 |
| | 나) 의료기관 및 보건의료원이 발행한 처방전에 의하여 의약품을 조제하는 경우 | | 급여비용총액에서 처방전 1매당 500원의 본인부담금을 제외한 급여비용 전부 |
| | 다) 약사가 「약사법」 제23조제3항 단서에 따라 처방전에 의하지 아니하고 직접 조제하는 경우 | | 급여비용총액에서 약국 1회 방문당 900원의 본인부담금을 제외한 급여비용 전부 |

비 고 : 위 표 1)가)(1), 2)가)(1) 및 3)가)(1)의 경우로서 처방전을 함께 발행하는 경우에는 각각 위 표 1)가)(3), 2)가)(3) 및 3)가)(3)의 급여비용에 해당하는 금액을 기금에서 부담한다.

나. 가목1)가), 2)가), 3)가), 5)나) 및 5)다)를 적용하는 경우 급여비용총액이 해당 규정의 본인부담금보다 적은 경우에는 그 급여비용총액 전부를 본인부담금으로 한다.

다. 가목1)가), 2)가), 3)가), 5)나) 및 5)다)에도 불구하고 1종수급권자 중 다음에 해당하는 사람에 대해서는 급여비용총액 전부를 기금에서 부담한다. 다만, 법 제7조제2항에 따른 한도를 초과하여 의료급여를 받은 사람 중 보건복지부령으로 정하는 사람에 대해서는 보건복지부령으로 정하는 바에 따라 급여비용총액의 일부를 부담하게 할 수 있다.

(1) 18세 미만인 사람
(2) 임산부
(3) 제2조제1호에 따른 무연고자로 확인된 사람
(4) 법 제3조제1항제9호에 따른 노숙인 등
(5) 보건복지부장관이 정하여 고시하는 결핵질환, 희귀난치성질환 또는 중증질환을 가진 사람
(6) 그 밖에 보건복지부령으로 정하는 사람

라. 가목1)부터 4)까지 및 다목에도 불구하고 65세 이상인 사람에게 보건복지부장관이 정하여 고시하는 기준 및 방법에 따라 틀니를 의료급여로 실시하는 경우에는 급여비용총액의 100분의 95를 기금에서 부담한다.

마. 가목1)부터 4)까지 및 다목에도 불구하고 65세 이상인 사람에게 보건복지부장관이 정하여 고시하는 기준 및 방법에 따라 치과임플란트를 의료급여로 실시하는 경우에는 급여비용총액의 100분의 90을 기금에서 부담한다.

바. 가목5)나)에도 불구하고 상급종합병원 또는 종합병원의 의사가 발행한 처방전에 따라 질병의 중증도(重症度)를 고려하여 보건복지부장관이 정하여 고시하는 질병에 대한 의약품을 조제받은 경우[읍·면 지역 소재 종합병원의 의사가 발행한 처방전에 따라 의약품을 조제받거나 「한국보훈복지의료공단법」에 따른 보훈병원의 의사나 「독립유공자예우에 관한 법률」, 「국가유공자 등 예우 및 지원에 관한 법률」, 「보훈보상대상자 지원에 관한 법률」, 「5·18민주유공자예우에 관한 법률」, 「참전유공자예우 및 단체설립에 관한 법률」, 「고엽제후유의증 등 환자지원 및 단체설립에 관한 법률」, 「특수임무유공자 예우 및 단체설립에 관한 법률」 및 「제대군인지원에 관한 법률」에 따라 국가보훈처장이 진료를 위탁한 상급종합병원 또는 종합병원의 의사가 해당 법률에서 정한 의료지원 대상자에게 발행한 처방전에 따라 의약품을 조제받은 경우 및 다목에 해당하는 경우는 제외한다]에는 급여비용총액의 100분의 97을 기금에서 부담한다. 다만, 본인부담금이 500원 미만이면 500원을 본인부담금으로 한다.

사. 가목1)가)(1)·(3), 같은 목 2)가)(1)·(3) 및 같은 목 3)가)(1)·(3)에도 불구하고 정신질환의 외래진료에 대하여 보건복지부장관이 정하여 고시하는 항정신병 장기지속형주사제를 의료급여로 실시하는 경우에는 항정신병 장기지속형주사제 급여비용의 100분의 90을 기금에서 부담한다.

아. 가목1)가)(1)·(3), 같은 목 2)가)(1)·(3) 및 같은 목 3)가)(1)·(3)에도 불구하고 다음의 경우에는 해당 급여비용의 100분의 100을 기금에서 부담한다.

1) 「건강검진기본법」에 따른 국가건강검진을 받은 사람에게 보건복지부장관이 정하여 고시하는 확진검사를 의료급여로 실시하는 경우

2) 「의료법」 제34조에 따른 원격의료에 대하여 보건복지부장관이 정하여 고시하는 의료급여를 실시하는 경우

3) 의료급여를 의뢰받은 의료급여기관이 수급권자의 상태가 호전됨에 따라 의료급여를 의뢰한 의료기관 등으로 수급권자를 회송(回送)하는 경우로서 해당 수급권자에게 회송과 관련하여 보건복지부장관이 정하여 고시하는 의료급여를 실시하는 경우

**2. 2종수급권자에 대해서는 다음 각 목의 구분에 따른 부담액 또는 부담률**

가. 의료급여기관 및 의료급여의 내용에 따른 기금에서 부담하는 급여비용의 범위

| 의료급여 기관 | 의료급여의 내용 | | 기금에서 부담하는 급여비용(부담률) |
|---|---|---|---|
| 1) 법 제9조제2항 제1호가목에 해당하는 제1차의료급여기관 및 같은 호 나목의 제1차 의료급여기관 중 보건의료원 | 가) 외래 진료 | (1) 「약사법」 제23조제4항에 따라 의사 또는 치과의사가 의약품을 직접 조제하는 경우와 법률 제8365호 약사법 전부개정법률 부칙 제8조에 따라 한의사가 한약 및 한약제제를 직접 조제하는 경우 | 급여비용총액에서 의료급여기관 1회 방문당 1,500원의 본인부담금을 제외한 급여비용 전부 |
| | | (2) 전산화단층촬영(CT), 자기공명영상진단(MRI), 양전자방출단층촬영(PET) 등 보건복지부장관이 정하여 고시하는 진료 | 급여비용총액의 100분의 85. 다만, 약제는 급여비용총액에서 구입금액의 100분의 15에 해당하는 본인부담금을 제외한 급여비용 전부로 한다. |
| | | (3) 그 밖의 외래진료 | 급여비용총액에서 의료급여기관 1회 방문당 1,000원의 본인부담금을 제외한 급여비용 전부 |
| | 나) 입원진료 | | 급여비용총액의 100분의 90. 다만, 약제는 급여비용총액에서 구입금액의 100분의 10에 해당하는 본인부담금을 제외한 급여비용 전부로 한다. |

<table>
<tr><th>의료급여 기관</th><th colspan="2">의료급여의 내용</th><th>기금에서 부담하는 급여비용(부담률)</th></tr>
<tr><td rowspan="5">2) 법 제9조제2항 제2호에 따른 제2차의료급여기관</td><td rowspan="3">가) 보건복지부 장관이 정하여 고시하는 만성질환자에 대한 그 질환의 외래진료</td><td>(1) 「약사법」 제23조제4항에 따라 의사 또는 치과의사가 의약품을 직접 조제하는 경우와 법률 제8365호 약사법 전부개정법률 부칙 제8조에 따라 한의사가 한약 및 한약제제를 직접 조제하는 경우</td><td>급여비용총액에서 의료급여기관 1회 방문당 1,500원의 본인부담금을 제외한 급여비용 전부</td></tr>
<tr><td>(2) 전산화단층촬영(CT), 자기공명영상진단(MRI), 양전자방출단층촬영(PET) 등 보건복지부장관이 정하여 고시하는 진료</td><td>급여비용총액의 100분의 85. 다만, 약제는 급여비용총액에서 구입금액의 100분의 15에 해당하는 본인부담금을 제외한 급여비용 전부로 한다.</td></tr>
<tr><td>(3) 그 밖의 외래진료</td><td>급여비용총액에서 의료급여기관 1회 방문당 1,000원의 본인부담금을 제외한 급여비용 전부</td></tr>
<tr><td colspan="2">나) 그 밖의 외래진료</td><td>급여비용총액의 100분의 85. 다만, 약제는 급여비용총액에서 구입금액의 100분의 15에 해당하는 본인부담금을 제외한 급여비용 전부로 한다.</td></tr>
<tr><td colspan="2">다) 입원진료</td><td>급여비용총액의 100분의 90. 다만, 약제는 급여비용총액에서 구입금액의 100분의 10에 해당하는 본인부담금을 제외한 급여비용 전부로 한다.</td></tr>
<tr><td rowspan="2">3) 법 제9조제2항 제3호에 따른 제3차의료급여기관</td><td colspan="2">가) 외래진료</td><td>급여비용총액의 100분의 85. 다만, 약제는 급여비용총액에서 구입금액의 100분의 15에 해당하는 본인부담금을 제외한 급여비용 전부로 한다.</td></tr>
<tr><td colspan="2">나) 입원진료</td><td>급여비용총액의 100분의 90. 다만, 약제는 급여비용총액에서 구입금액의 100분의 10에 해당하는 본인부담금을 제외한 급여비용 전부로 한다.</td></tr>
</table>

| 의료급여 기관 | 의료급여의 내용 | 기금에서 부담하는 급여비용(부담률) |
|---|---|---|
| 4) 법 제9조제2항 제1호의 제1차 의료급여기관 중 보건소·보건지소 및 보건진료소 | 외래·입원 진료 | 급여비용총액 전부 |
| 5) 법 제9조제2항 제1호의 제1차 의료급여기관 중 약국 및 한국희귀 의약품센터 | 가) 보건소·보건지소 및 보건진료소가 발행한 처방전에 의하여 의약품을 조제하는 경우 | 급여비용총액 전부 |
| | 나) 의료기관 및 보건의료원이 발행한 처방전에 의하여 의약품을 조제하는 경우 | 급여비용총액에서 처방전 1매당 500원의 본인부담금을 제외한 급여비용 전부 |
| | 다) 약사가 「약사법」 제23조제3항 단서에 따라 처방전에 의하지 아니하고 직접 조제하는 경우 | 급여비용총액에서 약국 1회 방문당 900원의 본인부담금을 제외한 급여비용 전부 |

비고 : 위 표 1)가)(1) 및 2)가)(1)의 경우로서 처방전을 함께 발행하는 경우에는 각각 위 표 1)가)(3) 및 2)가)(3)의 급여비용에 해당하는 금액을 기금에서 부담한다.

나. 가목1)가), 2)가), 3)가), 5)나) 및 5)다)를 적용하는 경우 급여비용총액이 해당 규정의 본인부담금보다 적은 경우에는 그 급여비용총액 전부를 본인부담금으로 한다.

다. 가목1)나), 2)다) 및 3)나)에도 불구하고 자연분만 및 제왕절개분만에 대한 의료급여와 6세 미만의 아동에 대한 입원진료로서 보건복지부장관이 정하여 고시하는 의료급여를 받은 경우에는 본인부담금을 면제한다.

라. 가목에도 불구하고 보건복지부장관이 정하여 고시하는 중증질환을 가진 사람에 대해서는 급여비용총액 전부를 기금에서 부담한다.

마. 가목1)부터 4)까지 및 라목에도 불구하고 65세 이상인 사람에게 보건복지부장관이 정하여 고시하는 기준 및 방법에 따라 틀니를 의료급여로 실시하는 경우에는 급여비용총액의 100분의 85를 기금에서 부담한다.

바. 가목1)부터 4)까지 및 라목에도 불구하고 65세 이상인 사람에게 보건복지부장관이 정하여 고시하는 기준 및 방법에 따라 치과임플란트를 의료급여로 실시하는 경우에는 급여비용총액의 100분의 80을 기금에서 부담한다.

사. 가목1)나), 2)다) 및 3)나)에도 불구하고 고위험 임신부에게 보건복지부장관이 정하여 고시하는 기준 및 방법에 따라 입원진료를 의료급여로 실시한 경우에는 급여비용총액의 100분의 95를 기금에서 부담한다.

아. 가목5)나)에도 불구하고 상급종합병원 또는 종합병원의 의사가 발행한 처방전에 따라 질병의 중증도를 고려하여 보건복지부장관이 정하여 고시하는 질병에 대한 의약품을 조제받은 경우[읍·면 지역 소재 종합병원의 의사가 발행한 처방전에 따라 의약품을 조제받거나 「한국보훈복지의료공단법」에 따른 보훈병원의 의사나 「독립유공자예우에 관한 법률」, 「국가유공자 등 예우 및 지원에 관한 법률」, 「보훈보상대상자 지원에 관한 법률」, 「5·18민주유공자예우에 관한 법률」, 「참전유공자예우 및 단체설립에 관한 법률」, 「고엽제후유의증 등 환자지원 및 단체설립에 관한 법률」, 「특수임무유공자 예우 및 단체설립에 관한 법률」 및 「제대군인지원에 관한 법률」에 따라 국가보훈처장이 진료를 위탁한 상급종합병원 또는 종합병원의 의사가 해당 법률에서 정한 의료지원 대상자에게 발행한 처방전에 따라 의약품을 조제받은 경우 및 그 밖에 보건복지부령으로 정하는 경우는 제외한다]에는 급여비용총액의 100분의 97을 기금에서 부담한다. 다만, 본인부담금이 500원 미만이면 500원을 본인부담금으로 한다.

자. 가목1)가)(2), 같은 목 2)가)(2), 같은 목 2)나) 및 같은 목 3)가)에도 불구하고 임신부의 외래진료(유산·사산으로 인한 외래진료를 포함한다)에 대하여 보건복지부장관이 정하여 고시하는 의료급여를 실시하는 경우에는 급여비용총액의 100분의 95를 기금에서 부담한다.

차. 가목1)가)(2), 같은 목 2)가)(2), 같은 목 2)나) 및 같은 목 3)가)에도 불구하고 보건복지부장관이 정하여 고시하는 만 5세까지의 조산아(早産兒) 및 저체중 출생아의 외래진료에 대하여 보건복지부장관이 정하여 고시하는 의료급여를 실시하는 경우에는 급여비용총액의 100분의 95를 기금에서 부담한다.

카. 가목1)가)(1)·(3)에도 불구하고 정신질환의 외래진료에 대하여 보건복지부장관이 정하여 고시하는 항정신병 장기지속형주사제를 의료급여로 실시하는 경우에는 항정신병 장기지속형 주사제 급여비용의 100분의 90을 기금에서 부담한다.

타. 가목2)나) 및 같은 목 3)가)에도 불구하고 정신질환의 외래진료에 대하여 의료급여를 실시하는 경우에는 다음의 기준에 따른다.

1) 보건복지부장관이 정하여 고시하는 정신질환의 경우에는 급여비용총액의 100분의 95를 기금에서 부담한다. 다만, 전산화단층촬영(CT), 자기공명영상진단(MRI), 양전자방출단층촬영(PET) 등 보건복지부장관이 정하여 고시하는 진료(이하 이 목에서 "전산화단층촬영등"이라 한다)를 실시하는 경우에는 전산화단층촬영등의 사용에 드는 급여비용의 100분의 85를 기금에서 부담한다.

2) 1) 외의 정신질환의 경우에는 급여비용총액의 100분의 90을 기금에서 부담한다. 다만, 전산화단층촬영등을 실시하는 경우에는 전산화단층촬영등의 사용에 드는 급여비용의 100분의 85를 기금에서 부담한다.

파. 타목1)에도 불구하고 보건복지부장관이 정하여 고시하는 정신질환의 외래진료에 대하여 보건복지부장관이 정하여 고시하는 항정신병 장기지속형주사제를 의료급여로 실시하는 경우에는 항정신병 장기지속형주사제 급여비용의 100분의 90을 기금에서 부담한다.

하. 가목1)가)(2), 같은 1) 나), 같은 목 2)나)·다) 및 같은 목 3)가)·나)에도 불구하고 보건복지부장관이 정하여 고시하는 치매에 대하여 의료급여를 실시하는 경우에는 급여비용총액의 100분의 95를 기금에서 부담한다.

거. 가목1)나), 같은 목 2)다) 및 같은 목 3)나)에도 불구하고 6세 이상 15세 이하 아동의 입원진료에 대하여 의료급여를 실시하는 경우에는 급여비용총액의 100분의 97을 기금에서 부담한다.

너. 가목1)나), 같은 목 2)다) 및 같은 목 3)나)에도 불구하고 16세 이상 18세 이하인 사람의 치아홈메우기에 대하여 의료급여를 실시하는 경우에는 치아홈메우기 급여비용의 100분의 95를 기금에서 부담한다.

더. 가목2)나) 및 같은 목 3)가)에도 불구하고 18세 이하인 사람의 치아홈메우기에 대하여 의료급여를 실시하는 경우에는 치아홈메우기 급여비용의 100분의 95를 기금에서 부담한다.

러. 가목1)가)(1)·(3), 같은 1) 나), 같은 목 2)가)(1)·(3), 같은 2) 나)·다) 및 같은 목 3)가)·나)에도 불구하고 다음의 경우에는 해당 급여비용의 100분의 100을 기금에서 부담한다.

1) 「건강검진기본법」에 따른 국가건강검진을 받은 사람에게 보건복지부장관이 정하여 고시하는 확진검사를 의료급여로 실시하는 경우

2) 「의료법」 제34조에 따른 원격의료에 대하여 보건복지부장관이 정하여 고시하는 의료급여를 실시하는 경우

3) 의료급여를 의뢰받은 의료급여기관이 수급권자의 상태가 호전됨에 따라 의료급여를 의뢰한 의료기관 등으로 수급권자를 회송하는 경우로서 해당 수급권자에게 회송과 관련하여 보건복지부장관이 정하여 고시하는 의료급여를 실시하는 경우

머. 가목1)가), 같은 목 2)가)(1)·(3) 및 차목에도 불구하고 1세 미만인 수급권자의 외래진료에 대하여 의료급여를 실시하는 경우에는 급여비용총액 전부를 기금에서 부담한다.

버. 가목2)가)(2), 같은 2) 나) 및 같은 목 3)가)에도 불구하고 1세 미만인 수급권자의 외래진료에 대하여 의료급여를 실시하는 경우에는 급여비용총액의 100분의 95를 기금에서 부담한다.

**3. 제1호 및 제2호에도 불구하고 다음 각 목의 어느 하나에 해당하는 경우에는 각 목에서 정하는 금액을 기금에서 부담한다.**

가. 「국민건강보험법 시행령」 별표 2 제4호에 따라 보건복지부장관이 정하여 고시하는 요양급여 항목을 의료급여로 실시하는 경우에는 급여비용총액의 100분의 100 범위에서 보건복지부장관이 정하여 고시하는 금액을 기금에서 부담한다.

나. 「의료법」 제3조제2항제3호에 따른 병원·한방병원·요양병원(「정신건강증진 및 정신질환자 복지서비스 지원에 관한 법률」 제3조제5호에 따른 정신의료기관 중 정신병원인 요양병원 및 「장애인복지법」 제58조제1항제4호에 따른 의료재활시설로서 「의료법」 제3조의2의 요건을 갖춘 의료기관인 요양병원으로 한정한다. 이하 같다)·종합병원 및 같은 법 제3조의4에 따라 지정된 상급종합병원에서 「국민건강보험법」 제43조에 따라 신고한 입원병실 중 일반입원실의 2인실·3인실을 이용한 경우에는 그 입원료에 한정하여 다음의 기준을 따른다.

1) 상급종합병원 2인실 입원료에 대해서는 급여비용의 100분의 50을, 3인실 입원료에 대해서는 급여비용의 100분의 60을 각각 의료급여기금에서 부담한다.

2) 병원·한방병원·요양병원·종합병원 2인실 입원료에 대해서는 급여비용의 100분의 60을, 3인실 입원료에 대해서는 급여비용의 100분의 70을 각각 의료급여기금에서 부담한다.

다. 법 제7조제2항에 따라 보건복지부령으로 정하는 상한일수를 초과하여 의료급여를 받은 수급권자로서 보건복지부령으로 정하는 승인을 얻지 않은 수급권자에게 실시하는 의료급여에 대해서는 다음의 구분에 따른 금액을 기금에서 부담한다. 다만, 제1호가목4) 및 제2호가목4)의 의료급여기관에서 받는 외래·입원진료와 제1호가목5)가) 및 제2호가목5)가)에 대하여 의료급여를 실시하는 경우에는 급여비용총액 전부를 기금에서 부담한다.

1) 외래진료의 경우에는 급여비용총액의 100분의 70

2) 입원진료의 경우에는 급여비용총액의 100분의 80

3) 제1호가목5)나)·다) 및 제2호가목5)나)·다)의 경우에는 급여비용총액의 100분의 70

라. 다목에도 불구하고 보건복지부장관이 정하여 고시하는 추나요법에 대하여 보건복지부장관이 정하는 의료급여를 실시하는 경우에는 다음의 구분에 따른 금액을 기금에서 부담한다.

1) 1종수급권자에 대해서는 추나요법 급여비용의 100분의 70

2) 2종수급권자에 대해서는 추나요법 급여비용의 100분의 60

3) 1) 및 2)에도 불구하고 보건복지부장관이 따로 정하여 고시하는 추나요법에 대하여 의료급여를 실시하는 경우에는 추나요법 급여비용의 100분의 20

**[별표 2]** 〈개정 2020. 6. 2.〉

## 행정처분의 기준 (제16조의2 관련)

### 1. 업무정지처분의 기준

가. 일반기준

1) 다음 가)부터 다)까지의 어느 하나에 해당하는 경우에는 업무정지기간을 2분의 1의 범위에서 감경하거나 면제할 수 있다. 다만, 속임수를 사용하여 수급권자, 부양의무자 또는 시장·군수·구청장에게 급여비용을 부담하게 하였을 때에는 그러하지 아니하다.

가) 급여비용을 부당청구한 의료급여기관이 그 부당청구 사실이 발각되기 전에 보건복지부장관 등의 감독관청에 부당청구 사실을 자진하여 신고한 경우

나) 의료급여기관의 대표자가 인지할 수 없었던 불가항력적인 사유로 급여비용 부당청구가 발생한 사실이 객관적으로 증명된 경우

다) 그 밖에 위반행위의 동기·목적·정도 및 위반횟수 등을 고려하여 보건복지부장관이 정하여 고시하는 감면기준에 해당하는 경우

2) 의료급여기관이 법 제28조제1항 및 제29조제1항에 따른 업무정지 또는 과징금 처분을 받은 이후 5년 이내에 법 제28조제1항 각 호의 위반행위를 하였을 경우(5년 이내의 기간 산정은 위반사실이 확인된 날부터 그 직전에 업무정지 또는 과징금 처분서를 송달받은 날까지로 한다)에는 해당 위반행위에 대한 업무정지기간의 2배에 해당하는 처분을 할 수 있다. 이 경우 업무정지기간은 1년을 넘을 수 없다.

3) 나목1) 및 2)의 경우 모두에 해당되는 의료급여기관의 업무정지 기간은 해당 기간을 합산한 기간으로 한다. 다만, 업무정지 기간을 합하는 경우에도 1년을 넘을 수 없다.

나. 개별기준

1) 의료급여기관이 법 제28조제1항제1호에 해당하는 경우의 업무정지기간은 다음 표와 같다.

(단위 : 일)

| 월평균 부당금액 | 부당비율 | | | | |
|---|---|---|---|---|---|
| | 0.5% 이상 1% 미만 | 1% 이상 2% 미만 | 2% 이상 3% 미만 | 3% 이상 4% 미만 | 4% 이상 5% 미만 |
| 20만원 이상 ~ 25만원 미만 | | | 10 | 20 | 30 |
| 25만원 이상 ~ 40만원 미만 | | 10 | 20 | 30 | 40 |
| 40만원 이상 ~ 80만원 미만 | 10 | 20 | 30 | 40 | 50 |

| 월평균 부당금액 | 부당비율 | | | | |
|---|---|---|---|---|---|
| | 0.5% 이상 1% 미만 | 1% 이상 2% 미만 | 2% 이상 3% 미만 | 3% 이상 4% 미만 | 4% 이상 5% 미만 |
| 80만원 이상 ~ 160만원 미만 | 15 | 25 | 35 | 45 | 55 |
| 160만원 이상 ~ 320만원 미만 | 20 | 30 | 40 | 50 | 60 |
| 320만원 이상 ~ 640만원 미만 | 25 | 35 | 45 | 55 | 65 |
| 640만원 이상 ~ 1,000만원 미만 | 30 | 40 | 50 | 60 | 70 |
| 1,000만원 이상 ~ 2,000만원 미만 | 35 | 45 | 55 | 65 | 75 |
| 2,000만원 이상 ~ 3,000만원 미만 | 40 | 50 | 60 | 70 | 80 |
| 3,000만원 이상 ~ 4,000만원 미만 | 45 | 55 | 65 | 75 | 85 |
| 4,000만원 이상 ~ 5,000만원 미만 | 50 | 60 | 70 | 80 | 90 |
| 5,000만원 이상 ~ 1억원 미만 | 55 | 65 | 75 | 85 | 95 |
| 1억원 이상 | 60 | 70 | 80 | 90 | 100 |

비고

1. 월평균 부당금액은 조사대상 기간(의료급여기관이 속임수나 그 밖의 부당한 방법으로 급여비용을 청구하였는지 확인하기 위하여 6개월부터 36개월까지의 범위에서 보건복지부장관이 정하는 기간을 말한다. 이하 같다) 동안 의료급여기관이 속임수나 그 밖의 부당한 방법으로 시장·군수·구청장에게 급여비용을 부담하게 한 금액과 수급권자 또는 그 부양의무자에게 본인부담금을 부담하게 한 금액을 합산한 금액(이하 "총부당금액"이라 한다)을 조사대상 기간의 개월 수로 나눈 금액으로 한다.
2. 부당비율은 [총부당금액/(급여비용 총액 + 급여비용 총액에 포함되지 않은 부당금액)] × 100으로 산출한다.
3. "급여비용 총액"이란 조사대상 기간 동안 심사결정된 급여비용(법 제11조제2항에 따라 심사청구된 급여비용에 대하여 급여비용심사기관이 심사결정한 급여비용을 말한다)을 합산한 금액을 말한다.
4. "급여비용 총액에 포함되지 않은 부당금액"이란 조사대상 기간 동안 해당 의료급여기관의 급여비용 총액에는 포함되지 않으나 속임수나 그 밖의 부당한 방법으로 시장·군수·구청장에게 급여비용을 부담하게 한 금액과 수급권자 또는 그 부양의무자에게 본인부담금을 부담하게 한 금액을 말한다.
5. 부당비율이 5% 이상인 경우에는 초과 1%마다 업무정지기간을 3일씩 가산하되, 소수점 이하의 부당비율은 올림한다.
6. 월평균 부당금액이 40만원 미만인 경우에 위 표에 따라 계산한 업무정지기간이 50일을 초과하는 경우 50일로 보며, 위 표에 따라 계산한 업무정지기간이 365일을 초과하는 경우 365일로 본다.

2) 의료급여기관이 법 제32조제2항에 따른 보고 또는 서류의 제출을 하지 아니하거나 거짓 보고를 하거나 거짓 서류를 제출하거나 소속 공무원의 질문 및 검사를 거부·방해 또는 기피한 경우에는 업무정지 기간을 1년으로 한다. 다만, 서류 중 진료기록부, 투약기록, 의료급여비용계산서 및 본인부담금수납대장을 제외한 서류의 전부 또는 일부를 제출하지 아니한 경우에는 업무정지 기간을 180일로 한다.

**2. 삭제** 〈2020. 6. 2.〉

**[별표 3]** 〈개정 2020. 6. 2.〉

## 과징금 부과 기준 (제16조의4 관련)

1. 과징금은 별표 2 제1호나목에 따른 업무정지 기간이 10일인 경우에는 총 부당금액의 2배, 10일 초과 30일 이하인 경우에는 총 부당금액의 3배, 30일 초과 50일 이하인 경우에는 총 부당금액의 4배, 50일을 초과하는 경우에는 총 부당금액의 5배로 한다.

2. 의료급여기관이 과징금의 분할납부를 신청하는 경우 12개월의 범위에서 과징금의 분할납부를 하게 할 수 있다.

3. 다음 각 목의 어느 하나에 해당하는 경우에는 과징금 금액을 2분의 1의 범위에서 감경하거나 면제할 수 있다. 다만, 속임수를 사용하여 수급권자, 부양의무자 또는 시장·군수·구청장에게 급여비용을 부담하게 하였을 때에는 그러하지 아니하다.

   가. 급여비용을 부당청구한 의료급여기관이 그 부당청구 사실이 발각되기 전에 보건복지부장관 등의 감독관청에 부당청구 사실을 자진하여 신고한 경우

   나. 의료급여기관의 대표자가 인지할 수 없었던 불가항력적인 사유로 급여비용 부당청구가 발생한 사실이 객관적으로 증명된 경우

   다. 그 밖에 위반행위의 동기·목적·정도 및 위반횟수 등을 고려하여 보건복지부장관이 정하여 고시하는 감면기준에 해당하는 경우

4. 의료급여기관이 법 제28조제1항 및 제29조제1항에 따른 업무정지 또는 과징금 처분을 받은 이후 5년 이내에 법 제28조제1항제1호의 위반행위를 하였을 경우(5년 이내의 기간 산정은 위반사실이 확인된 날부터 그 직전에 업무정지 또는 과징금 처분서를 송달받은 날까지로 한다)에는 해당 위반행위에 대한 과징금의 2배에 해당하는 처분을 할 수 있다. 이 경우 과징금은 총부당금액의 5배를 넘을 수 없다.

**[별표 4]** 〈개정 2020. 6. 2.〉

## 포상금 지급 기준 (제18조의2제4항 관련)

| 신고 유형 | 지급 기준 | |
|---|---|---|
| | 징수금 | 포상금 |
| 1. 의료급여기관에 근무하고 있거나 근무했던 사람 또는 약제ㆍ치료재료의 제조업자ㆍ판매업자에게 고용되어 있거나 고용됐던 사람이 의료급여기관을 신고하는 경우 | 15만원 이상 1천만원 이하 | 징수금 × 30/100 |
| | 1천만원 초과 5천만원 이하 | 300만원 + [(징수금- 1천만원) × 20/100] |
| | 5천만원 초과 | 1,100만원 + [(징수금 - 5천만원) × 10/100]. 다만, 20억원을 넘는 경우에는 20억원으로 한다. |
| 2. 의료급여기관에서 진료를 받은 사람 또는 그 배우자, 의료급여기관에서 진료를 받은 사람 또는 그 배우자의 직계존비속이 해당 진료와 관련된 급여비용에 대하여 의료급여기관을 신고하는 경우 | 2천원 이상 2만원 이하 | 1만원 |
| | 2만원 초과 | 징수금 × 50/100. 다만, 500만원을 넘는 경우에는 500만원으로 한다. |
| 3. 제1호 및 제2호에 해당하지 않는 사람이 의료급여기관을 신고하는 경우 | 10만원 이상 1천만원 이하 | 징수금 × 20/100 |
| | 1천만원 초과 2천만원 이하 | 200만원 + [(징수금 - 1천만원) × 15/100] |
| | 2천만원 초과 | 350만원 + [(징수금 - 2천만원) × 10/100]. 다만, 500만원을 넘는 경우에는 500만원으로 한다. |

비고

1. "징수금"이란 법 제5조에 따른 보장기관이 신고인의 신고 사실과 관련하여 속임수나 그 밖의 부당한 방법으로 급여비용을 받은 의료급여기관에 대하여 징수한 금액을 말한다.
2. 위 표의 징수금의 금액에 해당하지 않는 경우는 신고 대상에서 제외한다.
3. 위 표의 지급 기준에 따라 산정된 포상금을 지급할 때 2천원 미만은 지급하지 않는다.

**[별표 5]** 〈신설 2013.12.11.〉

## 과태료 부과의 기준 (제22조 관련)

### 1. 일반기준

가. 위반행위의 횟수에 따른 과태료의 부과기준은 최근 1년간 같은 위반행위로 과태료 부과처분을 받은 경우에 적용한다. 이 경우 위반행위에 대하여 과태료 부과처분을 한 날과 그 부과처분 이후에 다시 같은 위반행위를 하여 적발된 날을 각각 기준으로 하여 위반횟수를 계산한다.

나. 보건복지부장관은 다음의 어느 하나에 해당하는 경우에는 제2호의 개별기준에 따른 과태료 금액의 2분의 1 범위에서 그 금액을 줄일 수 있다. 다만, 과태료를 체납하고 있는 위반행위자에 대해서는 그러하지 아니하다.

1) 위반행위자가 「질서위반행위규제법 시행령」 제2조의2제1항 각 호의 어느 하나에 해당하는 경우
2) 위반행위가 사소한 부주의나 오류로 인한 것으로 인정되는 경우
3) 위반행위자가 조사에 협조하였다고 인정되는 경우
4) 그 밖에 위반행위의 정도, 위반행위의 동기와 그 결과 등을 고려하여 과태료 금액을 줄일 필요가 있다고 인정되는 경우

다. 보건복지부장관은 위반행위의 정도, 위반행위의 동기와 그 결과 등을 고려하여 제2호에 따른 과태료 금액의 2분의 1 범위에서 그 금액을 늘일 수 있다. 다만, 늘이는 경우에도 법 제37조에 따른 과태료 금액의 상한을 넘을 수 없다.

### 2. 개별기준

(단위 : 만원)

| 위반행위 | 근거 법조문 | 과태료 금액 | | |
|---|---|---|---|---|
| | | 1차 위반 | 2차 위반 | 3차 이상 위반 |
| 가. 의료급여기관이 법 제11조의2를 위반하여 서류를 보존하지 않은 경우 | 법 제37조제2항제1호 | 30 | 60 | 100 |
| 나. 법 제28조제1항에 따른 업무정지처분을 받았거나 업무정지처분 절차가 진행 중인 자가 같은 조 제7항을 위반하여 행정처분을 받은 사실 또는 행정처분 절차가 진행 중인 사실을 양수인 또는 합병 후 존속하는 법인이나 합병으로 설립되는 법인에 지체 없이 알리지 않은 경우 | 법 제37조제1항 | 500 | 500 | 500 |

| 위반행위 | 근거 법조문 | 과태료 금액 | | |
|---|---|---|---|---|
| | | 1차 위반 | 2차 위반 | 3차 이상 위반 |
| 다. 「약사법」에 따른 의약품의 제조업자·위탁제조판매업자·수입자·판매업자 및 「의료기기법」에 따른 의료기기 제조업자·수입업자·수리업자·판매업자·임대업자가 정당한 사유 없이 법 제29조의2제2항에 따른 서류제출을 하지 아니하거나 거짓 서류를 제출하거나 질문에 대하여 진술을 거부하거나 거짓으로 진술하거나 검사 등 조사를 거부·방해 또는 기피한 경우 | 법 제37조제2항제2호 | 30 | 60 | 100 |

# 의료급여법 시행규칙 별표/서식

**[별표 1]** 〈개정 2020. 12. 31.〉

## 선택의료급여기관의 범위 및 의료급여의 절차 등 (제8조의3 관련)

### 1. 수급권자가 선택할 수 있는 의료급여기관의 범위 및 의료급여의 절차

가. 수급권자는 제1차의료급여기관 중 어느 한 곳을 선택할 수 있다. 다만, 제3조제1항제3호 또는 제4호에 해당하는 수급권자는 제2차의료급여기관 또는 제3차의료급여기관 중 어느 한 곳을 선택할 수 있고, 같은 항 제7호 또는 제9호부터 제12호까지의 규정에 해당하는 수급권자는 제2차의료급여기관 중 어느 한 곳을 선택할 수 있다.

나. 시장·군수·구청장은 가목에 따라 수급권자의 선택의료급여기관이 정해진 경우에는 지체 없이 별지 제4호의2서식의 의료급여기관 선택사실 통보서에 그 내용을 기재하여 해당 선택의료급여기관에 통보해야 한다.

다. 나목에 따라 통보를 받은 선택의료급여기관이 해당 수급권자의 치료를 위하여 다른 의료급여기관(제1차의료급여기관을 포함한다)의 진료가 필요하다고 판단하는 경우에는 수급권자에게 별지 제3호서식의 의료급여의뢰서를 발급하고 그 사실을 7일 이내에 보장기관에 통보해야 하며, 의료급여의뢰서를 발급받은 수급권자는 의료급여의뢰서를 7일(공휴일을 제외한다) 이내에 의료급여기관에 제출하여야 한다.

라. 다목에 따라 의료급여를 의뢰받은 의료급여기관은 해당 수급권자의 치료를 위하여 다른 의료급여기관의 진료가 필요한 경우에는 수급권자에게 별지 제3호서식의 의료급여의뢰서를 발급하여 다른 의료급여기관에서 의료급여를 받게 할 수 있다. 이 경우 보장기관에의 통보 및 의료급여의뢰서 제출 절차에 관하여는 다목을 준용하다.

### 2. 선택의료급여기관을 추가할 수 있는 범위 및 추가 절차

가. 제1호가목에 불구하고 수급권자가 복합질환을 가지고 있어 제1호에 따른 선택의료급여기관 외에 다른 의료급여기관에서 6개월 이상 지속적으로 진료를 받을 필요가 있는 경우에는 시장·군수·구청장이 법 제6조제4항에 따른 시·군·구 의료급여심의위원회의 심의를 거쳐 제1호가목에 따른 의료급여기관 외에 제1차의료급여기관 또는 제2차의료급여기관 중 한 곳을 추가로 선택하게 할 수 있다.

나. 시장·군수·구청장은 수급권자가 제1호가목에 따른 선택의료급여기관으로서 치과의원 또는 한의원을 선택하지 않은 경우 치료를 위하여 필요하면 제1호가목에 따른 선택의료급여기관 외에 치과의원 및 한의원을 하나씩 선택하게 할 수 있다.

다. 가목 또는 나목에 따라 시장·군수·구청장이 의료급여기관을 추가로 선택하게 한 때에는 그 사실을 별지 제4호의2서식의 의료급여기관 선택사실 통보서에 기재하여 추가로 선택된 의료급여기관에 통보해야 한다.

**3. 선택의료급여기관을 변경하는 경우와 변경 절차**

가. 수급권자는 다른 시·군·구로의 전입 등으로 거주지가 변경된 경우 외에는 제1호 및 제2호에 따른 선택의료급여기관을 변경할 수 없다. 다만, 선택의료급여기관에서 진료가 곤란한 질환의 발생 등 불가피한 사유가 발생한 때에는 1년에 1회에 한해 선택의료급여기관을 변경할 수 있다.

나. 가목에 따른 선택의료급여기관의 변경 절차에 관하여는 제2호가목 및 다목을 준용한다.

**4. 제1호 내지 제3호 외에 선택의료급여기관의 추가, 변경 등에 필요한 절차 그 밖에 선택의료급여기관의 이용 등에 관하여 필요한 사항은 보건복지부장관이 정하여 고시한다.**

**[별표 1의2]** 〈개정 2019. 7. 1.〉

## 수급권자가 급여비용을 부담하는 경우 또는 항목과 부담률 (제19조관련)

**1. 수급권자가 급여비용을 부담하는 경우 또는 항목의 비용**

가. 수급권자가 제3조의 규정에 의한 의료급여의 절차에 의하지 아니하고 의료급여기관을 이용한 경우에 소요된 비용의 총액

나. 다음의 어느 하나에 해당하는 경우에는 보건복지부장관이 정하여 고시하는 기금이 부담하는 급여비용의 상한금액을 초과하는 비용

(1) 의료급여의 필요성이 의학적으로 인정되는 약제·치료재료로서 그 약제·치료재료의 상한금액이 대체 가능한 약제·치료재료의 상한금액의 2배 이상인 경우

(2) 「국민건강보험법 시행규칙」 별표 6 제1호 나목(2)에 해당하는 약제·치료재료의 경우

다. 「국민건강보험법 시행규칙」 별표 6 제1호다목부터 아목까지의 규정에 해당하는 경우 또는 항목의 비용. 다만, 「국민건강보험법 시행규칙」 별표 6 제1호사목 중 「공공보건의료에 관한 법률」 제12조제2항에 따라 보건복지부장관이 정하여 고시하는 의료취약지에 위치한 지역응급의료기관에 내원한 환자로서 가목에 해당되는 사람이 아닌 경우에는 「의료급여법」 제10조에 따른 본인부담금을 말한다.

라. 수급권자(영 제6조 단서에 따른 무연고자를 제외한다)가 입원시 발생하는 식대중 보건복지부장관이 정하는 비용

마. 삭제 <2018. 12. 31.>

바. 경구투여가 가능함에도 불구하고 보건복지부장관이 정하여 고시하는 진통·진양·수렴·소염제인 외용제제를 처방·조제받은 경우 그 외용제제 비용

사. 수급권자가 제8조의6의 기준을 초과하여 처방·조제 받은 경우에는 급여 제한의 기준 및 그 예외 등에 관하여 보건복지부장관이 고시하여 정하는 바에 따른 급여 비용

아. 「호스피스·완화의료 및 임종과정에 있는 환자의 연명의료결정에 관한 법률」 제28조에 따라 호스피스전문기관으로 지정된 의료급여기관에서 호스피스·완화의료의 입원진료를 받는 경우에는 가목에 해당하는 비용 및 다목 중 「응급의료에 관한 법률」에 따라 의료급여기관의 구급차를 이용하여 이송되었을 경우의 이송처치료에 해당하는 비용

자. 「의료법」 제3조제2항제3호라목의 요양병원 중 「정신건강증진 및 정신질환자 복지서비스 지원에 관한 법률」 제3조제5호가목에 따른 정신병원과 「장애인복지법」 제58조제1항제4호의 장애인 의료재활시설을 제외한 요양병원에서 입원진료를 받는 수급권자가 제3조제3항에 따른 의료급여의뢰서 없이 다른 의료급여기관에서 진료를 받는 경우에 소요된 비용의 총액

**2. 본인부담률 : 제1호에 해당하는 비용의 100분의 100**

**[별표 1의3]** 삭제 〈2015.12.31.〉

**[별표 2]** 〈개정 2020. 6. 29.〉

## 보조기기 급여의 범위 및 의료급여기금의 부담금액 (제25조제1항 관련)

### 1. 일반원칙

가. 보조기기는 제2호에서 정한 것으로서, 의지(義肢)·보조기는 「장애인복지법」에 따라 의지·보조기 기사가 제조(팔보조기는 「의료기사 등에 관한 법률」에 따라 의사의 지도를 받아 작업치료사가 제조한 것을 포함한다)·수리한 것이어야 하고, 의료기기는 「의료기기법」에 따라 신고 또는 허가 받은 것이어야 하며, 자세보조용구는 공단이 정하는 품질 및 안전에 관한 기준을 충족하는 것이어야 하고, 그 밖의 보조기기는 관련 법령 등에 따라 제조·수입 또는 판매된 것이어야 한다.

나. 가목의 보조기기 중 수동휠체어, 보청기, 전동휠체어, 전동스쿠터, 자세보조용구, 욕창예방방석, 욕창예방매트리스, 이동식전동리프트 및 전·후방보행보조차는 공단에 등록한 품목이어야 한다. 이 경우 품목의 등록기준, 등록절차 및 등록취소 등에 필요한 사항은 「국민건강보험법 시행규칙」 제26조제7항에 따라 보건복지부장관이 정하여 고시한다.

다. 의지·보조기, 맞춤형 교정용 신발, 수동휠체어, 보청기, 전동휠체어, 전동스쿠터, 자세보조용구, 욕창예방방석, 욕창예방매트리스, 이동식전동리프트 및 전·후방보행보조차에 대해서는 공단에 등록한 보조기기 업소에서 구입한 경우에만 의료급여를 한다. 이 경우 보조기기 업소의 등록기준, 등록절차 및 등록취소 등에 필요한 사항은 「국민건강보험법 시행규칙」 제26조제7항에 따라 보건복지부장관이 정하여 고시한다.

라. 보조기기는 재료의 재질·형태·기능 및 종류에 관계없이 같은 보조기기의 유형별로 내구연한(耐久年限) 내에 1명당 한 번만 의료급여를 한다. 다만, 다음의 어느 하나에 해당하는 경우에는 각각을 1회로 본다.

1) 같은 유형의 팔 의지, 다리 의지, 팔 보조기, 다리 보조기, 의안(義眼) 또는 보청기를 양쪽에 장착하는 경우

2) 손가락 의지를 2개 이상 장착하는 경우

3) 몸통 및 골반 지지대를 다음 자세보조용구 중 하나 이상과 동시에 장착한 경우나 몸통 및 골반 지지대를 장착한 후 그 내구연한 내에서 다음 자세보조용구의 하나 이상을 추가로 장착한 경우
   가) 머리 및 목 지지대
   나) 팔 지지대 및 랩트레이(lap tray)
   다) 다리 및 발 지지대

4) 보청기를 구입한 후 판매자로부터 보청기의 청력개선 효과를 높이기 위한 성능 유지·관리 서비스(이하 "적합관리서비스"라 한다)를 받는 경우

마. 진료담당 의사가 훼손, 마모 또는 장애인의 성장·신체변형 등으로 계속 장착하기 부적절하거나 그 밖의 부득이한 사유로 교체해야 할 필요가 있다고 판단하여 별지 제14호서식 및 별지 제14호의2서식부터 별지 제14호의4서식까지의 보조기기 처방전을 발행한 경우에는 제2호에 따른 내구연한 내라도 의료급여를 할 수 있다. 다만, 제2호에 따른 의료급여 대상 소모품은 제외한다.

바. 보조기기 중 실리콘형 다리 의지는 절단 후 남아있는 신체부분(stump)이 불안정하여 실리콘형 소켓이 필요하다는 진료담당 의사의 의학적 소견이 있는 경우에만 의료급여를 한다.

사. 보조기기에 대한 의료급여는 해당 보조기기의 기준액(제2호에 따른 기준액을 말하며, 이하 이 표에서 같다), 고시금액(보건복지부장관이 공단의 급여평가 결과를 고려하여 제품별로 고시하는 금액을 말하며, 이하 이 표에서 같다) 또는 실구입금액 중에서 제3호에서 정하는 기준에 따라 실시한다.

아. 뇌병변장애인, 심장 및 호흡기 장애인에 대한 수동휠체어는 보행이 불가능하거나 현저하게 제한된 경우에만 의료급여를 한다.

자. 제2호에 따른 전동휠체어, 전동스쿠터, 자세보조용구, 수동휠체어, 보청기, 욕창예방방석, 욕창예방매트리스, 이동식전동리프트, 전·후방보행보조차 및 소모품(전동휠체어 및 전동스쿠터용 전지를 말한다)의 의료급여 대상자 및 기준에 관한 세부적인 사항은 보건복지부장관이 정하여 고시한다.

차. 보조기기 소모품 중 전동휠체어 및 전동스쿠터용 전지의 급여는 전동휠체어 또는 전동스쿠터에 대한 급여를 받은 사람이 해당 보조기기를 지속적으로 사용하고, 해당 보조기기를 구입한 날부터 1년 6개월이 지난 때부터 지급한다.

카. 「장애인복지법」에 따라 장애인 등록을 한 수급자가 그 장애인 등록 전 6개월 이내에 구입한 보조기기(해당 장애와 관련하여 해당 과목 전문의가 발행한 보조기기 처방전에 따라 구입한 것으로 한정한다)에 대해서도 의료급여를 한다. 다만, 활동형 수동휠체어, 틸팅형 수동휠체어, 리클라이닝형 수동휠체어, 전동휠체어, 전동스쿠터, 자세보조용구 및 이동식전동리프트는 제외한다.

타. 자세보조용구에 대한 의료급여는 스스로 앉기 어렵고 독립적으로 앉은 자세를 유지하지 못하는 장애인의 앉은 자세를 고정하거나 유지하기 위하여 해당 장애인의 체형에 맞게 제작된 몸통 및 골반 지지대에 대하여 실시한다. 이 경우 앉은 자세를 고정하거나 유지하기 위하여 머리, 팔 또는 다리를 고정할 필요가 있으면 다음의 자세보조용구에 대해서도 추가로 의료급여를 실시할 수 있다.

1) 머리 및 목 지지대

2) 팔 지지대 및 랩트레이

3) 다리 및 발 지지대

파. 보청기에 대한 급여는 다음의 구분에 따라 실시한다.

1) 제품급여: 보청기 제품에 대하여 다음의 구분에 따른 경우에 실시한다.

가) 2019년 1월 1일부터 12월 31일까지 처방된 보청기: 보청기 구입 후 그 보청기를 착용한 상태에서 청력개선 효과가 있다고 의사가 검수확인한 경우

나) 2020년 1월 1일부터 처방된 보청기: 보청기 구입 후 그 보청기를 착용한 상태에서 음장검사한 결과 청력개선 효과가 있다고 의사가 검수확인한 경우

2) 적합관리급여: 적합관리서비스에 대하여 실시한다. 이 경우 적합관리급여의 지급 방법·시기 등 세부적인 사항은 보건복지부장관이 정하여 고시한다.

**2. 의료급여 대상 보조기기의 유형 · 기준액 및 내구연한: 「국민건강보험법 시행규칙」 별표 7 제2호에 따른다.**

**3. 보조기기 구입비용의 부담**

가. 보조기기 구입비용에 대한 기금의 부담금액은 다음과 같다.

1) 전동휠체어, 전동스쿠터 및 자세보조용구: 기준액, 고시금액 및 실구입금액 중 가장 낮은 금액

2) 그 밖의 보조기기: 기준액 및 실구입금액 중 가장 낮은 금액

나. 가목에서 정한 기금에서 부담하는 금액 외의 금액은 수급권자가 부담한다.

**4. 그 밖의 사항**

가. 보조기기의 제작 또는 장착 등을 위하여 의료급여기관에서 행한 진찰·검사·처치 등은 법 제7조에 따른 의료급여로 본다.

나. 보조기기의 사용에 소요되는 건전지 등 소모품의 구입비용과 수리비용에 대하여는 기금에서 부담하지 아니한다. 다만, 제2호에 따른 의료급여 대상 보조기기의 소모품은 제외한다.

다. 「국민건강보험법」 제5조에 따른 건강보험 가입자 또는 피부양자에서 의료급여 수급권자로 자격이 변동된 사람으로부터 보조기기 급여 신청을 받은 경우 제2호의 내구연한을 산정함에 있어서는 건강보험의 요양급여로 지급받은 보조기기의 급여내역과 연계하여 산정한다.

라. 「장애인복지법」 제5조에 따라 국가 또는 지방자치단체로부터 장애인보조기구를 교부받은 수급자에게 그 장애인보조기구와 같은 유형의 보조기기에 대한 의료급여를 실시하려면 해당 장애인보조기구의 내구연한이 지나야 한다. 이 경우 장애인보조기구의 내구연한이 별도로 정해지지 않은 경우에는 제2호에 따른 같은 유형의 보조기기의 내구연한을 해당 장애인보조기구의 내구연한으로 본다.

**[별표 3]** 삭제 〈2013.12.13〉

**[별지 제1호서식]** 〈개정 2014.11.19〉 (앞쪽)

※ 작성방법은 뒤쪽을 참조하십시오.

| 서식번호 | |
|---|---|
| ①보장기관기호 | |
| ②보장기관명 | |
| ③읍면동(시설기관)명 | |
| ④읍면동(시설기관)기호 | |

## 수급권자 자격취득 통보서

| 세대주 | ⑤주민등록번호 | ⑥성명 | ⑦종별 | ⑧유형 | ⑨취득유형 | ⑩주소 | 우(　　-　　) |
|---|---|---|---|---|---|---|---|
| | - | | | | | | ☎(　　　　) |

| 취득수급권자 | ⑪관계 | ⑫주민등록번호 | ⑬성명 | ⑭취득사유 | ⑮취득일 |
|---|---|---|---|---|---|
| | | - | | | |
| | | | | | |
| | | | | | |
| | | | | | |
| | | | | | |
| | | | | | |
| | | | | | |
| | | | | | |

수급권자 자격취득사항을 위와 같이 통보합니다.

년　　월　　일

**(시장·군수·구청장)** (인)

**국민건강보험공단이사장** 귀하

297mm×210mm(백상지 80g/㎡(재활용품))

(뒤쪽)

# 수급권자 자격취득 통보서 작성방법

①·② : 보장기관(시·군·구)의 기관기호(7자리)와 명칭을 기재합니다.

③·④ : 읍·면·동 또는 시설기관의 명칭과 기호(7자리, 시설기관은 4자리)를 기재합니다.

⑤·⑥ : 세대주의 주민등록번호와 성명을 기재한다.

※ 사회복지시설 입소자중 주민등록불명자에 대하여는 보장기관에서 부여한 의료급여시설 입소자의 관리번호를 기재합니다.

[1][2][3][4][5][6]-[7][8][9][10][11][12][13] : [1][2] 출생연도(1800년대 출생자는 "00"), [3][4][5][6] 시설기호, [7]성별구분(남 5, 여 6),
[8] 출생연대(1800, 1900⇨9, 2000⇨1), [9][10]입소연도, [11][12][13]일련번호

※ 사회복지시설 입소자가 아닌 자로서 무호적자 또는 주민등록불명자에 대하여는 보장기관에서 부여한 의료급여 전산관리 번호를 기재합니다.

[1][2][3][4][5][6]-[7][8][9][10][11][12][13] : [1][2][3][4][5][6] 생년월일, [7]성별구분(남 7, 여 8), [8] 출생연대(1800⇨7, 1900⇨3, 2000⇨5),
[9][10][11] 보장기관 지역우편번호(앞 3자리), [12][13]일련번호

⑦·⑧ : 대상자의 종별기호 및 급여유형기호를 기재합니다.

[종별기호] 1종수급권자「1」, 2종수급권자「2」

[유형별기호] 국민기초1종 11, 사회복지시설입소자 12, 국가유공자 13, 북한이탈주민 14, 중요무형문화재 15, 광주민주화운동관련자 16, 이재민 17, 의상자 및 의사자의 유족 18, 국내입양아동 20, 국민기초2종 21, 행려환자 31, 노숙인 등 33, 군입대자(1종) 39, 군입대자(2종) 49

⑨ : 수급권자(세대주 포함) 취득유형을 기재합니다.

[취득유형] 부양가족 포함 세대주 취득「1」, 세대주 단독 취득「2」, 부양가족 추가 취득「3」

⑩ : 수급권자의 주소 및 전화번호를 기재합니다.

⑪ : 세대주와의 관계(세대주 포함) 기호(행정표준코드 : 가족관계코드)를 기재합니다.

⑫·⑬ : 수급권자(세대주 포함)의 주민등록번호와 성명을 기재합니다(시설입소자 및 무호적자 등 주민등록불명자는 ⑦항목 부여방법과 동일하게 기재합니다)

⑭ : 취득사유기호를 기재합니다.

[취득사유기호] 신규취득 : 11, 전입(관외) : 12, 전입(관내이동) : 13, 출생 : 14, 결혼 : 15, 입양 : 16, 급여유형변경 : 18, 시설수감해제 : 32, 해외체류자 귀국 : 33, 세대주변경 : 44, 기타 : 99

⑮ : 취득연월일을 기재합니다.

**[별지 제2호서식]** 〈개정 2006.4.13〉

(앞쪽)

※ 작성요령은 뒤쪽을 참조하십시오

| 서식번호 | | |
|---|---|---|
| ①보장기관기호 | | |
| ②보장기관명 | | |
| ③읍면동(시설기관)명 | | |
| ④읍면동(시설기관)기호 | | |

# 수급권자자격상실통보서

| 일련번호 | 세대주 | | | | 상실수급권자 | | | | | | | |
|---|---|---|---|---|---|---|---|---|---|---|---|---|
| | ⑤ 종별 | ⑥ 유형 | ⑦주민등록번호 | ⑧성명 | ⑨ 상실유형 | ⑩ 관계 | ⑪주민등록번호 | ⑫성명 | ⑬ 취득사유 | ⑭취득일자 | ⑮ 상실사유 | ⑯상실일자 |
| 1 | | | – | | | | – | | | | | |
| 2 | | | – | | | | – | | | | | |
| 3 | | | – | | | | – | | | | | |
| 4 | | | – | | | | – | | | | | |
| 5 | | | – | | | | – | | | | | |
| 6 | | | – | | | | – | | | | | |
| 7 | | | – | | | | – | | | | | |
| 8 | | | – | | | | – | | | | | |
| 9 | | | – | | | | – | | | | | |
| 10 | | | – | | | | – | | | | | |

수급권자 자격상실 사항을 위와 같이 통보합니다.

년 월 일

**(시장·군수·구청장)** 인

**국민건강보험공단 이사장** 귀하

297㎜×210㎜(일반용지 60g/㎡(재활용품))

(뒤쪽)

# 수급권자자격상실통보서 작성요령

①·② : 보장기관(시·군·구)의 기관기호(7자리)와 명칭을 기재합니다.

③·④ : 읍·면·동 또는 시설기관의 명칭과 기호(7자리, 시설기관은 4자리)를 기재합니다.

⑤·⑥ : 세대주의 의료급여 종별과 급여유형을 기재합니다.

⑦·⑧ : 세대주의 주민등록번호와 성명을 기재합니다.

⑨ : 상실수급권자의 상실유형 기호를 기재합니다.

[상실유형 기호] 세대주(부양가족 포함) 상실「1」, 세대주 제외 부양가족 상실「3」

⑩ : 세대주와의 관계(세대주 포함)를 기재합니다.

⑪·⑫ : 상실대상자(세대주 포함)의 주민등록번호와 성명을 기재합니다.

사회복지시설 입소자중 주민등록불명자에 대하여는 취득시 이미 통보한 의료급여 시설입소자의 관리번호를 기재합니다.

사회복지시설 입소자가 아닌 자로서 무호적자 또는 주민등록불명자는 이미 부여한 전산관리번호를 기재합니다.

⑬·⑭ : 상실대상자의 취득사유와 취득일자를 기재합니다.

⑮·⑯ : 상실사유의 기호와 상실일자(선정제외 다음날)를 기재합니다.

[상실사유 기호] 소득향상 : 11, 전출(관외) : 12, 전출(관내이동) : 13, 사망 : 14, 결혼 : 15, 이혼 : 16, 급여유형변경 : 18, 이민(국적상실) : 21, 지역가입자로 변경 : 22, 직장가입자로 변경 : 23, 이재기간만료 : 24, 시설수감 : 32, 해외체류 : 33, 급여중지 : 41, 복지시설퇴소 : 42, 재산초과 : 43, 세대주상실 : 44, 미거주 : 45, 연령초과 : 46, 기타 : 99

[별지 제3호서식] 〈개정 2016.12.30〉

# 의료급여의뢰서

(앞쪽)

<table>
<tr><td rowspan="3">사용 구분<br>(해당 항목<br>[ ]에 ✔표기)</td><td colspan="4">[ ] 선택의료급여기관 미적용자를 다른 의료급여기관으로 의뢰하는 경우<br>(「의료급여법 시행규칙」 제3조제3항에 따른 의료급여 진료절차)<br>※ 노숙인진료시설인 경우 추가 표기<br>[ ] 노숙인진료시설인 제1차/제2차의료급여기관에서 다른 노숙인진료시설인 제2차의료급여기관으로 의뢰<br>[ ] 노숙인진료시설인 제2차의료급여기관에서 제3차의료급여기관으로 의뢰</td></tr>
<tr><td colspan="4">[ ] 선택의료급여기관에서 다른 의료급여기관으로 의뢰하는 경우<br>(「의료급여법 시행규칙」 별표 1 제1호다목에 따른 의료급여 진료절차)</td></tr>
<tr><td colspan="4">[ ] 선택의료급여기관으로부터 의뢰받은 후 다른 의료급여기관으로 재의뢰하는 경우<br>(「의료급여법 시행규칙」 별표 1 제1호라목에 따른 의료급여 진료절차)</td></tr>
<tr><td>보장기관기호</td><td></td><td>보장기관명</td><td colspan="2"></td></tr>
<tr><td>세대주성명</td><td></td><td>생년월일</td><td colspan="2"></td></tr>
<tr><td>수급권자성명</td><td></td><td>주민등록번호</td><td colspan="2"></td></tr>
<tr><td>주소</td><td></td><td>전화번호</td><td colspan="2"></td></tr>
<tr><td>상병명</td><td></td><td>상병분류기호</td><td colspan="2"></td></tr>
<tr><td>진료기간</td><td>. . . ~ . . .</td><td>진료구분</td><td colspan="2">입원·외래</td></tr>
<tr><td>환자상태 및<br>진료의견</td><td colspan="4"></td></tr>
</table>

「의료급여법」 제7조제2항과 같은 법 시행규칙 제3조제3항 및 별표 1에 따라 위와 같이 의료급여를 의뢰합니다.

년 월 일

의료급여기관 기호:

소재지:

대표자: (인)

담당의사: (서명 또는 인)

**의료급여기관 대표자** 귀하

| 첨부서류 | 없음 | 수수료<br>없음 |
|---|---|---|

| 유의사항 |
|---|
| 1. 환자상태 및 진료의견란에는 현재 증상, 검사, 투약 등 주요 진료내용을 구체적으로 적고, 여백이 부족하면 뒤쪽을 활용하기 바랍니다.<br>2. 수급자는 의사의 발급일로부터 7일 이내(공휴일 제외)에 의료급여기관에 제출하여야 합니다. |

210㎜×297㎜[백상지 80g/㎡]

(뒤쪽)

환자상태 및 진료의견

**[별지 제4호서식]** 〈개정 2016.12.30〉

# 의료급여회송서

(앞쪽)

| 보장기관기호 | | 보장기관명 | | | |
|---|---|---|---|---|---|
| 세대주 성명 | | 생년월일 | | | |
| 수급권자 성명 | | 주민등록번호 | | | |
| 주소 | | 전화번호 | | | |
| 상병명 | | 상병분류기호 | | | |
| 진료기간 | . . . ~ . . . | 진료구분 | 입원·외래 | | |
| 환자상태 및 진료의견 | | | | | |

「의료급여법」 제7조제2항 및 같은 법 시행규칙 제3조제5항에 따라 위와 같이 수급권자를 회송합니다.

년 월 일

의료급여기관 기호:

소재지:

대표자: (인)

담당의사: (서명 또는 인)

**의료급여기관 대표자** 귀하

| 첨부서류 | 없음 | 수수료<br>없음 |
|---|---|---|

**유의사항**

환자상태 및 진료의견란에는 현재 증상, 경과기록(수술 및 처치 등), 검사실시내용 및 질병치료 후의 상태 등을 구체적으로 적고, 여백이 부족하면 뒤쪽을 활용하기 바랍니다.

210㎜×297㎜[백상지 80g/㎡]

(뒤쪽)

환자상태 및 진료의견

**[별지 제4호의2서식]** 〈개정 2016.12.30〉

<table>
<tr><td>발급번호</td><td colspan="4" rowspan="2">의료급여기관 선택사실 통보서</td></tr>
<tr><td></td></tr>
<tr><td>보장기관</td><td>기호</td><td></td><td>기관명</td><td></td></tr>
<tr><td rowspan="2">수급권자</td><td>성명</td><td></td><td>주민등록번호</td><td>-</td></tr>
<tr><td>주소</td><td></td><td>전화번호</td><td></td></tr>
<tr><td rowspan="2">선택의료급여기관</td><td>기관명</td><td></td><td>기관기호</td><td></td></tr>
<tr><td>주소</td><td></td><td>전화번호</td><td></td></tr>
</table>

위 수급권자가 「의료급여법 시행규칙」 별표 1에 따라 귀 의료급여기관을 선택의료급여기관으로 선택하였음을 통보합니다.

20　　.　　.　　.

**(시장·군수·구청장)** 인

**의료급여기관장** 귀하

※ 참고사항

1. 선택의료급여기관에서는 수급권자의 질병·부상에 대한 예방·진단·치료·재활 등을 위한 의료급여를 실시함에 있어 수급권자의 건강증진을 위해 최선을 다해야 합니다.
2. 「의료급여법 시행규칙」 별표 1에 따라 다른 의료급여기관으로 의뢰할 수 있습니다. 다만, 다른 의료급여기관으로 의료급여 의뢰시에는 의뢰사실을 7일 이내에 보장기관에 통보해야 합니다.
3. 선택의료급여기관에서는 다른 제1차의료급여기관으로의 의뢰 및 보장기관에 대한 통보시 진찰료를 지급받으실 수 있습니다.

**[별지 제4호의3 서식]** 삭제 〈2010.2.26〉

**[별지 제5호서식]**

## 본인부담금수납대장

| 연 월 일 | 환 자 성 명 | 수 납 금 액 (원) | | |
|---|---|---|---|---|
| | | 계 | 의 료 급 여 | 비 급 여 |
| | | | | |

비 고

1. 입원환자의 경우에는 퇴원일에 총본인부담금을 합산하여 기재합니다.
2. 의료급여란에는 의료급여법시행규칙 제19조의 규정에 의한 의료급여비용의 본인 전액부담항목 비용을 포함합니다.

210mm×297mm(일반용지 60g/㎡(재활용품))

**[별지 제6호서식]** 〈개정 2020. 6. 29.〉

(앞쪽)

| 지켜야 할 사항 | 의료급여증 |
|---|---|
| 1. 전출 등으로 자격이 상실된 때는 이 의료급여증을 반납하고 새로운 의료급여증을 발급받아야 합니다.<br><br>2. 급여를 받을 때에는 이 의료급여증 또는 주민등록증, 운전면허증, 여권 등 본인 여부를 확인할 수 있는 신분증명서 또는 서류를 제시해야 합니다.<br><br>3. 이 의료급여증은 다른 사람에게 빌려주어서는 안 되며, 빌려준 경우 관련 규정에 따라 처벌을 받습니다.<br><br>4. 시장・군수・구청장의 사전 연장승인 없이 의료급여일수가 365일을 초과한 경우 그 초과진료비는 본인이 부담해야 합니다.<br><br>5. 단계별 절차(의원→병원→대학병원)를 거치지 않은 진료비는 전액 본인이 부담해야 합니다. | 이 의료급여증을 습득하신 분은 가까운 우체통에 넣어 주시기 바랍니다.<br><br>송부처: 뒤쪽의 특별자치시・특별자치도・시・군・구의 주소 참조 |

190㎜×127㎜(보존용지(1종) 120g/㎡)

**(뒤쪽)**

| 세 대 주 | |
|---|---|
| 성 명 | |
| 생 년 월 일 | |
| 구 분 | |
| 자격취득일 | |
| 보장기관 기호 및 명칭 | |
| 읍・면・동 (사회복지시설) | |
| 의료급여증 번호 | |
| ○○○특별자치시장・특별자치도지사・시장・군수・구청장<br><br>(주소)<br>(전화번호) | |

| 의료급여를 받으실 분 | | |
|---|---|---|
| 성 명 | 생년월일 | 자격 취득일 |
| | | |
| | | |
| | | |
| | | |
| | | |
| | | |
| | | |
| | | |
| | | |
| | | |
| 발급일자: | | |

190**㎜**×127**㎜**(**보존용지**(1**종**) 120g/**㎡**)

[별지 제7호서식]

<table>
<tr><td colspan="5">의 료 급 여 증 명 서<br>발급번호 :</td></tr>
<tr><td colspan="2">보장기관명</td><td></td><td>보장기관기호</td><td></td></tr>
<tr><td rowspan="3">세대주</td><td>성 명</td><td></td><td>의료급여종별</td><td>( )종</td></tr>
<tr><td>주민등록번호</td><td colspan="3"></td></tr>
<tr><td>주 소</td><td colspan="3"></td></tr>
<tr><td rowspan="6">부양<br>가족</td><td>성 명</td><td>세대주와의<br>관계</td><td>주민등록번호</td><td>개인별자격취득일</td></tr>
<tr><td></td><td></td><td></td><td></td></tr>
<tr><td></td><td></td><td></td><td></td></tr>
<tr><td></td><td></td><td></td><td></td></tr>
<tr><td></td><td></td><td></td><td></td></tr>
<tr><td></td><td></td><td></td><td></td></tr>
<tr><td colspan="2">최초자격취득일</td><td colspan="3"></td></tr>
<tr><td colspan="5">위의 사람은 의료급여법에 의한 수급권자임을 증명합니다.<br><br>년 월 일<br><br>(시장·군수·구청장) 인</td></tr>
<tr><td colspan="5">비 고<br>1. 이 증명서는 의료급여증이 발급될 때까지만 사용할 수 있습니다.<br>2. 의료급여기관에서는 반드시 본인임을 확인한 후 진료를 하여야 합니다.</td></tr>
</table>

210mm×297mm(일반용지 60g/㎡(재활용품))

**[별지 제8호서식]** 〈개정 2013.12.13〉

# 의료급여증 [ ]추가발급 [ ]재발급 신청서

| 접수번호 | 접수일자 | 발급일자 | 처리기간 즉시 |
|---|---|---|---|

| | | |
|---|---|---|
| 신청인 | 성명 | 주민등록번호 |
| | 주소 | 전화번호 |
| | 세대주 성명 | 세대주 생년월일 |

신청사유(추가발급·재발급)

「의료급여법 시행규칙」 제12조제3항에 따라 의료급여증 추가발급·재발급을 위와 같이 신청합니다.

년 월 일

신청인 (서명 또는 인)

**특별자치시장·특별자치도지사·시장·군수·구청장** 귀하

| 첨부서류 | 1. 의료급여증(잃어버린 경우에는 제외합니다)<br>2. 추가발급 사유(수학·보육 등) 또는 재발급 사유(의료급여증의 분실, 기재사항 변경 등)를 증명하는 서류 | 수수료<br>없음 |
|---|---|---|

210mm×297mm(백상지 80g/㎡(재활용품))

[별지 제9호서식]

(앞쪽)

※ 작성요령은 뒤쪽을 참조하십시오.

| 서식번호 | |
|---|---|
| ①보장기관기호 | |
| ②보장기관명 | |
| ③읍면동(시설기관)명 | |
| ④읍면동(시설기관)기호 | |

# 의료급여증기재사항변경통보서

| 일련번호 | 세대주 | | 변경수급권자 | | | | | | |
|---|---|---|---|---|---|---|---|---|---|
| | | | 변경전 수급권자 자격기준사항 | | | | 변경사항 | | |
| | ⑤주민등록번호 | ⑥성명 | ⑦주민등록번호 | ⑧성명 | ⑨취득일자 | ⑩상실일자 | ⑪변경사유 | ⑫변경전 | ⑬변경후 |
| 1 | - | | - | | | | | | |
| 2 | - | | - | | | | | | |
| 3 | - | | - | | | | | | |
| 4 | - | | - | | | | | | |
| 5 | - | | - | | | | | | |
| 6 | - | | - | | | | | | |
| 7 | - | | - | | | | | | |
| 8 | - | | - | | | | | | |
| 9 | - | | - | | | | | | |
| 10 | - | | - | | | | | | |

수급권자 자격변경사항을 위와 같이 통보합니다.

년 월 일

(시장·군수·구청장) 인

국민건강보험공단이사장 귀하

297mm×210mm (일반용지 60g/㎡(재활용품))

(뒤쪽)

## 의료급여증기재사항변경통보서 작성요령

①·② : 보장기관(시·군·구)의 기관기호(7자리)와 명칭을 기재합니다.

③·④ : 읍·면·동 또는 시설기관의 명칭과 기호(7자리, 시설기관은 4자리)를 기재합니다.

⑤·⑥ : 세대주의 주민등록번호와 성명을 기재합니다.

⑦·⑧ : 변경수급권자의 주민등록번호와 성명을 기재합니다.

⑨·⑩ : 변경수급권자의 취득일과 상실일을 기재합니다.

⑪ : 변경인 경우 변경사유기호를 기재합니다.

[변경사유기호] 01, 시설기관 : 02, 종별 및 유형변경 : 03, 세대주변경 : 04, 성명 : 11,
주민등록번호 : 12, 세대주와의 관계 : 13, 장애등록일 : 14, 원격지 구분 : 15, 취득사유 : 21,
취득일 : 22, 취득 신고일 : 23, 상실사유 : 24, 상실일 : 25, 상실 신고일 : 26, 이력추가 : 31,
취득 취소 : 32, 상실 취소 : 33

⑫·⑬ : 변경전 내용과 변경후 내용을 기재합니다.

**[별지 제10호서식]** 〈개정 2011.4.15〉

제　　　호

# 제3차의료급여기관지정서

1. 기관명 :

2. 소재지 :

3. 대표자 성명 :

4. 생년월일 :

위 기관을 「의료급여법」 제9조제2항제3호 및 같은 법 시행규칙 제17조제1항에 따라 제3차의료급여기관으로 지정합니다.

년　　월　　일

**보건복지부장관**　직인

210mm×297mm(보존용지(1종) 120g/㎡)

**[별지 제11호서식]** (앞쪽)

기 관 명

| 우 주소 | /전화( ) | /전송( ) |
|---|---|---|
| 과 과장 | 사무관 | 담당자 |

문서번호 :

시행일자 :

수 신 : 건강보험심사평가원장/국민건강보험공단이사장 발 신 :

참 조 :

제 목 : 의료급여기관 개설·폐업·변경내역 통보

## ( )월 개설·폐업 현황

시·도명

| 구 분 / 시·군·구 | 계 | | | | 1차 | | | | 2차 | | | |
|---|---|---|---|---|---|---|---|---|---|---|---|---|
| | 기 개설 | 당 월 | | 소 계 | 기 개설 | 당 월 | | 소 계 | 기 개설 | 당 월 | | 소 계 |
| | | 개 설 | 폐 업 | | | 개 설 | 폐 업 | | | 개 설 | 폐 업 | |
| 계 | | | | | | | | | | | | |
| | | | | | | | | | | | | |

297mm×210mm (일반용지 60g/㎡(재활용품))

(뒤쪽)

## (　　)월 개설·폐업·변경 내역

○ 지　정

| 의료급여 기관기호 | 의료급여 기관명 | 대표자 성명 | 주민등록번호 | 주　　소 | 전화번호 | 종 별 | 일 자 |
|---|---|---|---|---|---|---|---|
| | | | | | | | |

○ 취　소

| 의료급여 기관기호 | 의료급여 기관명 | 대표자 성명 | 주민등록번호 | 주　　소 | 전화번호 | 종 별 | 일 자 |
|---|---|---|---|---|---|---|---|
| | | | | | | | |

○ 변　경

| 구 분 | 의료급여 기관기호 | 의료급여 기관명 | 대표자 성명 | 주민등록번호 | 주　　소 | 전화번호 | 종 별 | 일 자 |
|---|---|---|---|---|---|---|---|---|
| 종 전 | | | | | | | | |
| 변 경 | | | | | | | | |

비 고

1. 지정종별란에는 제1차, 제2차의료급여기관여부를 기재하시기 바랍니다.
2. 의료급여기관기호란에는 요양기관기호를 기재하여 주시기 바랍니다.

**[별지 제11호의2서식]** 〈개정 2014.11.19〉

# 본인부담금의 일부지급 청구서

| 접수번호 | 접수일 | 처리기간 |
|---|---|---|
| | | |

| 보장기관 | 기관명 | 보장기관기호 |
|---|---|---|
| 세대주 | 성명 | 주민등록번호 |
| 수진자 | 성명 | 주민등록번호 |

| 의료급여기관명 | | 진료기간 | . . .~ . . .<br>( ) 일간 |
|---|---|---|---|
| 본인부담액 | | 지급대상액<br>(합계) | |
| 지급결정액 | | 지급의뢰일 | |

| 거래 금융기관명 | 예금계좌번호 | 예금주 |
|---|---|---|
| | | |

「의료급여법 시행규칙」 제19조의2에 따라 위와 같이 본인부담금의 일부지급을 청구합니다.

년 월 일

청구인 : (서명 또는 인)

주소 :

전화번호 :

수진자와의 관계 :

**(시장·군수·구청장)** 귀하

210mm×297mm(백상지 80g/㎡)

**[별지 제11호의3서식]** 〈개정 2014.11.19〉

# 본인부담금의 초과금액 지급 청구서

(앞쪽)

| 접수번호 | 접수일 | 처리기간 |
|---|---|---|

| 보장기관 | 기관명 | | 보장기관기호 |
|---|---|---|---|
| 세대주 | 성명 | | 주민등록번호 |
| 수진자 | 성명 | | 주민등록번호 |
| 의료급여기관명 | | 진료기간 | . . . ~ . . .<br>( ) 일간 |
| 본인부담금총액 | . . . ~ . . .( 원) | | |
| 본인부담금<br>보상금 지급내역 | . . . ~ . . .( 원) | | |
| 본인부담금<br>대지급금 지급내역 | . . . ~ . . .( 원) | | |
| 지급결정액(합계) | 원 | 지급의뢰일 | . . . |

| 거래 금융기관명 | 예금계좌번호 | 예금주 |
|---|---|---|
| | | |

「의료급여법 시행규칙」 제19조의3에 따라 위와 같이 본인부담금의 초과금액 지급을 청구합니다.

년 월 일

청구인 : (서명 또는 인)
주소 :
전화번호 :
수진자와의 관계 :

**(시장·군수·구청장)** 귀하

※ 의료급여기관이 다수인 경우 뒷면의 추가 기재란을 활용하시기 바랍니다.

210mm×297mm(백상지 80g/㎡)

<추가 기재란> (뒤쪽)

| 의료급여기관명 | 진료기간 |
|---|---|
| | . . . ~ . . .( 원) |
| | . . . ~ . . .( 원) |
| | . . . ~ . . .( 원) |
| | . . . ~ . . .( 원) |

## 처 리 절 차

이 청구서는 아래와 같이 처리됩니다.

| 신청 | 처리기관 |
|---|---|
| | 시·군·구 |

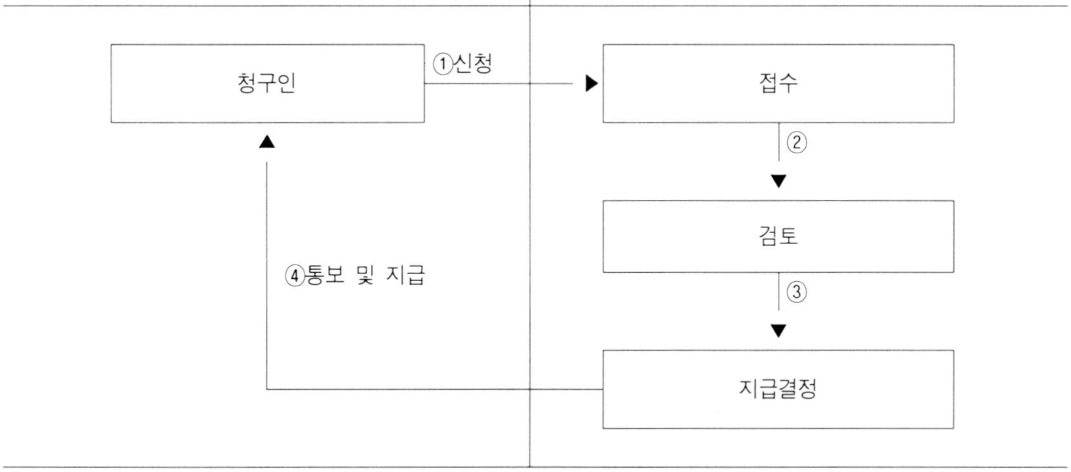

**[별지 제12호서식]** 〈개정 2016.12.30〉

# 요양비 지급청구서 ([ ]출산비 [ ]복막투석 [ ]자가도뇨 [ ]기타)

※ 작성방법은 뒤쪽을 참고하시기 바라며, 바탕색이 어두운 난은 청구인이 적지 않습니다. (앞쪽)

| 접수번호 | 접수일 | | 처리기간 15일 |
|---|---|---|---|
| ① 진료받은 사람 | 성명 | 주민(외국인)등록번호 | 보장기관명(기호) |
| ② 의료급여기관 | 명칭 | 의료급여기관 기호 | ③ 진료 구분 입원[ ] 외래[ ] |
| ④ 처방전 발행일 | ⑤ 진료기간 또는 출산일 . . .부터 ( )일간 | ⑥ 상병명 | 상병코드 |
| ⑦ 출산장소 | 1.자택[ ] 2.의료급여기관이 아닌 의료기관[ ] 3.구급차[ ] 4.대중교통[ ] 5. 길[ ] 6. 기타[ ] | | |

| 구분 | 구입금액 | 구입업체명 | 지급일수 | 개수/일 |
|---|---|---|---|---|
| ⑧ 복막관류액 | 원 | | | |
| ⑨ 복막투석 소모성재료 | 원 | | 일 | |
| ⑩ 자가도뇨 소모성재료 | 원 | | 일 | 개 |

| 지급의뢰일 . . | 심사결정액 원 | 본인부담액 원 | | 지급액 원 |
|---|---|---|---|---|
| ⑪ 수령인 | ⑫ 금융기관명 | ⑬ 계좌번호 | ⑭ 예금주 | ⑮ 주민(외국인)등록번호 또는 사업자등록번호 |
| [ ]수급권자 | | | | |
| [ ]의약품·의료기기 판매업소 | | | | |

「의료급여법」 제12조제1항 및 같은 법 시행규칙 제24조제3항에 따라 위와 같이 요양비 지급을 청구합니다.

년 월 일

청구인 (서명 또는 인) 전화번호 ( )

진료받은 사람과의 관계 : 진료받은 사람의 ( )

**시장 · 군수 · 구청장** 귀하

297㎜× 210㎜[백상지 80g/㎡]

(뒤쪽)

| 첨부서류 | 1. 요양비 명세서 사본, 의료급여기관에서 의료급여를 받을 수 없었던 사유를 증명할 수 있는 서류 각 1부.<br>2. 의사 처방전, 세금계산서(약국의 경우에는 처방전 및 세금계산서) 각 1부.<br>※ 만성신부전증 환자, 선천성 신경인성 방광환자의 경우에는 제2호 서류만 첨부합니다.<br>3. 출산 사실을 증명하는 서류(사산 또는 출생 후 사망한 경우에는 이를 증명할 수 있는 서류) 1부. | 수수료<br>없음 |
|---|---|---|

## 작성방법

① : 진료받거나 출산한 사람의 성명, 주민(외국인)등록번호를 적습니다.
② : 의료급여기관명, 의료급여기관 기호를 적습니다. (출산의 경우에는 적지 않습니다.)
③ : 해당 구분에 "✔"표시를 합니다. (출산의 경우에는 적지 않습니다.)
④ : 의사가 처방전을 발행한 날을 년월일로 적습니다. (출산의 경우에는 적지 않습니다.)
⑤ : 진료인 경우에는 진료 시작 연월일 및 기간을, 출산인 경우에는 출산 연월일을 적습니다.
 * 예시: 2009년 7월 1일부터 7월 15일까지 진료인 경우 → 2009. 7. 1.부터 (15)일간
⑥ : 상병명을 적되, 상병이 2개 이상일 경우에는 주된 상병명 하나만을 적습니다. (출산의 경우에는 적지 않습니다.)
⑦ : 해당 번호에 "✔"표시를 합니다.
⑧ : 영수증상의 금액을 적습니다.
⑨ : 영수증상의 금액을 적고 의약품판매업소의 명칭, 소모성재료 지급 일수를 적습니다.
⑩ : 영수증상의 금액을 적고 의료기기판매업소의 명칭, 지급일수와 자가도뇨 소모성재료 1일당 개수를 적습니다.
⑪ : 급여비를 받을 사람을 선택하여 "✔" 표시 합니다.
⑫ ~ ⑮ : 금융기관명, 예금계좌번호, 예금주, 예금주 주민(외국인)등록번호, 사업자 등록번호(의약품 또는 ·의료기기 판매업소일 경우)를 정확히 적습니다.
 * 예금주는 다음에 해당하는 사람이어야 합니다.
 - 진료받은 사람, 진료받은 사람의 가구주 또는 같은 의료급여증에 등재된 가족(배우자, 부모, 자녀, 형제자매 등)
 - 의약품·의료기기 판매업소 : 진료받은 사람 본인이나 가족 등 지급 청구자가 의약품판매업소(복막관류액 및 복막투석 소모성 재료), 의료기기판매업소(자가도뇨 소모성재료)에 요양비를 지급하도록 요청한 경우에는 판매업자
 * 예금통장은 온라인 계좌입금이 가능한 예금통장이어야 합니다.
 〈예시: 보통예금, 저축예금, 자유저축예금, 당좌예금, 기업자유예금, 가계당좌예금〉
⑯ 청구인은 본인의 이름을 기재한 후 서명을 하거나 인장을 찍어야 합니다. 다만, 진료받은 사람이 제한능력자일 경우 법정대리인이 서명을 하거나 인장을 찍어 청구할 수 있습니다.
 - 청구인: 진료받은 사람(진료를 받은 자), 진료받은 사람의 가구주 또는 같은 의료급여증에 등재된 가족(배우자, 부모, 자녀, 형제자매 등)이어야 합니다.

## 처리절차

| 신청서 작성 | → | 접수 및 확인 | → | 청구서 처리 | → | 요양비 지급 | → | 수령 |
|---|---|---|---|---|---|---|---|---|
| 신청인 | | 시·군·구 | | 시·군·구 | | 시·군·구 | | 수령인 |

297㎜ × 210㎜[백상지 80g/㎡]

[별지 제12호의2서식] 〈개정 2019. 7. 1.〉

# 요양비 지급청구서(산소치료)

※ 작성방법은 뒤쪽을 참고하시기 바라며 색상이 어두운 란은 청구인이 적지 않습니다. (앞쪽)

| 접수번호 | 접수일 | 발급일 | 처리기간 15일 |
|---|---|---|---|

| | | | | | |
|---|---|---|---|---|---|
| ① 보장기관명(기호) | | ② 의료급여기관명 | | ③ 상병명 | |
| | | 의료급여기관기호 | | 상병코드 | |
| ④ 진료받은 사람 | 성명 | 주민(외국인)등록번호 | 주소 | | 전화번호 |
| ⑤ 진료구분 | 1. 입원 2. 외래 | ⑥ 처방전 발행일 | . . . | ⑦ 산소치료 서비스 제공업소 | |
| ⑧ 가정용 산소발생기 | 관리번호: | 모델명: | 요양비 청구기간(월 단위) | | 계약금액 |
| ⑨ 휴대용 산소발생기 | 관리번호: | 모델명: | 요양비 청구기간(15일 이하 또는 월 단위) | | 계약금액 |
| 본인부담액 | | 원 | 지급청구액 | 원 | 지급의뢰일 . . . |
| ⑩ 수령인 | 금융기관명 | 예금계좌번호 | | 예금주 | 주민(외국인)등록번호 또는 사업자등록번호 |
| [ ]수급권자 | | | | | |
| [ ]산소치료 서비스 제공업체 | | | | | |
| ⑪ 보장기관 확인사항 | 요양비 지급청구 차수 | 가정용 차<br>휴대용 차 | | 호흡기장애 정도 | 1. 심한 정도<br>2. 심하지 않은 정도 |

「의료급여법 시행규칙」 제24조제3항에 따라 위와 같이 요양비의 지급을 청구합니다.

년 월 일

⑫ 청구인 (서명 또는 인) 전화번호( )

진료받은 사람과의 관계: 진료받은 사람의 ( )

**시장·군수·구청장** 귀하

297mm×210mm[백상지 80g/㎡]

(뒤쪽)

| 첨부서류 | 1. 「의료급여법 시행규칙」 제24조제1항3호에 따라 보건복지부장관이 정하여 고시하는 방법으로 산소치료를 하였음을 증명할 수 있는 서류 1부.<br>2. 산소치료처방전, 세금계산서 각 1부. |
|---|---|

## 작성방법

①: 진료받은 사람의 보장기관명 및 기호를 적습니다.
②: 의료급여기관명 및 의료급여기관기호를 적습니다.
③: 상병명(주된 상병)을 적습니다.
④: 진료받은 사람의 성명, 주민(외국인)등록번호, 주소 및 전화번호를 적습니다.
⑤: 해당 번호에 "○" 표시를 합니다.
⑥: 의사가 산소치료처방전을 발행한 날을 년·월·일로 적습니다.
⑦: 산소치료 서비스 제공업소명을 적습니다.
⑧·⑨: 해당 란을 다음과 같이 적습니다.
- 관리번호: 산소발생기 관리번호를 적습니다. 〈예시: ⓐⓑⓒⓓⓔⓕⓖⓗⓘⓙⓚⓛⓜⓝⓞⓟ → ⓐ~ⓕ: 제조년·월, ⓖ~ⓟ: 산소발생기 일련번호〉
- 모델명: 산소치료 서비스 제공업소와 계약한 의료용 산소발생기의 모델명을 적습니다.
- 요양비 청구기간: 의사의 산소치료 처방전에 따른 의료용 산소발생기를 계약한 날부터 실제 사용한 날까지의 기간을 월 단위로 적습니다. 〈예시: 2009년 7월 1일 계약한 경우 → 2009. 7. 1. ~ 2009. 7. 31.〉
- 계약금액: 산소치료 서비스 제공업소와 계약한 월 계약금액을 적습니다.

⑩: 송금 받으려는 수령인, 금융기관명, 예금계좌번호, 예금주, 주민(외국인)등록번호를 또는 사업자등록번호를 정확히 적습니다.
※ 수령인의 경우 [ ]에는 해당되는 곳에 "√" 표시를 합니다.
※ 예금주는 다음에 해당하는 사람이어야 합니다.
- 진료받은 사람, 진료받은 사람의 가구주 또는 같은 의료급여증에 등재된 가족(배우자, 부모, 자녀, 형제자매 등)
- 산소치료서비스 제공업소 : 진료받은 사람 본인이나 가족 등 지급 청구인이 산소치료 서비스 제공업소에 요양비를 직접 지급하도록 요청하는 경우 해당 업소

※ 예금계좌번호는 온라인 계좌입금이 가능한 예금계좌번호여야 합니다.
〈예시: 보통예금, 저축예금, 자유저축예금, 당좌예금, 기업자유예금, 가계당좌예금〉

⑪: 보장기관 확인사항은 담당공무원이 반드시 확인해야 하는 사항입니다.
- 처방전은 반드시 내과전문의, 결핵과전문의, 흉부외과 전문의가 발행한 것이어야 합니다. 다만, 소아의 경우에는 소아청소년과전문의가 발행할 수 있습니다.
- 요양비지급 청구차수: 산소치료 요양비는 월 단위로 청구하며, 1차(첫달)에는 반드시 "산소치료 처방전"을 확인해야 합니다.
  ※ 가정용 산소발생기의 경우에는 최대 12차까지 기재할 수 있으며, 월 2회 요양비 청구가 가능한 휴대용 산소발생기의 경우에는 최대 24차까지 기재할 수 있습니다.
- 처방기간은 1회 12개월 이내로 하고, 호흡기장애인의 경우에는 해당 호흡기장애 정도에 "○" 표시를 합니다.
- 호흡기장애정도가 심하지 않거나 호흡기장애인이 아닌 경우에는 중증의 만성심폐질환으로 90일 동안 적절한 내과적 치료를 받은 경우에만 지급합니다.

⑫: 청구인은 본인의 이름을 기재한 후 서명을 하거나 인장을 찍어야 합니다. 다만, 진료받은 사람이 제한능력자일 경우 법정대리인이 서명을 하거나 인장을 찍어 청구할 수 있습니다.
- 청구인: 진료받은 사람(진료를 받은 자), 진료받은 사람의 가구주 또는 같은 의료급여증에 등재된 가족(배우자, 부모, 자녀, 형제자매 등)이어야 합니다.

[별지 제12호의3서식] 삭제 〈2019. 7. 1.〉

[별지 제12호의4서식] 〈개정 2019. 12. 31.〉

# 요양비 지급청구서(당뇨병 소모성 재료)

※ 작성방법은 뒤쪽을 참고하시기 바라며, 바탕색이 어두운 난은 청구인이 적지 않습니다. (앞쪽)

| 접수번호 | | 접수일 | 처리기간 15일 | |
|---|---|---|---|---|
| 상병명 및 상병코드 | | 상병명 | 상병코드 | |
| ① 진료받은 사람 | | 성명 | 주민(외국인)등록번호 | |
| ② 처방전 발행 의료급여기관 | | 명칭 의료급여기관 기호 | ③ 처방전 발행일 년 월 일 | ④ 청구일수 일 |
| ⑤ 당뇨병 소모성 재료 구입 및 청구내역 | 소모성 재료 종류 | 구입금액 | 판매업소 명칭 | |
| | [ ] 혈당측정검사지 | 원 | | |
| | [ ] 채혈침 | 원 | | |
| | [ ] 인슐린 주사기 | 원 | | |
| | [ ] 인슐린 주사바늘 | 원 | | |
| | [ ] 인슐린펌프용 주사기 | 원 | | |
| | [ ] 인슐린펌프용 주사바늘 | 원 | | |
| | [ ] 연속혈당측정용 전극 | 원 | | |
| ⑥ 수령 계좌 | 진료받은 사람 본인 [ ]<br>배우자, 부모 등 [ ]<br>의료기기 판매업소 [ ] | 금융기관명 | 계좌번호 | |
| | | 예금주 성명 | 주민(외국인)등록번호 또는 사업자등록번호 | |

「의료급여법」 제12조제1항 및 같은 법 시행규칙 제24조제3항에 따라 위와 같이 요양비 지급을 청구합니다.

년 월 일

⑦ 청구인 (서명 또는 인) 전화번호 ( )

진료받은 사람과의 관계: 진료받은 사람의 ( )

**시장·군수·구청장** 귀하

297mm×210mm[백상지(80g/㎡) 또는 중질지(80g/㎡)]

(뒤쪽)

| 첨부 서류 | 1. 의사의 처방전(당뇨병 소모성 재료 처방전) 1부<br>2. 세금계산서 1부 | 수수료 없음 |
|---|---|---|

## 작성방법

① 진료받은 사람: 진료받은 사람의 성명, 주민(외국인)등록번호를 적습니다.

② 처방전 발행 의료급여기관: 의사가 발행한 처방전에 기재된 의료급여기관명, 의료급여기관 기호를 적습니다.

③ 처방전 발행일: 의사가 처방전을 발행한 날을 연월일로 적습니다.

④ 청구일수: 의사가 발행한 처방전에 기재된 당뇨병 소모성 재료의 청구일수를 적습니다.

⑤ 당뇨병 소모성 재료 구입 및 청구내역: 구입한 당뇨병 소모성 재료의 종류에 √표시를 하고, 영수증에 적힌 구입금액 및 판매업소의 명칭을 적습니다.

⑥ 수령 계좌: 요양비를 받을 계좌를 선택하여 √표시를 하고, 금융기관명, 계좌번호, 예금주 성명 및 예금주의 주민(외국인)등록번호 또는 사업자등록번호(의료기기 판매업소만 해당합니다)를 정확히 적습니다.

* 예금주는 다음 중 어느 하나에 해당하는 사람이어야 합니다.

- 진료받은 사람, 진료받은 사람의 가구주 또는 같은 의료급여증에 등재된 가족(배우자, 부모, 자녀, 형제자매 등)
- 의료기기 판매업소: 진료받은 사람 본인이나 가족 등 지급 청구자가 당뇨병 소모성 재료 판매업소에 요양비를 지급하도록 요청한 경우

* 예금통장은 온라인 계좌입금이 가능한 것이어야 합니다.

(예시: 보통예금, 저축예금, 자유저축예금, 당좌예금, 기업자유예금 및 가계당좌예금 등)

⑦ 청구인: 진료받은 사람, 진료받은 사람의 가구주 또는 같은 의료급여증에 등재된 가족(배우자, 부모, 자녀, 형제자매 등)이어야 합니다. 이 경우 청구인은 본인의 이름을 기재한 후 서명을 하거나 인장을 찍어야 합니다. 다만, 진료받은 사람이 제한능력자일 경우에는 법정대리인이 서명을 하거나 인장을 찍어 청구할 수 있습니다.

## 처리절차

| 청구서 작성 | → | 접수 및 확인 | → | 청구서 처리 | → | 요양비 지급 | → | 수령 |
|---|---|---|---|---|---|---|---|---|
| 청구인 | | 시·군·구 | | 시·군·구 | | 시·군·구 | | 수령인 |

297㎜×210㎜[백상지(80g/㎡) 또는 중질지(80g/㎡)]

[별지 제12호의5서식] 〈신설 2019. 12. 31.〉

# 요양비 지급청구서(당뇨병 관리기기)

※ 작성방법은 뒤쪽을 참고하시기 바라며, 바탕색이 어두운 난은 청구인이 적지 않습니다.　　　(앞쪽)

| 접수번호 | 접수일 | | | 처리기간 15일 |
|---|---|---|---|---|
| 상병명 및 상병코드 | 상병명 | | 상병코드 | |
| ① 진료받은 사람 | 성명 | | 주민(외국인)등록번호 | |
| ② 처방전 발행 의료급여기관 | 명칭 | 의료급여기관 기호 | ③ 처방전 발행일<br>년 월 일 | ④ 요양비 청구기간(월 단위)<br>. . ~ . . 까지 |
| ⑤ 당뇨병 관리기기 | 종류 | 구입금액 | 판매업소 명칭 | |
| | [ ] 연속혈당측정기 | 원 | | |
| | [ ] 인슐린자동주입기 | 원 | | |
| ⑥ 수령 계좌 | 진료받은 사람 본인 [ ] | 금융기관명 | 계좌번호 | |
| | 배우자, 부모 등 [ ] | 예금주 성명 | 주민(외국인)등록번호 또는 사업자등록번호 | |
| | 의료기기 판매업소 [ ] | | | |

「의료급여법」 제12조제1항 및 같은 법 시행규칙 제24조제3항에 따라 위와 같이 요양비 지급을 청구합니다.

년　　월　　일

⑦ 청구인　　　　(서명 또는 인)　　전화번호 (　　　　　　　)

진료받은 사람과의 관계:　　진료받은 사람의 (　　　　　　　)

**시장 · 군수 · 구청장** 귀하

297mm×210mm[백상지(80g/㎡) 또는 중질지(80g/㎡)]

(뒤쪽)

| 첨부서류 | 1. 의사의 처방전(당뇨병 관리기기 처방전) 1부<br>2. 세금계산서 1부 | 수수료<br>없음 |
|---|---|---|

## 작성방법

① 진료받은 사람: 진료받은 사람의 성명, 주민(외국인)등록번호를 적습니다.
② 처방전 발행 의료급여기관: 의사 처방전에 기재된 의료급여기관명, 의료급여기관 기호를 적습니다.
③ 처방전 발행일: 의사가 처방전을 발행한 날을 연월일로 적습니다.
④ 요양비 청구기간: 의사의 처방전에 따라 당뇨병 관리기기를 구입한 날부터 실제 사용한 날인 요양비 청구기간을 월 단위로 적습니다.
(예시: 2020년 1월 1일 구입하고 2021년 1월 1일까지 사용한 경우 → 2020. 1. ~ 2021. 1.)
⑤ 당뇨병 관리기기: 구입한 당뇨병 관리기기의 종류에 √표시를 하고, 영수증에 적힌 구입금액 및 판매업소의 명칭을 적습니다.
⑥ 수령 계좌: 요양비를 받을 계좌를 선택하여 √표시를 하고, 금융기관명, 계좌번호, 예금주 성명 및 예금주의 주민(외국인)등록번호 또는 사업자등록번호(의료기기 판매업소만 해당합니다)를 정확히 적습니다.

* 예금주는 다음 중 어느 하나에 해당하는 사람이어야 합니다.
- 진료받은 사람, 진료받은 사람의 가구주 또는 같은 의료급여증에 등재된 가족(배우자, 부모, 자녀, 형제자매 등)
- 의료기기 판매업소: 진료받은 사람 본인이나 가족 등 지급 청구자가 당뇨병 관리기기 판매업소에 요양비를 지급하도록 요청한 경우

* 예금통장은 온라인 계좌입금이 가능한 것이어야 합니다.
(예시: 보통예금, 저축예금, 자유저축예금, 당좌예금, 기업자유예금 및 가계당좌예금 등)

⑦ 청구인: 진료받은 사람, 진료받은 사람의 가구주 또는 같은 의료급여증에 등재된 가족(배우자, 부모, 자녀, 형제자매 등)이어야 합니다. 이 경우 청구인은 본인의 이름을 기재한 후 서명을 하거나 인장을 찍어야 합니다. 다만, 진료받은 사람이 제한능력자일 경우 법정대리인이 서명을 하거나 인장을 찍어 청구할 수 있습니다.

## 처리절차

| 청구서 작성 | → | 접수 및 확인 | → | 청구서 처리 | → | 요양비 지급 | → | 수령 |
|---|---|---|---|---|---|---|---|---|
| 청구인 | | 시·군·구 | | 시·군·구 | | 시·군·구 | | 수령인 |

297㎜×210㎜[백상지(80g/㎡) 또는 중질지(80g/㎡)]

[별지 제12호의6서식] 〈개정 2019. 9. 27.〉

# 요양비 지급청구서([ ]인공호흡기 [ ]기침유발기)

※ 작성방법은 뒤쪽을 참고하시기 바라며, 바탕색이 어두운 칸은 청구인이 적지 않습니다. (앞쪽)

| 접수번호 | 접수일 | 처리기간 | 15일 |
|---|---|---|---|

| 진료받은 사람 | 성명: 주민(외국인)등록번호 : | 보장기관명(기호) : | 처방전 발행 의료급여기관 | 명칭: 의료급여기관 기호: |
|---|---|---|---|---|
| 상병 | 명칭: 상병코드: | | 대여업소명 | |

| 구분 | | | | | | |
|---|---|---|---|---|---|---|
| 인공호흡기 | ① 진료구분 | [ ]입원 [ ]외래 | ② 처방전발행일 | | ③ 청구기간 | |
| | ④ 모델명 | | ⑤ 관리번호 | ⑥ 환기타입: [ ]혼합형 [ ]압력형 [ ]볼륨형 | ⑦ 계약금액 (기기 월 대여비) | 원 |
| | 소모품 구입금액 | ⑧ 기본소모품(공통) | | | [ ] 1세트 [ ] 2세트 | 원 |
| | | ⑨ 선택소모품 (㉮ · ㉯ 중 1개 선택) | ㉮ | [ ] 일반 일체형 커넥터(접속기) | [ ] 1개 [ ] 2개 | 원 |
| | | | | [ ] 일반 · 실리콘 튜브 연결형 커넥터 | [ ] 1세트 [ ] 2세트 | 원 |
| | | | ㉯ | [ ] 코마스크(Nasal, Pillow Mask) | [ ] 겔 | 원 |
| | | | | [ ] 코 · 입마스크(Facial Mask) | [ ] 실리콘 | 원 |
| 기침유발기 | ⑩ 진료구분 | [ ]입원 [ ]외래 | ⑪ 처방전 발행일 | | ⑫ 청구기간 | |
| | ⑬ 모델명 | | ⑭ 관리번호 | | ⑮ 계약금액 | 원 |

| ⑯ 수령인 | 금융기관명 | 계좌번호 | 예금주 | 주민(외국인)등록번호 또는 사업자등록번호 |
|---|---|---|---|---|
| [ ] 진료받은 사람 본인 [ ] 배우자, 부모 등<br>[ ] 인공호흡기 대여 업소 | | | | |

「의료급여법」 제12조제1항 및 같은 법 시행규칙 제24조제3항에 따라 위와 같이 요양비 지급을 청구합니다.

년 월 일

⑰ 청구인 (서명 또는 인) 전화번호 ( )

진료받은 사람과의 관계: 진료받은 사람의 ( )

**시장 · 군수 · 구청장** 귀하

297mm×210mm[백상지(80g/㎡) 또는 중질지(80g/㎡)]

(뒤쪽)

| 첨부 서류 | 1. 인공호흡기에 대하여 의료급여를 받으려는 경우: 다음의 서류<br>가. 인공호흡기 처방전(검사결과지 또는 검사결과소견서 포함), 세금계산서 각 1부 및 인공호흡기를 대여하였음을 증명할 수 있는 서류 1부<br>나. 기관절개 또는 기관봉합 증명서류(인공호흡기 선택소모품 종류를 변경할 경우에만 첨부) 1부<br>2. 기침유발기에 대하여 의료급여를 받으려는 경우: 기침유발기 처방전, 세금계산서 각 1부 및 기침유발기를 대여하였음을 증명할 수 있는 서류 1부 | 수수료 없음 |
|---|---|---|

## 작성방법

①~⑨: 인공호흡기 청구와 관련된 내용을 적습니다.

①・②: 처방전을 발급받은 월에 한정하여 해당 구분에 [√]표시를 하고, 그 처방전을 발급받은 날을 적습니다.

③: 인공호흡기의 청구기간은 다음 사항을 참고하여 적습니다.

- 의사의 처방전에 따라 인공호흡기를 대여하여 사용하기 시작한 날이 매월 1일이 아닌 경우에는 그 사용 시작일부터 그 시작일이 속한 달의 말일까지(사망 등으로 더 이상 인공호흡기를 더 이상 사용하지 아니하는 경우에는 그 사망 등의 사유 발생일까지)를 청구기간으로 적으며, 그 이후의 청구기간은 매월 1일부터 그 달 말일까지로 적습니다.
- 이와 같이 순차로 청구하다 마지막 청구 시에는 처방전의 처방기간이 끝나는 날까지를 청구기간으로 적습니다. 다만, 마지막 청구 시 새로운 처방전을 첨부하는 경우에는 기존 처방전의 처방기간이 끝나는 날이 속하는 달의 말일까지를 청구기간으로 적고, 이후 청구 시에는 위와 동일하게 적습니다.
- 전(前)달에 이어 인공호흡기를 사용하던 중 사망 등으로 더 이상 인공호흡기를 사용하지 아니하는 경우에 그 사망 등의 사유 발생일이 속한 달의 요양비를 청구할 때는 그 달 1일부터 실제 사용한 날까지를 청구기간으로 적습니다.

〈예시: 2016년 2월 21일부터 계약인 경우 → 1차 청구: 2016. 2. 21.~2016. 2. 28., 2차 청구: 2016. 3. 1.~2016. 3. 31., … 마지막 청구 시: 2016. 8. 1. ~ 2016. 8. 20.〉

④~⑥: 인공호흡기 대여업소와 계약한 해당 인공호흡기기의 모델명, 관리번호를 각 칸에 적고, 환기타입에 [√]표시를 합니다.

〈관리번호 예시: ⓐⓑⓒⓓⓔⓕⓖⓗⓘⓙⓚⓛⓜⓝⓞⓟⓠⓡⓢⓣⓤ → (ⓐ~ⓕ: 제조년・월 6자리, ⓖ~ⓤ: 기기 시리얼번호 15자리 이내) 〉

⑦: 인공호흡기의 월 계약금액을 적습니다.

⑧: 인공호흡기의 기본소모품은 튜브, 필터, 가습기물통으로 구성됩니다. 1세트(튜브 1개, 필터 4개, 가습기물통 1개), 2세트(튜브 2개, 필터 4개, 가습기물통 1개) 중, 해당 구분에 [√]표시를 하고 금액을 적습니다.

⑨: 인공호흡기의 선택소모품 ㉮와 ㉯ 중 하나를 선택하여 해당구분에 [√ 표시합니다. 기관절개술 또는 기관봉합술로 선택소모품을 변경하는 경우에는 관련 증명서류를 함께 제출해야 합니다.
㉮를 선택한 경우 기관절개환자용 커넥터의 종류(일반일체형, 일반・실리콘 튜브 연결형)와 수량을 선택하여 금액을 적습니다. 커넥터는 월 최대 2세트까지 선택가능하며 교차선택 가능합니다.
㉯를 선택한 경우 해당 종류(코마스크, 코・입마스크)와 재질(겔, 실리콘)을 하나씩만 선택하여 금액을 적습니다.

⑩~⑮: 기침유발기 청구와 관련된 내용을 적습니다.

⑩・⑪: 처방전을 발급받은 월에 한정하여 해당 구분에 [√]표시를 하고, 그 처방전을 발급받은 날을 적습니다.

⑫: 기침유발기의 청구기간은 인공호흡기의 청구기간과 관련한 ③의 작성방법을 참고하여 적습니다.

⑬・⑭: 기침유발기 대여업소와 계약한 해당 기침유발기의 모델명, 관리번호를 각 칸에 적습니다. 관리번호 예시는 인공호흡기 ④~⑥을 참고하시기 바랍니다.

⑮: 기침유발기의 월 계약금액을 적습니다.

⑯: 송금 받으려는 수령인, 금융기관명, 예금계좌번호, 예금주, 주민(외국인)등록번호를 정확히 적습니다.

* 예금주는 다음에 해당하는 사람이어야 합니다.
- 진료받은 사람, 진료받은 사람의 가구주 또는 같은 의료급여증에 등재된 가족(배우자, 부모, 자녀, 형제자매 등)
- 대여업소 계좌의 경우: 진료받은 사람 본인이나 그 가족 등 지급청구자가 인공호흡기 또는 기침유발기 치료서비스 제공업소에 직접 지급하도록 요청하는 경우 해당 업소

* 예금통장은 온라인 계좌입금이 가능한 예금통장이어야 합니다.
〈예시: 보통예금, 저축예금, 자유저축예금, 당좌예금, 기업자유예금, 가계당좌예금〉

⑰: 청구인은 본인의 이름을 기재한 후 서명을 하거나 인장을 찍어야 합니다. 다만, 진료받은 사람이 제한능력자일 경우 법정대리인이 서명을 하거나 인장을 찍어 청구할 수 있습니다.
- 청구인: 진료받은 사람, 진료받은 사람의 가구주 또는 같은 의료급여증에 등재된 가족(배우자, 부모, 자녀, 형제자매 등)이어야 합니다.

**[별지 제12호의7서식]** 〈신설 2018. 8. 1.〉

# 요양비 지급청구서(양압기)

※ 작성방법은 뒤쪽을 참고하시기 바라며, 바탕색이 어두운 난은 청구인이 적지 않습니다. (앞쪽)

| 접수번호 | | 접수일 | | 처리기간 | 10일 |
|---|---|---|---|---|---|
| ① 진료받은 사람 | 성명: | | 주민(외국인)등록번호: | | |
| ② 의료급여기관 | 명칭: | 의료급여기관 기호: | ③ 상병 | **명칭** | **상병코드** |
| ④ 진료구분 | [ ]입원 [ ]외래 | ⑤ 처방전 발행일 | ⑥ 청구기간 | ~ | |
| ⑦ 양압기 | 대여업소 | 모델명 | 관리번호 | | |
| **⑧ 기기종류 및 계약금액 (월 대여비)** | [ ] 지속형(CPAP)<br>[ ] 자동형(APAP)<br>[ ] 이중형(BiPAP) 원 | **⑨ 소모품 (마스크)종류 및 구입금액** | [ ] 코형(Nasal Mask)<br>[ ] 콧구멍형(Pillow Mask)<br>[ ] 안면형(Facial Mask) 원 | | |
| ⑩ 수령 계좌 | 가입자 또는 피부양자 계좌 [ ]<br>양압기 대여업소 계좌 [ ]<br>진료받은 사람 본인의 요양비등수급계좌 [ ] | 금융기관명: | 계좌번호: | | |
| | | 예금주 성명: | 주민(외국인)등록번호 또는 사업자등록번호: | | |

「의료급여법」 제12조제1항 및 같은 법 시행규칙 제24조제3항에 따라 위와 같이 요양비 지급을 청구합니다.

년 월 일

⑪ 청구인 (서명 또는 인) 전화번호 ( )

진료받은 사람과의 관계 : 진료받은 사람의 ( )

**시장·군수·구청장** 귀하

297㎜×210㎜[백상지(80g/㎡) 또는 중질지(80g/㎡)]

(뒤쪽)

| 첨부서류 | 1. 양압기 처방전(해당 검사결과지, 사용기록지 등 포함) 1부.<br>2. 양압기 대여를 증명할 수 있는 서류 및 세금계산서 각 1부.<br>3. 진료받은 사람 본인의 요양비등수급계좌(압류방지 계좌)로 신청시에는 행복지킴이 통장 사본 1부.<br>※ 계좌번호가 기록되어 있는 면의 사본을 첨부합니다. | 수수료<br>없음 |
|---|---|---|

## 작성방법

①: 진료받은 사람의 성명과 주민등록번호를 적습니다. 외국인의 경우는 외국인등록번호, 재외국민의 경우는 주민등록번호를 적습니다.
②: 의료급여기관 명칭과 의료급여기관 기호를 적습니다.
③: 상병명(주된 상병)을 정확히 적습니다.
④: 해당 구분에 [√]표시를 합니다.
⑤: 의사가 처방전을 발행한 날을 연.월.일로 적습니다.
⑥: 다음 사항을 참고하여 청구기간을 적습니다.

- 의사의 처방전에 따라 양압기를 대여하여 사용하기 시작한 날이 매월 1일이 아닌 경우에는 그 사용 시작일부터 그 시작일이 속한 달의 말일까지(사망 등으로 더 이상 양압기를 사용하지 아니하는 경우에는 그 사망 등의 사유 발생일까지)를 청구기간으로 적으며, 그 이후의 청구기간은 매월 1일부터 그 달 말일까지로 적습니다.
- 이와 같이 순차로 청구하다 마지막 청구 시에는 처방전의 처방기간이 끝나는 날까지를 청구기간으로 적습니다. 다만, 마지막 청구 시 새로운 처방전을 첨부하는 경우에는 기존 처방전의 처방기간이 끝나는 날이 속하는 달의 말일까지를 청구기간으로 적고, 이후 청구 시에는 위와 동일하게 적습니다.
- 전(前) 달에 이어 양압기를 사용하던 중 사망 등으로 더 이상 양압기를 사용하지 아니하는 경우에 그 사망 등의 사유 발생일이 속한 달의 요양비를 청구할 때는 그 달 1일부터 실제 사용한 날까지를 청구기간으로 적습니다.

  예시: 2018년 2월 21일부터 8월 31일까지 계약인 경우 → 1차 청구: 2018. 2. 21.~ 2018. 2. 28., 2차 청구: 2018. 3. 1.~ 2018. 3. 31. , … 마지막 청구 시 : 2018. 8. 1. ~ 2018. 8. 20.〉

⑦: 양압기의 대여업소 명칭, 해당 업소에서 대여한 양압기의 모델명 및 관리번호를 각 칸에 적습니다.
〈관리번호 예시: ⓐⓑⓒⓓⓔⓕⓖⓗⓘⓙⓚⓛⓜⓝⓞⓟⓠⓡⓢⓣⓤ → (ⓐ~ⓕ: 제조년・월 6자리, ⓖ~ⓤ: 기기 시리얼번호 15자리 이내) 〉
⑧: 양압기 대여업소와 계약한 해당 제품종류에 [√]표시를 하고 월 계약금액을 적습니다
⑨: 양압기의 소모품(마스크)종류 중 해당 구분에 [√] 표시하고 금액을 적습니다.
⑩: 송금 받으려는 수령인, 금융기관명, 예금계좌번호, 예금주, 주민(외국인)등록번호를 정확히 적습니다.

* 예금주는 다음에 해당하는 사람이어야 합니다.
- 진료받은 사람, 진료받은 사람의 가구주 또는 같은 의료급여증에 등재된 가족(배우자, 부모, 자녀, 형제자매 등)
- 양압기 제공업소 계좌: 진료받은 사람 본인이나 가족 등 지급 청구자가 가정산소 치료서비스 제공업소에 직접 지급하도록 요청하는 경우 해당 업소

* 예금통장은 온라인 계좌입금이 가능한 예금통장이어야 합니다.
〈예시: 보통예금, 저축예금, 자유저축예금, 당좌예금, 기업자유예금, 가계당좌예금〉

⑪ 청구인은 본인의 이름을 기재한 후 서명을 하거나 인장을 찍어야 합니다. 다만, 진료받은 사람이 제한능력자일 경우 법정대리인이 서명을 하거나 인장을 찍어 청구할 수 있습니다.
- 청구인: 진료받은 사람(진료를 받은 자), 진료받은 사람의 가구주 또는 같은 의료급여증에 등재된 가족(배우자, 부모, 자녀, 형제자매 등)이어야 합니다.

[별지 제13호서식] 〈개정 2019. 10. 24.〉

# 보조기기 급여 신청서

※ 색상이 어두운 난은 신청인이 적지 않으며, [ ]에는 해당되는 곳에 √표시를 합니다.

| 접수번호 | 접수일 | | 처리기간 10일 |
|---|---|---|---|
| 보장기관명<br>(기호) | | 의료급여<br>종별 | [ ] 1종 [ ] 2종 |

| 급여를<br>받으려는 사람 | 성명 | 주민(외국인)등록번호 |
|---|---|---|
| | 주소 | 신청 보조기기명 |

| 종합장애정도 | 주장애유형 | 주장애정도 | 부장애유형 | 부장애정도 |
|---|---|---|---|---|
| [ ]심한 장애<br>[ ]심하지 않은 장애 | | [ ]심한 장애<br>[ ]심하지 않은 장애 | | [ ]심한 장애<br>[ ]심하지 않은 장애 |

「의료급여법」 제13조 및 같은 법 시행규칙 제25조제2항에 따라 위와 같이 보조기기 급여를 신청합니다.

년 월 일

신청인 (서명 또는 인)

급여를 받으려는 사람과의 관계

전화번호

**시장 · 군수 · 구청장** 귀하

| 첨부서류 | 「의료급여법 시행규칙」 별지 제14호서식 및 별지 제14호의2서식부터 별지 제14호의4서식까지에 따른 해당 보조기기 처방전 1부 | 수수료<br>없음 |
|---|---|---|

**정보 이용 동의서**

본인은 위 보조기기 급여비의 지급 관련 정보(급여비 지급 여부 · 품목, 사용 가능 기간 등)를 「사회보장기본법」 제37조에 따라 사회보장정보시스템에 제공하는 것에 동의합니다.

신청인 (서명 또는 인)

**처 리 절 차**

| 신청인 | 처리기관<br>시 · 군 · 구 |
|---|---|

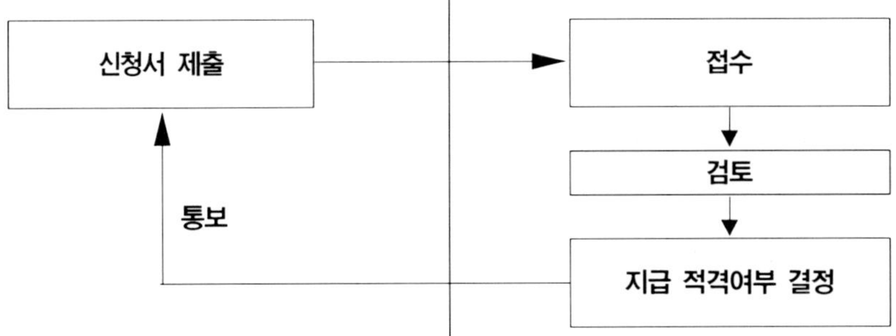


210mm×297mm[백상지(80g/㎡) 또는 중질지(80g/㎡)]

[별지 제14호서식] 〈개정 2019. 10. 24.〉

# 보조기기(자세보조용구, 의지 · 보조기 등) 처방전

※ 뒤쪽의 유의사항을 읽고 작성해 주시기 바라며, [ ]에는 해당되는 곳에 √표시를 합니다. (앞쪽)

[ ] 장애인 등록 전

| | | | |
|---|---|---|---|
| ① 진료받은 사람 | 성명 | 주민(외국인)등록번호 | |
| | 보장기관명 (기호) | 의료급여 종별 | [ ] 1종 [ ] 2종 |
| | 집 전화번호 | 휴대전화번호 | |

| | | | | | | |
|---|---|---|---|---|---|---|
| ② 장애 구분 | 장애유형(주장애) | 세부유형 | | | 장애정도 | [ ]심한 장애<br>[ ]심하지 않은 장애 |
| | | | 척수손상 | [ ]완전 [ ]불완전 | | |
| | 중복장애유형(부장애) | 세부유형 | | | | [ ]심한 장애<br>[ ]심하지 않은 장애 |
| | | | 척수손상 | [ ]완전 [ ]불완전 | | |

| | | | |
|---|---|---|---|
| ③ 처방 보조기기 | [ ] 자세보조용구 | [ ] 몸통 및 골반 지지대<br>[ ] 팔 지지대 및 랩트레이(lap tray) | [ ] 머리 및 목 지지대<br>[ ] 다리 및 발 지지대 |
| | [ ] 이동식전동리프트 | [ ] 욕창예방매트리스 | [ ] 욕창예방방석 |
| | [ ] 맞춤형 교정신발류 | [ ] 전방보행보조차 | [ ] 후방보행보조차 |
| | [ ] 의지 · 보조기 | 유형: | [ ]우 [ ]좌 |

| | | | | |
|---|---|---|---|---|
| ④ 검사결과 | 자세보조용구 | 다리 맨손근력검사 | 우 ( )등급, 좌 ( )등급 | 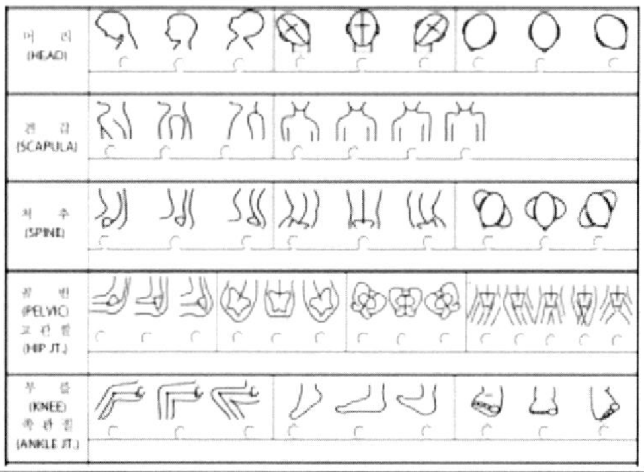 |
| | | 큰동작기능 분류체계 (GMFCS) | | |
| | | 영상의학 검사 | 코브각도 (Cobb's angle) ( 도) | |
| | | | 척추앞굽음 ( 도) | |
| | | | 척추뒤굽음 ( 도) | |
| | | | 엉덩관절이동지수 (hip migration index) ( %) | |
| | 이동식전동리프트 · 욕창예방매트리스 | 수정바델지수(MBI) 검사 | 총 점 | |
| | | | 의자 · 침대 이동항목 점 | |
| | | 다리 맨손근력검사 | 우 ( )등급, 좌 ( )등급 | |



⑤ 환자상태 및 진료소견(처방의견을 포함하여 구체적으로 적습니다)

위와 같이 보조기기를 처방합니다.

※ 처방전은 발행일부터 6개월 동안만 유효합니다.

년 월 일

의료급여기관 명칭(기호):

담당의사 성명: (서명 또는 인)

면허번호:

전문과목: 전문의 자격번호:

210㎜×297㎜[백상지(80g/㎡) 또는 중질지(80g/㎡)]

## 유의사항

1. 처방전 발급비용은 진료비에 포함되어 있으므로 따로 부담하지 않습니다.
2. 등록된 장애유형과 관련된 보조기기만 처방해야 합니다.
※ 자세보조용구, 이동식전동리프트, 욕창예방매트리스는 장애의 정도가 심한 사람에게만 처방할 수 있습니다.
※ 실리콘형 다리 의지는 절단 후 남아있는 신체부분이 불안정하여 실리콘형 소켓이 필요하다는 진료담당 의사의 의학적 소견이 있는 경우에만 처방할 수 있습니다.
3. 보조기기를 의료급여 받으려는 경우에는 반드시 보조기기 구입 전에 처방전을 시장 · 군수 · 구청장에게 제출하여 보조기기 지급 적격여부를 확인받아야 합니다.
4. 처방전에 따라 구입한 보조기기는 반드시 전문과목의 전문의로부터 보조기기 검수확인서를 받아야 합니다.
※ 욕창예방방석, 욕창예방매트리스, 이동식전동리프트 및 전 · 후방보행보조차에 대해서는 보조기기 검수확인을 받지 않습니다.
5. 장애인 등록 전인 사람에게 급여대상 보조기기를 처방하려는 경우에는 「장애인복지법」에 따라 해당 장애에 대한 장애정도를 받을 것으로 예상되는 경우에만 처방전을 발급해야 하며, 발급 시 "[ ] 장애인 등록 전"의 [ ]에 √표시를 합니다.
※ 장애인 등록 전에 구입한 보조기기(장애인 등록 이전 6개월 이내에 구입한 보조기기만 해당합니다)에 대한 급여비 지급은 「장애인복지법」에 따라 장애인으로 등록한 경우에만 청구할 수 있습니다.
※ 자세보조용구 및 이동식전동리프트는 「장애인복지법」에 따라 등록한 장애인에게만 처방할 수 있습니다.

## 작성방법

① 진료받은 사람: 실제 급여를 받는 장애인에 대한 인적사항을 적습니다.
② 장애 구분: 보조기기별 의료급여 대상에 해당하는 장애유형 및 장애정도를 적고, 세부유형란에는 구체적인 장애부위(다리절단, 다리관절 등)를 적으며, 척수손상의 경우 해당란에 √표시를 합니다.
※ 중복장애가 있는 경우에는 추가로 적습니다.
③ 처방 보조기기: 해당 보조기기의 품목에 √표시를 합니다. 이 경우 손가락 의지를 장착하면 해당 손가락(오른쪽 1,2,3,4,5 및 왼쪽 1,2,3,4,5)을 적어야 합니다.
④ 검사결과: 해당 항목별 검사에 대한 결과를 적고, 해당 검사 결과 관련 서류를 반드시 첨부해야 합니다. 다만, 이동식전동리프트 처방 대상자가 2019. 6. 30. 이전에 지체 · 뇌병변 장애 1급 판정을 받았거나, 욕창예방매트리스 처방 대상자가 2019. 6. 30. 이전에 지체 · 뇌병변 장애 1급 또는 2급 판정을 받은 경우에는 MBI 검사 또는 다리 맨손근력검사를 생략할 수 있고, 큰동작기능분류체계(GMFCS)에 관한 검사 결과 관련 서류가 없는 경우에는 검사 내용이 표기된 경과 기록지 등으로 이를 대체할 수 있습니다.
⑤ 환자상태 및 진료소견: 보조기기 처방을 위한 장애상태 및 진료소견과 보조기기 제작 시 주의할 사항 및 처방품목 내역 등에 대한 소견을 적습니다.

210㎜×297㎜[백상지(80g/㎡) 또는 중질지(80g/㎡)]

[별지 제14호의2서식] 〈신설 2019. 10. 24.〉

# 보조기기(수동 · 전동휠체어 및 전동스쿠터) 처방전

※ 뒤쪽의 유의사항을 읽고 작성해 주시기 바라며, [ ]에는 해당되는 곳에 √표시를 합니다. (앞쪽)

[ ] 장애인 등록 전(일반형 수동휠체어를 처방하는 경우에만 해당합니다)

| ① 진료받은 사람 | 성명 | 주민(외국인)등록번호 | |
|---|---|---|---|
| | 보장기관명 (기호) | 의료급여 종별 | [ ] 1종 [ ] 2종 |
| | 집 전화번호 | 휴대전화번호 | |

| ② 장애 구분 | 장애유형(주장애) | 세부유형 | | 장애정도 | [ ]심한 장애 |
|---|---|---|---|---|---|
| | | | 척수손상 [ ]완전 [ ]불완전 | | [ ]심하지 않은 장애 |
| | 중복장애유형(부장애) | 세부유형 | | | [ ]심한 장애 |
| | | | 척수손상 [ ]완전 [ ]불완전 | | [ ]심하지 않은 장애 |

| ③ 처방 보조기기 | [ ] 수동휠체어 | [ ] 일반형 [ ] 활동형 [ ] 틸팅형 [ ] 리클라이닝형 |
|---|---|---|
| | [ ] 전동보조기기 | [ ] 전동휠체어 [ ] 전동스쿠터 |

④ 일반상태

| | 구분 | 일반상태 | 해당 여부 |
|---|---|---|---|
| 수동휠체어 | 공통사항 | 의지 · 보조기, 지팡이 등 다른 보조기기를 사용해도 실외 보행하기 어렵다. | [ ] |
| | 활동형 | 양팔 및 자세균형 제어 기능이 양호하여 다른 사람의 도움 없이도 휠체어를 안전하게 작동할 수 있다. | [ ] |
| | 틸팅형 · 리클라이닝형 | 스스로 앉기가 어렵고, 기대지 않고서는 독립적으로 앉은 자세를 유지하지 못하며 압박과 자세관리가 필요하다. | [ ] |

| | 장애유형 | | | 일반상태 | 해당 여부 |
|---|---|---|---|---|---|
| 전동휠체어 · 전동스쿠터 | 지체장애 · 뇌병변장애 | 공통사항 | | 팔에 기능장애가 있다. | [ ] |
| | | | | 내부기관 중복장애가 있다. | [ ] |
| | | 하지절단 | | 절단장애가 발생한 날부터 1년이 경과했다. | [ ] |
| | | | | 의지를 장착한 상태로 평지에서 100m 이상 보행하기 어렵다. | [ ] |
| | | 관절 · 기능 · 변형 등 | | 하지관절 장애, 하지기능 · 척추 장애에 따른 지체장애 및 변형 등의 장애로 평지에서 100m 이상 보행하기 어렵다. | [ ] |
| | | 척수 | 완전손상 | 척수신경 중 10번 가슴신경(T10)부터 목신경 사이에 손상이 있다. | [ ] |
| | | | 불완전손상 | 평지에서 100m 이상 보행하기 어렵다. | [ ] |
| | | 뇌병변 | | 평지에서 100m 이상 보행하기 어렵다. | [ ] |
| | 심장 · 호흡기장애 | | | 전신기능 저하로 평지에서 100m 이상 보행하기 어렵다. | [ ] |
| | | | | 팔에 기능장애가 있다. | [ ] |

| ⑤ 검사 결과 (전동휠체어 및 전동스쿠터만 해당합니다) | 구분 | | | 검사 결과 |
|---|---|---|---|---|
| | 공통사항 | 일상생활동작 검사[수정바델 지수(MBI) 이용] | | [ ] 적합 [ ] 부적합 |
| | | 조작능력 평가 | | [ ] 적합 [ ] 부적합 |
| | | 인지 기능 | 간이 인지 기능 검사(MMSE) | ( ) 점 |
| | | 팔 기능 | 맨손근력 검사 | ( ) 급 |
| | 심장 기능 | | 운동부하 검사 | ( ) METs |
| | 심폐 기능 | | 비오디이 지수(BODE Index) | ( ) 점 |
| | ※ 해당 검사 결과 관련 서류를 반드시 첨부해야 합니다. | | | |

⑥ 환자상태 및 진료소견 (처방의견을 포함하여 구체적으로 적습니다).

위와 같이 보조기기를 처방합니다.

※ 처방전은 발행일부터 6개월 동안만 유효합니다.

년 월 일

의료급여기관 명칭(기호):

담당의사 성명: (서명 또는 인)

면허번호:

전문과목: 전문의 자격번호:

210mm×297mm[백상지(80g/㎡) 또는 중질지(80g/㎡)]

## 유의사항

1. 처방전 발급비용은 진료비에 포함되어 있으므로 따로 부담하지 않습니다.
2. 등록된 장애유형과 관련된 보조기기만 처방해야 합니다.
※ 팔에 기능장애가 있어 수동휠체어를 조작할 수 없다고 판단되는 경우 전동휠체어 또는 전동스쿠터를 처방할 수 있고, 팔에 기능장애가 없는 경우라도 내부기관 중복장애(간질장애를 제외한 신장장애, 심장장애, 간장애, 호흡기장애 및 요루·장루장애)가 있다고 판단되는 경우 전동스쿠터를 처방할 수 있습니다.
3. 보조기기를 의료급여 받으려는 경우에는 반드시 보조기기 구입 전에 처방전을 시장·군수·구청장에게 제출하여 보조기기 지급 적격여부를 확인받아야 합니다.
4. 장애인 등록 전인 사람에게 일반형 수동휠체어를 처방하려는 경우에는 「장애인복지법」에 따라 해당 장애에 대한 장애정도를 받을 것으로 예상되는 경우에만 처방전을 발급해야 하며, 발급 시 "[ ] 장애인 등록 전"의 [ ]에 √표시를 합니다.
※ 장애인 등록 전에 구입한 보조기기(장애인 등록 이전 6개월 이내에 구입한 보조기기만 해당합니다)에 대한 급여비 지급은 「장애인복지법」에 따라 장애인으로 등록한 경우에만 청구할 수 있습니다.
※ 일반형 수동휠체어를 제외한 보조기기(활동형·틸팅형·리클라이닝형 수동휠체어, 전동휠체어 및 전동스쿠터)는 「장애인복지법」에 따라 등록한 장애인에게만 처방할 수 있습니다.

## 작성방법

① 진료받은 사람: 실제 급여를 받는 장애인에 대한 인적사항을 적습니다.
② 장애구분: 보조기기별 보험급여 대상에 해당하는 장애유형 및 장애 정도를 적고, 세부유형란에는 구체적인 장애부위(다리절단, 다리관절 등)를 적으며, 척수손상의 경우에는 해당란에 √표시를 합니다.
※ 중복장애가 있는 경우에는 추가로 적습니다.
③ 처방 보조기기: 해당 보조기기의 품목에 √표시를 합니다.
④ 일반상태: 보조기기 세부 인정기준에 따른 내용을 확인하고 이에 해당하는 경우 √표시를 합니다.
⑤ 검사결과: 해당 항목별 검사에 대한 결과를 적고, 해당 검사에 대한 결과지를 반드시 첨부해야 합니다. 이 경우 팔에 대한 맨손 근력검사 결과 양쪽 최대근력 등급이 상이한 경우 낮은 쪽의 최대근력 등급을 기재합니다.
※ 팔에 대한 맨손근력 검사 결과 최대 근력이 4등급이라도 근육 노화 등 그 밖의 사유로 팔 기능을 유지하기 힘든 경우에는 전동휠체어를 처방할 수 있습니다.
⑥ 환자상태 및 진료소견: 보조기기 처방을 위한 장애상태 및 진료소견과 처방품목 내역 등에 대한 소견을 적습니다.

210㎜×297㎜[백상지(80g/㎡) 또는 중질지(80g/㎡)]

[별지 제14호의3서식] 〈신설 2019. 10. 24.〉

# 보조기기(체외용 인공후두 · 보청기) 처방전

※ 뒤쪽의 유의사항을 읽고 작성해 주시기 바라며, [ ]에는 해당되는 곳에 √표시를 합니다. (앞쪽)

[ ] 장애인 등록 전

| | | | | |
|---|---|---|---|---|
| ① 진료받은 사람 | 성명 | 주민(외국인)등록번호 | | |
| | 보장기관명 (기호) | 의료급여 종별 | [ ] 1종 [ ] 2종 | |
| | 집 전화번호 | 휴대전화번호 | | |
| ② 장애 구분 | 장애유형(주장애) | 장애 정도 | [ ]심한 장애<br>[ ]심하지 않은 장애 | |
| | 중복장애유형(부장애) | | [ ]심한 장애<br>[ ]심하지 않은 장애 | |
| ③ 처방 보조기기 | [ ] 체외용 인공후두 | | | |
| | [ ] 보청기 | [ ] 우 | [ ] 좌 | |

| ④ 확인사항 | 구분 | | | 해당 여부 | |
|---|---|---|---|---|---|
| | 체외용 인공후두 | | 후두 전적출술 여부 | [ ] | |
| | 보청기 | | 보청기 사용이 일상생활에 도움이 될 것으로 판단된다. | [ ] | |
| | | | 고막 및 바깥귀길 상태 검사상 보청기 착용이 가능하다. | 우[ ] | 좌[ ] |
| | | 검사결과 | 평균 순음청력역치<br>※ 6분법[(a+2b+2c+d)/6]에 따라 계산합니다. 이 경우 a는 500Hz, b는 1000Hz, c는 2000Hz, d는 4000Hz입니다. | 우[ ]dB | 좌[ ]dB |
| | | | 말소리 명료도(%) | 우[ ]% | 좌[ ]% |
| | | | ※ 처방전 발행일 6개월 이전에 시행한 검사를 기준으로 모든 값을 적고, 검사결과지를 첨부해야 합니다. | | |
| | | 양측 대상 여부 | 15세 이하로 양측 급여 대상자에 해당된다.<br>※ 양측 80dB 미만 난청환자 / 양측 간 순음청력역치 차이 15dB 이하<br>※ 양측 말소리명료도 50% 이상 / 양측 간 말소리명료도 차이 20% 이하 | [ ] | |

⑤ 환자상태 및 진료소견 (처방의견을 포함하여 구체적으로 적습니다)

위와 같이 보조기기를 처방합니다.

※ 처방전은 발행일부터 6개월 동안만 유효합니다.

년 월 일

의료급여기관 명칭(기호):

담당의사 성명: (서명 또는 인)

면허번호:

전문과목: 전문의 자격번호:

210㎜×297㎜[백상지(80g/㎡) 또는 중질지(80g/㎡)]

(뒤쪽)

## 유의사항

1. 처방전 발급비용은 진료비에 포함되어 있으므로 따로 부담하지 않습니다.
2. 등록된 장애유형과 관련된 보조기기만 처방해야 합니다.
3. 보조기기를 의료급여 받으려는 경우에는 반드시 보조기기 구입 전에 처방전을 시장·군수·구청장에게 제출하여 보조기기 지급 적격여부를 확인받아야 합니다.
4. 처방전에 따라 구입한 보조기기는 반드시 전문과목의 전문의로부터 보조기기 검수확인서를 받아야 합니다.
5. 장애인 등록 전인 사람에게 급여대상 보조기기를 처방하려는 경우에는 「장애인복지법」에 따른 장애유형으로 장애인 등록이 예상되는 경우에만 처방전을 발급해야 하며, 발급 시 "[ ] 장애인 등록 전"의 [ ]에 √표시를 합니다.

※ 장애인 등록 전에 구입한 보조기기(장애인 등록 이전 6개월 이내에 구입한 보조기기만 해당합니다)에 대한 급여비 지급은 「장애인복지법」에 따라 장애인으로 등록한 경우에만 청구할 수 있습니다.

## 작성방법

① 진료받은 사람: 실제 급여를 받는 장애인에 대한 인적사항을 적습니다.
② 장애구분: 보조기기별 보험급여 대상에 해당하는 장애유형 및 장애 정도를 적습니다.
③ 처방 보조기기: 해당 보조기기의 품목에 √표시를 합니다. 보청기의 경우 착용측을 반드시 표시합니다.
④ 확인사항: 보청기 검사의 경우 고막 및 바깥귀길 상태의 정상 여부 등 검사결과를 기재한 후 처방해야 하며, 만 4세 이하 영유아 등 말소리 명료도의 측정이 불가능한 경우에는 ⑤ 환자상태 및 진료소견란에 그 사유를 적습니다.
⑤ 환자상태 및 진료소견: 보조기기 처방을 위한 장애상태 및 진료소견과 처방품목 내역 등에 대한 소견을 적습니다.

210㎜×297㎜[백상지(80g/㎡) 또는 중질지(80g/㎡)]

[별지 제14호의4서식] 〈신설 2019. 10. 24.〉

# 보조기기(저시력 보조안경 및 의안 등) 처방전

※ 뒤쪽의 유의사항을 읽고 작성해 주시기 바라며, [ ]에는 해당되는 곳에 √표시를 합니다.

[ ] 장애인 등록 전

<table>
<tr><td rowspan="3">① 진료받은 사람</td><td colspan="2">성명</td><td colspan="3">주민(외국인)등록번호</td></tr>
<tr><td colspan="2">보장기관명 (기호)</td><td>의료급여 종별</td><td colspan="2">[ ] 1종 [ ] 2종</td></tr>
<tr><td colspan="2">집 전화번호</td><td colspan="3">휴대전화번호</td></tr>
<tr><td rowspan="4">② 장애 구분</td><td colspan="2" rowspan="2">장애유형(주장애)</td><td rowspan="4">장애정도</td><td colspan="2">[ ]심한 장애</td></tr>
<tr><td colspan="2">[ ]심하지 않은 장애</td></tr>
<tr><td colspan="2" rowspan="2">중복장애유형(부장애)</td><td colspan="2">[ ]심한 장애</td></tr>
<tr><td colspan="2">[ ]심하지 않은 장애</td></tr>
<tr><td rowspan="3">③ 처방 보조기기</td><td colspan="2">[ ] 저시력 보조안경</td><td colspan="3">[ ] 콘택트렌즈</td></tr>
<tr><td>[ ] 의안</td><td>[ ] 우</td><td colspan="3">[ ] 좌</td></tr>
<tr><td colspan="2">[ ] 망원경(원거리 보조기구)</td><td colspan="3">[ ] 돋보기(근거리 보조기구)</td></tr>
</table>

④ 환자상태 및 진료소견(처방의견을 포함하여 구체적으로 적습니다)

위와 같이 보조기기를 처방합니다.

※ 처방전은 발행일부터 6개월 동안만 유효합니다.

년 월 일

의료급여기관 명칭(기호):

담당의사 성명: (서명 또는 인)

면허번호:

전문과목: 전문의 자격번호:

## 유의사항

1. 처방전 발급비용은 진료비에 포함되어 있으므로 따로 부담하지 않습니다.
2. 등록된 장애유형과 관련된 보조기기만 처방해야 합니다.
3. 보조기기를 의료급여 받으려는 경우에는 반드시 보조기기 구입 전에 처방전을 시장·군수·구청장에게 제출하여 보조기기 지급 적격여부를 확인받아야 합니다.
4. 저시력 보조안경, 콘텍트렌즈 및 의안을 구입한 경우에는 안과전문의로부터 반드시 보조기기 검수확인서를 받아야 하며, 망원경 및 돋보기를 구입한 경우에는 보조기기 검수확인을 받지 않습니다.
5. 장애인 등록 전인 사람에게 급여대상 보조기기를 처방하려는 경우에는 「장애인복지법」에 따라 해당 장애에 대한 장애 정도를 받을 것으로 예상되는 경우에만 처방전을 발급해야 하며, 발급 시 "[ ] 장애인 등록 전"의 [ ]에 √표시를 합니다.

※ 장애인 등록 전에 구입한 보조기기(장애인 등록 이전 6개월 이내에 구입한 보조기기만 해당합니다)에 대한 급여비 지급은 「장애인복지법」에 따라 장애인으로 등록한 경우에만 청구할 수 있습니다.

## 작성방법

① 진료받은 사람: 실제 급여를 받는 장애인에 대한 인적사항을 적습니다.
② 장애구분: 보조기기별 보험급여 대상에 해당하는 장애유형 및 장애 정도를 적고, 세부유형란에는 해당란에 √표시를 합니다.
③ 처방 보조기기: 해당 보조기기의 품목에 √표시를 합니다.
④ 환자상태 및 진료소견: 보조기기 처방을 위한 장애상태 및 진료소견과 처방품목 내역 등에 대한 소견을 적습니다.

210mm×297mm[백상지(80g/㎡) 또는 중질지(80g/㎡)]

[별지 제14호의5서식] 〈개정 2019. 10. 24.〉

# 보조기기 급여비 지급청구서

※ 색상이 어두운 난은 청구인이 적지 않으며, [ ]에는 해당되는 곳에 √표시를 합니다. (앞쪽)

| 접수번호 | 접수일 | | 처리기간 10일 |
|---|---|---|---|
| ① 급여를 받기로 결정된 사람 | 성명 | 주민(외국인)등록번호 | |
| | 보장기관명(기호) | 의료급여 종별 | [ ] 1종 [ ] 2종 |
| | 집 전화번호 | 휴대전화번호 | |
| ② 보조기기 명칭 | | ③ 구입일 | |
| ④ 제품 정보 | 모델명 | 제조(수입)업소명 | |
| | 제조연월 | 제품일련번호 | |
| ⑤ 구입처 | 명칭 | 대표자 | |
| | 사업자등록번호 | 전화번호 | |
| | 주소(미등록 업소만 기록합니다) | | |

| ⑥ 기준액 | ⑦ 고시금액 (전동휠체어, 전동스쿠터 및 자세보조용구만 적습니다) | ⑧ 실구입금액 | ⑨ 본인부담액 | ⑩ 청구금액 |
|---|---|---|---|---|
| 원 | 원 | 원 | 원 | 원 |
| 원 | 원 | 원 | 원 | 원 |
| 원 | 원 | 원 | 원 | 원 |
| 원 | 원 | 원 | 원 | 원 |

| ⑪ 수령인 | ⑫ 금융기관명 | ⑬ 계좌번호 | ⑭ 예금주 | ⑮ 주민등록번호 |
|---|---|---|---|---|
| [ ]수급권자 | | | | |
| [ ]보조기기 제작·판매자 | | | | |

「의료급여법」 제13조 및 같은 법 시행규칙 제25조제4항부터 제6항까지에 따라 위와 같이 보조기기 급여비의 지급을 청구합니다.

년 월 일

⑯ 청구인 (서명 또는 인) 주민(외국인)등록번호

급여를 받기로 결정된 사람과의 관계 (휴대)전화번호

**시장·군수·구청장** 귀하

## 정보 이용 동의서

본인은 「사회보장기본법」 제37조에 따라 위 보조기기 급여비의 지급 관련 정보(급여비 지급 여부·품목, 사용 가능 기간 등)를 사회보장정보시스템에 제공하는 것에 동의합니다.

급여를 받기로 결정된 사람 (서명 또는 인)

297mm×210mm[백상지(80g/㎡) 또는 중질지(80g/㎡)]

(뒤쪽)

| 첨부 서류 | 1. 의사가 발행한 별지 제14호의6서식의 보조기기 검수확인서 1부. 다만, 수동휠체어, 전동휠체어, 전동스쿠터, 욕창예방방석, 욕창예방매트리스, 이동식전동리프트, 전·후방보행보조차, 지팡이, 목발, 시각장애인용 흰지팡이, 돋보기, 망원경 또는 보조기기의 소모품에 대한 의료급여를 받으려는 경우에는 보조기기검수확인서를 첨부하지 않습니다.<br>2. 의료급여기관 또는 보조기기 제작·판매자가 발행한 세금계산서 1부<br>3. 보조기기 급여비를 보조기기 제작·판매자에게 지급할 것을 신청하는 경우에는 해당 보조기기 제작·판매자가 「장애인복지법」에 따라 개설된 의지·보조기 제작·수리업자이거나 「의료기기법」에 따라 허가받은 수입·제조·판매업자(보조기기 소모품 중 전동휠체어 및 전동스쿠터용 전지(電池)의 경우는 「의료기기법」에 따라 신고한 수리업자를 말한다)임을 증명하는 서류 1부. 다만, 「의료급여법 시행규칙」 별표 2 제1호다목에 따라 국민건강보험공단에 등록한 보조기기 업소에서 구입한 경우, 지체장애 및 뇌병변장애에 대한 보행보조를 위하여 지팡이 또는 목발을 구입하거나 시각장애에 대한 보행보조를 위하여 흰지팡이를 구입한 경우 또는 보조기기를 제조 또는 수입한 업소에서 해당 보조기기의 소모품 중 전동휠체어 및 전동스쿠터용 전지를 구입한 경우에는 첨부하지 않습니다. | 수수료 없음 |
|---|---|---|

## 유의사항

1. 의지·보조기 및 맞춤형 교정용 신발에 대해서는 국민건강보험공단에 등록된 업소에서 보조기기를 구입한 경우에만 의료급여를 실시하므로 보조기기를 구입하기 전에 해당 업소의 등록여부를 반드시 확인하시기 바랍니다.
2. 수동휠체어, 보청기, 전동휠체어, 전동스쿠터 및 자세보조용구, 욕창예방방석, 욕창예방매트리스, 이동식전동리프트 및 전·후방보행보조차에 대해서는 국민건강보험공단에 등록된 업소에서 등록된 품목을 구입한 경우에만 의료급여를 실시하므로 보조기기를 구입하기 전에 해당 업소 및 품목의 등록 여부를 반드시 확인하시기 바랍니다.

## 작성방법

① 급여를 받기로 결정된 사람: 급여를 받기로 결정된 사람의 해당사항을 적습니다.
② 보조기기 명칭: 구입한 보조기기의 명칭을 적습니다.
③ 구입일: 보조기기를 구입한 연월일을 적습니다.
④ 제품 정보: 구입한 보조기기의 모델명, 제조(수입)업소명, 제조연월일 및 제품일련번호를 적습니다.
※ 전동휠체어 및 전동스쿠터는 제품일련번호란에 보건복지부장관이 고시한 제품별 제품코드번호도 함께 적고, 보청기, 수동휠체어, 욕창예방방석, 욕창예방매트리스, 이동식전동리프트, 전·후방보행보조차는 제품일련번호만 적습니다.
⑤ 구입처: 보조기기를 구입한 업소의 명칭, 대표자, 사업자등록번호, 전화번호 및 주소(미등록 업소만 해당합니다)를 적습니다.
⑥ 기준액: 「국민건강보험법 시행규칙」 별표 7 제2호의 보조기기 유형 및 구분 항목별 기준액을 적습니다. (예시: 자세보조용구 몸통 및 골반지지대/머리 및 목지지대를 동시에 장착한 경우에는 880,000원/210,000원을 각각 적습니다)
⑦ 고시금액: 전동휠체어, 전동스쿠터 및 자세보조용구만 보건복지부장관이 고시한 금액을 적습니다.
⑧ 실구입금액: 구입한 보조기기의 실제 구입금액(세금계산서의 금액을 말합니다)을 적고, 자세보조용구는 유형 및 구분 항목별로 실구입금액을 적습니다.
⑨ 본인부담액: 구입한 보조기기 중 본인이 직접 납부한 본인부담총액을 적습니다. 자세보조용구는 유형 및 구분 항목별로 부담액을 적습니다.
⑩ 청구금액: ⑥, ⑦ 및 ⑧ 중 가장 낮은 금액을 적습니다.
⑪ 수령인: 보조기기 급여비를 받을 사람의 해당란에 √표시를 합니다.
⑫ 금융기관명 ~ ⑮ 주민등록번호: ⑪에 따라 보조기기 급여비를 받을 사람의 인적사항을 적습니다.
⑭ 예금주: 다음 중 어느 하나에 해당하는 사람이어야 합니다.
- 급여를 받기로 결정된 사람
- 급여를 받기로 결정된 사람의 세대주 또는 같은 의료급여증에 등재된 가족(배우자, 부모, 자녀, 형제자매 등)
- 급여를 받기로 결정된 사람이 보조기기를 구입한 보조기기 제작·판매자

※ 예금통장은 온라인 계좌입금이 가능한 예금통장이어야 합니다.
(예시: 보통예금, 저축예금, 자유저축예금, 당좌예금 및 기업자유예금 등)
⑯ 청구인: 급여를 받기로 결정된 사람의 세대주 또는 같은 의료급여증에 등재된 가족(배우자, 부모, 자녀, 형제자매 등)의 해당사항을 적습니다.

## 처리 절차

| 청구서 제출 | → | 접수 | → | 검토 및 지급결정 | → | 통보 및 지급 | → | 수령 |
|---|---|---|---|---|---|---|---|---|
| 청구인 | | 시·군·구 | | 시·군·구 | | 시·군·구 | | 청구인 |

210㎜×297㎜[백상지(80g/㎡) 또는 중질지(80g/㎡)]

[별지 제14호의6서식] 〈개정 2019. 10. 24.〉

# 보조기기 검수확인서

※ 뒤쪽의 유의사항을 읽고 작성해 주시기 바라며, [ ]에는 해당되는 곳에 √표시를 합니다. (앞쪽)

[ ] 장애인 등록 전

<table>
<tr><td rowspan="3">① 진료받은 사람</td><td colspan="3">성명</td><td colspan="4">주민(외국인)등록번호</td></tr>
<tr><td colspan="3">보장기관명(기호)</td><td colspan="2">의료급여 종별</td><td colspan="2">[ ] 1종 [ ] 2종</td></tr>
<tr><td colspan="3">집 전화번호</td><td colspan="4">휴대전화번호</td></tr>
<tr><td rowspan="4">② 장애 구분</td><td rowspan="2">장애유형(주장애)</td><td rowspan="2">세부유형</td><td colspan="2"></td><td rowspan="4">장애정도</td><td rowspan="2" colspan="2">[ ]심한 장애<br>[ ]심하지 않은 장애</td></tr>
<tr><td>척수손상</td><td>[ ]완전 [ ]불완전</td></tr>
<tr><td rowspan="2">중복장애유형(부장애)</td><td rowspan="2">세부유형</td><td colspan="2"></td><td rowspan="2" colspan="2">[ ]심한 장애<br>[ ]심하지 않은 장애</td></tr>
<tr><td>척수손상</td><td>[ ]완전 [ ]불완전</td></tr>
</table>

<table>
<tr><td rowspan="12">③ 보조기기</td><td colspan="6">품목</td></tr>
<tr><td colspan="3">구입일</td><td colspan="3">구입처</td></tr>
<tr><td colspan="3">구입가격</td><td colspan="3">기타</td></tr>
<tr><td rowspan="3">의지·보조기<br>맞춤형교정용신발<br>자세보조용구</td><td colspan="2">[ ]의지·보조기 기사</td><td>자격(면허)번호</td><td colspan="2" rowspan="3">성명<br><br>(서명 또는 인)</td></tr>
<tr><td colspan="2">[ ]작업치료사</td><td rowspan="2">업소관리번호</td></tr>
<tr><td colspan="2">[ ]자세보조용구 업소 대표자</td></tr>
<tr><td rowspan="6">보청기<br>([ ]15세 이하 양측)</td><td>착용 측</td><td>우[ ] 좌[ ] 양쪽[ ]</td><td>보청기 형태</td><td colspan="2"></td></tr>
<tr><td colspan="2" rowspan="4">평균순음청력역치<br>* 6분법[(a+2b+2c+d)/6]에 따라 계산합니다. 이 경우 a는 500Hz, b는 1000Hz, c는 2000Hz, d는 4000Hz입니다.</td><td colspan="2">보청기 착용 전<br>(처방전 결과)</td><td colspan="2">보청기 착용 후<br>(음장검사 실시)</td></tr>
<tr><td>우</td><td>좌</td><td>우</td><td>좌</td></tr>
<tr><td></td><td></td><td></td><td></td></tr>
<tr><td colspan="2">말소리 명료도(%)</td><td>%</td><td>%</td><td>%</td><td>%</td></tr>
<tr><td>④ 검수 확인</td><td colspan="6">(보조기기의 적합성 여부 등 검수한 내용을 구체적으로 적습니다)</td></tr>
</table>

위와 같이 보조기기를 검수합니다.

년 월 일

의료급여기관 명칭(기호):

담당의사 성명: (서명 또는 인)

면허번호:

전문과목: 전문의 자격번호:

210㎜×297㎜[백상지(80g/㎡) 또는 중질지(80g/㎡)]

(뒤쪽)

## 유의사항

1. 검수확인서 발급비용은 진료비에 포함되어 있으므로 따로 부담하지 않습니다.
2. 장애인 등록 전에 구입한 보조기기를 검수하는 때에는 "[ ] 장애인 등록 전"의 [ ]에 √표시를 합니다.
   ※ 장애인 등록 전에 구입한 보조기기(장애인 등록 이전 6개월 이내에 구입한 보조기기만 해당합니다)에 대한 급여비 지급은 「장애인복지법」에 따라 장애인으로 등록한 경우에만 청구할 수 있습니다.
3. 의지·보조기 및 맞춤형 교정용 신발의 경우 담당 의사의 최종 검수확인 전에 반드시 해당 의지·보조기 및 맞춤형 교정용 신발을 제조·수리한 의지·보조기기사의 검수 확인을 받아야 합니다. 다만, 팔 보조기는 의사의 지도하에 작업치료사가 제조한 경우에는 담당 의사의 최종 검수확인 전에 작업치료사의 검수 확인을 받으면 됩니다.
   ※ 의지·보조기 기사(작업치료사를 포함합니다)는 본인의 성명과 자격(면허)번호를 적은 후 서명을 하거나 도장을 찍습니다.
4. 자세보조용구의 경우 담당 의사의 최종 검수확인 전에 반드시 해당 보조기기를 제조한 사람의 검수확인을 받아야 합니다. 이 경우 검수확인은 제조한 사람이 소속된 보조기기 업소의 대표자가 하며 업소 대표자는 본인의 성명을 적은 후 서명을 하거나 도장을 찍습니다.
5. 보청기의 경우 본 서식의 보청기란의 청력변화 확인 항목에 해당하는 검사결과를 기재해야 하며 보청기 착용 상태에서 청력개선 효과가 있다고 확인되는 경우 검수확인을 합니다.
6. 자세보조용구의 경우 다음의 자세보조용구 검수확인 참고표를 참조하여 검수 확인한 후 해당 내용을 구체적으로 작성합니다.

## 자세보조용구 검수확인 참고표

| |
|---|
| 1. **자세보조용구가 처방대로 잘 맞는지에 관하여 다음의 항목을 확인합니다.**<br>가. 처방된 몸통 및 골반 지지대, 머리 및 목 지지대, 팔 지지대 및 랩트레이(lap tray), 다리 및 발 지지대 품목들이 제대로 지급되었는지<br>나. 쿠션에 몸통 및 골반 부위의 표면이 뜨는 부분 없이 잘 적용되는지<br>다. 머리받침, 팔받침, 발/하퇴받침 등의 장치가 대칭을 유지하며 안정적으로 놓이는지<br>라. 지지장치(벨트)가 몸통이나 골반, 발 등을 정확한 위치에서 잘 지지하고 있는지<br>마. 테이블의 높이가 적절한지, 다칠 위험성이 없는지, 표면 재질이나 사이즈가 적절한지<br>바. 패드가 적절한 위치에서 기능을 수행하고 있는지[특히 대퇴내전방지패드(넓적다리 모으기 방지 패드)의 크기와 기능] |
| 2. **앉혔을 때 편안한지에 대하여 다음의 항목을 확인합니다.**<br>가. 앉혀 놓았을 때 더 보채지 않는지<br>나. 근 긴장도가 증가되지 않는지<br>다. 비대칭이 증가되지 않는지<br>라. 호흡에 미치는 영향이 없는지<br>마. 머리와 몸통 조절이 용이해져 상지 움직임이 더 활발하게 나타나는지 |
| 3. **척추와 골반의 비대칭이나 변형 감소에 도움이 되는지에 대하여 다음의 항목을 확인합니다.**<br>가. 어깨부위 및 위팔: 어깨가 너무 앞으로 기울거나 뒤로 쳐졌는지, 어깨 비대칭·어긋남, 위팔 움직임이 어떠한지<br>나. 척추: 척추옆굽음변형과 척추앞뒤굽음변형의 정도와 부위가 어떠한지, 자세보조용구에 의한 척추 및 등·허리부위의 지지가 적절한지<br>다. 골반: 전후 및 좌우 기울임, 좌우회전, 골반 변형, 넓적다리 모으기·벌리기, 경직 정도는 어떠한지 |
| 4. **머리가 똑바로 잘 놓여있는지에 대하여 다음의 항목을 확인합니다.**<br>가. 머리받침이 머리를 편안하게 잘 받쳐주는지<br>나. 머리의 굽히기·펴기, 좌우측 굽히기, 좌우회전을 충분히 조절하고 있는지 |
| 5. **위팔, 다리 및 몸통의 근 긴장도 조절에 도움이 되는지에 대하여 다음의 항목을 확인합니다.**<br>가. 앉혔을 때 근 긴장도가 증가하지 않는지<br>나. 근 긴장도의 비대칭적인 증가를 보이지 않는지<br>다. 머리·목 부위 및 몸통이 활궁자세를 보이거나 엉덩이가 착석쿠션으로부터 뜨지 않는지 |
| 6. **넓적다리 모으기 또는 벌리기의 조절이 가능한지에 대하여 다음의 항목을 확인합니다.**<br>가. 넓적다리의 과도모으기 또는 가위자세를 적절히 막아주고 있는지<br>나. 넓적다리의 과도벌리기로 의자 밖으로 다리가 빠져나가지 않는지 |
| 7. **엉덩관절, 무릎관절, 발목관절의 강직 또는 변형의 조절이 가능한지에 대하여 다음의 항목을 확인합니다.**<br>가. 발받침에 발이 잘 놓여있는지<br>나. 무릎의 자세는 안정되어 있는지<br>다. 발목의 꿈치들린휜발(첨족) 변형 및 안굽음·밖굽음 변형은 어떠한지<br>라. 다리의 움직임은 어떠한지 |

[별지 제15호서식] 〈개정 2019. 10. 24.〉

# 개인별 보조기기 지급관리대장

<table>
<tr><td rowspan="2">수급권자 성명</td><td rowspan="2"></td><td>주민(외국인)등록번호</td><td></td></tr>
<tr><td>전 화 번 호</td><td></td></tr>
<tr><td>주 소</td><td colspan="3"></td></tr>
<tr><td rowspan="3">변 경 주 소</td><td colspan="3"></td></tr>
<tr><td colspan="3"></td></tr>
<tr><td colspan="3"></td></tr>
</table>

| 지 급 일 | 보조기기 유형 | 지급금액 | 의료급여기관명 |
|---|---|---|---|
| | | | |
| | | | |
| | | | |
| | | | |
| | | | |
| | | | |
| | | | |
| | | | |
| | | | |
| | | | |
| | | | |
| | | | |
| | | | |
| | | | |
| | | | |
| | | | |
| | | | |
| | | | |
| | | | |
| | | | |

210㎜×297㎜[백상지(80g/㎡) 또는 중질지(80g/㎡)]

**[별지 제16호서식]** 〈개정 2014.11.19〉

# 급여 제한 여부 조회서

| 보장기관명 | | 보장기관기호 | |
|---|---|---|---|
| 세대주 성명 | | 주민등록번호 | |
| 수급권자 성명 | | 주민등록번호 | |
| 주 소 | | | |

| 진료구분 | [ ]입원 [ ]외래 | 진료기간 | . . . ~ . . . |
|---|---|---|---|
| 상 병 명 | | 상병분류기호 | |
| 통보내역<br>(해당란에"O"표) | 1. 자신의 고의 또는 중대한 과실로 인한 범죄행위<br>2. 고의로 사고를 발생시켜 의료급여를 받고자 함<br>3. 정당한 이유없이 의료급여법의 규정이나 의료급여기관의 진료에 관한 지시에 따르지 아니함 | | |
| 발생원인 | 사고부상 [ ]근무중사고 [ ]폭행 [ ]자해<br>[ ]기타( ) | | |
| | 교통사고 [ ]운전중 [ ]보행중 [ ]기타( ) | | |
| 발생장소 | [ ]가정 [ ]회사내 [ ]공사현장 [ ]학교<br>[ ]음식점 [ ]도로 [ ]기타( ) | | |
| 내원일시 | 년 월 일 시 분(24시간제) | | |
| 내원방법 | [ ]119 [ ]사설응급차량 [ ]기타( ) | | |
| 의사진찰의견 | | | |
| 환자·보호자 등<br>관계인 진술내용 | | | |

「의료급여법」 제15조제1항 및 같은 법 시행규칙 제26조제1항에 따라 위와 같이 통보하오니 의료급여 제한여부를 지체 없이 회신하여 주시기 바랍니다.

년 월 일

의료급여기관명 (인)

주 소

**(시장·군수·구청장)** 귀하

※ 이 조회서는 의료급여기관이 2부를 작성하여 1부는 보관하고, 1부는 시·군·구에 송부하여야 합니다.

210mm×297mm(백상지 80g/㎡(재활용품))

**[별지 제17호서식]** 삭제 〈2007.3.27.〉

**[별지 제18호서식]**

| 급여제한여부결정통보서 | | | |
|---|---|---|---|
| 보장기관명 | | 보장기관기호 | |
| 세대주성명 | | 주민등록번호 | |
| 수급권자성명 | | 주민등록번호 | |
| 주소 | | | |
| 결정사항 | 1. 급여적용 2. 급여제한 | | |
| 제한근거 | 의료급여법 제15조제1항 | | |
| 의료급여제한 개시일또는기간 | 년 월 일부터( 년 월 일까지) | | |

의료급여법 제15조 및 동법시행규칙 제26조제2항의 규정에 의하여 위와 같이 결정통보하오니 조치하여 주시기 바랍니다.

년 월 일

시 장
군 수 ㊞
구청장

의료급여기관대표자 귀하

비 고

1. 이 통보서는 시장·군수·구청장이 2부를 작성하여 1부는 보관하고, 1부는 해당의료급여기관에 지체없이 송부하여야 합니다.
2. 결정사항에 이의가 있는 경우 90일이내에 시장·군수·구청장에게 이의신청할 수 있습니다.

210mm×297mm (일반용지 60g/㎡(재활용품))

[별지 제18호의2서식] 〈신설 2010.12.15〉

발급번호

# 의료급여 자격득실 확인서

| 확인청구자 | 성 명 | 주민등록번호 |
|---|---|---|
| | | |

자격득실 확인내용

| 보장기관 | 의료급여 종별 | 자격취득일 | 자격상실일 |
|---|---|---|---|
| | | | |
| | | | |
| | | | |
| | | | |
| | | | |
| | | | |
| | | | |

「의료급여법 시행규칙」 제26조의2에 따라 의료급여 자격득실 내용을 위와 같이 확인합니다.

년 월 일

**시장·군수·구청장** (직인)

210㎜×297㎜[일반용지 60g/㎡(재활용품)]

**[별지 제19호서식]** 〈개정 2013.12.13〉

# 급여비용대지급신청서

| 접수번호 | | 접수일자 | | 처리기간 | 즉시 |
|---|---|---|---|---|---|

| 신청인 | 성명 | | 주민등록번호 | |
|---|---|---|---|---|
| | 주소 | | 전화번호 | |

| 세대주성명 | | 주민등록번호 | |
|---|---|---|---|
| 수급권자성명 | | 주민등록번호 | |
| 주소 | | | |
| 진료기간 | 년 월 일부터 년 월 일까지( 일간) | | |
| 의료급여기관명 | | 주소 | |

| 급여 비용 | 급여비용총액 | |
|---|---|---|
| | 본인부담금 | |
| | 현금납부액 | |
| | 대지급신청액 | |

「의료급여법」 제20조 및 같은 법 시행규칙 제27조제1항의 규정에 따라 대지급을 신청하며 대지급금은 보장기관에서 정하는 바에 따라 상환할 것을 약속합니다.

년 월 일

성명 : (서명 또는 인)

의료급여기관명 :

대표자 : ㊞

**특별자치시장·특별자치도지사·시장·군수·구청장** 귀하

| 유 의 사 항 |
|---|
| 이 신청서는 수급권자가 2부를 작성하여 진료를 한 의료급여기관의 확인을 받아 해당 특별자치시장·특별자치도지사·시장·군수·구청장에게 제출하여야 하고, 특별자치시장·특별자치도지사·시장·군수·구청장은 대지급 승인을 할 경우 대지급승인서 1부를 수급권자에게 발급하여야 하며, 수급권자는 대지급승인서를 의료급여기관에게 제출하여야 합니다. |

## 급여비용대지급승인서

「의료급여법 시행규칙」 제27조제2항에 따라 위와 같이 대지급을 승인합니다.

년 월 일

**특별자치시장·특별자치도지사·시장·군수·구청장** 직인

**의료급여기관 대표자** 귀하

210mm×297mm(일반용지 60g/㎡(재활용품))

**[별지 제20호서식]** 〈개정 2019. 10. 24.〉

# 행 정 기 관 명

수신자　시·도지사

(경유)

제 목　**의료급여기금 교부신청서**

---

다음과 같이 사업을 시행하기 위하여 의료급여기금의 교부를 신청합니다.

<table>
<tr><td>사업명</td><td colspan="4"></td></tr>
<tr><td>사업기간</td><td colspan="4"></td></tr>
<tr><td>사업개요</td><td colspan="4"></td></tr>
<tr><td rowspan="2">신청금액</td><td rowspan="2"></td><td rowspan="2">지원<br>내역</td><td>보조금<br>본인부담금환급금, 대지급금,<br>보조기기 급여비, 요양비 등</td><td>그 밖의 행정경비</td></tr>
<tr><td></td><td></td></tr>
<tr><td>산출기초</td><td colspan="4"></td></tr>
</table>

끝.

**특별자치시장 · 특별자치도지사 · 시장 · 군수 · 구청장**　직 인

---

**기안자　직위(직급) 서명　　　　검토자　직위(직급) 서명　　　　결재권자　직위(직급) 서명**

**협조자**

**시행　　　처리과-일련번호(시행)　　　　접수　　　처리과명-일련번호(접수)**

**우　　　주소　　　　/ 홈페이지 주소**

**전화번호(　)　　　팩스번호(　)　　　/ 기안자의 전자우편주소　　　/ 공개구분**

210㎜×297㎜[백상지 80g/㎡(재활용품)]

**[별지 제21호서식]** 〈개정 2019. 10. 24.〉

# 의료급여기금 운용현황

<시 · 도명 :                    >

## 1. 기금조성현황

(단위: 천원)

| 구분 | 계 | 이월액 | 국고보조금 | 지방자치단체 출연금 | 대지급금 상환금 | 과징금 | 부당이득금 · 구상금* | 기타 |
|---|---|---|---|---|---|---|---|---|
| 1/4분기 | | | | | | | | |
| 2/4분기 | | | | | | | | |
| 3/4분기 | | | | | | | | |
| 4/4분기 | | | | | | | | |
| 누계 | | | | | | | | |

* **구상금**: 법 제19조에 따른 손해배상금

## 2. 기금운용실적(지출 현황)

(단위: 천원)

| 구분 | 계 | 예탁금* | 위탁수수료 | 본인부담금 지원비 (건생비) | 대지급금 | 본인부담 보상 · 상한제 | 본인부담 환급금 | 보조기기 | 요양비 | 행정경비 | 의료급여 관리사 인건비 | 기타 |
|---|---|---|---|---|---|---|---|---|---|---|---|---|
| 1/4분기 | | | | | | | | | | | | |
| 2/4분기 | | | | | | | | | | | | |
| 3/4분기 | | | | | | | | | | | | |
| 4/4분기 | | | | | | | | | | | | |
| 누계 | | | | | | | | | | | | |

* **예탁금** : 진료비, 본인부담금 지원비(건생비), 임신 · 출산 진료비

## 3. 대지급금 운용현황

(단위: 천원)

| 구분 | 전년도 이월액 | 전분기 이월액 | 결정 | | | 징수 | | | | 분기말 미상환 금액 * |
|---|---|---|---|---|---|---|---|---|---|---|
| | | | 소계 | 대지급금 | 다른 시 · 도 전입금 | 소계 | 상환금 | 결손처분 | 다른 시 · 도 전출금 | |
| 1/4분기 | | | | | | | | | | |
| 2/4분기 | | | | | | | | | | |
| 3/4분기 | | | | | | | | | | |
| 4/4분기 | | | | | | | | | | |

* **분기말 미상환금액** : 전분기 이월액(1/4분기의 경우 전년도 이월액) + 결정 - 징수

297㎜× 210㎜[백상지 80g/㎡]

[별지 제22호서식]

# 행정처분통보서

| 연번 | 의료급여기관명<br>(대표자) | 소재지 | 부당<br>이득금 | 행정처분내역 | | 비고 |
|---|---|---|---|---|---|---|
| | | | | 업무정지 | 과징금 | |
| | | | | | | |
| | | | | | | |
| | | | | | | |
| | | | | | | |
| | | | | | | |
| | | | | | | |
| | | | | | | |
| | | | | | | |
| | | | | | | |
| | | | | | | |
| | | | | | | |
| | | | | | | |
| | | | | | | |
| | | | | | | |
| | | | | | | |
| | | | | | | |

비고 : 업무정지란에는 업무정지일수 및 해당기간을 기재합니다.

210mm×297mm (일반용지 60g/㎡(재활용품))

**[별지 제23호서식]** 〈개정 2014.11.19〉 (앞쪽)

<table>
<tr><td colspan="5">이의신청서<br>※ 작성방법은 뒤쪽을 참조하십시오.</td><td>처리기간<br>60일</td></tr>
<tr><td rowspan="2">① 처분을 받은 자</td><td>성명</td><td></td><td>주민등록번호</td><td colspan="2"></td></tr>
<tr><td>주소</td><td colspan="4"></td></tr>
<tr><td>② 처분의 내용</td><td colspan="5">(처분기관 :        )                 (여백 부족시 별지 사용)</td></tr>
<tr><td colspan="2">③ 처분이 있은(도달한) 날</td><td colspan="4">년 월 일</td></tr>
<tr><td>④ 이의신청의 취지와 이유</td><td colspan="5">(여백 부족시 별지 사용)</td></tr>
<tr><td colspan="6">「의료급여법」 제30조제1항 및 같은 법 시행규칙 제35조제1항에 따라 위와 같이 시장·군수·구청장의 처분에 대하여 이의신청합니다.<br><br>.   .   .<br><br>신청인 (서명 또는 인) 전화번호(          )<br>주민등록번호 :<br>주소 :<br>처분을 받은 자와의 관계 :<br><br>시장·군수·구청장 귀하</td></tr>
</table>

210mm×297mm (일반용지 60g/㎡(재활용품))

(뒤쪽)

| 이의신청서 작성방법 |
| --- |
| 1. 수급권자의 자격 및 부당이득 징수금, 의료급여, 의료급여비용에 관하여 시장·군수·구청장으로부터 처분을 받은 사람의 성명·주민등록번호 및 주소를 기재합니다.<br><br>2. 수급권자의 자격 및 부당이득 징수금, 의료급여, 의료급여비용등 이의신청의 대상이 되는 시·군·구의 구체적 처분내용을 기재합니다.<br>※ (처분기관 : ) → 해당처분을 한 시·군·구를 기재합니다.<br><br>3. 시·군·구의 처분통지를 받은 연·월·일을 기재합니다.<br><br>4. 시·군·구에 대하여 결정을 요구하는 사항과 이의신청을 하게 된 법률상 및 사실상의 근거가 되는 내용을 기재합니다.<br><br>5. 신청인은 주장하는 사실을 입증할 수 있는 서류를 제출할 수 있습니다. |

[별지 제24호서식]

# 이의신청결정서

제　　　　　호

신청인 성 명 :
주민등록번호 :
주　　　　소 :

주 문 :

원처분 요지 :

이의신청취지 :

결 정 이 유 :

. . .

시장·군수·구청장 (인)

※ 알 림
이 결정에 대하여 불복이 있는 때에는 이 결정서를 받은 날부터 90일이내에 행정소송법이 정하는 바에 의하여 행정소송을 제기할 수 있습니다.

210mm×297mm (일반용지 60g/㎡(재활용품))

[별지 제25호서식] 〈개정 2014.11.19〉

# 이 의 신 청 서

※ 작성방법은 뒤쪽을 참고하시기 바라며, 바탕색이 어두운 난은 신청인이 적지 않습니다. (앞쪽)

| 접수번호 | 접수일 | 처리기간 60일 |
|---|---|---|

| 문서번호 | | | 진료분야 | |
|---|---|---|---|---|
| 의료급여기관 | 명칭 | | 기호 | |
| 급여비용 심사결과 통보서 | 접수번호 | 묶음번호 | 심사차수 | 통보서 도달일 |
| 이의신청 | 건수 총계 | | 비용 총액 | |
| 관련 처분 | 고지 유무 | | 고지 내용 | |

| 번호 | 명세서 일련번호 | 보장기관 기호 (보장 기관명) | 수진자 (진료 받은 사람) | 진료구분 (입원·외래) | 이의신청 금액 | | 이의신청 사유 및 내용 (상세히 기술) | 첨부서류 |
|---|---|---|---|---|---|---|---|---|
| | | | | | I 항 | II 항 | | |
| | | | | | | | | |

「의료급여법」 제30조제2항 및 같은 법 시행규칙 제35조제2항에 따라 위와 같이 심사평가원의 처분에 대하여 이의신청합니다.

년 월 일

신청인 성명 (서명 또는 인)

주소

전화번호

**건강보험심사평가원 원장** 귀하

210㎜×297㎜[백상지 80g/㎡]

(뒤쪽)

### 작성방법

※ 신청인은 다음 각 호 중 해당하는 서류를 자신의 주장을 입증하기 위하여 제출할 수 있습니다.

1. 심사결과 통보서
2. 진료기록부
3. X-ray 필름 등 영상자료
4. 검사 결과지
5. 그 밖에 주장하는 사실을 입증하는 서류

### 처리 절차

| 신청서 작성 | ➔ | 접수 | ➔ | 이의신청위원회 심의·의결 | ➔ | 심의결과 통보 | ➔ | 수령 |
|---|---|---|---|---|---|---|---|---|
| 신청인 | | 건강보험심사평가원 | | 건강보험심사평가원 | | 건강보험심사평가원 | | 신청인 |

**[별지 제26호서식]** 〈개정 2014.11.19〉

# 이의신청 결정서

| 문서번호 | | 수진자 성명<br>(진료받은 사람) | |
|---|---|---|---|
| 관련 근거 | | | |

귀 원에서 이의신청한 사항에 대한 처리 결과를 아래와 같이 알려 드리며, 이 결정에 대하여 불복할 때에는 이 결정서를 받은 날부터 90일 이내에 보건복지부에 설치되어 있는 건강보험분쟁조정위원회에 심판청구하거나, 관할 법원에 행정소송을 제기할 수 있습니다.

년 월 일

**건강보험심사평가원 원장**

| 접수번호<br>(일련번호) | 심사 차수 | 명 일 련 | 수 진 자 | 심사결정금액 | | 결정 내용 |
|---|---|---|---|---|---|---|
| | | | | Ⅰ항 | Ⅱ항 | |
| | | | | | | |

210㎜×297㎜[백상지 80g/㎡]

[별지 제27호서식] 〈신설 2016.6.29〉

<table>
<tr><td colspan="7">현 장 조 사 서</td></tr>
<tr><td>대상자</td><td colspan="6"></td></tr>
<tr><td>조사 목적</td><td colspan="6"></td></tr>
<tr><td>조사 기간</td><td colspan="6"></td></tr>
<tr><td rowspan="2">조사 담당자</td><td>소속</td><td></td><td>직급<br>또는 직위</td><td></td><td>성명</td><td></td></tr>
<tr><td>소속</td><td></td><td>직급<br>또는 직위</td><td></td><td>성명</td><td></td></tr>
<tr><td>조사의 범위 및 내용</td><td colspan="6"></td></tr>
<tr><td>제출자료</td><td colspan="6"></td></tr>
<tr><td>관계 법령</td><td colspan="6"></td></tr>
<tr><td rowspan="2">유의사항</td><td colspan="6">거부 시 제재사항(근거법령 및 조항)</td></tr>
<tr><td colspan="6">그 밖의 안내사항</td></tr>
<tr><td colspan="7">년 월 일<br><br>담 당 자: 직급 성명<br>연 락 처: 전화 e-mail<br><br>보 건 복 지 부 장 관 직인</td></tr>
</table>

297㎜×210㎜[백상지(80g/㎡) 또는 중질지(80g/㎡)]

# 고 시

# 의료급여수가의 기준 및 일반기준

# 의료급여수가의 기준 및 일반기준

보건복지부 고시 제2000- 61호(2000.11.23 시행)
보건복지부 고시 제2001- 56호(2001.11. 1 시행)
보건복지부 고시 제2002- 11호(2002. 3. 1 시행)
보건복지부 고시 제2002- 99호(2003. 1. 1 시행)
보건복지부 고시 제2003- 85호(2004. 1. 1 시행)
보건복지부 고시 제2004- 37호(2004. 7. 1 시행)
보건복지부 고시 제2004- 65호(2005. 1. 1 시행)
보건복지부 고시 제2004- 83호(2005. 1. 1 시행)
보건복지부 고시 제2005-143호(2005. 9. 1 시행)
보건복지부 고시 제2005- 81호(2005.12. 1 시행)
보건복지부 고시 제2005- 93호(2006. 1. 1 시행)
보건복지부 고시 제2005- 11호(2006. 1. 1 시행)
보건복지부 고시 제2006- 28호(2006. 5. 1 시행)
보건복지부 고시 제2006- 42호(2006. 6. 1 시행)
보건복지부 고시 제2006-101호(2007. 1. 1 시행)
보건복지부 고시 제2007-202호(2007. 7. 1 시행)
보건복지부 고시 제2007-137호(2008. 1. 1 시행)
보건복지부 고시 제2008- 30호(2008. 4. 1 시행)
보건복지가족부 고시 제2008- 84호(2008.10. 1 시행)
보건복지가족부 고시 제2009- 35호(2009. 3. 2 시행)
보건복지가족부 고시 제2009- 83호(2009. 6. 1 시행)
보건복지가족부 고시 제2009-150호(2009. 8.24 시행)
보건복지가족부 고시 제2009-254호(2010. 1. 1 시행)
보건복지가족부 고시 제2010- 35호(2010. 3. 1 시행)
보건복지부 고시 제2010- 50호(2010. 7. 1 시행)
보건복지부 고시 제2010- 73호(2010.10. 1 시행)
보건복지부 고시 제2010- 92호(2010.12. 1 시행)
보건복지부 고시 제2010-119호(2011. 1. 1 시행)
보건복지부 고시 제2012- 61호(2012. 6.11 시행)
보건복지부 고시 제2012- 93호(2012. 8.24 시행)
보건복지부 고시 제2012-129호(2012.10.12 시행)
보건복지부 고시 제2013-118호(2013. 7. 1 시행)
보건복지부 고시 제2013-133호(2013.10. 1 시행)
보건복지부 고시 제2014- 50호(2014. 4. 1 시행)
보건복지부 고시 제2014- 82호(2014. 9. 1 시행)
보건복지부 고시 제2014-110호(2014. 7.16 시행)
보건복지부 고시 제2014-203호(2014.11.19 시행)
보건복지부 고시 제2015-263호(2015. 7. 1 시행)
보건복지부 고시 제2015-153호(2015. 9. 1 시행)
보건복지부 고시 제2015-183호(2015.11. 1 시행)
보건복지부 고시 제2015-246호(2016. 1. 1 시행)
보건복지부 고시 제2016- 18호(2016. 2. 1 시행)
보건복지부 고시 제2016- 23호(2016. 3. 1 시행)
보건복지부 고시 제2016-114호(2016. 7. 1 시행)
보건복지부 고시 제2016-272호(2017. 1. 1 시행)
보건복지부 고시 제2017- 40호(2017. 3.13 시행)
보건복지부 고시 제2017- 85호(2017. 6. 1 시행)
보건복지부 고시 제2017-181호(2017.10. 1 시행)
보건복지부 고시 제2018- 7호(2018. 1.23 시행)
보건복지부 고시 제2018- 49호(2018. 4. 1 시행)
보건복지부 고시 제2018- 99호(2018. 6. 1 시행)
보건복지부 고시 제2018-124호(2018. 7. 1 시행)
보건복지부 고시 제2018-143호(2018. 8. 1 시행)
보건복지부 고시 제2018-203호(2018.10. 1 시행)
보건복지부 고시 제2018-261호(2019. 1. 1 시행)
보건복지부 고시 제2018-288호(2019. 1. 1 시행)
보건복지부 고시 제2019- 60호(2019. 4. 8 시행)
보건복지부 고시 제2019- 61호(2019. 6. 1 시행)
보건복지부 고시 제2019-143호(2019. 7. 2 시행)
보건복지부 고시 제2019-215호(2019.10. 4 시행)
보건복지부 고시 제2019-227호(2019.10.24 시행)
보건복지부 고시 제2019-307호(2020. 1. 1 시행)
보건복지부 고시 제2020-101호(2020. 5.25 시행)
보건복지부 고시 제2019-215호(2020. 7. 1 시행)
보건복지부 고시 제2020-140호(2020. 7. 1 시행)
보건복지부 고시 제2020-203호(2020. 9.12 시행)
보건복지부 고시 제2020-223호(2020.10. 5 시행)
보건복지부 고시 제2020-239호(2020.11. 1 시행)
보건복지부 고시 제2020-322호(2021. 1. 1 시행)

## 제1장 의료급여수가의 기준 및 그 계산방법

**제1조(급여비용 산정)** ① 의료급여기관의 급여비용 산정은 「국민건강보험법 시행령」 제21조제2항 및 제3항, 「국민건강보험 요양급여의 기준에 관한 규칙」 제8조제2항 및 제4항의 규정에 의하여 고시한 "건강보험 행위 급여·비급여 목록표 및 급여 상대가치점수"(이하"상대가치점수"라 한다.)에 국민건강보험법 제45조제4항의 규정에 의하여 고시한 "건강보험요양급여비용의내역"의 단가를 곱한 금액과 국민건강보험법시행령 제22조에 따라 결정된 금액을 합하여 산정한다. 다만, 제2조부터 제14조에서 정하는 급여비용의 산정에 대하여는 그러하지 아니하다.

② 「의료급여법 시행규칙」(이하 "규칙"이라 한다)제20조제2항의 의료급여비용 청구방법 및 심사청구서·명세서서식 작성요령은 별표1에 의한다.

**제2조(의료급여기관 종별가산율)** ① 상대가치점수 제1편 제1부 행위급여 일반원칙에 의하여 적용되는 의료급여기관 종별에 따른 가산비율은 다음 각 호와 같이 적용한다. 다만, 조산원, 보건소, 보건지소, 보건진료소, 약국 및 정신건강의학과 정액진료비, 혈액투석 정액수가를 산정하는 경우에는 종별가산율을 적용하지 아니한다.

1. 「의료급여법」 제9조제2항제3호에 따른 다음 각목에 해당되는 의료급여기관은 22%
   가. 제3차의료급여기관으로 지정된 종합병원
   나. 제3차의료급여기관으로 지정된 종합병원에 설치된 치과대학 부속 치과병원
   다. 제3차의료급여기관으로 지정된 종합병원에 설치된 한의과대학 부속 한방병원
2. 제1호에 해당되지 아니하는 종합병원, 치과대학부속치과병원, 한의과대학 부속 한방병원 및 국립병원 한방진료부는 18%
3. 제1호 또는 제2호에 해당되지 아니하는 병원, 치과병원, 한방병원, 요양병원, 정신병원은 15%
4. 의원, 치과의원, 한의원, 보건의료원은 11%

② 제1항의 규정에도 불구하고 제1항제2호의 종별가산율을 적용받는 종합병원이 의료법 제3조의3의 기준에 부적합한 경우에는 3월 이내의 범위 내에서 기간을 정하여 시정하도록 하고 동 시정기간내에 시정하지 아니한 경우에는 시정기간 만료 익일부터는 제1항제3호의 규정에 의한 종별가산율을 산정한다.

**제3조(진찰료 등)** ① 진찰료(약국의 경우에는 조제료, 약국관리료, 조제기본료, 복약지도료를 말한다)의 경우에는 상대가치점수 제1부 일반원칙"Ⅲ. 차등수가"는 적용하지 아니한다.

② 상대가치점수 제1편 제2부 제1장 기본진료료[산정지침] "5. 의료질평가지원금, 6. 전문병원 관리료 등(전문병원 관리료·전문병원 의료질지원금)"은 의료급여비용의 산정에 적용하지 아니한다.

③ 규칙 제19조 별표1의2 다목의 단서 중 보건복지부 장관이 정하여 고시하는 응급의료 취약지란 「응급의료 취약지 지정 고시」 제2조의 "의료취약지"와 같다.

**제4조(입원료)** 삭제

**제5조(입원진료 범위)** ① 제1차의료급여기관(보건의료원 제외)에서는 입원진료비용을 산정할 수 없다. 다만, 규칙 제16조제1호라목에 의한 다음 각 호의 경우는 입원진료비용을 산정할 수 있다.

1. 분만 및 수술을 동반하는 경우
2. 정신질환, 한센병환자의 치료, 골절로 인하여 입원치료가 불가피한 경우
3. 입원진료 중 의료급여수급권자로 자격이 변동된 경우
4. 말기암환자에 대한 입원 진료가 필요한 경우

② 입원은 진료상 필요하다고 인정되는 경우에 적절한 기간에 한하며, 단순한 통원불편 간병인력부재 등의 사유로 입원지시를 하여서는 아니된다.

**제6조(검체검사 위탁기준중 급여비용 청구·심사 및 지급절차)** "상대가치점수(부록)검체검사 위탁에 관한 기준" 중급여비용 청구·심사 및 지급절차는 다음 각 호와 같다.

1. 검체검사를 의뢰한 기관은 검사의뢰 내역과 수탁검사기관의 의료급여기관기호를 의료급여비용명세서 "진료내역"란에 기재하고, 검사위탁비용을 별표 1 "의료급여비용 청구방법 및 심사청구서·명세서서식 작성요령"의 관련규정에 따라 건강보험심사평가원(이하"심사평가원"이라 한다)에 청구한다.
2. 심사평가원은 상병명 및 진료내역과 관련이 없는 검사를 실시한 경우에는 검사의뢰기관의 급여비용에서 심사조정한다.
3. 급여비용지급기관은 해당 급여비용을 검사의뢰기관에 지급한다.

**제7조(혈액투석수가)** ① 만성신부전증환자가 외래 혈액투석시에는 의료급여기관 종별에 불구하고 1회당 146,120원(코드 O9991)의 정액수가로 산정한다. 다만, 「약사법」 제23조제4항에 해당되지 아니하여 처방전을 발행하여 진료한 경우에는 제1조에 의한다.

② 외래 1회당 혈액투석 정액수가에는 진찰료, 혈액투석수기료, 재료대, 투석액, 필수경구약제 및 Erythropoietin제제를 포함한 투석당일 투여된 약제 및 검사료 등을 포함한다. 다만, 혈액투석을 위한 정맥내 카테터삽입술 또는 혈관중재시술 등의 비용은 별도로 산정할 수 있다.

③ 혈액투석을 받는 만성신부전증 환자가 동일 날 만성신부전 관련 합병증이 아닌 다른 상병으로 진료를 받는 경우, 이에 대한 급여비용은 제1조의 규정에 의하여 별도로 산정한다.

**제8조(사회복지법인 개설 의료급여기관 외래수가)** 〈2006. 5. 1.일자로 삭제〉

**제9조(정신질환 수가 기준)** ① 한국표준질병사인분류항목 중 정신 및 행동장애(F00-F99)와 뇌전증(G40, G41)에 해당하는 질병(이하"정신질환"이라 한다)으로 정신건강의학과 전문의료급여기관(병원 및 종합병원급의 정신건강의학과 포함)에서 입원 진료한 경우에는 1일당 정액수가로 산정하며, 환자상태에 따라 적절한 진료를

행하여 치료기간을 단축시키도록 노력하여야 한다.

② 정신질환에 대한 정액수가는 약제를 제외한 진찰료·입원료·투약료·주사료·정신요법료·검사료 등 환자진료에 필요한 비용을 포함한다. 다만, 마약류 관리료, 입원환자 안전관리료 및 감염병의 확산 등 긴급한 사유로 부득이하게 보건복지부장관이 정하는 급여비용의 경우 제1조에 따라 별도로 산정할 수 있다.

③ 입원환자의 경우 1주일에 2회 이상(개인정신치료 1회 이상) 정신요법을 실시하여야 하고, 별표 4에서 정한 정신건강의학과 의사, 정신건강의학과 간호사 및 정신건강전문요원 인력 확보수준에 따른 차등제 적용 시 기관등급 G3에 해당하는 의료급여기관의 경우 1주일에 3회 이상(개인정신치료 1회 이상), 기관등급 G2 이상에 해당하는 의료급여기관의 경우에는 1주일에 4회 이상(개인정신치료 2회 이상) 정신요법을 실시하여야 한다.

④ 〈2017. 3. 13.일자로 삭제〉

⑤ 의료인 등 인력 확보수준에 따른 정신건강의학과 입원료 차등제 적용 기준은 별표 4와 같다.

**제10조(정신질환 외래수가 등)** ① 정신건강의학과 전문의료급여기관에서 한국표준질병사인분류항목 중 정신질환에 대한 외래진료 시 급여비용은 제1조에 따라 산정한다. 이 경우 개인정신치료 및 가족치료 산정기준은 다음 각 호와 같다.

1. 개인정신치료는 같은 날 동시에 산정할 수 없으며, 각각의 개인정신치료를 합하여 주 2회 이내만 산정할 수 있다.
2. 가족치료(개인가족치료, 집단가족치료)는 각각 주 1회만 산정할 수 있다.
3. 개인정신치료 및 가족치료는 1일 2회 이상 실시한 경우에도 1회만 산정할 수 있다.

② 정신질환자 외래투약 시에는 환자상태 및 병력 등에 따라 그 투약기간을 적절하게 처방하도록 하여야 하며, 환자의 치료가 투약만으로 가능하다고 판단될 때에는 환자의 불편을 최소화할 수 있도록 1회 내원 시 기준처방일수(15일 이상)을 준수하여야 한다.

③ 〈2017. 3. 13.일자로 삭제〉

**제11조(정신질환 입원 및 낮병동 수가 등)** ① 정신질환에 대한 입원수가는 1일당 정액수가(식대 포함)로 정신건강의학과 전문의가 상근하는 경우에 산정하며, 별표 4에서 정한 정신건강의학과 의사, 정신건강의학과 간호사 및 정신건강전문요원 인력 확보수준에 따른 차등제를 적용하여 산정하되, 「의료급여법」 제9조제2항제1호에 따른 제1차의료급여기관은 기관등급을 최고 G4까지 산정하며, 기관등급 G1은 「의료급여법」 제9조제2항제3호에 따른 제3차의료급여기관에 한하여 산정한다. 다만, 별지 제18호 서식에 따른 의료급여 정신건강의학과 입원료 차등제 산정현황 통보서를 매분기 마지막 월 20일까지 제출하지 않은 의료급여기관인 경우 기관등급 G5로 산정하되, 제출기간을 도과하여 적용분기 전일까지 부득이한 사유를 소명하여 제출하는 경우에 한하여 확인된 기관 등급을 적용한다.

② 정신질환 입원수가는 입원기간에 따라 다음 표의 1일당 정액수가(점수)에 국민건강보험법 제45조제4항의 규정에 의하여 고시한 "건강보험요양급여비용의 내역"의 유형별 분류에 따른 점수당 단가를 곱하여 10원 미만은 4사5입한 금액으로 산정한다. 다만, 퇴원한 환자가 퇴원한 날부터 30일 이내에 재입원하는 경우와 폐업 등으로 인하여 다른 의료급여기관에 입원하였다 하더라도 진료와 관련된 진료기록 일체를 인수한 경우에는 입원기간에 종전 입원기간을 합산하여 수가를 적용한다.

| 기관등급 \ 입원기간 | 1일당 정액수가(점수) | | | |
|---|---|---|---|---|
| | 입원 후 1일~90일 | 입원 후 91일~180일 | 입원 후 181~360일 | 입원 후 361일 이상 |
| G1 | 753.50 | 709.01 | 663.03 | 633.78 |
| G2 | 693.64 | 651.87 | 610.24 | 582.35 |
| G3 | 541.94 | 509.97 | 476.63 | 455.68 |
| G4 | 435.49 | 409.07 | 382.66 | 365.09 |
| G5 | 405.27 | 380.20 | 356.25 | 339.91 |

③ 정신건강의학과 입원진료 후 퇴원 투약비용은 제1조에 따라 별도 산정한다.

④ 낮병동 수가는 1식을 포함한 1일당 정액수가로서, 낮병동을 운영할 수 있는 정신건강의학과 전문의료급여기관에서 정신질환자를 1일 6시간 이상 진료를 실시하고 당일 귀가시킨 경우에 적용하되, 제1항에 따른 정신질환 입원수가와 동일한 기관등급을 적용하여 제2항의 산정방법과 동일하게 한다. 다만, 입원실을 운영하지 않는 의료급여기관인 경우 「의료급여법」제9조제2항제1호에 따른 제1차의료급여기관은 기관등급 G4를 산정하고, 그 외 의료급여기관은 기관등급 G3로 산정한다.

| 기관등급 | G1 | G2 | G3 | G4 | G5 |
|---|---|---|---|---|---|
| 낮병동 1일당 정액수가(점수) | 531.02 | 486.80 | 383.54 | 306.39 | 293.00 |

⑤ 제1항의 규정에도 불구하고 입원기간 중 정신질환 이외의 다른 상병으로 다른 진료과목에서 수술 등을 실시한 경우에는 그에 소요된 비용은 제1조에 따라 별도 산정한다.

⑥ 정신건강의학과 전문의료급여기관에서 정신질환으로 입원중인 환자가 진료담당의에 의하여 인정된 외박을 할 경우의 수가는 1일당 정액수가로서 제1항에 따른 정신질환 입원수가와 동일한 기관등급을 적용하여 제2항의 산정방법과 동일하게 한다. 다만, 그 인정기간은 외박당일부터 귀원 전일까지의 일수를 외박일수로 산정하되, 외박 1회당 6일 이내로 한다.

| 기관등급 | G1 | G2 | G3 | G4 | G5 |
|---|---|---|---|---|---|
| 외박 1일당 정액수가(점수) | 126.67 | 116.87 | 91.84 | 74.08 | 69.16 |

⑦ 제6항에 따른 외박일수는 제2항의 입원기간에 합산하여 입원수가를 적용한다.

**제12조(식대)** ① 식대는 다음과 같이 산정한다.

| 구분 | 일반식 (일반유동식, 연식 포함) | 치료식 (당뇨식, 신장질환식 등) | 멸균식 | 분유 | | 산모식 | 경관영양 유동식 (조제식, 완제품) |
|---|---|---|---|---|---|---|---|
| | | | | 일반 분유 | 특수 분유 | | |
| 금액 | 3,900원 (1식당) | 5,060원 (1식당) | 15,150원 (1식당) | 2,180원 (1일당) | 6,150원 (1일당) | 5,610원 (1식당) | 4,720원 (1식당) |

② 식대 세부산정기준은 「요양급여의 적용기준 및 방법에 관한 세부사항」 I.행위 제17장 입원환자 식대 제2호 및 제4호를 준용한다.

**제13조(가정간호)** 〈2020. 1. 1.일자로 삭제〉

**제14조(안치료)** 영안실 안치료는 1일 3,750원으로 하되, 영안실 안치기간은 3일이내로 한다. 환자측의 귀책사유로 안치기간이 3일을 초과하는 경우에는 초과일분의 안치료는 그 보호자가 부담한다.

**제14조의2(시설내 처방료)** 〈2018. 8. 1.일자로 삭제〉

**제14조의3(왕진료)** ① 제15조제1항제3호에 따라 왕진을 실시한 경우 왕진료는 「요양급여의 적용기준 및 방법에 관한 세부사항」 중 왕진료 진료수가 산정방법 제1호에 따라 산정한다.

② 제15조제1항제5호에 따른 촉탁의 진료만으로는 적절한 진료가 곤란한 경우에는 제15조제2항에 따라 왕진을 신청할 수 있으며, 이 경우라도 같은 조 제1항에 따른 비용을 산정할 수 있다. 다만, 촉탁의와 왕진의 진료과목이 동일한 경우에는 산정할 수 없다.

## 제2장 일반기준

**제15조(의료급여의 장소 등)** ① 의료급여는 의료급여기관내에서 행하여야 한다. 다만, 다음 각 호의 어느 하나에 해당하는 경우에는 그러하지 아니 하다.

1. 「응급의료에 관한 법률」 제2조제1호에 따른 응급환자를 진료하는 경우
2. 국가 또는 지방자치단체의 장이 공익상 필요하다고 인정하여 요청하는 경우
3. 환자의 질병상태가 이송이 현저히 곤란하여 환자 또는 보호자가 보장기관에 왕진을 신청하여 보장기관이 의료급여기관으로 하여금 왕진을 하게 한 경우
4. 보건복지부장관이 정하는 바에 따라 가정간호 등 가정에서 의료급여를 실시하는 경우
5. 촉탁의가 사회복지시설 내에서 진료 후 사회복지시설 입소자에게 처방하는 경우

② 제1항제3호의 규정에 의하여 왕진을 요청하고자 하는 경우에는 수급권자 또는 보호자(국민기초생활보장법 제32조에 따른 보장시설의 장을 포함한다)가 별지 제1호서식에 의한 "왕진 신청서"를 작성하여 관할 보장기관에 제출 하여야 한다. 이 경우 보장시설내의 수급권자의 경우는 촉탁의만으로는 적절한 진료가 곤란한 때에 한한다.

③ 보장기관은 수급권자 또는 보호자가 제출한 "왕진신청서"를 검토한 후 왕진인정여부를 결정하여 별지 제1호서식에 의한 "왕진결정통보서"를 지체없이 의료급여기관에 송부하고, 해당 수급권자 또는 보호자에게 그 결과를 통보하여야 한다. 이 경우 보장기관이 왕진요청사유에 해당하지 아니한다고 회신한 수급권자에 대

한 왕진비용이 청구된 것으로 확인된 경우에는 그에 해당하는 급여비용을 환수 조치할 수 있다.

**제16조(입원병상기준)** 수급권자에 대한 입원진료는 국민건강보험 요양급여의 기준에 관한규칙 별표 2 중 제4호가목에 의한 병상에서 하여야 하며, 의료급여기관이 환자진료상 필요로 하여 수급권자를 일반병상보다 우수한 상급병상에 입원시킨 경우 병상간의 입원료 차액은 별도 산정하지 아니한다.

**제17조(만성질환자에 대한 의료급여)** 의료급여법 시행령(이하 "영"이라 한다) 제13조제1항 별표 1 제2호가목에서 "보건복지부장관이 정하여 고시하는 만성질환자에 대한 그 질환의 외래진료"란 다음 각 호를 말한다.

1. 만성신부전증환자가 인공신장투석 또는 계속적 복막관류술 실시 당일 외래진료, 복막관류액 수령 당일 외래진료
2. 혈우병환자가 항응고인자·동결침전제제 등의 약제 및 기타 혈우병 치료를 받은 당일 외래진료
3. 대사장애환자가 해당 상병으로 의료급여를 받은 당일 외래 진료
4. 〈2020. 10. 5.일자로 삭제〉
5. 근육병환자가 그 상병으로 자율신경제 또는 면역억제제 투여를 받은 당일의 외래진료
6. 장기(신장, 간장, 심장, 췌장, 폐, 소장)이식환자의 경우 이식술과 직접 관련된 외래진료

**제17조의2(중증질환자, 희귀질환자, 중증난치질환자 또는 결핵질환자에 대한 의료급여)** ① 영 제13조제1항 별표 1 제1호다목(5)에서 "보건복지부장관이 정하여 고시하는 중증질환"은 「본인일부부담금 산정특례에 관한 기준」 [별표3] "중증질환자 산정특례대상"과 같고, 같은 항 제2호라목에서 "보건복지부장관이 정하여 고시하는 중증질환"은 「본인일부부담금 산정특례에 관한 기준」 [별표3] "중증질환자 산정특례대상" 중 뇌혈관질환자, 심장질환자, 중증외상환자의 경우와 같다.

② 영 제3조제2항제1호라목, 규칙 제3조제1항제3호 및 규칙 제8조의3제1항제1호에서 "보건복지부장관이 정하여 고시하는 중증질환"은 「본인일부부담금 산정특례에 관한 기준」 [별표3] "중증질환자 산정특례대상" 중 암환자, 중증화상환자의 경우와 같다.

③ 영 제3조제2항제1호라목, 영 제13조제1항 별표 1 제1호다목(5), 규칙 제3조제1항제3호 및 규칙 제8조의3제1항제1호에서 "보건복지부장관이 정하여 고시하는 희귀난치성 질환"은 별표 2와 같다.

④ 영 제3조제2항제1호라목, 영 별표 1 제1호다목(5) 중 "보건복지부장관이 정하여 고시하는 결핵질환"은 「본인일부부담금 산정특례에 관한 기준」 [별표5] 의 대상과 같다.

⑤ 제1항, 제3항 및 제4항에 따른 중증질환, 희귀질환, 중증난치질환 또는 결핵질환을 가진 자(이하 "본인일부부담금 산정특례대상자"라 한다)가 산정특례 등록을 하는 경우 의료급여기관에서 확인한 별지 제20호 서식, 별지 제20-1호 서식, 별지 제20-2호 서식, 별지 제20-3호 서식 중 해당 의료급여 산정특례 등록 신청서

를 국민건강보험공단(이하 '공단'이라 한다) 또는 보장기관에 제출하여야 하고, 희귀질환을 가진 자 중 극희귀질환자, 상세불명희귀질환자 및 기타염색체이상질환자는 「본인일부부담금 산정특례에 관한 기준」제7조의2에 따라 승인된 의료급여기관에서 확인한 별지 제20-1호 서식의 의료급여 산정특례 등록 신청서를 공단 또는 보장기관에 제출하여야 한다. 이 때 그 기준은「본인일부부담금 산정특례에 관한 기준」제7조제6항, 제9항 및 제10항을 따른다.

⑥ 보장기관은 산정특례 등록 자료의 확인이 필요하다고 인정되는 경우 산정특례 등록자 및 의료급여기관에 검사내역 등 자료를 제공하도록 요청할 수 있으며, 자료 제공을 요청받은 사람은 성실히 이에 응하여야 한다.

⑦ 산정특례 적용시작일은 진단확진일로부터 30일 이내 신청시 확진일로부터 소급하여 적용하고, 30일 이후에 신청시 신청일로부터 적용한다. 다만, 다음 각 호에 해당하는 경우에는 그러하지 아니하다.

1. 입원기간 중 등록신청을 하는 경우에는 입원초일부터 적용한다.
2. 상세불명희귀질환 및 기타염색체이상질환군의 희귀질환자의 산정특례의 경우「본인일부부담금 산정특례에 관한 기준」제7조의2 제2항에 따라 의료급여기관이 제출한 자료를 근거로 질병관리청 희귀질환 전문위원회에서 상세불명희귀질환 및 기타염색체이상질환임을 판정한 날로부터 적용한다.

⑧ 제7항에도 불구하고 등록 암환자가 산정특례 적용기간 중 다른 암종이 추가로 발생(전이암 제외)하여 산정특례를 신청한 경우 추가 발생 암의 확진일부터 적용한다.

⑨ 본인일부부담금 산정특례대상자의 산정특례 적용기간은 다음 각 호와 같다.

1. 희귀질환 및 중증난치질환을 가진 자는 등록일로부터 5년(단, 상세불명 희귀질환의 경우 1년)
2. 중증질환을 가진 자는 「본인일부부담금 산정특례에 관한 기준」 [별표3] "중증질환자 산정특례대상"의 적용기간
3. 결핵질환을 가진 자는「본인일부부담금 산정특례에 관한 기준」 [별표5]의 적용기간

⑩ 제5항에 따라 본인일부부담금 산정특례대상자로 등록한 자(제1항에 따른 중증질환을 가진 자 중 뇌혈관질환자, 심장질환자, 중증외상환자는 제외)가 제9항의 산정특례 적용 종료 시점에 다음 각 호에 해당하는 경우, 재등록을 신청할 수 있다(다만, 제4호에 해당하는 사람은 1회에 한하여 재등록). 이 때 재등록 신청 절차는 제5항을 준용한다.

1. 별지 서식에 따라 등록한 암환자가 특례기간 종료시점에 잔존암, 전이암이 있거나, 추가로 재발이 확인되는 경우로서 암조직의 제거·소멸을 목적으로 수술, 방사선·호르몬 등의 항암치료 중인 경우이거나, 항암제를 계속 투여 중인 경우
2. 별지 서식에 따라 등록한 희귀질환자 및 중증난치질환자가 특례기간 종료시점에 등록된 희귀질환 및 중증난치질환의 잔존이 확인되는 경우로서 해당 질환으로 계속 치료 중인 경우
3. 별지 서식에 따라 등록한 상세불명희귀질환자 및 기타염색체

이상질환자가 특례기간 종료시점에 질병관리청 희귀질환 전문위원회로부터 임상 경과 검토 결과 재등록 대상자로 판정받은 경우

4. 별지 서식에 따라 등록한 중증화상환자(「본인일부부담금 산정특례에 관한 기준」별표 3 제4호라목에 해당하는 상병으로 등록된 사람은 제외)가 산정특례 적용 종료일부터 2년 이내에 「본인일부부담금 산정특례에 관한 기준」별첨 3에 해당하는 수술을 받는 경우

⑪ 제5항에 따라 인체면역결핍바이러스질환자로 등록한 자는 적용기한을 두지 않고 본인일부부담금을 면제한다. 다만, 인체면역결핍바이러스질환자 본인이 희망하는 경우 중증난치질환자 신청을 하지 아니할 수 있고 반대로 기신청·등록자가 등록취소를 요청할 수 있으며 등록취소후에도 재신청할 수 있다. 이와 관련하여 중증난치질환자로 신청·등록하지 않은 인체면역결핍바이러스질환자가 해당 상병으로 진료 받을 때에는 적용기한을 두지 않고 본인일부부담금을 면제하나, 그 외 상병으로 진료 받을 때에는 본인일부부담금이 발생할 수 있다.

⑫ 「국민건강보험법」 제5조에 따른 건강보험가입자 또는 피부양자에서 의료급여 수급권자로 자격이 변동된 자에 대하여는 본인일부부담금 산정특례 기간을 연계하여 적용한다.

**제17조의3(틀니 및 치과임플란트에 대한 의료급여)** ① 영 제13조제1항 별표 1 제1호라목 및 제2호마목에서 "보건복지부장관이 정하여 고시하는 기준 및 방법"이란 「요양급여의 적용기준 및 방법에 관한 세부사항」을 말한다.

② 제1항에 따라 틀니에 대한 의료급여를 받고자 하는 수급권자는 별지 제21호 서식의 틀니 등록 신청서를 시장·군수·구청장에게 제출하여야 한다.

③ 제2항에 따라 제출한 내용의 변경·해지·취소가 필요한 경우 별지 제22호 서식 또는 별지 제24호 서식을 관할 시장·군수·구청장에게 제출하여야 한다.

④ 영 제13조제1항 별표 1 제1호마목 및 제2호바목에서 "보건복지부장관이 정하여 고시하는 기준 및 방법"이란 「요양급여의 적용기준 및 방법에 관한 세부사항」을 말한다.

⑤ 제4항에 따라 치과임플란트에 대한 의료급여를 받고자 하는 수급권자는 별지 제27호 서식에 따른 치과임플란트 등록 신청서를 시장·군수·구청장에게 제출하여야 한다.

⑥ 제5항에 따른 신청을 중지·변경·해지·취소하고자 할 경우 별지 제28호 서식에 따른 신청서를 시장·군수·구청장에게 제출하여야 한다.

⑦ 「국민건강보험법」제5조에 따른 건강보험가입자 또는 피부양자에서 의료급여 수급권자로 자격이 변동된 자에 대하여는 제1항부터 제3항까지의 틀니 및 제4항부터 제6항까지의 치과임플란트에 대한 등록내역 등을 연계하여 적용한다.

**제17조의4(가정간호 본인일부부담)** 「의료법」 제33조 및 같은 법 시행규칙 제24조에 따른 가정간호에 대한 의료급여 시에도 영 제13

조제1항 별표 1 제1호가목, 제2호가목에 따라 1종수급권자는 급여비용을 부담하지 아니하고, 2종수급권자는 급여비용의 100분의 10에 해당하는 금액을 본인이 부담한다.

**제17조의5(사회복지시설의 본인일부부담)** 의료급여기관에 소속된 촉탁의가 시설 내에서 진료 후 사회복지시설 입소자에게 제15조제1항제5호에 따라 원외처방전을 발행하거나 원내 직접 조제·투약한 경우에는 영 제13조 제1항 별표 1 제1호 가목 및 제2호 가목에 따라 제1차의료급여기관의 본인일부부담금을 본인이 부담한다. 다만, 1종수급권자 중 영 제13조 제1항 별표 1 제1호 다목에 해당하는 경우에는 본인일부부담금을 면제한다.

**제17조의6(고위험임신부에 대한 의료급여)** 영 제13조제1항 별표 1 제2호사목에서 "보건복지부장관이 정하여 고시하는 기준 및 방법"이란 「요양급여의 적용기준 및 방법에 관한 세부사항」을 말한다.

**제17조의7(약제비 본인일부부담)** 영 제13조제1항[별표1] 제1호바목 및 제2호아목에 따라 상급종합병원 또는 종합병원 외래진료시 약국 급여비용 총액의 100분의 97에 해당하는 금액을 기금에서 부담하는 "보건복지부장관이 정하여 고시하는 질병"이란 「본인일부부담 산정특례에 관한 기준」[별표6] "약국 요양급여비용총액의 본인부담률 산정특례 대상"과 같다.

**제17조의8(임신부, 조산아 및 저체중 출생아에 대한 의료급여)** ① 영 제13조제1항 별표 1 제2호 자목의 "임신부"란 임신이 확인된 이후 임신이 유지되는 기간에 있는 사람(유산·사산으로 인한 외래진료를 받는 사람을 포함한다)을 말하며, 차목의 "만5세까지의 조산아(早産兒) 및 저체중 출생아"에 대한 의료급여의 대상과 기간은 「요양급여의 적용기준 및 방법에 관한 세부사항」에서 정하는 바에 따른다.
② 제1항에 따른 조산아 및 저체중 출생아는 의료급여기관에서 확인한 별지 제29호서식의 의료급여2종 조산아 및 저체중 출생아 등록 신청서를 보장기관에 제출한다.
③ 출생일로부터 31일 이내에 제2항의 등록을 신청한 경우에는 출생일로부터 지원하고, 31일을 초과하여 제2항의 등록을 신청한 경우에는 등록신청일로부터 최대 31일까지 소급하여 지원한다.

**제17조의9(정신질환 외래진료에 대한 의료급여)** ① 영 [별표1] 제2호 타목1) 및 파목에서의 "보건복지부장관이 정하여 고시하는 정신질환"이란 조현병(F20~29)을 말한다.
② 영 [별표1]제1호 사목 및 제2호 카목, 파목에서의 "보건복지부 장관이 고시하는 항정신병 장기지속형주사제"란 Paliperidone palmitate 주사제, Risperidone 주사제, Aripiprazole 주사제를 말한다.

**제17조의10(난임진료에 대한 의료급여)** 난임진료에 대한 의료급여의 적용기준 및 방법은 「요양급여의 적용기준 및 방법에 관한 세부사항」에 따르며, 급여비용의 부담은 영 제13조제1항 별표 1과 같다.

**제17조의11(추나요법에 대한 의료급여)** 추나요법에 대한 의료급여의 적용기준 및 방법은 「요양급여의 적용기준 및 방법에 관한 세부사항」에 따르며, 급여비용의 부담은 영 제13조 제1항 별표 1과 같다.

**제17조의12(회송료에 대한 의료급여)** 회송료에 대한 의료급여의 적용기준 및 방법은 「요양급여의 적용기준 및 방법에 관한 세부사항」에 따른다. 이 경우 「요양급여의 적용기준 및 방법에 관한 세부사항」 중 "2단계 요양급여를 담당하는 요양기관"은 "3차의료급여기관"과 같고, "1단계 요양급여를 담당하는 요양기관"은 "2차의료급여기관 또는 1차의료급여기관"과 같다.

**제18조(의료급여제한 관련 예외규정)** ① 법 제15조 본문 단서의 규정 중 "보건복지부장관이 의료급여의 필요가 있다고 인정하는 경우"는 다음 각 호와 같다.

1. 법 제15조제1항제1호에 해당하는 경우규칙 제26조제1항의 규정에 의한 의료급여제한사유 통보에 의하여 보장기관이 조사한 결과 수급권자 본인 또는 부양의무자가 급여비용을 부담할 능력이 전혀 없거나 일부만 부담할 능력이 있다고 판단되어 전부 또는 일부의 의료급여를 인정한 경우
2. 〈2007. 7. 1.일자로 삭제〉

② 〈2007. 7. 1.일자로 삭제〉

③ 의료급여기관이 규칙 제26조제1항의 규정에 의한 통보를 하지 아니한 경우 보장기관은 급여비용을 지급하지 아니 할 수 있다.

④ 의료급여기관은 영 제14조제1항의 규정에 의하여 급여제한 여부를 보장기관에 통보하여야 한다. 다만, 영 제14조제2항 규정에 의한 통보가 있기 전에 수급권자의 진료가 종료된 경우 의료급여기관은 우선 의료급여를 하여야 하며, 급여제한이 확정된 경우에는 보장기관이 사후관리한다.

**제18조의2(의료급여의뢰서 표기방법)** 규칙 제3조제3항에 따라 선택의료급여기관 미적용자를 다른 의료급여기관으로 의뢰하는 경우, 규칙 별표 1 제1호다목 및 라목에 따라 수급권자를 선택의료급여기관에서 다른 의료급여기관으로 의뢰 및 재의뢰하는 경우, 노숙인진료시설인 제2차의료급여기관에서 제2차·제3차의료급여기관으로 의뢰하는 경우에는 규칙 별지 제3호서식 의료급여의뢰서의 사용 구분란의 해당항목에 표기하여 의뢰하여야 한다.

**제18조의3** 〈2019. 10. 4.일자로 삭제〉

**제19조(급여비용의 심사업무 처리)** 급여비용의 심사업무처리에 관하여는 국민건강보험법시행규칙 제20조제4항의 규정에 의해 고시한 요양급여비용심사·지급업무처리기준에 의한다. 다만, 의료급여비용심사결과통보서는 별지 제2호 서식 및 별지 제2-1호 서식에 의하고, 제9조 및 제11조의 정신질환 정액수가 청구시 의료급여비용정액명세서에 정신질환 정액수가에 포함된 진찰료·입원료·

투약료·정신요법료 등 진료내역을 기재하지 않는 경우에는 그 사유를 명기하여 반려할 수 있다.

**제19조의2(서면 서식)** 의료급여기관이 서면으로 의료급여비용을 청구하고자 하는 경우 사용할 수 있는 서식은 다음 각 호와 같다.

1. 의료급여비용심사청구서(GI01, 별지 제3호 서식 및 제3-1호 서식)
2. 의료급여비용명세서(의과입원)(GI02, 별지 제4호 서식 및 제4-1호 서식)
3. 의료급여비용명세서(의과외래 일자별)(GI03, 별지 제5호 서식)
4. 의료급여비용명세서(치과입원)(GI04, 별지 제6호 서식)
5. 의료급여비용명세서(치과외래 일자별)(GI05, 별지 제7호 서식)
6. 의료급여비용명세서(조산원입원)(GI06, 별지 제8호 서식)
7. 의료급여비용명세서(보건기관입원)(GI07, 별지 제9호 서식)
8. 의료급여비용명세서(보건기관외래, 처방전미발행 및 발행)(GI08, 별지 제10호 및 제10-1호 서식)
9. 〈2009. 1. 1.일자로 삭제〉
10. 〈2009. 1. 1.일자로 삭제〉
11. 〈2009. 1. 1.일자로 삭제〉
12. 의료급여비용명세서(한방입원)(GI012, 별지 제14호 서식)
13. 의료급여비용명세서(한방외래 일자별) (GI013, 별지 제15호 서식)
14. 의료급여비용명세서(약국직접조제)(GI20, 별지 제16호 서식)
15. 의료급여비용명세서(약국처방조제)(GI21, 별지 제17호 서식)

**제20조(대지급의 범위)** 규칙 제27조의 규정에 의한 대지급은 2종수급권자가 의료급여기관에서 입원진료를 받은 경우, 본인이 부담하는 금액(제1장 의료급여수가의 기준 및 그 계산방법에 의한 급여비용 중 2종수급권자 본인이 부담하는 금액)이 200,000원을 초과하는 경우에 그 초과하는 금액중 2종 수급권자 본인 또는 부양의무자의 신청에 의하여 보장기관이 승인한 금액으로 한다.

**제21조(대지급금의 상환)** ① 상환의무자가 상환기간 중에 대지급금을 상환하지 아니하여 대지급금이 체불되어 있는 경우에는 다시 대지급할 수 없다.

② 5년이상 장기체납된 대지급금 상환의무자의 경제적 사정을 고려하여 상환이 불가능하다고 보장기관이 판단한 경우 의료급여심의위원회의 심의를 거쳐 결손처분할 수 있다.

**제22조(질환별로 급여일수를 각각 산정하는 질환)** 규칙 제8조의3제1항제2호에 따라 "보건복지부장관이 정하여 고시하는 질환"은 다음 각 호와 같다. 다만, 별표 2에서 정한 희귀질환 및 중증난치질환과 중복되는 질환은 제외한다.(괄호안은 한국표준질병사인분류에 의한 상병분류기호를 말한다).

1. 정신 및 행동장애(F00~F99)
2. 신경계질환(G00~G37, G43~G83)
3. 고혈압성 질환(I10~I15)
4. 간의 질환(만성바이러스간염포함) (B18, B19, K70~K77)

5. 당뇨병(E10~E14)
6. 〈삭 제〉
7. 기타 만성폐쇄성폐질환(J44)
8. 〈2007. 7. 1.일자로 삭제〉
9. 대뇌혈관질환(I60~I69)
10. 두개내손상(S06)
11. 〈2007. 7. 1.일자로 삭제〉
12. 갑상선의 장애(E00~E07)
13. 심장질환(I05~I09, I20~I27, I30~I52)
14. 뇌전증(G40, G41)

**제23조(식대중본인일부부담)** ① 규칙 별표 1의2 제1호라목의 규정에 따른 "수급권자가 입원시 발생하는 식대 중 보건복지부장관이 정하는 비용"은 제12조의 규정에 따른 식대의 100분의 20에 해당하는 금액으로 하되, 제17조의2제1항에 따른 중증질환을 가진 자(이하 "중증질환자"라 한다.)에게 해당 중증질환(합병증 포함)으로 진료한 경우에는 제12조에 따른 식대의 100분의 5에 해당하는 금액으로 하고, 자연분만 및 6세 미만의 아동의 입원진료의 경우에는 식대 본인부담금을 면제한다.
② 제1항의 규정에 불구하고 제9조 및 제11조에 의한 의료급여를 받는 경우에는 제1항의 규정을 적용하지 아니한다.
③ 〈2007. 7. 1.일자로 삭제〉

**제23조의2(선별급여항목에 대한 의료급여)** 영 별표 1 제3호가목의 규정에 따른 "보건복지부장관이 정하여 고시하는 요양급여 항목 및 급여비용총액의 100분의 100의 범위에서 보건복지부장관이 정하여 고시하는 금액"은 「선별급여 지정 및 실시 등에 관한 기준」[별표2]의 항목 및 본인부담률을 제외한 금액으로 한다.

## 제3장 다른 기준의 준용

**제24조(소득인정액)** 〈2010. 1. 1.일자로 삭제〉

**제25조(다른기준의 준용)** ① 이 고시에 규정하지 않은 사항에 대하여는 국민건강보험법령에 의한 「약제 급여 목록 및 급여 상한금액표」, 「치료재료 급여·비급여 목록 및 급여 상한금액표」,「요양급여비용 청구방법, 심사청구서·명세서서식 및 작성요령」,「행위·치료재료 등의 결정 및 조정 기준」,「약제의 결정 및 조정 기준」을 준용한다.
② 의료급여비용의 심사는 요양급여비용심사·지급업무처리기준을 준용하되, 급여비용의 지급에 대하여는 보건복지부장관이 별도로 정하는 기준에 의한다.

**제26조(재검토기한)** 보건복지부장관은 이 고시에 대하여 「훈련·예규 등의 발령 및 관리에 관한 규정」에 따라 2020년 7월 1일을 기준으로 매3년이 되는 시점(매 3년째의 6월 30일까지를 말한다)마다 그 타당성을 검토하여 개선 등의 조치를 하여야 한다.

**부 칙** 〈제2009-150호, 2009. 8. 24.〉

이 고시는 2009년 8월 24부터 시행한다.

**부 칙** 〈제2009-254호, 2009. 12. 31.〉

**제1조(시행일)**이 고시는 2010년 1월 1일부터 시행한다.

**제2조(중증환자 본인부담율 5% 적용례)**중증환자 본인부담율 5% 적용례 중 등록암환자의 경우는 2009년 12월 1일 진료분부터 소급하여 적용한다.

**제3조(본인부담구분코드에 관한 적용례)**별표 1 제3장 2.(8)의 개정규정은 2010년 3월 1일 진료분부터 적용한다.

**부 칙** 〈제2010-35호, 2010. 2. 26.〉

이 고시는 2010년 3월 1일부터 시행한다. 다만, 제2조제2항 및 제4조는 2010년 1월 31일부터 적용하며, 별지 제3호 서식, 별지 제3-1호 서식은 2010년 2월 1일 진료분부터 적용한다.

**부 칙** 〈제2010-50호, 2010. 7. 6.〉

**제1조(시행일)**이 고시는 고시한 날부터 시행한다.

**제2조(중증화상환자 등록에 관한 경과조치)**이 고시의 개정에도 불구하고 이 고시 시행이후 등록되지 않은 중증화상환자는 2010년 10월 31일까지는 개정규정에 의해 등록된 것으로 본다.

**제3조(증증화상환자 본인부담율 5% 적용례)**제17조의3 및 별표1의 개정규정은 2010년 7월 1일 진료분부터 소급하여 적용한다.

**부 칙** 〈제2010-73호, 2010. 10. 1.〉

**제1조(시행일)**이 고시는 2010년 10월 1일부터 시행한다. 다만, 별표1 제3장 2.(13)의 산정특례대상자 등록번호어 관한 규정은 고시한 날로부터 시행한다.

**부 칙** 〈제2010-92호, 2010. 12. 1.〉

**제1조(시행일)**이 고시는 2010년 12월 1일부터 시행한다.

**제2조(희귀난치성질환자 등록에 관한 경과조치)**이 고시의 개정에도 불구하고 이 고시 시행이후 등록되지 않은 희귀난치성질환자는 2011년 4월30일까지는 개정규정에 의해 등록된 것으로 본다.

**부 칙** 〈제2010-119호, 2010. 12. 22.〉

이 고시는 2011년 1월 1일부터 시행한다.

**부 칙** 〈제2012-61호, 2012. 6. 11.〉

**제1조(시행일)**이 고시는 고시한 날부터 시행하되, 의료급여 100분의 100 본인부담항목 관련 개정규정은 2012년 4월 1일 청구분부터 적용한다.

**제2조(의약품 시장형실거래가 제도 시행 1년간 유예 관련 적용례)**① 별표 1의 제3장제3호나목의 (11), (14), (15), (16), 제3장제4호마목의 (1)②, 제4장나목(2)⑤ 및 (4)⑤의 개정규정은 2012년 2월 1일 진료분부터 적용한다.

② 다음 각 호의 개정규정은 2012년 2월 1일 진료분부터 2013

년 1월 31일 진료분까지 그 효력을 정지한다.

1. 별지 제2호, 제2-1호, 제4호, 제4-1호, 제5호, 제5-1호, 제6호, 제7호, 제7-1호, 제16호, 제17호서식 중 '상한가', '약제상한차액', '약제상한차액총액', '수급권자급여비용총액'란
2. 별표 1의 제3장제3호나목의 (11), (14), (15) 및 제3장제4호마목의 (1)② 중 '상한가', '약제상한차액', '약제상한차액총액', '수급권자요양급여비용총액'

**부 칙** 〈제2012-93호, 2012. 7. 20.〉

**제1조(시행일)**이 고시는 2012년 8월 24일부터 시행한다. 〈단서 생략〉

**부 칙** 〈제2012-129호, 2012. 10. 12.〉

**제1조(시행일)**이 고시는 고시한 날부터 시행한다. 다만, 노숙인 의료급여 1종 수급권자 전산매체 청구시 의료급여종별구분 코드 변경은 2012년 6월 11일부터 시행한다.

**제2조(보훈환자 본인부담금 변경에 관한 적용례)**별지 제2호, 제3호, 제3-1호, 제4호, 제4-1호, 제5호, 제6호, 제7호, 제8호, 제9호, 제10호, 제10-1호, 제14호, 제15호, 제16호, 제17호의 "보훈 본인일부부담금"란의 개정규정은 2012년 7월1일 이후 진료분에 대하여 2013년 1월 1일 청구분부터 적용한다.

**부 칙** 〈제2013-118호, 2013. 7. 1.〉

**제1조(시행일)**이 고시는 2013년 7월 1일부터 시행한다.

**제2조(의약품 시장형실거래가 제도 시행 1년간 유예관련 적용례)**이 고시는 2013년 2월 1일부터 시행한다.

**부 칙** 〈제2013-133호, 2013. 9. 13.〉

**제1조(시행일)**이 고시는 2013년 10월 1일부터 시행한다.

**제2조(희귀난치질환자에 관한 경과조치)**이 고시 시행 당시 종전의 제17조의2에 따라 희귀난치질환을 가진 자로 인정된 자는 이 고시에 의한 희귀난치질환을 가진 자로 본다. 단, 해당 희귀난치질환을 가진 자가 이 고시 시행 후 종전의 규정에 따른 희귀난치질환을 가진 사람에 해당하지 아니하게 되거나 시행령 제5조제2호 또는 제4호의 사유로 인해 수급 자격을 상실한 이후부터는 해당 수급권자에게 제17조의2의 개정규정을 적용한다.

**제3조(중증질환자 등에 관한 적용례)**제17조의2, 제17조의4, 제23조, 별표1, 별표2의 개정규정은 이 규칙 시행 후 최초로 실시하는 의료급여부터 적용한다.

**제4조(본인부담금 발생횟수 적용례)**별표1 제4장 1.(12)의 본인부담금 발생횟수에 관한 개정 규정 및 별지 제5호, 제7호, 제15호 서식은 2013년 9월 1일 청구분부터 적용한다.

**부 칙** 〈제2014-50호, 2014. 4. 1.〉

**제1조(시행일)**이 고시는 2014년 4월 1일부터 시행한다.

**부 칙** 〈제2014-82호, 2014. 6. 2.〉

이 고시는 2014년 9월 1일부터 시행한다

**부 칙** 〈제2014-110호, 2014. 7. 16.〉

**제1조(시행일)**이 고시는 2014년 7월 16일부터 시행한다.

**제2조(제17조의3제4항 내지 제7항에 관한 적용례)**제17조의3의제4항 내지 제7항의 개정규정은 2014년 7월 1일 이후 진료분부터 적용한다.

**제3조(제23조의2에 관한 적용례)**제23조의2의 개정규정은 2014년 7월 1일 이후 진료분에 대하여 2015년 1월 1일 청구분부터 적용한다.

**부 칙** 〈제2014-203호, 2014. 11. 19.〉

**제1조(시행일)**이 고시는 2014년 11월 19일부터 시행한다. 다만, 제17조의2 중 결핵(A15~A19)에 관한 개정규정은 2015년 1월 1일부터 시행한다.

**제2조(제17조의2 제7항에 관한 적용례)**제17조의2제7항제1호의 개정규정은 이 고시 시행 전에 재등록 대상이 된 자에 대하여도 적용하고, 같은 항 제2호의 개정에 의한 산정특례 적용은 2015년 1월 1일 이후 최초로 실시하는 의료급여부터 한다.

**제3조(제23조의2에 관한 적용례)**제23조의2의 개정규정은 2014년 8월 1일 이후 진료분에 대하여 2015년 1월 1일 청구분부터 적용한다.

**제4조(별표1에 관한 적용례)**별표1에 대한 개정규정은 2014년 9월 1일 이후 진료분부터 적용한다. 다만, 별표1 제4장 제3호 마목(6), 바목(2)②에 대한 개정규정은 2014년 7월 1일 이후 진료분에 대하여 2015년 1월 1일 청구분부터 적용한다.

① 별지 서식에 대한 개정규정은 2014년 9월 1일 이후 진료분부터 적용한다.

② 제1항에도 불구하고 다음 각 호의 개정규정은 2014년 7월 1일 이후 진료분에 대하여 2015년 1월 1일 청구분부터 적용한다.

1. 별지 제2호, 제2호의1 서식 중 '100분의100미만총액', '100분의100미만 본인일부부담금', '100분의100미만 청구액', '100분의100미만 보훈청구액', '100분의100미만 본인부담환급금', '100분의100미만 본인추가부담금', '상계환급금', '상계추가부담금'란
2. 별지 제3호, 제3호의1 서식 중 '100분의100미만총액', '100분의100미만 본인일부부담금', '100분의100미만 청구액', '100분의100미만 보훈청구액'란
3. 별지 제4호, 제4호의1, 제5호, 제6호, 제7호, 제14호, 제15호, 제16호, 제17호서식 중 'A.100분의100미만본인부담1', 'B.100분의100미만본인부담2', '100분의100미만총액', '100분의100미만 본인일부부담금', '100분의100미만 청구액', '100분의100미만 보훈청구액'란

**부 칙** 〈제2015-111호, 2015. 7. 1.〉

**제1조(시행일)**이 고시는 2015년 7월 1일부터 시행한다.

**제2조(노인 틀니 및 치과임플란트 적용연령 등에 관한 적용례)**별표1 제5장나목(3) 및 (6), 별지제21호서식, 별지제27호서식 및 별지제28호서식의 각 개정규정은 이 고시 시행 후 최초로 제17조의3제2항 또는 제5항에 따라 틀니 또는 치과임플란트 등록 신청을 한 경우부터 적용한다.

**부 칙** 〈제2015-183호, 2015. 11. 1.〉

**제1조(시행일)**이 고시는 11월 1일부터 시행한다.

**제2조(약제비 본인부담에 관한 적용례)**제17조의7과 [별표1]의 개정규정은 이 고시 시행 후 최초로 실시하는 의료급여부터 적용한다.

**부 칙** 〈제2015-246호, 2015. 12. 31.〉

**제1조(시행일)**이 고시는 2016년 1월 1일부터 시행한다.

**제2조(중증외상환자에 관한 적용례)**제17조의2의 개정규정은 이 고시 시행 후 최초로 실시하는 의료급여부터 적용한다.

**부 칙** 〈제2016-18호, 2016. 1. 29.〉

이 고시는 2016년 2월 1일부터 시행한다.

**부 칙** 〈제2016-23호, 2016. 2. 18.〉

이 고시는 2016년 3월 1일부터 시행한다.

**부 칙** 〈제2016-114호, 2016. 6. 30.〉

**제1조(시행일)**이 고시는 2016년 7월 1일부터 시행한다.

**제2조(노인 틀니 및 치과임플란트 적용연령 등에 관한 적용례)**별표1 제5장나목(3) 및 (6), 별지제21호서식, 별지제27호서식 및 별지제28호서식의 각 개정규정은 이 고시 시행 후 최초로 제17조의3제2항 또는 제5항에 따라 틀니 또는 치과임플란트 등록 신청을 한 경우부터 적용한다.

**제3조(결핵질환에 관한 적용례)**제17조의2의 개정규정은 이 고시 시행 후 최초로 등록 신청을 한 경우부터 적용한다.

**부 칙** 〈제2016-272호, 2016. 12. 30.〉

이 고시는 2017년 1월 1일부터 시행한다. 다만, 제4조의 개정규정은 2017년 4월 1일부터 시행한다.

**부 칙** 〈제2017-40호, 2017. 3. 8.〉

**제1조(시행일)**이 고시는 2017년 3월 13일부터 시행한다.

**제2조(조산원 명세서 작성 적용례)**별표1에 대한 개정규정 중 제4장 제3호 다목 (6) 및 별지 서식 제8호 서식주8.을 제외한 개정규정은 2016년 11월 1일 진료분부터 적용한다.

**부 칙** 〈제2017-85호, 2017. 6. 1.〉

이 고시는 2017년 6월 1일부터 시행한다. 다만, 제17조의2제7항은 2017년 7월 1일부터 시행한다.

**부 칙** 〈제2017-181호, 2017. 10. 1.〉

이 고시는 2017년 10월 1일부터 시행한다. 다만, 노인틀니 관련 개정규정은 2017년 11월 1일 이후 실시한 의료급여부터 적용한다.

**부 칙** 〈제2018-7호, 2018. 1. 23.〉

이 고시는 2018년 1월 23일부터 시행한다.

**부 칙** 〈제2018-49호, 2018. 4. 1.〉

이 고시는 2018년 4월 1일부터 시행한다.

**부 칙** 〈제2018-99호, 2018. 6. 1.〉

이 고시는 2018년 6월 1일부터 시행한다.

**부 칙** 〈제2018-124호, 2018. 6. 28.〉

**제1조(시행일)**이 고시는 2018년 7월 1일부터 시행한다.

**제2조(별지서식에 관한 적용례)**별지 제27호 서식의 개정규정은 2018년 7월 1일이후 진료분부터 적용하며, 별지 제4호부터 제7호, 제10-1호, 제17호 서식에 때한 개정규정은 2018년 9월1일 이후 진료분부터 적용한다.

**부 칙** 〈제2018-143호, 2018. 7. 17.〉

이 고시는 2018년 8월 1일부터 시행한다.

**부 칙** 〈제2018-203호, 2018. 10. 1.〉

이 고시는 2018년 10월 1일부터 시행한다.

**부 칙** 〈제2018-261호, 2018. 12. 10.〉

**제1조(시행일)**이 고시는 2019년 1월 1일부터 시헝한다.

**제2조(희귀난치질환자에 관한 경과조치)**이 고시 시헝 당시 종전의 제17조의2에 따라 희귀난치질환을 가진 자로 인정된 자는 이 고시에 의한 희귀난치질환을 가진 자로 본다. 단, 해당 희귀난치질환을 가진 자가 이 고시 시행 후 종전의 규정에 따른 희귀난치질환을 가진 사람에 해당하지 아니하게 되거나 시행령 제6조의3제2호 또는 제4호의 사유로 인해 수급 자격을 상실한 이후부터는 해당 수급권자에게 제17조의2의 개정규정을 적용한다.

**제3조(서식 이용에 관한 경과조치)**암, 결핵 또는 중증화상에 대한 산정특례 적용 신청은 부칙 제1호의 개정규정에도 불구하고 2019년 2월 28일까지 종전 서식을 이용한다.

**부 칙** 〈제2018-288호, 2018. 12. 28.〉

이 고시는 2019년 1월 1일부터 시행한다.

**부 칙** 〈제2019-61호, 2019. 4. 5.〉

이 고시는 2019년 6월 1일부터 시행한다.

### 부 칙 〈제2019-143호, 2019. 7. 2.〉

**제1조(시행일)**이 고시는 고시한 날부터 시행한다.

**제2조(별표1에 관한 적용례)**별표1 제4장 및 제5장의 개정규정은 2019년 7월 1일 이후 실시한 의료급여부터 적용한다.

### 부 칙 〈제2019-215호, 2019. 10. 4.〉

**제1조(시행일)**① 이 고시는 2020년 7월 1일부터 시행한다. 다만, 정신건강의학과 전문의료급여기관(병원 및 종합병원급의 정신건강의학과 포함)은 2020년 3분기(기관등급 적용기간 2020년 7월 1일~2020년 9월 30일) 차등제 등급 적용을 위하여 개정된 별지 제18호 서식을 2020년 6월 20일까지 건강보험심사평가원에 정보통신망으로 제출하여야 한다.

② 제①항에도 불구하고 제18조의3의 개정규정은 고시일부터 효력을 발생한다.

### 부 칙 〈제2019-227호, 2019. 10. 22.〉

**제1조(시행일)**이 고시는 2019년 11월 1일부터 시행한다. 다만, 제17조의8 제1항의 개정규정은 2020년 1월 1일부터 시행하고, [별표 1] 제4장 1. 공통사항의 개정규정은 2019년 10월 24일부터 시행한다.

**제2조(의료급여기금의 부담 비율에 대한 적용례)**[별표1] 제4장(1. 공통사항의 개정규정은 제외한다) 및 제5장의 개정규정은 2019년 11월 1일 이후 실시하는 의료급여부터 적용한다.

### 부 칙 〈제2019-307호, 2019. 12. 27.〉

**제1조(시행일)**이 고시는 2020년 1월 1일부터 시행한다.

### 부 칙 〈제2020-101호, 2020. 5. 25.〉

**제1조(시행일)**이 고시는 고시일부터 시행한다.

**제2조(적용례)**제9조제2항 단서의 개정 규정은 이 고시 시행일 이전에 발생한 급여비용에도 적용한다.

### 부 칙 〈제2020-140호, 2020. 7. 1.〉

이 고시는 발령한 날부터 시행한다.

### 부 칙 〈제2020-203호, 2020. 9. 11.〉

이 고시는 2020년 9월 12일부터 시행한다.

### 부 칙 〈제2020-223호, 2020. 10. 5.〉

이 고시는 발령한 날부터 시행한다. 다만 제17조의12, [별표1] 제4장 회송료 관련 개정규정은 2020년 10월 8일부터 시행한다.

### 부 칙 〈제2020-239호, 2020. 10. 26.〉

이 고시는 2020년 11월 1일부터 시행한다.

### 부 칙 〈제2020-322호, 2020. 12. 28.〉

**제1조(시행일)**이 고시는 2021년 1월 1일부터 시행한다. 다만, 제2

조제1항제3호 및 별표 1의 개정 규정(별표 1 제4장제1호(7)의 개정 규정 제외)은 2021년 3월 5일부터 시행한다.

**제2조(중증화상환자 산정특례 재등록에 관한 적용례)**제17조의2제10항의 개정규정은 이 고시 시행 전 산정특례 대상자로 등록된 중증화상환자에 대한 산정특례 적용이 이 고시 시행일 이후에 종료되는 경우에도 적용한다.

**제3조(중증화상환자 산정특례 재등록에 관한 특례)**이 고시 시행 전에 기능 및 일상생활에 중요한 영향을 주는 2도 이상의 안면부, 수부, 족부, 성기 및 회음부 화상 및 눈, 각막 등 안구화상으로 종전의 규정에 따라 산정특례 대상자로 등록된 사람으로서 이 고시 시행일 이후에 산정특례 적용이 종료되고 그 종료된 날부터 2년 이내에 「본인일부부담금 산정특례에 관한 기준」 별첨 3의 개정규정에 따른 수술을 받은 사람은 제17조의2제10항제4호의 개정규정에도 불구하고 산정특례 재등록을 신청할 수 있다.

**제4조(중증화상환자 산정특례기간 연장에 관한 경과조치)**이 고시 시행 전에 종전의 규정에 따라 산정특례 등록기간을 연장하여 이 고시 시행 당시 그 기간이 진행 중인 중증화상환자에 대하여는 「본인일부부담금 산정특례에 관한 기준」 별표 3의 개정규정에도 불구하고 종전의 규정에 따른다.

[별표 1]

# 의료급여비용 청구방법 및 심사청구서 · 명세서서식 작성요령

## 제1장 일반원칙

(1) 「의료급여비용 청구방법 및 심사청구서 · 명세서서식 작성요령」에서 규정하지 않은 사항에 대하여는 국민건강보험법령에 의한「요양급여비용 청구방법 및 심사청구서 · 명세서서식 작성요령(이하 "요양급여비용 작성요령"이라 한다)」을 준용한다.

(2) 의료급여비용 청구 시 수가코드는 「건강보험 행위 급여 · 비급여 목록표 및 급여 상대가치점수(이하 "상대가치점수"라 한다)」와 요양급여비용 작성요령의 "(붙임3) 진료코드"에 따라 기재하며, 추가로 코드가 시달된 경우는 그 코드를 기재 한다.

## 제2장 의료급여비용 청구방법

(1) 〔**청구인**〕 의료급여비용(이하 "급여비용"이라 한다)은 해당 의료급여기관의 대표자(개설자)가 청구한다.

(2) 〔**의료급여비용 청구 및 자료제출 매체의 선택**〕 의료급여기관은 요양급여비용 작성요령 제5조에 따라 의료급여비용 청구 및 자료제출 매체를 선택하여 의료급여비용을 청구하되, 「의료급여수가의 기준 및 일반기준」(이하 "의료급여수가기준"이라 한다) 제7조의 혈액투석 정액수가와 제9조 및 제11조의 정신질환 정액수가를 청구하고자 하는 경우에는 반드시 전산매체 또는 정보통신망으로 청구하여야 한다.

(3) 〔**청구주기**〕 급여비용의 청구는 건강보험과 연계 심사가 가능하도록 요양급여비용과 동일한 진료월의 진료분을 함께 청구한다.

(4) 〔**청구처**〕 ①급여비용을 청구하고자 하는 의료급여기관은 "의료급여비용심사청구서(이하 "청구서"라 한다)"와 "의료급여비용명세서(이하 "명세서"라 한다)", 기타 필요한 서류를 첨부하여 건강보험심사평가원(이하 "심사평가원"이라 한다)에 청구한다.
②의료법 제3조의4에 따른 상급종합병원, 상급종합병원에 설치된 치과대학부속치과병원 및 한의과대학부속한방병원의 급여비용은 심사평가원 본원으로, 종합병원, 상급종합병원에 설치된 경우를 제외한 치과대학 부속 치과병원 및 한의과대학부속한방병원, 병원, 치과병원, 한방병원, 요양병원, 정신병원, 의원, 치과의원, 한의원, 보건의료원 및 보건소, 보건지소, 보건진료소(이하 "보건기관"이라 한다), 조산원, 약국 및 한국희귀 · 필수의약품센터의 급여비용은 소재지별로 아래에 해당되는 심사평가원 지원으로 청구한다.

| 지　　역 | 청 구 처 |
|---|---|
| 서울 | 건강보험심사평가원 서울지원 |
| 부산, 제주 | 건강보험심사평가원 부산지원 |
| 대구, 경북 | 건강보험심사평가원 대구지원 |
| 광주, 전남 | 건강보험심사평가원 광주지원 |
| 대전, 충북, 충남, 세종 | 건강보험심사평가원 대전지원 |
| 경기남부 | 건강보험심사평가원 수원지원 |
| 울산, 경남 | 건강보험심사평가원 창원지원 |
| 경기북부, 강원 | 건강보험심사평가원 의정부지원 |
| 전북 | 건강보험심사평가원 전주지원 |
| 인천 | 건강보험심사평가원 인천지원 |

(5) **[사본의 보관]** 청구인은 청구서와 명세서의 사본을 의료급여법 시행규칙 제11조제1항에서 정한 바에 따라 보관하여야 한다.

(6) **[청구서와 명세서의 구분]** ①청구서는 진료분, 진료분야, 입원과 외래, 처방조제와 직접조제로 각각 구분하여 기재 청구하며, 이 경우 제1차의료급여기관에서의 외래진료, 조제투약(이하 "1차의료급여"라 한다), 제2차 또는 제3차의료급여기관에서의 입원, 외래진료나 제1차의료급여기관에서의 입원진료(이하 "2차의료급여"라 한다)여부를 청구서의 해당란에 표시(V)하여야 한다.

②제①항에 의한 제3차의료급여기관 및 종합병원의 진료분야 구분은 요양급여비용 작성요령 제12조제2항과 같다.

③명세서는 요양급여비용 작성요령 제12조제2항에 의한 진료분야의 구분이 같은 진료과, 본인부담금 산정방법(1종, 2종)별로 구분하여 편철하여야 하며, 입원 또는 외래별로 각각 분철하여 청구하여야 한다.

④명세서의 구분작성은 요양급여비용 작성요령 제8조에 따라 분리·작성한다. 다만, 외래진료시 야간 내원 등으로 인해 익일까지 연속하여 진료(6시간 미만)가 이루어진 경우 방문일자는 공단에서 전송받은 진료확인번호의 진료일자로 한다.

(7) **[기타 사항]** 기타 일반사항은 요양급여비용 작성요령에서 정한 해당사항에 따라 기재하여 작성한다.

〈표 2〉 의료급여비용 청구체계 〈삭제〉

## 제3장 의료급여비용청구서 작성요령

(1) **〔접수번호〕** ※란은 심사평가원이 기재한다.

(2) **〔의료급여기관 기호 및 명칭〕** 의료급여기관 기호 및 명칭은 국민건강보험법의 규정에 의한 요양기관기호 및 명칭을 기재한다.

(3) **〔진료구분〕** 첨부되는 명세서의 1차 의료급여 또는 2차 의료급여 해당 여부에 따라 청구서 해당란에 1차 또는 2차 의료급여 여부를 표시(∨)한다.

(4) 〈2008.10.1일자로 삭제〉

(5) **〔건수〕** 청구서의 구분별 건수는 첨부된 명세서의 건수와 같아야 한다.

(6) **〔10원미만의 절사〕** 청구서의 청구액, 본인일부부담금 란에는 10원미만을 절사한 금액을 기재하고, ⑬청구액, ⑮본인일부부담금, ⑯장애인의료비란은 매 명세서상의 청구액, 본인일부부담금, 장애인의료비를 각각 합계한 금액을 기재하며, ⑭의료급여비용총액1란은 ⑬청구액, ⑮본인일부부담금, ⑯장애인의료비의 합계액을 기재하되, 매 명세서상의 대지급금을 합계한 금액은 ⑬청구액에 포함되어 있으므로 합계하지 아니한다.

(7) **〔수취인〕** 청구서 수취인은 심사평가원장으로 한다.

## 제4장 의료급여비용명세서 작성요령

### 1. 공통사항

(1) **〔보장기관〕** 의료급여를 받은 수급권자의 관할 시 · 군 · 구 기호와 명칭을 기재하여야 한다.

(2) **〔의료급여기관〕** 기호 및 명칭은 국민건강보험법의 규정에 의한 요양기관기호 및 명칭을 기재하여야 한다.

(3) **〔종별구분〕** 1종수급권자는 1, 2종수급권자는 2, 행려환자(일정한 거소가 없는 자로 행정기관이 응급진료를 받게 한 경우 경찰관서로부터 무연고자임을 확인받아 시장 · 군수 · 구청장이 수급권자로 인정한 자를 말한다)는 4, 노숙인 등은 N, 2종수급권자중 장애인 2차의료급여는 6, 2종수급권자 중 장애인 1차의료급여는 8로 정확히 기재하여야 한다. 다만, 2종수급권자 장애인의 장애인의료비에서 지원하지 않는 의료급여 명세서의 경우는 2로 기재한다.

(4) **〔보훈 등 구분〕** 보훈위탁진료 의료급여기관의 의료급여수급권자 중 보훈 국비환자인 경우에는 '4'를 기재하여야 한다.

(5) 〔**보장시설 및 노숙인시설 기호**〕 보장시설에 입소해 있는 수급권자 또는 노숙인 의료급여 수급권자가 의료급여를 받는 경우에는 보장시설기호란에 보장기관이 부여한 보장시설기호 또는 노숙인시설기호를 기재한다.

(6) 〔**세대주 및 수진자**〕 ①의료급여증에 기재된 성명과 주민등록번호를 기재하며, 주민등록번호 등 인적사항을 알 수 없는 경우에는 별도로 부여된 의료급여 관리번호를 다음과 같이 기재한다.

□ **행려환자인 경우(주민등록번호가 확인된 자 포함)**

○ 관리번호 구성

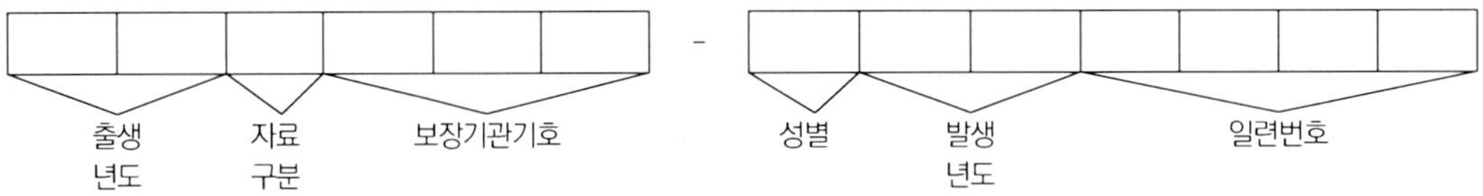


○ 출생년도(2자리) : 출생년도 마지막 2자리를 기재

○ 자료구분(1자리) : 3

○ 보장기관기호(3자리) : 해당 시 · 군 · 구 행정동 부호 앞 3자리를 기재

○ 성별(1자리)

1800년대 및 1900년대 출생(남 : 1, 여 : 2)

2000년대 출생(남 : 3, 여 : 4)

○ 발생년도(2자리) : 발생년도 마지막 2자리를 기재

2000년 발생 → 00, 2007년 발생 → 07

○ 일련번호(4자리) : 보장기관에서 중복되지 않도록 일련번호를 부여

(예시)

○ 서울 종로구(3000000)에서 2007년도 7번째 발생한 행려환자(1960.03.30일생, 남자)의 경우

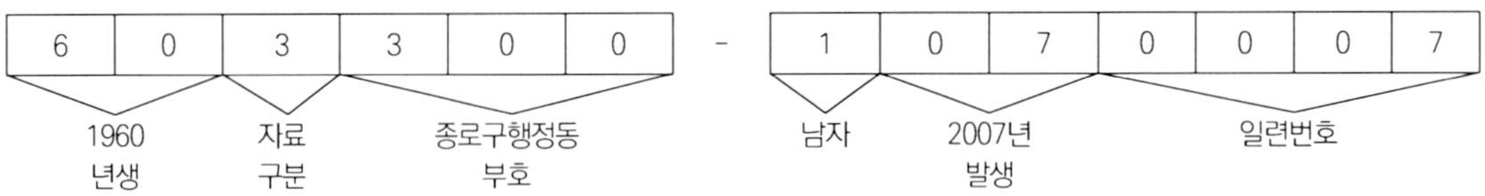


□ **보장시설입소자가 아닌자로서 주민등록번호 불명자인 경우**

○ 관리번호 구성

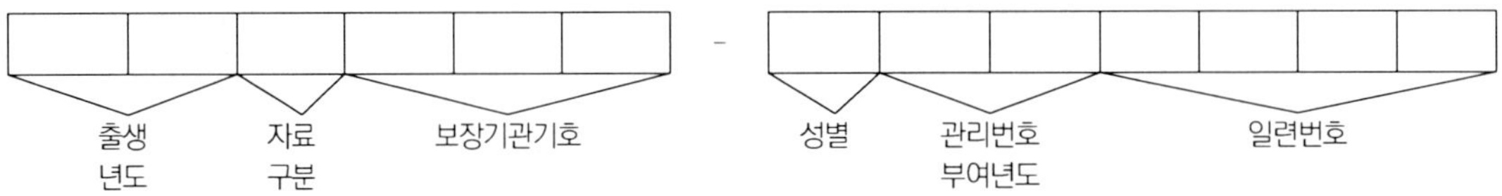

○ 출생년도(2자리) : 출생년도 마지막 2자리를 기재

○ 자료구분(1자리) : 4

○ 보장기관기호(3자리) : 해당 시 · 군 · 구 행정동 부호 앞 3자리를 기재

○ 성별(1자리)

1800년대 및 1900년대 출생(남 : 1, 여 : 2)

2000년대 출생(남 : 3, 여 : 4)

○ 관리번호 부여년도(2자리) : 관리번호 부여년도 마지막 2자리를 기재

2000년 → 00, 2007년 → 07

○ 일련번호(4자리) : 보장기관에서 중복되지 않도록 일련번호를 부여

(예시)

○ 2007.1.15일 대전동구(3640000) 100번째 기초생활보장번호 부여자(1957.5.30일생, 남자)의 경우

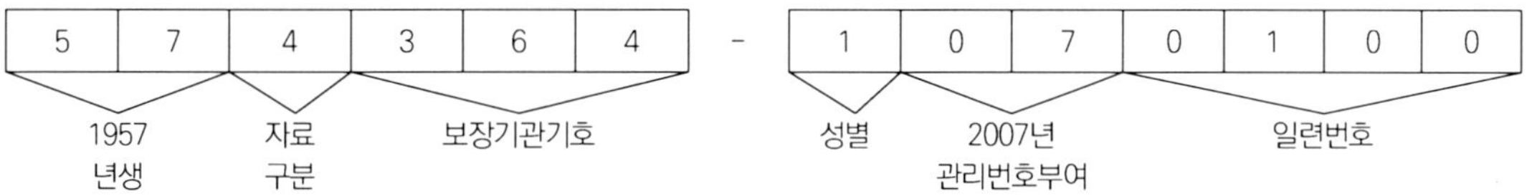


□ **보장시설입소자 또는 노숙인시설 중 주민등록번호 불명자인 경우**

○ 관리번호 구성

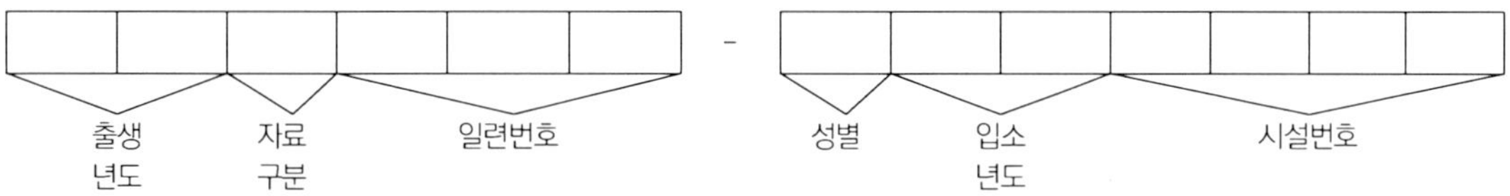


○ 출생년도(2자리) : 출생년도 마지막 2자리를 기재

○ 자료구분(1자리) : 5

○ 일련번호(3자리) : 보장기관에서 중복되지 않도록 일련번호를 부여

○ 성별(1자리)

1800년대 및 1900년대 출생(남 : 1, 여 : 2)

2000년대 출생(남 : 3, 여 : 4)

○ 입소년도(2자리) : 입소년도 마지막 2자리를 기재

2000년 발생 → 00, 2007년 발생 → 07

○ 시설기호(4자리) : 보장시설 또는 노숙인시설 4자리

(예시)

○ 2004.1.15일 ○○시 감로당(2349)에 입소된 150번째 노인(1930.3.30일생, 여자)의 경우

| 3 | 0 | 5 | 1 | 5 | 0 | - | 2 | 0 | 4 | 2 | 3 | 4 | 9 |
|---|---|---|---|---|---|---|---|---|---|---|---|---|---|
| 1930 년생 | | 자료 구분 | 일련번호 | | | | 여자 | 2004년 입소 | | 감로당 시설번호 | | | |

②국민기초생활 보장법 제5조의2(외국인에 대한 특례)에 의한 외국인 배우자의 경우 주민등록번호란에 출입국관리법에서 정하는 외국인등록번호(13자리)를 기재한다.

③신생아가 수급권자가 될 경우에는 "수진자 성명"란에 "산모이름"과 신생아임을 구분할 수 있도록 "아기"를 함께 쓰거나 이름을 쓰고 주민등록번호란에는 앞부분의 "생년월일"과 뒷 부분의 남·여 구분(3 또는 4)만 기재한다. 다만, 쌍태아의 경우에는 주민등록번호의 끝자리에 첫째아이는 "1", 둘째아이는 "2"를 기재한다.

(예시) 2004년 1월 1일 출산한 남아의 경우

| 세 대 주 성 명 | 홍 길 동 | 주민등록번호 |
|---|---|---|
| 수 급 권 자 성 명 | 이은영아기 또는 홍철수 | 040101-3 |

(7) **[특정기호]** 의료급여수가기준 제17조에 해당하는 만성질환자에 대하여는 아래 일련번호 1~12까지의 특정기호를 기재하고, 중증난치질환자 중 인체면역결핍바이러스질환자와 영[별표 1] 제2호다목 및 기준 제23조의 규정에 의하여 본인이 부담할 비용을 면제 받는 경우에는 일련번호 13~15까지의 특정기호를 기재하며, 제17조의6에 해당하는 고위험 임신부 진료의 경우 일련번호 16의 특정기호를 기재하고, 영 [별표 1] 제2호다목에 해당하는 제왕절개분만 입원진료의 경우 일련번호 17의 특정기호를 기재하고, 영 [별표 1] 제2호자목에 해당하는 임신부 외래진료의 경우 일련번호 18의 특정기호를 기재하고, 영 [별표 1] 제2호차목에 해당하는 조산아 및 저체중 출생아 외래진료의 경우 일련번호 19의 특정기호를 기재하고, 영[별표1] 제2호 타목1)의 보건복지부 장관이 고시하는 정신질환에 대한 외래진료의 경우 일련번호 20의 특정기호를 기재하고, 보건복지부장관이 고시하는 뇌사자(공여자)장기이식에 대한 진료의 경우 일련번호 21의 특정기호를 기재하고, 영 [별표1] 제2호 하목에 해당하는 치매질환 진료를 받은 경우에는 일련번호 22~23의 특정기호를 기재하고, 영 [별표1] 제2호 거목에 해당하는 6세 이상 15세 이하 아동에 대한 입원진료의 경우에는 일련번호 24의 특정기호를 기재하고, 보건복지부 장관이 정하는 난임진료를 하는 경우 일련번호 25의 특정기호를 기재하며, 영 [별표1]제1호아목 및 제2호러목에 해당하는 확진검사의 경우에는 일련번호 26의 특정기호를 기재하며, 영[별표1]제3호다목에 해당하는 승인을 얻지 않은 사람에 대한 의료급여의 경우에는 일련번호 27의 특정기호만을 단독기재하고, 영[별표1]제2호 머목 및 버목에 해당하는 1세 미만인 수급권자에 대한 외래진료의 경우에는 일련번호 28을 기재한다. 또한 중증질환자 중 암환자, 중증화상환자에게 해당 중증질환(합병증 포함)으로 진료한 경우 및 뇌혈관질환자,

심장질환자, 중증외상환자에게 산정특례 적용기간 동안 진료한 경우에는 건강보험의 「본인일부부담금 산정특례에 관한 기준」 [별표3] "중증질환자 산정특례대상"에 따른 특정기호를 기재하고, 희귀질환자 및 중증난치질환자가 해당 희귀질환 및 중증난치질환으로 진료한 경우 건강보험의 「본인일부부담금 산정특례에 관한 기준」 [별표4] "희귀질환자 산정특례 대상" 및 [별표4의2] "중증난치질환자 산정특례 대상"에 따른 특정기호를 기재하고, 제17조의2 제4항에 해당하는 결핵질환자의 경우 「본인일부부담금 산정특례에 관한 기준」 [별표5]의 특정기호를 기재하고, 가정간호 대상자는 [별표1] "가정간호 산정특례 대상"에 따른 특정기호를 기재하며, 제17조의7에 해당하는 경우 [별표6] "약국 요양급여비용총액의 본인부담률 산정특례 대상"에 따른 특정기호를 기재한다.

| 일련번호 | 대 상 | 특정기호 |
|---|---|---|
| 1 | 인공신장투석 받는 당일 외래진료 | V001 |
| 2 | 계속적 복막관류술 실시 또는 복막관류액 수령 당일 외래진료 | V003 |
| 3 | 대사장애환자가 해당 상병으로 의료급여를 받은 당일 외래진료 | V117,V286 |
| 4 | 혈우병치료목적으로 항응고인자·동결침전제제 투여 및 기타 혈우병 치료를 받은 당일 외래진료 | V009,V284 |
| 5 | 삭제(2020.10.5.) | 삭제 |
| 6 | 근육병환자에게 자율신경계 또는 면역억제제 투여를 받은 당일외래진료 | V012, V288 |
| 7 | 신장 이식술 및 이와 직접 관련된 입원치료 및 외래진료 | V005 |
| 8 | 간 이식술 및 이와 직접 관련된 입원치료 및 외래진료 | V013 |
| 9 | 췌장 이식술 및 이와 직접 관련된 입원치료 및 외래진료 | V014 |
| 10 | 심장 이식술 및 이와 직접 관련된 입원치료 및 외래진료 | V015 |
| 11 | 폐 이식술 및 이와 직접 관련된 입원치료 및 외래진료 | V277 |
| 12 | 소장 이식술 및 이와 직접 관련된 입원치료 및 외래진료 | V278 |
| 13 | 인체면역결핍바이러스질환자가 해당 상병(B20-B24)으로 의료급여를 받은 당일 외래진료 | V103 |
| 14 | 자연분만 | F001 |
| 15 | 6세 미만 아동의 입원진료(2017.9.30.이전진료) | F004 |
|  | 6세 미만 아동의 입원진료(2017.10.1.이후진료) | F019 |
| 16 | 고위험 임신부 진료 | F011 |
| 17 | 제왕절개 분만 입원진료 | F013 |
| 18 | 임신부 외래진료 | F015 |
| 19 | 조산아 및 저체중 출생아 외래진료 | F016 |
| 20 | 정신질환자가 조현병(F20~29)으로 관련 진료를 받은 당일 외래진료 | V161 |
| 21 | 장기 등 기증자의 장기등 적출에 대한 급여비용 | F017 |
| 22 | 본인일부부담금 산정특례에 관한 기준 별표4의2 구분6의 치매질환의 입원진료 및 외래진료 | V800 |
| 23 | 본인일부부담금 산정특례에 관한 기준 별표4의2 구분7의 치매질환의 입원진료 및 외래진료 | V810 |
| 24 | 6세 이상 15세 이하 아동의 입원진료 | F020 |
| 25 | 보건복지부 장관이 정하는 난임진료 | F021 |
| 26 | 보건복지부 장관이 정하여 고시하는 확진검사 | F022 |
| 27 | 연장승인(선택의료급여기관) 미신청자(불승인자)로서 「의료급여법 시행령」[별표1]제3호 다목에 따른 의료급여비용을 적용받는 사람(1·2종) | F023 |
| 28 | 1세 미만인 수급권자의 외래진료 | F024 |

(8) **〔본인부담구분〕** 영 별표 제1호다목 및 규칙 제19조의4에 따라 의료급여기금에서 급여비용의 전부 또는 일부를 부담하는 경우 일련번호 1~19까지, 24~25 또는 27~28까지의 본인부담구분 코드를 기재하고, 영 [별표 1] 제2호자목 및 차목의 경우 일련번호 29~30호까지의 본인부담구분 코드를 기재하고, 규칙 제8조의3에 따라 2종수급권자 중 선택의료급여기관을 이용하는 경우에는 일련번호 20~25 또는 27~28까지의 본인부담구분 코드를 기재하며, 선택의료급여기관 적용 대상자 중 의료급여수가기준 제15조제1항제5호에 따라 시설내 처방료가 발생한 경우 일련번호 26의 본인부담구분 코드를 기재하고, 영〔별표1〕제2호 타목2)의 1)(F20-29)외의 정신질환 관련 진료를 받은 경우에는 일련번호 31의 본인부담구분 코드를 기재하고, 영 별표1 제2호 하목의 치매질환으로 진료받은 경우에는 일련번호 32의 본인부담 코드를 기재하고, 영[별표1]제3호다목에 해당하는 승인을 얻지 않은 사람이 의료급여를 받고자 하는 경우에는 일련번호 33의 본인부담구분코드를 기재하고, 영[별표1]제2호 머목 및 버목에 해당하는 1세 미만 수급권자 중 제17조에 해당하는 만성질환자에 대해서는 일련번호 34의 본인부담구분코드를 기재, 원외처방전을 발행하는 경우 처방전의 「조제시 참고사항」란에 해당 본인부담구분 코드를 반드시 기재하여야 한다.

| 구분 | 대 상 | 본인부담 구분코드 |
|---|---|---|
| 1 | 선택의료급여기관 적용자(조건부연장승인자) 1종 | M001 |
| 2 | 선택의료급여기관 자발적 참여자 1종 | M002 |
| 3 | 18세 미만인자 1종 | M003 |
| 4 | 임산부 1종 | M004 |
| 5 | (구)등록 희귀난치성질환자 1종(2013.09.30이전 등록 수급권자) | M005 |
| 6 | 〈삭 제〉 | 〈삭제〉 |
| 7 | 20세 이하인 자로 중 · 고등학교 재학 중인 자 1종 | M007 |
| 8 | 가정간호대상자 1종 | M008 |
| 9 | 응급환자인 선택의료급여기관 이용자 1종 | M009 |
| 10 | 장애인보조기기 지급받는 선택의료급여기관 이용자 1종 | M010 |
| 11 | 행려환자 1종 | M011 |
| 12 | 노숙인진료시설을 이용하는 노숙인 1종 | M012 |
| 13 | 응급 · 분만으로 노숙인진료시설 이외의 의료급여기관을 이용하는 노숙인 1종 | M013 |
| 14 | 노숙인진료시설에서 의뢰되어 제3차의료급여기관을 이용하는 노숙인 1종 | M014 |
| 15 | 등록 희귀난치성질환자 1종(2013.10.01.~2018.12.31.등록 수급권자) | M015 |
| 16 | 등록 중증질환자 1종 | M016 |
| 17 | 등록 결핵질환자 1종 | M017 |
| 18 | 등록 희귀질환자 1종 | M018 |

| 구분 | 대　　상 | 본인부담 구분코드 |
|---|---|---|
| 19 | 등록 중증난치질환자 1종 | M019 |
| 20 | 선택의료급여기관 적용자(조건부연장승인자) 2종 | B001 |
| 21 | 선택의료급여기관 자발적 참여자 2종 | B002 |
| 22 | 응급환자인 선택의료급여기관 이용자 2종 | B003 |
| 23 | 장애인보조기기 지급받는 선택의료급여기관 이용자 2종 | B004 |
| 24 | 선택의료급여기관에서 의뢰된 자(1 · 2종) | B005 |
| 25 | 선택의료급여기관에서 의뢰되어 재의뢰된 자(1 · 2종) | B006 |
| 26 | 선택의료급여기관 적용대상자이면서 사회복지시설에서 선택의료급여기관이 아닌 기관의 촉탁의에게 진료 받은 자 중 원외처방전을 발행 받은 자 또는 원내 직접 조제 · 투약 받은 자(1 · 2종) | B007 |
| 27 | 제3선택의료급여기관(한의원) 또는 제4선택의료급여기관(치과의원)에서 진료받은 자(1 · 2종) | B008 |
| 28 | 선택의료급여기관 적용자로서 「선택의료급여기관 적용 대상자 및 이용절차 등에 관한 규정」에 따른 경과규정 적용자 등 의료급여의뢰서를 제출한 것으로 갈음하는 자(1 · 2종) | B009 |
| 29 | 임신부 2종 | B010 |
| 30 | 등록 조산아 및 저체중 출생아 2종 | B011 |
| 31 | 정신질환자가 조현병(F20~29)외의 정신질환으로 관련 진료를 받은 당일 외래진료(2종) | B012 |
| 32 | 「본인일부부담금 산정특례에 관한 기준」 별표4의2 구분6과 구분7에 해당하는 치매질환으로 진료를 받은 당일 입원진료 및 외래진료(2종) | B013 |
| 33 | 연장승인(선택의료급여기관) 미신청자(불승인자)로서「의료급여법 시행령」[별표1]제3호 다목에 따른 의료급여비용을 적용받는 사람(1·2종) | B014 |
| 34 | 1세 미만 수급권자 중 만성질환자의 외래진료(2종) | B015 |

(9) **〔진료확인번호〕**「선택의료급여기관 적용 대상자 및 이용 절차 등에 관한 규정」 제3조제4항에 따라 공단에서 전송받은 확인번호를 "진료확인번호"란에 기재하여야 한다.

(10) **〔상해외인〕** 의료급여수급권자가 외래에서 의사 진찰없이 예약된 검사만을 실시한 경우 그 해당 내역을 별도 명세서로 작성하여 「상해외인」란에 "H"를 기재토록 하며 진료일수는 "0"으로 기재한다.

(11) **〔직접조제〕** 의료급여 수급권자가 외래진료 당일 「약사법」 제23조제4항에 따라 처방전 발행 없이 원내에서 직접 조제 · 투약하는 경우 직접조제 횟수를 「직접조제」란에 기재하여야 한다.

(12) **〔본인부담금 발생횟수〕** 의료급여 수급권자가 외래진료시 1일 2회 이상 진찰을 한 경우 본인부담금 발생횟수를 기재하되, 의료급여비용총액1이 발생하지 않은 진료내역의 본인부담금 발생횟수는 기재하지 아니한다.

(13) **〔등록번호〕** 의료급여수가기준 제17조의2제5항에 따른 뇌혈관질환자, 심장질환자, 중증외상환자를 제외한 중증질환자, 희귀질환자, 중증난치질환자 또는 결핵질환자를 진료한 경우 및 제17조의3제2항과 제5항에 따라 틀니 및 치과임플란트에 대한 의료급여를 시행한 경우(틀니의 유상 유지관리 기간은 제외)에는 등록번호를 기재한다.

## 2. 행위별 수가 적용건

### 가. 서 식

| 서 식 | 서 식 명 | 서식번호 | 비 고 |
|---|---|---|---|
| 별지 제4호 | 의료급여비용명세서(의과입원) | GI02 | 의과용 |
| 별지 제4-1호 | 의료급여비용명세서(의과입원) | GI02 | 의과용 |
| 별지 제5호 | 〃 (의과외래일자별) | GI03 | 의과용 |
| 별지 제6호 | 〃 (치과입원) | GI04 | 치과용 |
| 별지 제7호 | 〃 (치과외래 일자별) | GI05 | 치과용 |
| 별지 제14호 | 〃 (한방입원) | GI012 | 한방용 |
| 별지 제15호 | 〃 (한방외래 일자별) | GI013 | 한방용 |
| 별지 제16호 | 〃 (약국직접조제) | GI20 | 약국용 |
| 별지 제17호 | 〃 (약국처방조제) | GI21 | 약국용 |

### 나. 명세서 항목별 작성방법

(1) **〔의료급여생애전환기검진 실시 당일 진찰료〕** 의료급여생애전환기검진 실시 당일 별도의 질환에 대한 진찰이 이루어진 경우에는 진찰료 산정코드 세 번째 자리에 4로 기재한다.

(2) **〔회송료〕** 1. 진찰료 ④응급 및 회송료란의 (Ⅰ)란에 기재(응급의료관리료를 함께 산정하는 경우 금액을 합하여 기재한다)하되, 상대가치점수 및 요양급여비용 작성요령에 의하여 산정한다.

(3) **〔식대〕** ①식대는 실제로 행하여진 경우에 한하여 의료급여수가기준 제1장 제12조에서 정한 금액에 급식일수를 곱하여 2항 10목(기본식대)란 〔서면으로 청구하는 경우, 2.입원료 ⑦식대란(치과는 ②식대란, 한방은 ④식대란)〕에 기재한다.
②입원환자 식대는 의료급여기관에 입원한 환자에게 의사처방에 의하여 식사를 제공한 경우에 1일 3식 이내(산모식은 1일 4식 이내)로 산정하고, 일반분유 및 특수분유는 1일당으로 산정한다.

③입원환자 식대코드는 다음과 같다.

| 구분 | 일반식<br>(일반유동식, 연식 포함) | 치료식<br>(당뇨식, 신장질환식 등) | 멸균식 | 분유 | | 산모식 | 경관영양 유동식<br>(조제식, 완제품) |
|---|---|---|---|---|---|---|---|
| | | | | 일반 분유 | 특수 분유 | | |
| 의과 치과 | AS510 | AS520 | AS530 | AS540 | AS541 | AS550 | AS560 |
| 한방 | 16510 | 16520 | - | 16540 | 16541 | 16550 | 16560 |

(4) **〔안치료〕** 수급권자가 의료급여기관에서 입원진료 중 사망한 경우나 외래에서 6시간 이내에 사망한 경우는 의료급여수가기준 제1장제14조에서 정한 금액(코드 : AT100)을 3일 이내로 산정한다.

(5) **〔가정간호기본방문료〕** 〈2020.1.1일자로 삭제〉

(6) **〔만성질환관리료〕** 1. 진찰료 ⑥만성질환관리료란의 (1)란에 기재하되, 상대가치점수 및 요양급여비용 작성요령에 의하여 산정한다.

(7) **〔처방전〕** 의료급여기관에서 처방전을 발행한 경우 처방전 총발급횟수를 기재한다.

(8) **〔정신요법료〕** 정신질환 정액수가에는 정신요법료 등이 포함되어 있는 포괄수가이므로 동 항목을 산정 할 수 없으며, 정신질환이외 상병으로 치료도중 정신건강의학과에 의뢰하여 정신요법을 실시한 경우에 한하여 상대가치점수 제8장에서 정한 정신요법료를 산정할 수 있다.

(9) **〔요양병원 정액수가 등〕** ① 〈삭제〉

②요양병원 정액수가는 의료급여비용명세서 "제L항 장기요양란 제1목"의 (I)란에 기재하되, 상대가치점수 및 요양급여비용 작성요령에 의하여 산정한다.

③ 〈2008.1.1일자로 삭제〉

④ 〈2018.8.1일자로 삭제〉

(10) **〔위탁검사〕** 해당 의료급여기관에서 검사시설 및 능력이 없어 검사를 다른 의료급여기관 또는 검사기관에 의뢰한 경우는 의료급여수가기준 제1장제6조에 의해 산정토록 하며, 상대가치점수 제2장제1절 검체검사료 각 분류항목 금액 및 별도 산정 가능한 재료대 금액을 합산한 금액은 명세서 9.검사료 ③위탁검사(Ⅰ)란에 위탁의뢰 검사수와 함께 기재하고, 위탁검사관리료(검사료 각 분류항목의 10%에 상당하는 금액)는 명세서 9.검사료 ②검체검사관리(Ⅰ)란에 기재하여 청구한다. 이 경우 검사료 각 분류항목은 의료급여기관 종별 가산율을 적용하지 아니한다.

(11) **〔CT, MRI 및 PET〕** 전산화단층영상진단, 자기공명영상진단 및 양전자방출단층촬영은 상대가치점수 제3장 제2절 방사선특수영상진단료, 제3절 핵의학영상진단 및 골밀도검

사료 분류 항목을 참고하여 "S. CT의 (II)란, "S. MRI"의 (II)란, "S. PET" (II)란에 각각에 기재하되, 조영제 및 재료대 등은 (I)란에 기재하며 해당란(분류란, 횟수란 등)에는 촬영 부위, 필름매수, 재료대 등 그 내역을 명기한다.

(12) **〔기타 청구사항〕** ①상기 사항 이외의 기본진료료, 검사료, 영상진단 및 방사선치료료, 투약 및 처방·조제료, 주사료, 마취료, 이학요법료, 처치 및 수술료 등, 캐스트료, 혈액 및 혈액성분제제의 수가, 특정치료재료대, 100분의100본인부담,비급여는 '요양급여비용 작성요령'에 따라 작성한다.

② 〈삭제〉

③처방전을 발행한 경우 명세서 상 추가기재사항(처방전 발급번호와 처방일수, 처방내역)은 "요양급여비용 작성요령"에 따라 산정한다.

④일련번호는 매 명세서마다 순서대로 기재한다.

(13) **〔소계〕** 소계는 (I), (II)란별로 각각의 합계 금액을 기재한다.

(14) **〔가산율 및 금액〕** 가산율란에는 의료급여기관의 해당 가산율을 기재하고, 가산금액은 진료행위 (II)란의 소계금액에 의료급여기관 종별가산율을 곱한 금액으로 기재하되, "원" 미만은 4사5입 한다.

(15) 〈삭제〉

(16) **〔수급권자의료급여비용총액〕** (I)란과 (II)란의 소계와 가산금액을 합한 총금액에서 10원 미만을 절사한 금액을 기재하되, 100분의100 본인부담 및 비급여를 제외한 총금액을 기재한다.

(17) **〔의료급여비용총액1〕** 기본진료료, 약제 등 의료급여기관 종별가산율이 적용되지 않는 의료급여비용, 의료급여기관 종별가산율이 적용되는 진료행위료와 가산금액을 모두 합하여 총 금액에서 10원 미만 절사한 금액을 기재하되, 100분의100본인부담 및 비급여를 제외한 총금액을 기재한다.

(18) **〔본인일부부담금〕** 본인일부부담금은 제5장 의료급여 본인일부부담금 작성요령에 의하여 기재하며 보훈위탁진료 의료급여기관의 보훈 국비환자의 경우에는 「국가보훈대상자 의료지원에 관한 규칙」에 따른 본인일부부담금을 기재한다.

(19) **〔장애인의료비〕** ① 2종 수급권자 중 장애인이 제2차, 제3차 의료급여 기관에서 외래진료를 받는 경우에는 추나요법 비용을 제외한 제5장 의료급여 본인일부부담금 작성요령에 의한 본인일부부담금을 장애인의료비란에 기재하고, 제1차, 제2차 및 제3차 의료급여기관에서 입원진료를 받는 경우에는 식대, 추나요법, 상급종합병원, 종합병원, 병원, 한방병원

및 요양병원(「장애인복지법」제58조제1항제4호에 따른 의료재활시설로서 「의료법」제3조의 2의 요건을 갖춘 의료기관인 요양병원으로 한정한다.) 및 정신병원에서 이용한 일반병상 중 2 · 3인실 입원료를 제외한 제5장 의료급여 본인일부부담금 작성요령에 의한 본인일부부담금을 장애인의료비란에 기재한다.

② 2종수급권자 중 장애인이 제1차의료급여기관(약국제외) 외래진료(종별구분 : 8)시에는 처방전 발행과 관계없이 750원을 장애인의료비란에 기재한다.

(20) **[대지급금]** 2종 수급권자의 입원진료 후 의료급여수가기준 제1장 "의료급여수가의 기준 및 그 계산방법"에 의한 급여비용 중 본인일부부담금이 20만원을 초과하는 경우 의료급여법시행규칙 제27조제7항에 의거하여 그 초과하는 금액의 일부 또는 전부를 수급권자 또는 그 부양의무자가 대지급금을 신청하여 시장 · 군수 · 구청장으로부터 승인받은 경우 그 금액을 대지급금란에 기재한다.

(21) **[청구액]** ①의료급여비용총액1에서 본인일부부담금을 공제한 금액을 기재한다.

②2종수급권자 중 장애인 2차의료급여(종별구분 : 6)해당건의 청구액은 의료급여비용총액1에서 장애인의료비를 공제한 금액을 기재한다.

③2종수급권자 중 장애인 1차 의료급여(종별구분: 8)해당건의 청구액은 의료급여비용총액1에서 본인일부부담금과 장애인의료비를 공제한 금액을 기재한다.

④2종수급권자의 입원진료 후 대지급금이 발생된 경우에는 의료급여비용총액1에서 실제 본인이 납부한 본인일부부담금을 공제한 금액을 기재한다.

(22) **[진료비총액]** 보훈위탁진료 의료급여기관의 보훈국비환자 진료분인 경우 비급여와 의료급여비용(100분의100본인부담금총액, 보훈 등 100분의100본인부담 포함)을 모두 합한 총 금액을 기재하되, 10원미만 절사한 금액을 기재한다.

(23) **[보훈청구액]** 보훈위탁진료 의료급여기관의 보훈 국비환자 진료분인 경우 진료비총액에서 본인일부부담금, 청구액, 보훈 본인일부부담금 및 의료급여 100분의100본인부담금총액을 제외한 금액을 기재한다.

(24) **[단수처리]** 급여비용 청구 및 지급시 「국고금관리법」 제47조제1항을 준용하여 10원 미만의 단수는 계산하지 아니한다.

(25) **[의료급여 100분의100본인부담총액]** 의료급여 100분의100본인부담금을 합하여 기재하되, 10원미만 절사한 금액을 기재한다.

(26) **[의료급여비용총액2]** 의료급여비용총액1과 의료급여 100분의100본인부담금총액을 합하여 기재하되, 10원미만 절사한 금액을 기재한다.

(27) **[보훈 본인일부부담금]** 보훈위탁진료 요양기관의 보훈 국비환자 명세서의 경우 「국가보훈대상자 의료지원에 관한 규칙」에 따른 보훈 등 100분의100본인부담액과 비급여를 합한 금액의 해당 본인일부부담금을 기재하되, 10원미만 절사한 금액을 기재한다.

## 3. 정액수가 적용건

### 가. 서식

| 서 식 | 서식명 | 서식번호 | 비 고 |
|---|---|---|---|
| 별지 제8호 | 의료급여비용명세서(조산원 입원) | GI06 | 조산원용 |
| 별지 제9호 | 〃 (보건기관 입원) | GI07 | 보건기관용 |
| 별지 제10호 | 〃 (보건기관 외래처방전 미발행) | GI08 | 보건기관용 |
| 별지 제10-1호 | 〃 (보건기관 외래처방전 발행) | | |

### 나. 공통사항

(1) **〔입원일수〕** 당월의 재원일수를 기재한다.

(2) **〔의료급여비용총액1〕** 의료급여기간에 따른 의료급여비용총액1을 기재한다.

(3) **〔본인일부부담금〕** 본인일부부담금은 제5장 의료급여 본인일부부담금 작성요령에 의하여 기재하며 보훈위탁진료 의료급여기관의 보훈 국비환자의 경우에는 '0'으로 기재한다.

(4) **〔장애인의료비〕** ①2종수급권자 중 장애인이 제2차, 제3차 의료급여기관에서 외래진료를 받는 경우 제5장 의료급여 본인일부부담금 작성요령에 의한 본인일부부담금을 장애인의료비란에 기재하되, 제1차, 제2차 및 제3차 의료급여기관에서 입원진료를 받는 경우에는 식대를 제외한 제5장 의료급여 본인일부부담금 작성요령에 의한 본인일부부담금을 장애인의료비란에 기재한다.
②2종 수급권자 중 장애인이 제1차의료급여기관(약국제외)에서 외래진료(종별구분 : 8)를 한 경우에는 처방전 발행과 관계없이 750원을 장애인의료비란에 기재한다.

(5) **〔대지급금〕** 2종수급권자의 입원진료 비용(의료급여수가기준 및 그 계산방법에 의한 급여비용에 한함)중 본인일부부담금이 20만원을 초과하여 수급권자 또는 그 부양의무자가 의료급여법시행규칙 제27조제7항에 의거 그 초과하는 금액의 일부 또는 전부를 대불받은 경우 "대지급금"란에 기재한다.

(6) **〔청구액〕** ①의료급여비용총액1에서 본인일부부담금을 공제한 금액을 기재한다.

②2종수급권자 중 장애인 2차의료급여(종별구분 : 6) 해당건의 청구액은 의료급여비용총액1에서 장애인의료비를 공제한 금액을 기재한다.
③2종수급권자 중 장애인 1차의료급여(종별구분 : 8) 해당건의 청구액은 의료급여비용총액1에서 본인일부부담금과 장애인의료비를 공제한 금액을 기재한다.
④2종수급권자가 본인일부부담금을 대불한 경우 의료급여비용총액1에서 실제 본인이 납부한 본인일부부담금을 공제한 금액을 기재한다.

(7) **〔단수처리〕** 급여비용 청구 및 지급시 「국고금관리법」 제47조제1항을 준용하여 10원 미만의 단수는 계산하지 아니한다.

(8) **〔약제 처방내역 기재생략〕** 의료급여 정액수가(정신질환 정액수가 제외)에 해당되는 외래진료시 처방전 발행에 의해 의약품을 약국에서 조제 · 투약하도록 한 경우 처방전발급기관은 그 처방내역을 명세서에 기재하거나 수급권자에게 발급한 처방전 사본을 첨부하여 청구하여야 하나 정액수가 적용건의 경우는 명세서상 약제처방내역 기재 또는 처방전 첨부를 생략하여 청구하되, 반드시 조제기록부 등에 해당 약제 처방내역을 처방일자별로 기재 · 보관하여야 한다.

### 다. 조산원 명세서 작성

(1) **〔건수〕** 청구서의 조산건수와 실청구건수는 동일하여야 한다.

(2) **〔조산구분〕** ①초·경산 및 골반위만출 여부에 따라 초산은 ①, 경산은 ②, 골반위만출술은 ③으로 기재한다.
②자궁내장치를 시행하여 상대가치점수 "제11장 조산료"를 산정하지 아니하고 상대가치점수 "제9장제1절 처치 및 수술료"에 분류된 자궁내장치(R4271)에 의하여 산정하는 경우에는 "입원일수"란에 내원일수를 "조산구분"란에 ④를 기재하고, "의료급여비용총액1"란에 자궁내장치(R4271) 수기료와 재료대를 합한 금액을 기재한다.

(3) **〔조산시간〕** ①주간(09시를 초과한 때부터 18시전까지)에 조산한 경우에는 주간 소정금액을 산정하며 이 경우 명세서(GI06)의 시간란에 ①로 기재한다.
②18시~09시(22시~06시 제외) 또는 공휴일에 조산한 경우에는 18시~09시 또는 공휴일 소정금액을 산정한다. 이 경우 명세서(GI06)의 시간란에 ②를 기재하고 조산시각 또는 조산일자(공휴일인 경우)를 기재한다.
③22시~06시에 조산한 경우에는 22시~06시 소정금액을 산정하며, 이 경우 명세서(GI06)의 시간란에 ③으로 기재하고, 조산시각 또는 조산일자(공휴일인 경우)를 명기하여야 한다.

(4) 〔**가산구분**〕 고위험분만에 해당하는 경우에는 ①, 분만취약지 소재 조산원에서 분만하는 경우에는 ②를 기재하고, 분만취약지 소재 조산원에서 고위험분만에 해당하는 경우에는 ③으로 기재한다.

(5) 〔**다태아**〕 다태아란에 쌍생아는 ②, 삼태아는 ③으로 기재한다.

(6) 〔**식대**〕 식대란에는 입원기간 동안 제공한 식사종류(일반식, 치료식, 멸균식, 분유, 산모식, 경관유동식)에 따른 총 식대비용을 기재한다.

(7) 〔**의료급여비용총액1**〕 의료급여비용총액1란에는 상대가치점수 "제11장 조산료"에 의한 금액에 입원기간 동안 제공된 "식대비용"을 합하여 산정한다.

(8) 〔**장애인의료비**〕 2종 수급권자 중 장애인(종별구분 : 6)으로 자궁내장치삽입술을 시행한 경우에는 식대(1일당 소정금액의 100분의80)를 제외한 의료급여비용총액1의 10%에 해당하는 금액을 장애인의료비란에 기재한다.

### 라. 보건기관 명세서 작성

(1) 〔**수가기준**〕 보건소(모자보건센터 포함)에 대한 수가는 상대가치점수 "제12장 보건기관의 진료수가"에 의하여 산정한다.

(2) 〔**명세서상 항목기재**〕 명세서상 각 항목 기재방법은 "요양급여비용 작성요령"에 따라 산정한다.

(3) 〔**진료과**〕 의과, 치과, 조산여부에 따라 의과는 ①, 치과는 ②, 조산은 ③으로 기재하고 정관절제술 또는 결찰술, 자궁내 장치, 난관결찰술을 시행하여 상대가치점수 "제12장 보건기관의 진료수가"를 산정하지 아니하고, "제9장 처치 및 수술료 등"에 분류된 해당항목에 의하여 산정하는 경우에는 "진료과"에 ④로 기재하며, 자궁내장치 재료대는 "의료급여비용총액1"란에 해당 수기료와 합하여 기재한다. 보건소 또는 보건지소에 물리치료사가 상근하면서 물리치료를 행한 경우에는 ⑤를 기재하고, 한방의 경우 한방시술단독은 ⑦, 투약단독은 ⑧, 시술과 투약의 병행은 ⑨를 기재한다.

(4) 〔**야간 및 공휴일 조산**〕 보건기관에서 18~09시 또는 공휴일에 조산을 행한 경우에는 소정금액의 50%를 가산하되, 조산시각 또는 공휴일임을 "상병명"란에 기재하여야 한다.

### 마. 정신질환 정액수가 등 명세서 작성

(1) 〔**정신질환 정액수가 기재방법**〕 ①의료급여수가기준 제1장 제9조 및 제11조의 정신질환 정액수가는 의료급여비용정액명세서 제X항 "정신건강의학과 정액"에 기재한다.

②제1항에 따른 정신질환 정액수가에 포함된 진찰료·입원료·투약료·정신요법료 등 진료내역을 상대가치점수 및 요양급여비용 작성요령에 따라 진찰료, 입원료(식대 포함), 투약료 및 처방전, 주사료, 마취료, 이학요법료, 정신요법료, 처치 및 수술료, 검사료, 영상진단 및 방사선 치료료, 특수장비, 100분의100 본인부담 순서로 코드, 분류, 단가, 1회 투약량 [3항(투약료), 4항(주사료) 의약품인 경우만 해당] 1일 투여량 또는 투여(실시)횟수, 총투여일수 또는 실시횟수, 금액 등을 명세서 각각의 항목에 기재하되, 입원료와 식대는 의료급여수가기준 제2조에 따라 적용한다.

(2) **[정신질환 정액수가 코드]**

의료급여수가기준 제1장 제9조 및 제11조의 정신질환 정액수가 코드는 아래와 같다.

① 〈2017.3.13.일자로 삭제〉

② 정신질환 입원수가

| 명 칭 \ 입원기간 | 수가코드 | | | |
|---|---|---|---|---|
| | 입원 후 1일~90일 | 입원 후 91일~180일 | 입원 후 181일~360일 | 입원 후 361일 이상 |
| 정신질환 입원수가 G1등급(병원이상) | AR341 | AR351 | AR361 | AR331 |
| 정신질환 입원수가 G2등급(병원이상) | AR342 | AR352 | AR362 | AR332 |
| 정신질환 입원수가 G3등급(병원이상) | AR343 | AR353 | AR363 | AR333 |
| 정신질환 입원수가 G4등급 | AR346 | AR356 | AR366 | AR336 |
| 정신질환 입원수가 G5등급 | AR347 | AR357 | AR367 | AR337 |

③ 정신질환 낮병동수가

| 명 칭 | 수가코드 |
|---|---|
| 정신질환 낮병동수가 G1등급(병원이상) | AR201 |
| 정신질환 낮병동수가 G2등급(병원이상) | AR202 |
| 정신질환 낮병동수가 G3등급(병원이상) | AR203 |
| 정신질환 낮병동수가 G4등급 | AR206 |
| 정신질환 낮병동수가 G5등급 | AR207 |

④ 정신질환 외박수가

| 명 칭 | 수가코드 |
|---|---|
| 정신질환 외박수가 G1등급(병원이상) | AR401 |
| 정신질환 외박수가 G2등급(병원이상) | AR402 |
| 정신질환 외박수가 G3등급(병원이상) | AR403 |
| 정신질환 외박수가 G4등급 | AR406 |
| 정신질환 외박수가 G5등급 | AR407 |

(3) 〔**정신건강의학과 입원 중 다른 진료과 의뢰**〕 ①정신질환자가 정신건강의학과 의료진으로 진료가 곤란한 외과적 수술을 요하는 경우 등의 질환이 발생하여 부득이 입원도중 동일 의료급여기관의 다른 진료과목 전문의에게 협진 의뢰하여 진료한 경우에는 별도 행위별 수가로 적용 청구한다. 다만, 정신건강의학과 의료진으로도 진료가 가능한 간단한 상병(예 : 소화불량, 감기 등)의 진료비용은 정신건강의학과 입원수가에 포함되어 있으므로 별도로 산정할 수 없다. 이 경우 해당 행위별수가 적용 입원명세서 상해외인란에 반드시 "E"를 표기하되, 입원일수란에 "0"을 기재하고, 당월진료일수란에는 정신건강의학과 진료일수(원내투약일수 포함)를 제외한 타 상병에 대한 진료일수만을 기재토록 하며 정신건강의학과 진료일수를 초과하지 않을 경우 "0"으로 기재한다.
②정신질환자가 정신건강의학과 의료진으로 진료가 곤란한 다른 진료과목에 해당하는 질환이 발생하였으나 해당 의료급여기관 인력·시설·장비로는 치료가 곤란하여 다른 의료급여기관으로 외래진료를 의뢰한 경우 명세서는 의뢰받은 의료급여기관에서 행위별로 외래수가를 적용하여 외래명세서에 작성·청구하되, 명세서 상해외인란에 "E"표기하고 명세서 여백에 다른 의료급여기관 정신질환자 진료의뢰건임을 명기한다. 이 경우 의료급여기관 종별가산율은 의뢰받은 의료급여기관의 종별가산율을 적용하고, 본인일부부담금은 입원본인부담률을 적용한다.

(4) 〔**다른 진료과 입원 중 정신건강의학과 의뢰**〕 〈2017.3.13일자로 삭제〉

(5) 〔**촉탁의의 정신질환자 진료**〕 〈2017.3.13일자로 삭제〉

(6) 〔**정신질환 정액수가 진료 시 선별급여 청구**〕 정신질환자의 정신건강의학과 진료시 제23조 2에 해당하는 항목을 실시한 경우에는 상해외인란에 반드시 "O"를 기재하여 별도의 행위별 명세서에 분리 청구하되, 입 · 내원일수란에 "0"으로 기재한다.

(7) 〔**정신질환 외래진료 시 항정신병 장기지속형주사제 청구**〕 제17조의9 제2항의 주사제의 경우 4항(주사료)의 (I)란에 기재한다.

(8) 〔**퇴원 투약비용 등의 별도 산정**〕 정신건강의학과 입원 중 투여한 약품비 및 입원 진료 후 퇴원 투약비용 등을 제1조에 따라 별도 산정하는 경우 제X항 각목의 분류에 따라 기재한다.

### 바. 혈액투석 정액수가 명세서 작성

(1) 〔**혈액투석 외래 정액수가 기재방법**〕 ①의료급여수가기준 제1장제7조의 혈액투석 외래 정액수가(O9991)는 의료급여비용명세서 제Z항의 "혈액투석 정액"란에 기재한다.
②제1항에 따른 혈액투석 정액란의 혈액투석 정액수가에 포함된 진찰료, 혈액투석수기료, 재료대, 투석액, 필수경구약제 및 Erythropoietin제제 등 진료내역을 상대가치점수 및 요양급여비용 작성요령에 따라 진찰료, 투약료 및 처방전, 주사료, 마취료, 이학요법료,

정신요법료, 처치 및 수술료, 검사료, 영상진단 및 방사선 치료료, 특수장비 등 순서로 코드, 분류, 상한가, 단가, 1회 투약량[3항(투약료 및 처방전), 4항(주사료) 의약품인 경우만 해당], 1일 투여량 또는 투여(실시)횟수, 총투여일수 또는 실시횟수, 금액 등을 명세서 각각의 항·목에 기재한다.

(2) **〔혈액투석 정액수가 이외 행위별 분리청구〕** ①의료급여 혈액투석정액 외래진료 당일 동일 진료과목 의사가 혈액투석을 위한 정맥내카테터삽입술 또는 혈관중재시술 등을 실시한 경우 및 만성신부전 관련 합병증이 아닌 다른 상병으로 진료를 실시한 경우 별도의 행위별 수가로 명세서를 분리하여 청구한다. 이 경우 행위별수가 적용 명세서의 상해외인란에 반드시 "M"을 표기하되, 내원일수란에 "0"을 기재한다. 혈관중재시술 등의 해당 범주는 혈관조영촬영, 인공신장투석을 위한 동정맥루의 교정술, 중재적 방사선시술이며, 관련 조영제 및 재료대 등의 청구방법은 요양급여비용 작성요령에 따른다.
② 의료급여 혈액투석 외래진료 당일 제23조2에 해당하는 항목을 실시한 경우에는 상해외인란에 반드시 "O"를 기재하여 별도의 행위별 명세서에 분리 청구하되, 내원일수란에 "0"을 기재한다.

## 제5장 의료급여 본인일부부담금 작성요령

### 가. 1 · 2차 의료급여 공통

(1) **〔명세서 분리작성〕** ①1, 2차 의료급여별로 본인일부부담금이 변경된 수급권자의 경우 변경전 진료분과 변경후 진료분을 별도의 명세서에 각각 구분 작성하여야 한다.
②1종수급권자가 제1차의료급여기관(보건소, 보건지소, 보건진료소, 약국 제외)·제2차의료급여기관·제3차의료급여기관에서 외래진료를 받는 경우 의료급여기관 1회 방문당 본인일부부담금이 처방전 발행여부 또는 직접 조제여부에 따라 상이하므로, 처방전을 발행한 경우 "처방전 발급횟수"를 기재하고, 처방전 발행 없이 직접 조제만 이루어진 경우에는 "직접 조제 횟수"를 기재하되, 처방전 발행과 직접 조제가 동시에 이루어진 경우에는 "직접 조제 횟수"를 기재하지 아니 한다.
③2종수급권자가 제1차의료급여기관(약국제외)에서 외래진료를 받거나 또는 2종수급권자 중 만성질환자(만성신부전환자, 혈우병환자, 대사장애환자, 근육병환자, 장기이식환자)가 제2차의료급여기관(제3차의료급여기관 제외)에서 의료급여수가기준 제2장제17조에서 정한 외래진료를 받는 경우 의료급여기관 1회 방문당 본인일부부담금이 처방전 발행여부 또는 직접 조제여부에 따라 상이하므로, 처방전을 발행한 경우 "처방전 발급횟수"를 기재하고, 처방전 발행 없이 직접 조제만 이루어진 경우에는 "직접 조제 횟수"를 기재하되, 처방전 발행과 직접 조제가 동시에 이루어진 경우에는 "직접 조제 횟수"를 기재하지 아니 한다.

④2종수급권자가 영 [별표 1] 제2호다목의 규정에 의한 본인부담면제에 해당되는 경우에는 기왕증 등과는 구분하여 명세서를 각각 작성한다.

(2) 〔**편철**〕 동일인이 동일 청구 주기분에 본인일부부담금 변경이 있는 경우는 입원 · 외래 불문하고 본인일부부담금 변경 전 · 후의 급여비용을 각각의 명세서에 구분 작성하되, 연계심사가 가능하도록 앞뒤로 편철한다.

(3) 〔**진료개시일**〕 본인일부부담금의 변경으로 인해 연도별로 분리 작성되는 명세서의 진료개시일은 연속진료인 경우에도 해당 명세서상의 최초 진료일자를 기재한다.

## 나. 본인일부부담금

(1) 〔**1종수급권자 입원진료**〕 1종수급권자의 입원진료시 급여비용은 전액 기금에서 부담하므로 본인일부부담금이 발생하지 아니한다. 다만, 식대 본인부담면제대상자 및 정신건강의학과정액수가 산정 대상자 이외의 자는 식대 소정금액의 100분의 20[중증질환자에게 해당 중증질환(합병증 포함)으로 진료한 경우에는 100분의 5]에 해당하는 금액을 부담하고, 「의료급여법 시행령」[별표1] 제3호 나목에 따른 상급종합병원, 종합병원, 병원, 한방병원 및 요양병원(「장애인복지법」제58조제1항제4호에 따른 의료재활시설로서 「의료법」제3조의2의 요건을 갖춘 의료기관인 요양병원으로 한정한다.) 및 정신병원에서 일반병상 중 2·3인실을 이용하는 경우 및 라목에 따른 추나요법을 실시하는 경우에는 그 비용에 한정하여 기금에서 부담하는 금액을 제외한 금액을 본인이 부담한다.

(2) 〔**1종수급권자 외래진료**〕

① 공통사항

- 1종수급권자 중 본인부담면제자의 경우에는 급여비용을 전액 기금에서 부담하므로 본인일부부담금이 발생하지 아니한다.
- 의료급여기관의 설치목적이나 법인의료기관의 정관 등에 의거 본인일부부담금을 전액 면제 또는 일부 감면하는 경우와 수급권자측 또는 의료급여기관측의 사정으로 본인일부부담금을 전혀 부담하지 못하였거나 일부만 부담한 경우는 본인일부부담금란에 실제 수급권자가 부담한 금액(부담 못한 경우"0"으로 표기)을 기재하여야 한다.

② 제1차의료급여기관

- 1종수급권자가 제1차의료급여기관에서 외래 진료시 본인일부부담금은 처방전 발행 없이 의약품을 직접 조제 받은 경우 1회 방문당 1,500원, 그 이외의 경우(동일에 직접 조제와 처방전 발행이 동시에 이루어진 경우 포함)에는 1,000원을 본인이 부담한다. 다만, 보건기관(보건의료원 제외)에서 의료급여를 받은 경우에는 의약품 직접 조제여부와 관계없이 본인부담금이 발생하지 아니한다.

③ 제2차의료급여기관

- 1종수급권자가 제2차의료급여기관에서 외래 진료시 본인일부부담금은 처방전 발행 없이 의약품을 직접 조제 받은 경우 2,000원, 그 이외의 경우(동일에 직접 조제와 처방전 발행이 동시에 이루어진 경우 포함)에는 1,500원을 본인이 부담한다.

④ 제3차의료급여기관

- 1종수급권자가 제3차의료급여기관에서 외래 진료시 본인일부부담금은 처방전 발행 없이 의약품을 직접 조제 받은 경우 2,500원, 그 이외의 경우(동일에 직접 조제와 처방전 발행이 동시에 이루어진 경우 포함)에는 2,000원을 본인이 부담한다.

⑤ CT, MRI 및 PET를 실시하였을 경우

- 1종수급권자가 제1차제2차제3차의료급여기관에서 CT, MRI 또는 PET를 실시한 경우 본인일부부담금은 CT, MRI 또는 PET총액의 5%로 산정하되 10원 미만의 단수가 있을 때에는 이를 절사한 금액으로 기재한다.

⑥ 약국 조제시

- 1종수급권자가 의료급여기관에서 발급받은 처방전에 의해 약국 또는 한국희귀의약품센터에서 처방조제를 한 경우 처방전 1매당 500원을 본인이 부담하되, 보건소 및 보건지소에서 발행한 처방전에 의한 경우에는 본인일부부담금이 발생하지 아니한다.
- 1종수급권자가 의사의 처방전 없이 의약분업 예외지역 약국에서 직접 조제받은 경우에는 1회 방문당 900원을 본인이 부담한다.
- 의료급여비용총액1이 본인이 부담할 금액보다 적은 경우에는 그 의료급여비용의 전부를 본인이 부담한다.
- 다만, 제17조 7의 해당 상병으로 상급종합병원 또는 종합병원의 의사가 발행한 처방전에 의해 약국에서 조제받은 경우 약국요양급여비용 총액의 3%를 본인이 부담하되, 본인부담금액이 500원 미만이 되는 경우 처방전 1매당 500원을 본인이 부담한다.

⑦ 제17조의9 제2항에 의한 주사제를 투여하는 경우

- 1종 수급권자가 제1차·제2차·제3차의료급여기관에서 정신건강의학과 외래진료 시 제17조9 제2항에 의한 주사제를 투여하는 경우 본인부담금은 해당 약제비용총액의 10%를 기재한다.

⑧ 「의료급여법 시행령」[별표1] 제3호 라목에 의한 추나요법을 실시하는 경우

- 1종 수급권자가 추나요법을 실시하는 경우 해당 급여비용에 한정하여 기금에서 부담하는 금액을 제외한 금액을 본인이 부담한다.

(3) 〔**1종수급권자 노인틀니 및 치과임플란트**〕 만 65세이상 1종수급권자가 제1차 · 제2차 · 제3차의료급여기관에서 틀니에 대한 의료급여를 실시한 경우 본인일부부담금은 의료급여비용총액1의 5%를 산정하고, 치과임플란트에 대한 의료급여를 실시한 경우 본인일부부담금은 의료급여비용총액1의 10%를 산정하되, 10원 미만의 단수가 있을 때에는 이를 절사한 금액으로 기재한다.

(4) 〔**2종 수급권자 입원진료**〕

① 2종수급권자가 입원진료를 받은 경우

- 식대, 치면열구전색술, 추나요법, 일반병상 중 2·3인실 입원료를 제외한 의료급여비용총액1의 100분의10(중증질환자, 자연분만, 6세미만 아동, 제왕절개분만의 경우 100분의 0, 고위험 임신부 진료 및 치매질환 진료의 경우 본인부담 100분의5, 6세 이상 15세 이하 아동 진료의 경우 본인부담 100분의3)에 입원진료시 제공된 식대 소정금액의 100분의 20[중증질환자에게 해당 중증질환(합병증 포함)으로 진료한 경우에는 100분의 5, 식대 본인부담면제대상자의 경우 100분의0, 정신건강의학과 정액수가 산정대상자는 제외], 15세초과 18세이하 치면열구전색술금액의 100분의 5를 합한 금액을 본인이 부담하고, 「의료급여법 시행령」[별표1] 제3호 나목에 따른 상급종합병원, 종합병원, 병원, 한방병원 및 요양병원(「장애인복지법」제58조제1항제4호에 따른 의료재활시설로서 「의료법」제3조의2의 요건을 갖춘 의료기관인 요양병원으로 한정한다.) 및 정신병원에서 일반병상 중 2·3인실을 이용하는 경우에는 그 입원료에 한정하여 기금에서 부담하는 금액을 제외한 금액을 본인이 부담하며, 「의료급여법 시행령」[별표1] 제3호 라목에 따른 추나요법을 실시하는 경우에는 그 비용에 한정하여 기금에서 부담하는 금액을 제외한 금액을 본인이 부담한다.
- 의료급여기관의 설치목적이나 법인의료기관의 정관 등에 의거 본인부담금을 전액 면제 또는 일부 감면하는 경우와 수급권자측 또는 의료급여기관측의 사정으로 본인부담금을 전혀 부담하지 못하였거나 일부만 부담한 경우는 본인일부부담금란에 실제 수급권자가 부담한 금액(부담 못한 경우 "0"으로 표기)을 기재하여야 하고, 영 별표 제2호다목에 따른 본인부담면제에 해당되는 경우 본인일부부담금을 "0"으로 기재하며, 기왕증 등은 실제 본인이 부담한 금액을 기재한다.

② 장애인의료비

- 2종수급권자가 장애인인 경우 본인일부부담금 전액이 장애인의료비에서 지급(중증질환자, 자연분만, 6세 미만 아동, 제왕절개분만의 경우 본인부담 '0', 고위험 임신부 진료 및 치매질환의 경우 본인부담 '5%', 6세 이상 15세 이하 아동 진료의 경우 본인부담 '3%')되므로 실제 본인부담금은 발생하지 아니한다. 다만, 입원진료시 제공된 식대의 100분의 20[중증질환자에게 해당 중증질환(합병증 포함)으로 진료한 경우에는 100분의 5, 식대 본인부담면제대상자의 경우에는 100분의0, 정신건강의학과 정액수가 산정대상자는 제외)]에 해당

하는 금액은 본인이 부담하고, 「의료급여법 시행령」[별표1] 제3호 나목에 따른 상급종합병원, 종합병원, 병원, 한방병원 및  요양병원(「장애인복지법」제58조제1항제4호에 따른 의료재활시설로서 「의료법」제3조의2의 요건을 갖춘 의료기관인 요양병원으로 한정한다.) 및 정신병원에서 일반병상 중 2·3인실을 이용하는 경우 및 라목에 따른 추나요법을 실시하는 경우에는 그 비용에 한정하여 기금에서 부담하는 금액을 제외한 금액을 본인이 부담한다.

③ 대지급금

- 2종수급권자가 입원진료를 받은 경우 본인일부부담금이 대지급금 기준액을 초과하여 대불한 경우, 실제 본인이 부담한 금액을 기재한다. 다만, 대지급금이 발생된 건을 월별로 분할하여 청구시 실제 본인이 부담한 금액이 없는 경우는 "0"으로 기재한다.

(5) **〔2종수급권자 외래진료〕**

① 공통사항

- 의료급여기관의 설치목적이나 법인의료기관의 정관 등에 의거 본인일부부담금을 전액 면제 또는 일부 감면하는 경우와 수급권자측 또는 의료급여기관측의 사정으로 본인일부부담금을 전혀 부담하지 못하였거나 일부만 부담한 경우는 본인일부부담금란에 실제 수급권자가 부담한 금액(부담 못한 경우 "0"으로 표기)을 기재하여야 한다.

② 제1차의료급여기관

- 2종수급권자가 제1차의료급여기관 외래에서 본인일부부담금은 처방전 발행 없이 의약품을 직접 조제 받은 경우 1회 방문당 1,500원, 그 이외의 경우(동일에 직접 조제와 처방전 발행이 동시에 이루어진 경우 포함)에는 1,000원을 본인이 부담한다. 다만, 보건기관(보건의료원 제외)에서 의료급여를 받은 경우 및 1세 미만인 수급권자의 경우에는 의약품 직접 조제여부와 관계없이 본인부담금이 발생하지 아니한다.
- 2종 수급권자가 장애인인 경우 장애인의료비에서 750원을 부담하므로 처방전 발행 없이 의약품을 직접 조제 받은 경우 본인일부부담금란에 750원, 장애인의료비란에 750원을 기재하고, 그 이외의 경우(동일에 직접 조제와 처방전 발행이 동시에 이루어진 경우 포함)에는 본인일부부담금란에 250원, 장애인의료비란에는 750원을 기재한다.

③ 제2차의료급여기관

- 2종수급권자가 제2차의료급여기관 외래에서 의료급여를 받은 경우 의료급여비용총액1의 15%(임신부, 등록 조산아, 저체중 출생아, 치매질환, 조현병, 1세 미만인 수급권자의 경우 5%, 그 외 정신질환의 경우 10%)를 본인일부부담금란에 기재하고, 2종수급권자가 장애인인 경우 본인일부부담금 전액이 장애인의료비에서 지급되므로 본인일부부담금란에는 "0", 장애인의료비란에는 의료급여비용총액1의 15%(임신부, 등록 조산아, 저체중 출생아, 치매질환, 조현병, 1세 미만인 수급권자의 경우 5%, 그 외 정신질환의 경우 10%)를 각각 기재한다.

- 2종수급권자 중 만성질환자(만성신부전증환자, 혈우병환자, 대사장애환자, 근육병환자, 장기이식환자)가 외래에서 의료급여수가의 기준 및 일반기준 제2장 제17조에서 정한 의료급여를 받은 경우 의료급여기관 1회 방문당 처방전 발행 없이 의약품을 직접 조제 받은 경우 의료급여기관에서의 본인일부부담금은 1,500원, 그 이외의 경우(동일에 직접 조제와 처방전 발행이 동시에 이루어진 경우 포함)에는 1,000원을 본인이 부담한다. 다만, 만성질환자가 1세 미만인 경우 본인일부부담금이 발생하지 아니하고, 만성질환자가 장애인인 경우 본인일부부담금 전액이 장애인의료비에서 지급되므로 본인일부부담금란에는 "0"을 장애인의료비란에는 1,000원(또는 1,500원)을 각각 기재한다.

④ 제3차의료급여기관

- 2종수급권자가 제3차의료급여기관 외래에서 의료급여를 받는 경우 수급권자의료급여비용총액의 15%(임신부, 등록 조산아, 저체중 출생아, 치매질환, 조현병, 1세 미만인 수급권자의 경우 5%, 그 외 정신질환의 경우 10%)를 본인일부부담금란에 기재하고, 2종수급권자가 장애인인 경우 본인일부부담금 전액이 장애인의료비에서 지급되므로 본인일부부담금란에는 "0", 장애인의료비란에는 의료급여비용총액1의 15%(임신부, 등록 조산아, 저체중 출생아, 치매질환, 조현병, 1세 미만인 수급권자의 경우 5%, 그 외 정신질환의 경우 10%)를 각각 기재한다.

⑤ CT, MRI 및 PET를 실시하였을 경우

- 2종수급권자가 제1차의료급여기관에서 CT, MRI 또는 PET를 실시한 경우 본인일부부담금은 CT, MRI 또는 PET총액의 15%(1세 미만인 수급권자의 경우 '0', 임신부, 등록 조산아 및 저체중 출생아, 치매질환의 경우 5%)에 실제로 본인이 납부한 금액(1,000원 또는 1,500원 또는 0원)을 합하여 산정하되 10원 미만의 단수가 있을 때에는 이를 절사한 금액으로 기재한다.
- 2종수급권자가 제2차의료급여기관에서 CT, MRI 또는 PET를 실시한 경우 본인일부부담금은 CT, MRI 또는 PET를 포함한 의료급여비용총액1의 15%(임신부, 등록 조산아 및 저체중 출생아, 치매질환, 1세 미만인 수급권자의 경우 5%)로 산정하되 10원 미만의 단수가 있을 때에는 이를 절사한 금액으로 기재한다. 다만, 만성질환자(만성신부전증환자, 혈우병환자, 대사장애환자, 근육병환자, 장기이식환자)의 본인일부부담금은 CT, MRI 또는 PET총액의 15%(임신부, 등록 조산아 및 저체중 출생아, 치매질환, 1세 미만인 수급권자의 경우 5%)에 실제로 본인이 납부한 금액(1,000원 또는 1,500원 또는 0원)을 합하여 산정한다.
- 제3차의료급여기관에서 CT, MRI 또는 PET를 실시한 경우 본인일부부담금은 CT, MRI 또는 PET를 포함한 의료급여비용총액1의 15%(임신부, 등록 조산아 및 저체중 출생아, 치매질환, 1세 미만인 수급권자의 경우 5%)로 산정하되 10원 미만의 단수가 있을 때에는 이를 절사한 금액으로 기재한다.

- 2종수급권자가 장애인인 경우 제1차의료급여기관에서 CT, MRI 또는 PET를 실시한 경우 본인일부부담금란에는 CT, MRI 또는 PET총액의 15%(1세 미만인 수급권자의 경우 '0', 임신부, 등록 조산아 및 저체중 출생아, 치매질환의 경우 5%)에 실제로 본인이 의료급여기관에 납부한 금액(250원 또는 750원 또는 0원)을 합하여 기재하고, 제2차·제3차의료급여기관에서 CT, MRI 또는 PET를 실시한 경우 본인일부부담금란에는 "0", 장애인의료비란에는 의료급여비용총액1의 15%(임신부, 등록 조산아 및 저체중 출생아, 치매질환, 1세 미만인 수급권자의 경우 5%)를 각각 기재한다.

⑥ 약국 조제시

- 2종수급권자가 의료급여기관에서 발행한 처방전에 의해 약국 또는 한국희귀의약품센터에서 처방조제를 한 경우 처방전 1매당 500원을 본인이 부담하되, 보건소 및 보건지소에서 발행한 처방전에 의한 경우에는 본인일부부담금이 발생하지 아니한다.
- 2종수급권자가 의사의 처방전 없이 의약분업 예외지역 약국에서 직접 조제한 경우에는 1회 방문당 900원을 본인이 부담한다.
- 의료급여비용총액1이 본인이 부담할 금액보다 적은 경우에는 그 의료급여비용의 전부를 본인이 부담한다.
- 다만, 제17조 7의 해당 상병으로 상급종합병원 또는 종합병원의 의사가 발행한 처방전에 의해 약국에서 조제받은 경우 약국요양급여비용 총액의 3%를 본인이 부담하되, 본인부담금액이 500원 미만이 되는 경우 처방전 1매당 500원을 본인이 부담한다.

⑦ 제17조의9 제2항에 의한 주사제를 투여하는 경우

- 2종 수급권자가 제1차의료급여기관에서 정신건강의학과 외래진료 시 제17조9 제2항에 의한 주사제를 투여하는 경우 본인일부부담금은 해당 약제비용총액의 10%에 1,500원을 합하여 기재한다.
- 2종수급권자가 제2차·제3차의료급여기관에서 정신건강의학과 외래진료 시 제17조9 제2항에 의한 주사제를 투여하는 경우 본인일부부담금은 해당 약제비용총액의 10%와 해당 약제비용총액을 제외한 의료급여비용총액1의 15%(조현병의 경우 5%, 그 외 정신질환의 경우 10%)를 합하여 기재한다.
- 2종수급권자가 장애인인 경우 제1차의료급여기관에서 제17조의9 제2항에 의한 주사제를 투여하는 경우 본인일부부담금은 해당 약제비용총액의 10%에 실제로 본인이 의료급여기관에 납부한 금액(250원 또는 750원)을 합하여 기재하고, 제2차·3차의료급여기관에서 제17조의9 제2항에 의한 주사제를 투여하는 경우에는 본인일부부담금란에는 "0", 장애인의료비란에는 해당 약제비용총액의 10%와 해당 약제비용총액을 제외한 의료급여비용총액1의 15%(조현병의 경우 5%, 그 외의 정신질환의 경우 10%)를 합하여 기재한다.

⑧ 치면열구전색술을 하는 경우

- 18세이하 2종수급권자가 제2차·제3차의료급여기관에서 의료급여대상에 해당하는 치면열구전색술(치아홈메우기)을 실시한 경우 본인일부부담금은 해당 행위비용총액의 5%와 해당 행위비용총액을 제외한 의료급여비용 총액1의 15%를 합하여 기재한다.

⑨ 「의료급여법 시행령」[별표1] 제3호 라목에 의한 추나요법을 실시하는 경우

- 2종 수급권자(장애인 포함)가 추나요법을 실시하는 경우 해당 급여비용에 한정하여 기금에서 부담하는 금액을 제외한 금액을 본인이 부담한다.

(6) **[2종수급권자 노인틀니 및 치과임플란트]** 만 65세이상 2종수급권자가 제1차 · 제2차 · 제3차의료급여기관에서 틀니에 대한 의료급여를 실시한 경우 본인일부부담금은 의료급여비용총액1의 15%를 산정하고, 치과임플란트에 대한 의료급여를 실시한 경우 본인일부부담금은 의료급여비용총액1의 20%를 산정하되, 10원 미만의 단수가 있을 때에는 이를 절사한 금액으로 기재한다.

(7) **〔사회복지시설의 촉탁의 진료〕** 〈2018.8.1일자로 삭제〉

## 제6장 기 타

(1) **〔청구권 소멸시효〕** 의료급여에 소요된 비용은 의료급여법 제31조에 의거 진료가 종료된 후 3년 이내에 청구하지 않으면 그 권리가 소멸된다.

(2) **〔추가청구〕** 의료급여비용심사결과 통보 후 부분누락에 대한 추가 청구분이 발생한 의료급여기관에서는 누락부분에 대한 청구서 및 명세서를 작성하여 심사평가원에 청구한다. 이때 기 청구분의 명세서 사본 및 해당 진료기록부 사본을 첨부하여야 한다.

(3) 〈2008.1.1일자로 삭제〉

**[별표 1의2]** 〈삭 제 '18.7.1〉

**[별표 2]**

## 의료급여 희귀질환자 및 중증난치질환자 산정특례 대상

| 구 분 | 대 상 |
|---|---|
| 1 | 만성신부전증의 경우 |
| | 가. 혈액투석을 실시하는 사람 |
| | 나. 복막투석을 실시하는 사람 |
| 2 | 혈우병(D68.4) |
| 3 | 장기이식의 경우 |
| | 가. 간이식을 받은 사람 |
| | 나. 췌장이식을 받은 사람 |
| | 다. 심장이식을 받은 사람 |
| | 라. 신장이식을 받은 사람 |
| | 마. 폐이식을 받은 사람 |
| | 바. 소장이식을 받은 사람 |
| 4 | 아래 상병의 경우 |
| | 건강보험의 「본인일부부담금 산정특례에 관한 기준」 [별표4] "희귀질환자 산정특례 대상"의 구분 1., 구분2. 및 [별표4의2] "중증난치질환자 산정특례대상"의 구분 5.의 상병 |
| 5 | 제17조의2제5항에 따라 등록된 극희귀질환자 |
| 6 | 구분 4에 해당되지 않는 희귀질환으로 제17조의2제5항에 따라 등록된 상세불명희귀질환자 |
| 7 | 제17조의2제5항에 따라 등록된 기타염색체이상질환자 |

**[별표 3]** 삭제

**[별표 4]**

## 의료인 등 인력 확보수준에 따른 정신건강의학과 입원료 차등제 적용기준

(제9조제5항 관련)

1. 일반사항 및 현황통보

가. 의료인 등 인력별 기여가중치는 정신건강의학과 의사, 정신건강의학과 간호사, 정신건강전문요원을 각각 0.5, 0.35, 0.15로 한다.

나. 신규개설기관의 기관등급 산정기준

(1) 분기 둘째달 15일 이전 개설기관의 해당 분기의 기관등급은 G3(단, 제1차의료급여기관의 기관등급은 G4)로 하고, 다음 분기의 기관등급은 다음의 기준에 따라 산정한다.

(가) 입원환자수는 개설 당일부터 해당 분기의 마지막월 14일까지의 입원환자를 평균하여 산정한다.

(나) 의사, 간호 인력 및 정신건강전문요원 인력은 개설 당일부터 해당 분기 마지막월 14일까지의 재직일수를 평균하여 산정한다.

(다) 〈 2020.7.1.일자로 삭제 〉

(2) 분기 둘째달 16일 이후 개설기관의 해당 분기 및 다음 분기의 기관등급은 G3(단, 제1차의료급여기관의 기관등급은 G4)로 한다.

(3) 폐업 후 동일 장소에 다른 의료급여기관이 개설된 경우 개설자, 의료급여기관명칭 및 관리의사가 변경되었더라도 진료와 관련된 진료기록 일체를 개설 의료급여기관이 인수한 경우에는 폐업한 의료급여기관의 기관등급을 적용한다.

다. 현황통보

(1) 정신건강의학과 전문의료급여기관(병원 및 종합병원급의 정신건강의학과 포함)은 매분기말 20일까지 별지 제18호 서식의 의료급여 정신건강의학과 입원료 차등제 산정현황 통보서를 아래와 같이 건강보험심사평가원에 정보통신망으로 제출하여야 하며, 미제출기관의 기관등급은 G5로 산정하되, 다만, 제출기간을 도과하여 적용분기 전일까지 부득이한 사유를 소명하여 제출하는 경우에 한하여 확인된 기관 등급을 적용한다.

(2) 통보서 내용 중 정신건강의학과 의사, 정신건강의학과 간호사 및 정신건강전문요원 인력현황과 정신건강의학과 병동 운영현황이 변경된 경우 각각 「국민건강보험법 시행규칙」

별지 제17호 서식인 요양기관 현황 변경 신고서 상의 의료인 및 의료기사 등 인력 변경사항, 「요양급여의 적용기준 및 방법에 관한 세부사항」 별지 제3호 서식인 요양기관 병동별 병상 운영현황 통보서와 별지 제4호 서식인 요양기관 간호인력 일반현황 통보서, 「의료급여수가의 기준 및 일반기준」 별지 제19호 서식인 정신건강전문요원인력 일반현황 통보서를 정보통신망으로 지체없이 제출하여야 한다.

| 대상 분기 | 인력 및 환자수 산정 대상기간 | 통보서 제출기한 | 기관등급 적용기간 |
|---|---|---|---|
| 1/4분기 | 12.15~3.14 | 3.20 | 4.1~6.30 |
| 2/4분기 | 3.15~6.14 | 6.20 | 7.1~9.30 |
| 3/4분기 | 6.15~9.14 | 9.20 | 10.1~12.31 |
| 4/4분기 | 9.15~12.14 | 12.20 | 1.1~3.31 |

## 2. 입원환자수 적용기준

가. 정신건강의학과 전문의료급여기관(병원 및 종합병원급의 정신건강의학과 포함)은 정신건강의학과 입원환자, 정신건강의학과 낮병동환자, 정신건강의학과 외래환자를 일자별로 관리하여야 한다.

나. 입원환자수는 전전분기 마지막월 15일부터 전분기 마지막월 14일까지 한국표준질병사인분류항목 중 정신질환(F00-F99, G40, G41)으로 정신건강의학과에서 진료받은 입원환자의 평균으로 소수점 셋째 자리에서 절사한다.

(1) 입원환자수 산정시 정신건강의학과에서 정신질환(F00-F99, G40, G41)으로 진료받은 건강보험 환자를 포함한다.

(2) 낮병동환자 1인은 입원환자 0.5인으로, 외래환자 3인은 입원환자 1인으로 환산하여 입원환자수에 합산한다.

## 3. 의사인력 적용기준

### 가. 의사인력 기준

(1) 의사는 요양기관 현황 신고서상 의료인 등 인원현황에 신고된 정신건강의학과 전문의 및 레지던트를 기준으로 하며, 연속적 부재기간이 16일 이상인 경우(단, 15일 이하 휴가자 중 대진의가 있는 경우 포함)에는 동 기간 동안 의사인력 산정대상에서 제외한다.

(2) 시간제 또는 격일제 의사는 주3일 이상이면서 주20시간 이상인 경우 0.5인으로 인정하며, 기간제 의사는 근무시간 등 근무조건이 정규직 근무자와 동일하면서 3개월 이상 고용계약을 체결한 경우에는 1인으로 산정한다.

(3) 정신건강의학과 레지던트 1인은 정신건강의학과 전문의 0.5인으로 환산하여 정신건강의학과 의사수에 합산한다.

### 나. 의사인력 확보수준에 따른 배점 산정방법

(1) 의사수는 전전분기 마지막월 15일부터 전분기 마지막월 14일까지 재직일수의 평균으로 소수점 셋째자리에서 반올림한다.

(2) 제2호나목에 따른 평균입원환자수를 (1)의 평균 의사수로 나눠 정신건강의학과 의사 1인당 입원환자수(소수점 셋째 자리에서 절사)를 구한 후, 그 값에 해당하는 인력별 배점을 제7호에 따라 산정한다.

(3) (2)에 따른 인력별 배점에 의사의 기여가중치인 0.5를 곱하여 기관 등급별 점수 산정에 반영한다.

## 4. 간호인력 적용기준

### 가. 간호사수 적용기준

(1) 간호인력은 정신건강의학과 입원병동, 정신건강의학과 낮병동, 정신건강의학과 외래병동에 배치되어 실제 환자간호를 전담하고 있는 간호사와 이에 대한 간호업무를 보조하는 간호조무사를 의미하며, 「요양급여의 적용기준 및 방법에 관한 세부사항」 별지 제4호 서식인 요양기관 간호인력 일반현황 통보서에 신고된 자를 기준으로 한다.

(2) 간호조무사 1인은 신고된 간호사수의 4분의 3 범위 안에서 간호사 1인으로 산정한다.

(3) 정신건강의학과 병동에 배치되어 있지만 환자간호를 전담하지 않는 간호인력(간호감독, 전임노조, 가정간호사, 호스피스 간호사 등), 정신건강의학과 병동이 아닌 일반병동에 배치되어 정신건강의학과와 타과 환자의 간호를 병행하는 간호인력, 일반병동과 특수병동을 순환 또는 파견(PRN 포함) 근무하는 간호인력은 산정대상에서 제외하고, 연속적 부재기간이 16일 이상인 경우에는 동 기간 동안 간호인력 산정대상에서 제외한다.

(4) 계약직 및 단시간 근무 간호인력은「기간제 및 단시간근로자 보호에 관한 법률」제17조(근로조건의 서면명시)를 준수하고, 계약직의 경우에는 3개월 이상의 고용계약을 체결한 경우에 산정한다.

(5) 전일제 근무 간호 인력으로 1주간의 근로시간이 휴게시간을 제외하고 월평균 40시간 이상인 근무자는 1인으로 산정한다. 다만, 계약직 간호조무사는 전일제인 경우에만 3인을 2인으로 산정한다.

(6) 단시간 근무 간호사로 1주간의 근로시간이 휴게시간을 제외하고 월평균 40시간 미만인 근무자에 대하여 16(이상)~20시간(미만) 근무자의 경우 0.4인, 20(이상)~24시간(미만) 근무자의 경우 0.5인, 24(이상)~28시간(미만) 근무자는 0.6인, 28(이상)~32시간(미만)

근무자는 0.7인, 32(이상)~36시간(미만) 근무자는 0.8인, 36(이상)~40시간(미만) 근무자는 0.9인으로 산정하며, 「소득세법」 시행규칙 제7조제4호에 의한 의료취약지역 소재 의료급여기관은 각각 0.5인, 0.6인, 0.7인, 0.8인, 0.9인, 1인으로 산정한다. 다만, 계약직 간호사를 고용하는 경우, 정규직 간호사 의무고용비율은 100분의 80으로 한다.

(7) 출산휴가자를 대체하는 간호사는 1주간의 근로시간이 휴게시간을 제외하고 월평균 40시간 이상인 근무자의 경우 1인으로 산정한다.

### 나. 간호인력 확보수준에 따른 배점 산정방법

(1) 간호사수는 전전분기 마지막 월 15일부터 전분기 마지막 월 14일까지 재직일수의 평균으로 산정하되, 소수점 셋째 자리에서 반올림한다.

(2) 제2호나목에 따른 평균 입원환자수를 (1)의 평균 간호사수로 나눠 정신건강의학과 간호사 1인당 입원환자수(소수점 셋째 자리에서 절사)를 구한 후, 그 값에 해당하는 인력별 배점을 제7호에 따라 산정한다.

(3) (2)에 따른 인력별 배점에 간호사의 기여가중치인 0.35를 곱하여 기관등급별 점수 산정에 반영한다.

## 5. 정신건강전문요원인력 적용기준

### 가. 정신건강전문요원인력 기준

(1) 정신건강전문요원은 「정신건강증진 및 정신질환자 복지서비스 지원에 관한 법률」 제17조제2항에 따른 정신건강임상심리사, 정신건강간호사 및 정신건강사회복지사를 말한다.

(2) 정신건강전문요원은 별지 제19호 서식의 정신건강전문요원인력 일반현황 통보서상 신고된 자를 기준으로 하고, 「정신건강증진 및 정신질환자 복지서비스 지원에 관한 법률 시행령」 제12조제2항에 따른 업무를 전담하여 실제 수행하는 경우 산정하며 연속적 부재기간이 16일 이상인 경우에는 동 기간 동안 정신건강전문요원인력 산정대상에서 제외한다.

(3) 주3일 이상이면서 주20시간 이상인 시간제 또는 격일제 정신건강전문요원과 「정신건강증진 및 정신질환자 복지서비스 지원에 관한 법률 시행규칙」 제7조제1항에 따른 수련기관에서 정신건강전문요원의 자격취득을 위하여 수련 중인 자로서 수련기간이 1년을 경과한 자는 0.5인으로 인정하며, 기간제 정신건강전문요원은 근무시간 등 근무조건이 정규직 근무자와 동일하면서 3개월 이상 고용계약을 체결한 경우에는 1인으로 산정한다.

### 나. 정신건강전문요원인력 확보수준에 따른 배점 산정방법

(1) 정신건강전문요원의 수는 전전분기 마지막월 15일부터 전분기 마지막월 14일까지 재직일수의 평균으로 소수점 셋째자리에서 반올림한다.

(2) 제2호나목에 따른 평균 입원환자수를 (1)의 평균 정신건강전문요원수로 나눠 정신건강전문요원 1인당 입원환자수(소수점 셋째 자리에서 절사)를 구한 후, 그 값에 해당하는 인력별 배점을 제7호에 따라 산정한다.

(3) (2)에 따른 인력별 배점에 정신건강전문요원의 기여가중치인 0.15를 곱하여 기관등급별 점수 산정에 반영한다.

### 6. 인력 확보수준에 따른 기관 등급 산정 방법

제3호나목(3), 제4호나목(3) 및 제5호나목(3)의 점수를 합산하여 기관 등급별 점수를 산출한 후, 이에 따른 기관등급을 적용한다.

### 7. 의료인 등 인력 확보수준에 따른 기관등급 산정표

| 기관 등급 | 기관 등급별 점수 | 인력별 배점 | 기여 가중치 | | |
|---|---|---|---|---|---|
| | | | 0.5 | 0.35 | 0.15 |
| | | | 정신건강의학과 의사 1인당 입원환자 | 정신건강의학과 간호사 1인당 입원환자 | 정신건강전문요원 1인당 입원환자 |
| G1 | 5점 | 5점 | 21명 미만 | 6명 미만 | 51명 미만 |
| G2 | 3점 이상 -5점 미만 | 4점 | 21명 이상 -41명 미만 | 6명 이상 -10명 미만 | 51명 이상 -76명 미만 |
| | | 3점 | 41명 이상 -61명 미만 | 10명 이상 -14명 미만 | 76명 이상 -101명 미만 |
| G3 | 2점 이상 -3점 미만 | 2점 | 61명 이상 -81명 미만 | 14명 이상 -18명 미만 | 101명 이상 -126명 미만 |
| G4 | 1점 이상 -2점 미만 | 1점 | 81명 이상 -101명 미만 | 18명 이상 -22명 미만 | 126명 이상 -151명 미만 |
| G5 | 1점 미만 | 0점 | 101명 이상 | 22명 이상 | 151명 이상 |

(비고)

기관등급별 점수

= {(정신건강의학과 의사수 1인당 입원환자수에 따른 인력별 배점) × 0.5}

+ {(정신건강의학과 간호사 1인당 입원환자수에 따른 인력별 배점) × 0.35}

+ {(정신건강전문요원 1인당 입원환자수에 따른 인력별 배점) × 0.15}

**[별지 제1호서식]**

(갑지 앞면)

<table>
<tr><td colspan="5" align="center">왕 진 신 청 서</td></tr>
<tr><td>세대주 성명</td><td></td><td>보장기관명칭</td><td colspan="2"></td></tr>
<tr><td>수급권자 성명</td><td></td><td>주민등록번호</td><td colspan="2"></td></tr>
<tr><td>주 소</td><td colspan="2"></td><td>종별<br>구분</td><td>( )종</td></tr>
<tr><td>보장시설 명칭</td><td colspan="4">(해당 수급권자만 기재)</td></tr>
<tr><td>의료급여기관명칭</td><td colspan="4"></td></tr>
<tr><td>환자상태 및<br>왕진요청사유</td><td colspan="4">(구체적으로 기술할 것)</td></tr>
<tr><td colspan="5">의료수가의 기준 및 일반기준 제15조제3호의 규정에 의하여 위와 같이 왕진을 신청합니다.<br><br>년 월 일<br><br>신청인 : (서명 또는 인)<br><br>수급권자와의 관계 :</td></tr>
<tr><td colspan="5">왕 진 결 정 통 보 서<br><br>위 수급권자의 왕진신청에 대하여 ( )함을 통보합니다.<br><br>년 월 일<br><br>시장·군수·구청장(인)<br><br>병(의)원장 귀하</td></tr>
</table>

(190mmm × 268mmm 신문용지 50g/m)

주: 1. 신청서는 2부 작성하여 1부는 보장기관에 보관하고 1부는 의료급여기관에서 보관합니다.
2. 수급권자가 다수인 경우에는 (을지)를 추가 사용합니다.
3. 환자상태 및 진료요청사유란에는 환자상태, 증상 등의 왕진이 불가피한 사유를 구체적으로 기재하시기 바랍니다.

이 신청서는 아래와 같이 처리됩니다.

(갑지뒷면)

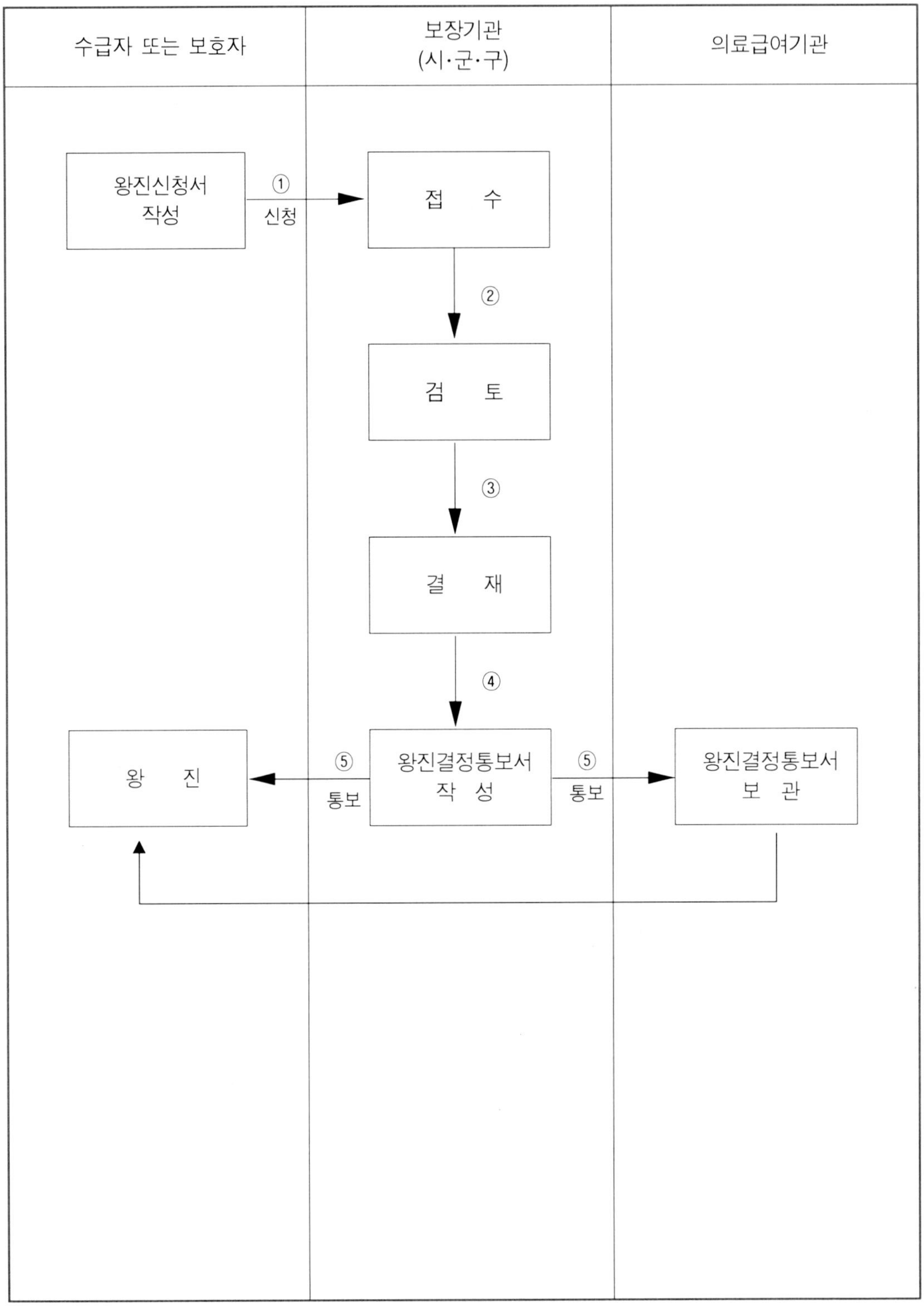

(을지)

<table>
<tr><td>연번</td><td>수급권자성명</td><td></td><td>주민(관리)번호</td><td></td></tr>
<tr><td></td><td>환자상태 및<br>왕진요청사유</td><td colspan="3"></td></tr>
<tr><td rowspan="2"></td><td>수급권자성명</td><td></td><td>주민(관리)번호</td><td></td></tr>
<tr><td>환자상태 및<br>왕진요청사유</td><td colspan="3"></td></tr>
<tr><td rowspan="2"></td><td>수급권자성명</td><td></td><td>주민(관리)번호</td><td></td></tr>
<tr><td>환자상태 및<br>왕진요청사유</td><td colspan="3"></td></tr>
<tr><td rowspan="2"></td><td>수급권자성명</td><td></td><td>주민(관리)번호</td><td></td></tr>
<tr><td>환자상태 및<br>왕진요청사유</td><td colspan="3"></td></tr>
<tr><td rowspan="2"></td><td>수급권자성명</td><td></td><td>주민(관리)번호</td><td></td></tr>
<tr><td>환자상태 및<br>왕진요청사유</td><td colspan="3"></td></tr>
</table>

(190mmm × 268mmm 신문용지 50g/m)

**[별지 제2호서식]**

# 의료급여비용심사결과통보서(의료급여기관용)

의료급여기관기호: 접수번호: 묶음번호: 지원: 페이지:
의료급여기관명: 접수일자: 심사차수: 진료년월: 년 월분

담당부,심사위원:

| 명세서 일련번호 | | 진료개시일 | 수급권자주민등록번호 | | | 내원일수 | 투약일수 | 처방횟수 | 청구사항 | | | | | 본인부담환급금(주6) | (주8) 구분 | 증감내역(주9) | | | | | | | | | | | | | |
|---|---|---|---|---|---|---|---|---|---|---|---|---|---|---|---|---|---|---|---|---|---|---|---|---|---|---|---|---|---|
| 진료구분(주1) | 종별(주2) | 수급권자 성명 | (주10) 보장기관기호 | (주11) 유형 | (주12) 내역 | | | | 의료급여비용총액 1 | 의료급여100분의 100본인부담총액 | 비급여총액 | 특수장비총액 | 보훈 등 100분의 100 본인부담총액 | 본인추가부담금(주6) | | 계 | | | | | | | | | | | | | 불능코드 |
| | | | | | | 주상병코드 | | | 기관부담금 | 본인부담금(주3) | 장애인의료비(주4) | 의료급여비용총액2, 진료비총액 | 보훈청구액 | 심사결정액(주7) | | 항목 | 사유 | 감액 | ‖ | 항목 | 사유 | 감액 | ‖ | 항목 | 사유 | 기타감액 | ‖ | | 청구 약제 상한차액총액 |
| | | | | | | | | | 100분의 100미만 총액 | 100분의 100미만 청구액 | 100분의 100미만 본인일부부담금 | 100분의 100미만 보훈청구액 | | 보훈심사결정액 | | | | | | | | | | | | | | | 심사결정약제 상한차액총액 |
| | | | | | | | | | 심사결정사항 | | | | | 100분의 100미만 본인부담환급금 | | | | | | | | | | | | | | | 청구 보훈 본인부담금 |
| | | | | 직접조제횟수 | 본인부담 구분코드(주14) | 특정기호(주13) | | | 기관부담금 | 본인부담금 | 장애인의료비 또는 대지급금(주5) | 의료급여비용총액2, 진료비총액 | 보훈부담금 | 100분의 100미만 본인추가부담금 | | | | | | | | | | | | | | | 심결 보훈 본인부담금 |
| | | | | | | | | | 의료급여100분의 100본인부담총액 | 보훈 본인부담환급금 | 보훈 본인추가부담금 | 100분의 100미만 총액 | 100분의 100미만 청구액 | 상계환급금 | | | | | | | | | | | | | | | |
| | | | | | | | | | 100분의 100미만 본인일부부담금 | 100분의 100미만 보훈청구액 | | | | 상계추가부담금 | | | | | | | | | | | | | | | |

| 합계 | 구분 | 건수 | 의료급여비용총액1 | 본인부담금 | 장애인의료비 | 기관부담금 | 의료급여비용총액2, 진료비총액 | 보훈청구액 | 수급권확인 대상건 | 지정내역 확인대상건 |
|---|---|---|---|---|---|---|---|---|---|---|
| | 심사의뢰 | | | | | | | | | |
| | 심사결정 | | | | | | | | | |

| 합계 | 구분 | | 100분의 100미만 총액 | 100분의 100미만 본인일부부담금 | 100분의 100미만 청구액 | 100분의 100미만 보훈청구액 | | |
|---|---|---|---|---|---|---|---|---|
| | 심사의뢰 | | | | | | | |
| | 심사결정 | | | | | | | |

| 구분 | 건수 | 금액 | 본인부담환급금 | 심사결정액 / 보훈심사결정액 |
|---|---|---|---|---|
| 심사불능 | | | | |
| 증감 | | | | |

건강보험심사평가원장 직인생략

297㎜×210㎜(일반용지 60g/㎡(재활용품))

[별지 제2-1호서식]

# 의료급여비용심사결과통보서(보장기관용)

보장기관기호: 　　　　보장기관명칭: 　　　　접수번호 : 　　　　묶음번호 : 　　　　지원 : 　　　　페이지 :

의료급여기관기호: 　　　　의료급여기관명칭 　　　　접수일자 : 　　　　심사차수 : 　　　　진료년월 : 　　　　년 　　월분

| 명세서 일련번호<br>진료구분(주1) | 명세서 일련번호<br>종별(주2) | 수급권자 성명<br>본인부담구분코드(주14) | 수급권자 성명<br>직접조제횟수 | 수진자주민등록번호<br>(주10) 읍면동시설 | 수진자주민등록번호<br>(주11) 유형 | 수진자주민등록번호<br>(주12) 내역 | 진료개시일<br>내원일수 | 진료개시일<br>투약일수 | 진료개시일<br>처방횟수 | 청구사항<br>의료급여비용총액1 / 특수장비총액 / 약제상한차액총액 / 100분의 100미만 본인일부부담금 | 청구사항<br>본인부담금(주3) / 기관부담금 / 100분의 100미만 청구액 | 장애인의료비(주4)<br>주상병코드 | 장애인의료비(주4)<br>특정기호(주13) | 심사결정사항<br>본인부담금 / 기관부담금 / 약제상한차액총액 / 100분의 100미만 본인일부부담금 | 심사결정사항<br>장애인의료비 / 대지급금(주5) / 100분의 100미만 청구액 | 본인부담환급금(주6) / 본인추가부담금(주6) / 심사결정액(주7) / 100분의 100미만 본인부담환급금 / 100분의 100미만 본인추가부담금 / 상계환급금 / 상계추가부담금 | (주8) 구분 | 증감내역(주9)<br>항목 | 사유 | 계<br>감액 | I II | 항목 | 사유 | 감액 | I II | 항목 | 사유 | 감액 | I II | 기타감액 I·II | 비고 I·II |
|---|---|---|---|---|---|---|---|---|---|---|---|---|---|---|---|---|---|---|---|---|---|---|---|---|---|---|---|---|---|---|---|
| | | | | | | | | | | | | | | | | | | | | | | | | | | | | | | | |

| 합계 | 구분 | 건수 | 의료급여비용총액1 | 본인부담금 | 장애인의료비 | 기관부담금 | 수급권확인 대상건 | 지정내역 확인대상건 | 본인부담환급금 |
|---|---|---|---|---|---|---|---|---|---|
| 합계 | 심사의뢰 | | | | | | | | |
| | 심사결정 | | | | | | | | |

| 합계 | 구분 | | 100분의 100미만 총액 | 100분의 100미만 본인일부부담금 | 100분의 100미만 청구액 |
|---|---|---|---|---|---|
| 합계 | 심사의뢰 | | | | |
| | 심사결정 | | | | |

| 구분 | 건수 | 금액 | 심사결정액 |
|---|---|---|---|
| 심사불능 | | | |
| 증감 | | | |

건강보험심사평가원장

297㎜×210㎜(일반용지 60g/㎡(재활용품))

## 〈서식의 종류와 구분〉

| 연번 | 서식 | 서 식 명 | 서식 번호 | 활자 색채 | 용지의크기 | | 서식 실제크기 | | 인쇄의 면 | 지질 및 정량 | | 비고 |
|---|---|---|---|---|---|---|---|---|---|---|---|---|
| | | | | | 수작업 용 지 (mm) | 전산 용지 (inch) | 수작업 용 지 (mm) | 전산 용지 (inch) | | 수작업 용 지 | 전산 용지 | |
| 1 | 별지 제3호 | 의료급여비용 심사청구서 | GI01 | 녹색 | 190×268 | | 170×220 | | 단면 | 일반 용지 | | 공통용 |
| 2 | 별지 제3-1호 | 요양병원 의료급여 비용 심사 청구서 | GI01 | 녹색 | 190×268 | | 170×220 | | 단면 | 일반 용지 | | 공통용 |
| 3 | 별지 제4호 | 의료급여비용명세서 (의과입원) | GI02 | 남색 | 190×320 | 10×14 | 170×280 | 9×12 | 단면 | 일반 용지 | 전산 용지 | 의과용 |
| 4 | 별지 제4-1호 | 의료급여비용명세서 (의과입원) | GI02 | 남색 | 190×320 | 10×14 | 170×280 | 9×12 | 단면 | 일반 용지 | 전산 용지 | 의과용 |
| 5 | 별지 제5호 | 의료급여비용명세서 (의과외래 일자별) | GI03 | 녹색 | 190×320 | 10×14 | 170×280 | 9×12 | 단면 | 일반 용지 | 전산 용지 | 의과용 |
| 6 | 별지 제6호 | 의료급여비용명세서 (치과입원) | GI04 | 흑색 | 190×320 | 10×14 | 170×280 | 9×12 | 단면 | 일반 용지 | 전산 용지 | 치과용 |
| 7 | 별지 제7호 | 의료급여비용명세서 (치과외래 일자별) | GI05 | 갈색 | 190×320 | 10×14 | 170×280 | 9×12 | 단면 | 일반 용지 | 전산 용지 | 치과용 |
| 8 | 별지 제8호 | 의료급여비용명세서 (조산원입원) | GI06 | 흑색 | 320×190 | 14×10 | 280×170 | 13×8 | 단면 | 일반 용지 | 전산 용지 | 조산원용 |
| 9 | 별지 제9호 | 의료급여비용명세서 (보건기관입원) | GI07 | 흑색 | 320×190 | 14×10 | 280×170 | 13×8 | 단면 | 일반 용지 | 전산 용지 | 보건 기관용 |
| 10 | 별지 제10호 | 의료급여비용명세서 (보건기관외래) | GI08 | 흑색 | 320×190 | 14×10 | 280×170 | 13×8 | 단면 | 일반 용지 | 전산 용지 | 보건 기관용 |
| 11 | 별지 제10-1호 | 의료급여비용명세서 (보건기관외래) | GI08 | 흑색 | 320×190 | 14×10 | 280×170 | 13×8 | 단면 | 일반 용지 | 전산 용지 | 보건 기관용 |
| 12 | 별지 제14호 | 의료급여비용명세서 (한방입원) | GI012 | 흑색 | 190×320 | 10×14 | 170×280 | 9×12 | 단면 | 일반 용지 | 전산 용지 | 한방용 |
| 13 | 별지 제15호 | 의료급여비용명세서 (한방외래 일자별) | GI013 | 흑색 | 190×320 | 10×14 | 170×280 | 9×12 | 단면 | 일반 용지 | 전산 용지 | 한방용 |
| 14 | 별지 제16호 | 의료급여비용명세서 (약국 직접조제) | GI20 | 녹색 | 190×320 | 8×12 | 170×220 | 7×10 | 단면 | 일반 용지 | 전산 용지 | 약국용 |
| 15 | 별지 제17호 | 의료급여비용명세서 (약국 처방조제) | GI21 | 남색 | 190×320 | 10×14 | 170×280 | 9×12 | 단면 | 일반 용지 | 전산 용지 | 약국용 |

[별지 제3호 서식]

| 서식번호 | | G | 1 | 0 | 1 | (년 월분)<br>의료급여비용심사청구서 | | | ※접수번호 | | | |
|---|---|---|---|---|---|---|---|---|---|---|---|---|
| 의료급여기관 | ①기 호 | | | | | | | | ④전화번호 | | ⑤청구단위구분 | |
| | ②명 칭 | | | | | 급여구분 | 1차 | 2차 | | | | |
| | ③소 재 지 | | | | | | | | ⑥우편번호 | | | |
| | 작 성 자 | ⑦성 명 | | | | (서명 또는 날인) | | | 대행청구 단 체 | ⑨기 호 | | |
| | | ⑧생년월일 | | | | | | | | ⑩명 칭 | | |

| 구 분 | | | ⑫건 수 | ⑬청구액 | ⑭의료급여 비용총액1 | ⑮본인일부 부담금 | ⑯장애인 의료비 | ⑰ 의료급여 비용총액2, 진료비총액 | ⑱보훈 청구액 | ⑲의료급여 100분의 100본인 부담금총액 | ⑳보훈 본인일부 부담금 | ㉑100분의 100미만총액 | ㉒100분의 100미만 본인 일부부담금 | ㉓100분의 100미만 청구액 | ㉔100분의 100미만 보훈청구액 |
|---|---|---|---|---|---|---|---|---|---|---|---|---|---|---|---|
| 계 | | | | | | | | | | | | | | | |
| 의과 | 입원 | 1 | | | | | | | | | | | | | |
| | 외래 | 2 | | | | | | | | | | | | | |
| 치과 | 입원 | 3 | | | | | | | | | | | | | |
| | 외래 | 4 | | | | | | | | | | | | | |
| 한의과 | 입원 | 5 | | | | | | | | | | | | | |
| | 외래 | 6 | | | | | | | | | | | | | |
| 조산 | | 7 | | | | | | | | | | | | | |
| 약국 | 처방조제 | 8 | | | | | | | | | | | | | |
| | 직접조제 | 9 | | | | | | | | | | | | | |

| 상급종합병원<br>종합병원<br>치과대학부속치과병원<br>한방병원<br>진료분야구분 | 1 | 2 | 3 | 4 | 5 | 6 | 9 |
|---|---|---|---|---|---|---|---|
| | 내과 분야 | 외과 분야 | 산소아청소년과 분야 | 안이비인후과 분 야 | 피부·비뇨의학과 분 야 | 치과 | 한의과 |

「의료급여법 시행규칙」 제20조제1항에 따라 의료급여비용의 심사를 청구합니다.

「한국보훈복지의료공단법 시행령」 제17조의 2에 따라 진료비용의 심사를 청구합니다.

청구일자 : 년 월 일

청 구 인 : (서명 또는 날인)

☐ 건강보험심사평가원장 귀하

☐ 한국보훈복지의료공단이사장 귀하

첨 부: 의료급여비용 명세서 매

전산매체 ( ) 매

처 방 전 매

190mm × 268mm(일반용지 60g/㎡(재활용품))

주 : 1. ※란은 건강보험심사평가원이 기재합니다.

2. 급여구분 - 1차의료급여: 제1차의료급여기관의 외래진료·조제투약

2차의료급여: 제2차 또는 제3차의료급여기관에서의 입원·외래진료나 제1차의료급여기관에서의 입원진료

3. 진료비총액, 보훈청구액 및 보훈 일부부담금은 보훈위탁진료 의료급여기관의 '보훈 국비환자' 진료분인 경우에 한하여 기재합니다.

**[별지 제3-1호 서식]**

| 서식번호 | G 1 0 1 | ( 년 월분) | | | ※접수번호 | | |
|---|---|---|---|---|---|---|---|
| 의료급여기관 | ①기 호 | | **요양병원 의료급여비용심사청구서** | | ④전화번호 | | ⑤청구 단위구분 |
| | ②명 칭 | | 급여구분 1차 | 2차 | | | |
| | ③소 재 지 | | | | ⑥우편번호 | | |
| | 작 성 자 | ⑦성 명 | (서명 또는 날인) | | 대행청구 단체 | ⑨기 호 | |
| | | ⑧생 년 월 일 | | | | ⑩명 칭 | |

| 구 분 | | ⑫건수 | ⑬청구액 | ⑭의료급여비용 총액1 | ⑮본인일부 부담금 | ⑯장애인 의료비 | ⑰의료급여 비용총액2, 진료비총액 | ⑱보훈 청구액 | ⑲의료급여 100분의100 본인부담금 총액 | ⑳보훈 본인 일부부담금 | ㉑100분의 100미만 총액 | ㉒100분의 100미만 본인 일부부담금 | ㉓100분의 100미만 청구액 | ㉔100분의 100미만보훈 청구액 |
|---|---|---|---|---|---|---|---|---|---|---|---|---|---|---|
| 계 | | | | | | | | | | | | | | |
| 의과 입원 장기환자 | 11 | | | | | | | | | | | | | |
| 의과 입원 제외환자 | 1 | | | | | | | | | | | | | |
| 의과 외래 | 2 | | | | | | | | | | | | | |
| 치과 입원 | 3 | | | | | | | | | | | | | |
| 치과 외래 | 4 | | | | | | | | | | | | | |
| 한의과 입원 | 5 | | | | | | | | | | | | | |
| 한의과 외래 | 6 | | | | | | | | | | | | | |

「의료급여법 시행규칙」 제20조제1항에 따라 의료급여비용의 심사를 청구합니다.

「한국보훈복지의료공단법 시행령」 제17조의 2에 따라 진료비용의 심사를 청구합니다.

청 구 일 자: 년 월 일

청 구 인: (서명 또는 날인)

**□ 건강보험심사평가원장 귀하**

**□ 한국보훈복지의료공단이사장 귀하**

첨 부: 의료급여비용 명세서 매

전산매체 ( ) 매

처 방 전 매

190mm × 268mm(일반용지 60g/㎡(재활용품))

주 : 1. ※란은 건강보험심사평가원이 기재합니다.

2. 급여구분 - 1차의료급여: 제1차의료급여기관의 외래진료·조제투약

2차의료급여: 제2차 또는 제3차의료급여기관에서의 입원·외래진료나 제1차의료급여기관에서의 입원진료

3. 진료비총액, 보훈청구액 및 보훈 일부부담금은 보훈위탁진료 의료급여기관의 '보훈 국비환자' 진료분인 경우에 한하여 기재합니다.

[별지 제4호 서식]

의과 입원

# 의료급여비용명세서

| 서식번호 | G I 0 2 | 의료급여비용명세서 | 의료급여기관 | |
|---|---|---|---|---|
| 보장기관 기호 | | | 기 호 | |
| 보장기관 명칭 | | | | |
| 등록번호 | | 종별 / 보훈 등 | 명 칭 | |
| 세대주성명 | | 보장시설 및 노숙인시설 기호 | | |
| 수진자성명 | | - | | |

| 상병명 | 분류기호 | 수술 | 진료과목 | 상해외인 | 특정기호 | 면허종류 | 면허번호 | 당월진료개시일 / 최초입원개시일 | 당월진료일수 (원내투약일수포함) | 진료결과 |
|---|---|---|---|---|---|---|---|---|---|---|
| | | | | | | | | | 일 | |
| | | | | | | | | | 일 | |
| | | | | | | | | | 일 | |

| 입원일수 | | 처방전 발급번호 | | 처방일수 | | 진료확인번호 | |
|---|---|---|---|---|---|---|---|
| | | 점검번호 | | | | | |

| 구분 | | 기본진료 약제, 특정재료(I) | 진료행위(II) |
|---|---|---|---|
| 1. 진찰료 (외래관리료 포함) | ①초 진 회 | 원 | 야간,공휴 회 |
| | ②재 진 회 | 원 | 야간,공휴회 |
| | ③의약품관리료 | 원 | |
| | ④응급 및 회송료 | 원 | |
| 2. 입원료 | ①일 반 일 | 원 | |
| | ②내과질환자, 정신질환자 만8세미만의 소아 일 | 원 | |
| | ③집중치료실 일 | 원 | |
| | ④격리병실 일 | 원 | |
| | ⑤신생아 일 | 원 | |
| | ⑥기 타 일 | 원 | |
| | ⑦식 대 | 원 | |
| | ⑧안치료 일 | 원 | |
| 3. 투약 및 처방전료 | ①내 복 일분 | 원 | 원 |
| | ②외 용 일분 | 원 | 원 |
| | ③처방전 회 | 원 | |
| 4. 주사료 | ①피하 또는 근육내 일 | 원 | 원 |
| | ②정맥내 일 | 원 | 원 |
| | ③수액제 회 | 원 | 원 |
| | ④기 타 회 | 원 | 원 |
| | ⑤특정 재료 | 원 | |
| | ⑥수 혈 회 | 원 | 원 |
| 5. 마취료 | ① 회 | 원 | 원 |
| 6. 이학요법료 | ① 종 | 원 | 원 |
| 7. 정신요법료 | ① 종 | 원 | 원 |
| 8. 처치 및 수술료 | ①처치 및 수술 종 | 원 | 원 |
| | ③캐스트 회 | 원 | 원 |
| 9. 검사료 | ①자체검사 종 | 원 | 원 |
| | ②위탁검사관리 | 원 | |
| | ③위탁검사 종 | 원 | |
| 10. 영상진단 및 방사선 치료료 | ①진 단 종 | 원 | 원 |
| | ②치 료 종 | 원 | 원 |
| S. 특수장비 | ①CT 회 | 원 | 원 |
| | ②MRI 회 | 원 | 원 |
| | ③PET 회 | 원 | 원 |
| A. 100분의 100미만 본인부담50 | ①의약품 | 원 | 원 |
| | ②치료재료 | 원 | 원 |
| | ③진료행위 | 원 | 원 |
| B. 100분의 100미만 본인부담80 | ①의약품 | 원 | 원 |
| | ②치료재료 | 원 | 원 |
| | ③진료행위 | 원 | 원 |
| D. 100분의 100미만 본인부담30 | ①의약품 | 원 | 원 |
| | ②치료재료 | 원 | 원 |
| | ③진료행위 | 원 | 원 |
| E. 100분의100미만 본인부담90 | ①의약품 | 원 | 원 |
| | ②치료재료 | 원 | 원 |
| | ③진료행위 | 원 | 원 |
| U. 의료급여 100분의 100본인부담 | ①의약품 | 원 | 원 |
| | ②치료재료 | 원 | 원 |
| | ③진료행위 | 원 | 원 |
| V. 보훈 등 100분의 100 본인부담 | ①의약품 | 원 | 원 |
| | ②치료재료 | 원 | 원 |
| | ③진료행위 | 원 | 원 |
| W. 비급여 | ①의약품 | 원 | 원 |
| | ②치료재료 | 원 | 원 |
| | ③진료행위 | 원 | 원 |
| 특수장비총액 | | | 원 |
| 보훈 등 100분의 100본인부담총액 | | | 원 |
| 비 급 여 총 액 | | | 원 |
| 11. 소 계 | | 원 | 원 |
| 12. 가 산 율 | | % | 원 |
| 13. 의 료 급 여 비 용 총 액 1 | | | 원 |
| 14. 본 인 일 부 부 담 금 | | | 원 |
| 15. 장 애 인 의 료 비 | | | 원 |
| 16. 대 지 급 금 | | | 원 |
| 17. 청 구 액 | | | 원 |
| 18. 의료급여비용총액2, 진료비총액 | | | 원 |
| 19. 보 훈 청 구 액 | | | 원 |
| 20. 의료급여 100분의100본인부담금총액 | | | 원 |
| 21. 보훈 본인일부부담금 | | | 원 |
| 22. 100분의100미만 총액 | | | 원 |
| 23. 100분의100미만 본인일부부담금 | | | 원 |
| 24. 100분의100미만 청구액 | | | 원 |
| 25. 100분의100미만 보훈청구액 | | | 원 |
| 일련번호 | | ※심사조정 | |

| 약품코드 (일반명 또는 제품명 코드) | 약품명 (일반명 또는 제품명) | | 1회투약량 | 1일투여횟수 | 총 투약일수 | 본인부담률 구분코드 | | |
|---|---|---|---|---|---|---|---|---|
| 코드 | 분류 (예외구분코드) | 단가 | 1회투약량 (3,4항 해당) | 1일투여량 또는 실시횟수 | 총 투여일수 또는 실시횟수 | 금액 | 면허종류 | 면허번호 |
| | | | | | | | | |

특정내역

| 수술 코드 | | | |
|---|---|---|---|
| | | | |

※ 심사내역

| 구분 | 코드 | 조정 | I, II | 구분 | 코드 | 조정 | I, II |
|---|---|---|---|---|---|---|---|
| | | | | | | | |
| | | | 감 I | | | | 감 I |
| | | | 감 II | | | | 감 II |
| | | | 증 I | | | | 증 I |
| | | | 증 II | | | | 증 II |
| 계 | | | | 계 | | | |

190mm×320mm(일반용지 60g/㎡(재활용품))

※ 종별구분 - 1: 1종수급권자, 2: 2종수급권자, 4: 행려, 6: 2종장애인 2차의료급여
8: 2종장애인 1차 의료급여, N: 노숙인 1종

[별지 제4-1호 서식]

의과
입원

# 의료급여비용명세서

| 서식번호 | G I 0 2 | 의료급여기관 | |
|---|---|---|---|
| 보장기관 기호 | | 기 호 | |
| 보장기관 명칭 | | | |
| 등록번호 | | 종 별 | 보훈 등 |
| 세대주성명 | | 보장시설 및 노숙인시설 기호 | |
| 수진자성명 | | - | 명 칭 |

| 상 병 명 | 분류기호 | 수술 | 진료과목 | 상해외인 | 특정기호 | 면허종류 | 면허번호 | 당월진료개시일 / 최초입원개시일 | 당월진료일수 (원내투약일수 포함) | 진료결과 |
|---|---|---|---|---|---|---|---|---|---|---|
| | | | | | | | | | 일 | |
| | | | | | | | | | 일 | |
| | | | | | | | | | 일 | |

| 입원일수 | 일 | 처방전 발급번호 | | 처방일수 | | 진료확인번호 | |
|---|---|---|---|---|---|---|---|
| | | 점검번호 | | | | | |

| 구분 | | 기본진료 약제, 특정재료(I) | 진료행위(II) |
|---|---|---|---|
| 1. 진찰료 (외래관리료 포함) | ①초 진 회 | 원 | 야간,공휴 회 |
| | ②재 진 회 | 원 | 야간,공휴 회 |
| | ③의약품관리료 | 원 | |
| | ④응급 및 회송료 | 원 | |
| 2. 입원료 | ①일 반 일 | 원 | |
| | ②내과질환자, 정신질환자, 만8세미만의 소아 일 | 원 | |
| | ③집중치료실 일 | 원 | |
| | ④격리병실 일 | 원 | |
| | ⑤신생아 일 | 원 | |
| | ⑥기 타 일 | 원 | |
| | ⑦식 대 | 원 | |
| | ⑧안치료 일 | 원 | |
| 3. 투약 및 처방전료 | ①내 복 일 분 | 원 | 원 |
| | ②외 용 일 분 | 원 | 원 |
| | ③처방전 회 | 원 | |
| 4. 주사료 | ①피하 또는 근육내 일 | 원 | 원 |
| | ②정맥내 일 | 원 | 원 |
| | ③수액제 회 | 원 | 원 |
| | ④기 타 회 | 원 | 원 |
| | ⑤특정 재료 | 원 | |
| | ⑥수 혈 회 | 원 | 원 |
| 5. 마취료 | ① 회 | 원 | 원 |
| 6. 이학요법료 | ① 종 | 원 | 원 |
| 7. 정신요법료 | ① 종 | 원 | 원 |
| 8. 처치 및 수술료 | ①처치 및 수술 종 | 원 | 원 |
| | ③캐스트 회 | 원 | 원 |
| 9. 검사료 | ①자체검사 종 | 원 | 원 |
| | ②위탁검사관리 | 원 | |
| | ③위탁검사 종 | 원 | |
| 10. 영상진단 및 방사선 치료료 | ①진 단 종 | 원 | 원 |
| | ②치 료 종 | 원 | 원 |
| L. 장기요양 | ① 일 | 원 | |
| S. 특수장비 | ①CT 회 | 원 | 원 |
| | ②MRI 회 | 원 | 원 |
| | ③PET 회 | 원 | 원 |
| A. 100분의 100미만 본인부담50 | ①의약품 | 원 | 원 |
| | ②치료재료 | 원 | 원 |
| | ③진료행위 | 원 | 원 |
| B. 100분의 100미만 본인부담80 | ①의약품 | 원 | 원 |
| | ②치료재료 | 원 | 원 |
| | ③진료행위 | 원 | 원 |
| D. 100분의 100미만 본인부담30 | ①의약품 | 원 | 원 |
| | ②치료재료 | 원 | 원 |
| | ③진료행위 | 원 | 원 |
| E. 100분의 100미만 본인부담90 | ①의약품 | 원 | 원 |
| | ②치료재료 | 원 | 원 |
| | ③진료행위 | 원 | 원 |
| U. 의료급여 100분의 100본인부담 | ①의약품 | 원 | 원 |
| | ②치료재료 | 원 | 원 |
| | ③진료행위 | 원 | 원 |
| V. 보훈 등 100분의 100본인부담 | ①의약품 | 원 | 원 |
| | ②치료재료 | 원 | 원 |
| | ③진료행위 | 원 | 원 |
| W. 비급여 | ①의약품 | 원 | 원 |
| | ②치료재료 | 원 | 원 |
| | ③진료행위 | 원 | 원 |
| 특수장비총액 | | | 원 |
| 보훈 등 100분의 100본인부담총액 | | | 원 |
| 비급여총액 | | | 원 |
| 11. 소계 | | 원 | 원 |
| 12. 가산율 | | % | 원 |
| 13. 의료급여비용총액1 | | | 원 |
| 14. 본인일부부담금 | | | 원 |
| 15. 장애인의료비 | | | 원 |
| 16. 대지급금 | | | 원 |
| 17. 청구액 | | | 원 |
| 18. 의료급여비용총액2, 진료비총액 | | | 원 |
| 19. 보훈청구액 | | | 원 |
| 20. 의료급여 100분의100본인부담금총액 | | | 원 |
| 21. 보훈 본인일부부담금 | | | 원 |
| 22. 100분의100미만 총액 | | | 원 |
| 23. 100분의100미만 본인일부부담금 | | | 원 |
| 24. 100분의100미만 청구액 | | | 원 |
| 25. 100분의100미만 보훈청구액 | | | 원 |
| 일련번호 | | ※심사조정 | |

| 약품코드 (일반명 또는 제품명 코드) | 약품명 (일반명 또는 제품명) | | 1회투약량 | 1일투여횟수 | 총 투약일수 | 본인부담률구분코드 | | |
|---|---|---|---|---|---|---|---|---|
| 코드 | 분류 (예외구분코드) | 단가 | 1회투약량 (3,4항 해당) | 1일투여량 또는 실시횟수 | 총 투여일수 또는 실시횟수 | 금액 | 면허종류 | 면허번호 |
| | | | | | | | | |

특정내역

| 수술 코드 | | | |
|---|---|---|---|

| 구분 | 코드 | 조정 | I, II | 구분 | 코드 | 조정 | I, II |
|---|---|---|---|---|---|---|---|
| | | | 감I | | | | 감I |
| | | | 감II | | | | 감II |
| | | | 증I | | | | 증I |
| | | | 증II | | | | 증II |
| 계 | | | | 계 | | | |

190mm×320mm(일반용지 60g/㎡(재활용품))

※ 종별구분 – 1: 1종수급권자, 2: 2종수급권자, 4: 행려, 6: 2종장애인 2차의료급여
8: 2종장애인 1차 의료급여, N: 노숙인 1종

[ 요 양 병 원 정액 ]

[별지 제5호 서식]

(의과 외래)

# 의료급여비용명세서

| 서식번호 | G | I | O | 3 | 의료급여기관 | |
|---|---|---|---|---|---|---|
| 보장기관 기호 | | | | | 기 호 | |
| 보장기관 명칭 | | | | | | |
| 등록번호 | | 종별 | | 보훈 등 | | |
| 세대주성명 | | 보장시설 및 노숙인시설 기호 | | | 명 칭 | |
| 수진자성명 | | | - | | | |

| 상 병 명 | 분류기호 | 수술 | 진료과목 | 상해외인 | 특정기호 | 본인부담구분 | 면허종류 | 면허번호 | 내원일자 | 진료일수 (원내투약일수포함) | 진료결과 |
|---|---|---|---|---|---|---|---|---|---|---|---|
| | | | | | | | | | | 일 | |
| | | | | | | | | | | 일 | |
| | | | | | | | | | | 일 | |

| 구 분 | | 기본진료 약제, 특정재료(I) | 진료행위(II) |
|---|---|---|---|
| 1. 진찰료 (외래관리료 포함) | ①초 진 회 | 원 | 야간,공휴 회 |
| | ②재 진 회 | 원 | 야간,공휴 회 |
| | ③의약품관리료 | 원 | |
| | ④응급 및 회송료 | 원 | |
| | ⑤가정간호기본방문료 | 원 | |
| | ⑥만성질환관리료 회 | 원 | |
| 3. 투약 및 처방전료 | ①내 복 일분 | 원 | 원 |
| | ②외 용 일분 | 원 | 원 |
| | ③처방전 회 | 원 | |
| 4. 주사료 | ①피하 또는 근육내 일 | 원 | 원 |
| | ②정맥내 일 | 원 | 원 |
| | ③수액제 회 | 원 | 원 |
| | ④기 타 회 | 원 | 원 |
| | ⑤특정 재료 | 원 | |
| | ⑥수 혈 회 | 원 | 원 |
| 5. 마취료 | ① 회 | 원 | 원 |
| 6. 이학요법료 | ① 종 | 원 | 원 |
| 7. 정신요법료 | ① 종 | 원 | 원 |
| 8. 처치 및 수술료 | ①처치 및 수술 종 | 원 | 원 |
| | ③캐스트 회 | 원 | 원 |
| 9. 검사료 | ①자체검사 종 | 원 | 원 |
| | ②위탁검사관리 | 원 | |
| | ③위탁검사 종 | 원 | |
| 10. 영상진단 및 방사선 치료료 | ①진 단 종 | 원 | 원 |
| | ②치 료 종 | 원 | 원 |
| S. 특수장비 | ①CT 회 | 원 | 원 |
| | ②MRI 회 | 원 | 원 |
| | ③PET 회 | 원 | 원 |
| A 100분의100미만 본인부담50 | ①의약품 | 원 | 원 |
| | ②치료재료 | 원 | 원 |
| | ③진료행위 | 원 | 원 |
| B. 100분의 100미만 본인부담80 | ①의약품 | 원 | 원 |
| | ②치료재료 | 원 | 원 |
| | ③진료행위 | 원 | 원 |
| D. 100분의 100미만 본인부담30 | ①의약품 | 원 | 원 |
| | ②치료재료 | 원 | 원 |
| | ③진료행위 | 원 | 원 |
| E. 100분의 100미만 본인부담90 | ①의약품 | 원 | 원 |
| | ②치료재료 | 원 | 원 |
| | ③진료행위 | 원 | 원 |
| U. 의료급여 100분의 100본인부담 | ①의약품 | 원 | 원 |
| | ②치료재료 | 원 | 원 |
| | ③진료행위 | 원 | 원 |
| V. 보훈 등 100분의 100본인부담 | ①의약품 | 원 | 원 |
| | ②치료재료 | 원 | 원 |
| | ③진료행위 | 원 | 원 |
| W. 비급여 | ①의약품 | 원 | 원 |
| | ②치료재료 | 원 | 원 |
| | ③진료행위 | 원 | 원 |
| 특수장비총액 | | | 원 |
| 보훈 등 100분의100본인부담총액 | | | 원 |
| 비 급 여 총 액 | | | 원 |
| 11. 소 계 | | 원 | 원 |
| 12. 가 산 율 | | % | 원 |
| 13. 의료급여비용총액1 | | | 원 |
| 14. 본인일부부담금 | | | 원 |
| 15. 장애인의료비 | | | 원 |
| 16. 청 구 액 | | | 원 |
| 17. 의료급여비용총액2, 진료비총액 | | | 원 |
| 18. 보 훈 청 구 액 | | | 원 |
| 19. 의료급여 100분의100본인부담금총액 | | | 원 |
| 20. 보훈 본인일부부담금 | | | 원 |
| 21. 100분의100미만 총액 | | | 원 |
| 22. 100분의100미만 본인일부부담금 | | | 원 |
| 23. 100분의100미만 청구액 | | | 원 |
| 24. 100분의100미만 보훈청구액 | | | 원 |
| 일련번호 | | ※ 심사조정 | |
| 수진자 일련번호 | - | | |

| 처방전 발급번호 | | 처방일수 | | 진료확인번호 | | 본인부담금 발생횟수 | | 직접조제 횟수 | |
|---|---|---|---|---|---|---|---|---|---|
| 점검번호 | | | | | | | | | |

| 약품코드 (일반명 또는 제품명 코드) | 약품명 (일반명 또는 제품명) | | 1회투약량 | 1일투여횟수 | 총 투약일수 | 본인부담률 구분코드 | | |
|---|---|---|---|---|---|---|---|---|
| 코드 | 분류 (예외구분코드) | 단가 | 1회투약량 (3,4항 해당) | 1일투여량 또는 실시횟수 | 총 투여일수 또는 실시횟수 | 금액 | 면허종류 | 면허번호 |

특정내역

| 수술 코드 | | | |
|---|---|---|---|

※ 심사내역

| 구분 | 코드 | 조정 | I.II | 코드 | 조정 | I.II |
|---|---|---|---|---|---|---|
| | | | | | | |
| | | | 감I | | | 감I |
| | | | 감II | | | 감II |
| | | | 증I | | | 증I |
| | | | 증II | | | 증II |
| | 계 | | | 계 | | |

190mm×320mm(일반용지 60g/㎡(재활용품))

※ 종별구분 - 1: 1종수급권자, 2: 2종수급권자, 4: 행려, 6: 2종장애인 2차의료급여
8: 2종장애인 1차 의료급여, N: 노숙인 1종

[일 자 별]

**(별지 제6호 서식)** 치과 입원

# 의료급여비용명세서

| 서식번호 | G | I | 0 | 4 | | 의료급여기관 |
|---|---|---|---|---|---|---|
| 보장기관 | 기호 | | | | | 기호 |
| | 명칭 | | | | | 명칭 |
| 등록번호 | | 종별 | | 보훈 등 | | |
| 세대주성명 | | 보장시설 및 노숙인시설 기호 | | | | |
| 수진자성명 | | | - | | | |

| 상병명 | 분류기호 | 수술 | 진료과목 | 상해외인 | 특정기호 | 면허종류 | 면허번호 | 당월진료개시일 / 최초입원개시일 | 당월진료일수 (원내투약일수포함) | 진료결과 |
|---|---|---|---|---|---|---|---|---|---|---|
| | | | | | | | | | 일 | |
| | | | | | | | | | 일 | |
| | | | | | | | | | 일 | |

| 입원일수 | 일 | 처방전 발급번호 | | 처방일수 | | 진료확인번호 | |
|---|---|---|---|---|---|---|---|
| | | 점검번호 | | | | | |

| 구분 | | 기본진료 약제, 특정재료(I) | 진료행위(II) |
|---|---|---|---|
| 1. 진찰료 (외래관리료 포함) | ①초 진 회 | 원 | 야간,공휴 회 |
| | ②재 진 회 | 원 | 야간,공휴회 |
| | ③의약품관리료 | 원 | |
| | ④응급 및 회송료 | 원 | |
| 2. 입원료 | ①일 반 일 | 원 | |
| | ②식 대 | 원 | |
| | ③기 타 일 | 원 | |
| 3. 투약 및 처방전료 | ①내 복 일분 | 원 | 원 |
| | ②외 용 일분 | 원 | 원 |
| | ③처방전 회 | 원 | |
| 4. 주사료 | ①피하 또는 근육내 일 | 원 | 원 |
| | ②정맥내 일 | 원 | 원 |
| | ③수액제 회 | 원 | 원 |
| | ④기 타 회 | 원 | 원 |
| | ⑤특정 재료 | 원 | |
| | ⑥수 혈 회 | 원 | 원 |
| 5. 마취료 | ① 회 | 원 | 원 |
| 6. 이학요법료 | ① 종 | 원 | 원 |
| 8. 처치 및 수술료 | ①처치 및 수술 종 | 원 | 원 |
| | ③캐스트 회 | 원 | 원 |
| 9. 검사료 | ①자체검사 종 | 원 | 원 |
| | ②위탁검사관리 | 원 | |
| | ③위탁검사 종 | 원 | |
| 10. 영상진단 및 방사선 치료료 | ①진 단 종 | 원 | 원 |
| | ②치 료 종 | 원 | 원 |
| S. 특수장비 | ①CT 회 | 원 | 원 |
| | ②MRI 회 | 원 | 원 |
| | ③PET 회 | 원 | 원 |
| A. 100분의 100미만 본인부담50 | ①의약품 | 원 | 원 |
| | ②치료재료 | 원 | 원 |
| | ③진료행위 | 원 | 원 |
| B. 100분의 100미만 본인부담80 | ①의약품 | 원 | 원 |
| | ②치료재료 | 원 | 원 |
| | ③진료행위 | 원 | 원 |
| D. 100분의 100미만 본인부담30 | ①의약품 | 원 | 원 |
| | ②치료재료 | 원 | 원 |
| | ③진료행위 | 원 | 원 |
| E. 100분의 100미만 본인부담90 | ①의약품 | 원 | 원 |
| | ②치료재료 | 원 | 원 |
| | ③진료행위 | 원 | 원 |
| U 의료급여 100분의 100본인부담 | ①의약품 | 원 | 원 |
| | ②치료재료 | 원 | 원 |
| | ③진료행위 | 원 | 원 |
| V. 보훈 등 100분의 100본인부담 | ①의약품 | 원 | 원 |
| | ②치료재료 | 원 | 원 |
| | ③진료행위 | 원 | 원 |
| W. 비급여 | ①의약품 | 원 | 원 |
| | ②치료재료 | 원 | 원 |
| | ③진료행위 | 원 | 원 |
| 특수장비총액 | | | 원 |
| 보훈 등 100분의100본인부담총액 | | | 원 |
| 비급여총액 | | | 원 |
| 11. 소계 | | 원 | 원 |
| 12. 가산율 | | % | 원 |
| 13. 의료급여비용총액1 | | | 원 |
| 14. 본인일부부담금 | | | 원 |
| 15. 장애인의료비 | | | 원 |
| 16. 대지급금 | | | 원 |
| 17. 청구액 | | | 원 |
| 18. 의료급여비용총액2, 진료비총액 | | | 원 |
| 19. 보훈청구액 | | | 원 |
| 20. 의료급여 100분의100본인부담금총액 | | | 원 |
| 21. 보훈 본인일부부담금 | | | 원 |
| 22. 100분의100미만 총액 | | | 원 |
| 23. 100분의100미만 본인일부부담금 | | | 원 |
| 24. 100분의100미만 청구액 | | | 원 |
| 25. 100분의100미만 보훈청구액 | | | 원 |
| 일련번호 | | ※ 심사조정 | |

| 약품코드 (일반명 또는 제품명 코드) | 약품명 (일반명 또는 제품명) | | 1회투약량 | 1일투여횟수 | 총투약일수 | 본인부담률 구분코드 | | |
|---|---|---|---|---|---|---|---|---|
| 코드 | 분류 (예외구분코드) | 단가 | 1회투약량 (3,4항 해당) | 1일투여량 또는 실시횟수 | 총투여일수 또는 실시횟수 | 금액 | 면허종류 | 면허번호 |
| | | | | | | | | |

특정내역

| 수술 코드 | | | |
|---|---|---|---|

※ 심사내역

| 구분 | 코드 | 조정 | I, II | 구분 | 코드 | 조정 | I, II |
|---|---|---|---|---|---|---|---|
| | | | 감 I | | | | 감 I |
| | | | 감 II | | | | 감 II |
| | | | 증 I | | | | 증 I |
| | | | 증 II | | | | 증 II |
| 계 | | | | 계 | | | |

190mm×320mm(일반용지 60g/㎡(재활용품))

※ 종별구분 - 1: 1종수급권자, 2: 2종수급권자, 4: 행려, 6: 2종장애인 2차의료급여
8: 2종장애인 1차 의료급여, N: 노숙인 1종

# [별지 제7호 서식]

(치과 외래)

# 의료급여비용명세서

| 서식번호 | G | I | 0 | 5 |
|---|---|---|---|---|
| 보장기관 기호 | | | | |
| 보장기관 명칭 | | | | |
| 등록번호 | | | | |
| 세대주성명 | | | | |
| 수진자성명 | | | | |

| 종별 | | 보훈등 | |
|---|---|---|---|
| 보장시설 및 노숙인시설 기호 | | | |

| 의료급여기관 | |
|---|---|
| 기호 | |
| 명칭 | |

| 상병명 | | 분류기호 | 수술 | 진료과목 | 상해외인 | 특정기호 | 본인부담구분 | 면허종류 | 면허번호 | 내원일자 | 진료일수(원내투약일수 포함) | 진료결과 |
|---|---|---|---|---|---|---|---|---|---|---|---|---|
| | | | | | | | | | | | 일 | |
| | | | | | | | | | | | 일 | |
| | | | | | | | | | | | 일 | |

| 구분 | | 기본진료약제, 특정재료(I) | 진료행위(II) |
|---|---|---|---|
| 1. 진찰료(외래관리료 포함) | ①초 진 회 | 원 | 야간,공휴 회 원 |
| | ②재 진 회 | 원 | 야간,공휴 회 원 |
| | ③의약품관리료 | 원 | |
| | ④응급 및 회송료 | 원 | |
| 3. 투약 및 처방전료 | ①내 복 일분 | 원 | 원 |
| | ②외 용 일분 | 원 | 원 |
| | ③처방전 회 | 원 | |
| 4. 주사료 | ①피하 또는 근육내 일 | 원 | 원 |
| | ②정 맥 내 일 | 원 | 원 |
| | ③수 액 제 회 | 원 | 원 |
| | ④기 타 회 | 원 | 원 |
| | ⑤특정 재료 | | |
| | ⑥수 혈 회 | 원 | 원 |
| 5. 마취료 | ① 회 | 원 | 원 |
| 8. 처치 및 수술료 | 보통 × / 복조 × / 즉처 × / 지각과민 × | 원 | 원 |
| | 치수절단 × / 즉발근충 ×× / 근관와동 × / 근관성형 × | 원 | 원 |
| | 발수 × / 근세척 × / 근충 ×× / 근관확대 × | 원 | 원 |
| | 치면세마 × / 치근활택술 × / 후처치 ×××× / 내소염 ×××× | 원 | 원 |
| | 치석제거 × / 치주소파 × / 치은박리 ×× / 치은절제 × | 원 | 원 |
| | 치주처치 ×× / 교합조정 × / 러버댐 × / 응급근관 × | 원 | 원 |
| | 충전물연마 × / 신부착 × / 보철물제거 ×× / 치아진정 × | 원 | 원 |
| | 발유치 × / 전 × / 구 × / 난 × / 매 ××× | 원 | 원 |
| | 충전: 아말감 1면 × 2면 × 3면 × 4면 × / 복합레진 1면 × 2면 × 3면 × 4면 × / 와동형성 1면 × 2면 × 3면 × 4면 × | 원 | 원 |
| | 기 타 | 원 | 원 |
| 9. 검사료 | ①자체검사 종 | 원 | 원 |
| | ②위탁검사관리 | 원 | |
| | ③위탁검사 종 | 원 | |
| 10. 영상진단 및 방사선 치료료 | ①진 단 종 | 원 | 원 |
| | ②치 료 종 | 원 | 원 |
| S.특수장비 | ①CT 회 | 원 | 원 |
| | ②MRI 회 | 원 | 원 |
| | ③PET 회 | 원 | 원 |
| A. 100분의 100미만 본인부담50 | ①의약품 | 원 | 원 |
| | ②치료재료 | 원 | 원 |
| | ③진료행위 | 원 | 원 |
| B. 100분의 100미만 본인부담80 | ①의약품 | 원 | 원 |
| | ②치료재료 | 원 | 원 |
| | ③진료행위 | 원 | 원 |
| D. 100분의 100미만 본인부담30 | ①의약품 | 원 | 원 |
| | ②치료재료 | 원 | 원 |
| | ③진료행위 | 원 | 원 |
| E. 100분의 100미만 본인부담90 | ①의약품 | 원 | 원 |
| | ②치료재료 | 원 | 원 |
| | ③진료행위 | 원 | 원 |
| U. 의료급여 100분의 100본인부담 | ①의약품 | 원 | 원 |
| | ②치료재료 | 원 | 원 |
| | ③진료행위 | 원 | 원 |
| V. 보훈 등 100분의 100본인부담 | ①의약품 | 원 | 원 |
| | ②치료재료 | 원 | 원 |
| | ③진료행위 | 원 | 원 |
| W. 비급여 | ①의약품 | 원 | 원 |
| | ②치료재료 | 원 | 원 |
| | ③진료행위 | 원 | 원 |
| 특수장비총액 | | | 원 |
| 보훈 등 100분의 100 본인부담총액 | | | 원 |
| 비급여총액 | | | 원 |
| 11. 소계 | | 원 | 원 |
| 12. 가산율 | | % | 원 |
| 13. 의료급여비용총액1 | | | 원 |
| 14. 본인일부부담금 | | | 원 |
| 15. 장애인의료비 | | | 원 |
| 16. 청구액 | | | 원 |
| 17. 의료급여비용총액2 진료비총액 | | | 원 |
| 18. 보훈청구액 | | | 원 |
| 19. 의료급여 100분의100본인부담금총액 | | | 원 |
| 20. 보훈본인일부부담금 | | | 원 |
| 21. 100분의100미만 총액 | | | 원 |
| 22. 100분의100미만 본인일부부담금 | | | 원 |
| 23. 100분의100미만 청구액 | | | 원 |
| 24. 100분의100미만 보훈청구액 | | | 원 |
| 일련번호 | | ※심사조정 | |
| 수진자 일련번호 | - | | |

| 처방전 발급번호 | | 처방일수 | | 진료확인번호 | | 본인부담금 발생횟수 | | 직접 조제 횟수 | |
|---|---|---|---|---|---|---|---|---|---|
| 점검번호 | | | | | | | | | |

| 약품코드(일반명 또는 제품명코드) | 약품명(일반명 또는 제품명) | | 1회투약량 | 1일투여횟수 | 총투약일수 | 본인부담률 구분코드 | | |
|---|---|---|---|---|---|---|---|---|
| 코드 | 분류(예외구분코드) | 단가 | 1회투약량(3,4항 해당) | 1일투여량 또는 실시횟수 | 총투여일수 또는 실시횟수 | 금액 | 면허종류 | 면허번호 |
| | | | | | | | | |

특정내역

| 수술코드 | | | | |
|---|---|---|---|---|

| 구분 | 코드 | 조정 | I.II | 구분 | 코드 | 조정 | I.II |
|---|---|---|---|---|---|---|---|
| | | | | | | | |
| | | | 감I | | | | 감I |
| | | | 감II | | | | 감II |
| | | | 증I | | | | 증I |
| | | | 증II | | | | 증II |
| 계 | | | | 계 | | | |

※ 종별구분 - 1: 1종수급권자, 2: 2종수급권자, 4: 행려, 6: 2종장애인 2차의료급여
8: 2종장애인 1차 의료급여, N: 노숙인 1종

190mm×320mm(일반용지 60g/㎡(재활용품))

[일자별]

**[별지 제8호 서식]**

| 서식번호 | GI06 |
|---|---|
| 진료형태 | 입원 |

# 조 산 원 의 료 급 여 비 용 명 세 서

| 의료급여기관 | |
|---|---|
| 기호 | |
| 명칭 | |

| 일련번호 | 보장기관기호 | 종별구분 | 보장시설 및 노숙인시설 기호 | 세대주 성 명 | 수 진 자 | | 당월진료 개 시 일 | 입원 일수 | 당 월 진료일수 (투약일수 포함) | 조산 구분 | 시간 | 가산 구분 | 다태아 여 부 | 조산료 | 식대 | 진료 확인 번호 | 의료급여비용 | | | | | | ※ 심사내역 | |
|---|---|---|---|---|---|---|---|---|---|---|---|---|---|---|---|---|---|---|---|---|---|---|---|---|
| | | | | | 성명 | 주민등록 번호 | | | | | | | | | | | 의료급여비용 총 액1 | 본인일부 부담 금 | 장애인 의료비 | 청구액 | 의료급여비용 총액2 | 의료급여 100분의100본인 부담금 총액 | 증 | 감 |
| | | | | | | | | | | | | | | | | | | | | | | | | |
| | | | | | | | | | | | | | | 합계 | | | | | | | | | | |

주: 1. ※ 란은 건강보험심사평가원이 기재합니다
2. 종별구분은 1종수급권자 : 1, 2종수급권자 : 2, 행려 : 4, 2종수급권자 중 장애인 2차 의료급여 : 6, 노숙인 1종 : N으로 기재합니다.
3. 조산구분란에는 초산①, 경산②, 골반위만출술③, 자궁내장치④로 기재합니다
4. 시간란은 주간①, 18시~09시(22시~06시 제외) 또는 공휴일②, 22시~06시③으로 기재합니다
5. 가산구분란에는 고위험 분만①, 분만취약지 분만②, 분만취약지 소재 조산원에서 고위험분만에 해당하는 경우③으로 기재한다.
6. 다태아 여부란에는 쌍태아②, 삼태아③ 등으로 기재합니다
7. 보장시설 입소자인 경우 또는 노숙인 의료급여를 받은 경우에는 해당 보장시설 및 노숙인시설의 기호를 기재합니다.
8. 식대란에는 식사종류(일반식, 치료식, 멸균식, 분유(일반분유, 특수분유), 산모식, 경관영양유동식)에 따른 총액을 기재합니다.

320mm × 190mm(일반용지 60g/㎡(재활용품))

**[별지 제9호 서식]**

| 서식번호 | GI07 | 보 건 기 관 의 료 급 여 비 용 명 세 서 | 의료급여기관 | |
|---|---|---|---|---|
| 진료형태 | 입원 | | 기호 | |
| | | | 명칭 | |

| 일련번호 | 보장기관기호 | 종별구분 | 보장시설 및 노숙인시설기호 | 세대주성명 | 보훈 등 구분 | 수진자 | | 상병 | | 진료과 | 면허종류 | 면허번호 | 당월진료개시일 | 입원일수 | 당월진료일수(투약일수 포함) | 진료확인번호 | 의료급여비용 | | | | | | | | | | | ※ 심사내역 | |
|---|---|---|---|---|---|---|---|---|---|---|---|---|---|---|---|---|---|---|---|---|---|---|---|---|---|---|---|---|---|
| | | | | | | 성명 | 주민등록번호 | 상병명 | 분류기호 | | | | | | | | 보훈 등 100분의 100본인 부담 총액 | 비급여총액 | 의료급여비용총액1 | 본인일부부담금 | 장애인의료비 | 청구액 | 의료급여비용총액2, 진료비 총액 | 보훈청구액 | 의료급여 100분의 100본인 부담금 총액 | 보훈 본인 일부 부담금 | 증 | 감 |
| | | | | | | | | | | | | | | | | | | | | | | | | | | | | |

| 진료내역 (의약품) | | | | | | | 진료내역 (의약품) | | | | | | |
|---|---|---|---|---|---|---|---|---|---|---|---|---|---|
| 코드 | 분류 | 단가 | 1일 투여횟수 또는 실시횟수 | 총 투약일수 또는 실시횟수 | 금액 | 급여구분 | 코드 | 분류 | 단가 | 1일 투여횟수 또는 실시횟수 | 총 투약일수 또는 실시횟수 | 금액 | 급여구분 |
| | | | | | | | | | | | | | |

주: 1. ※ 란은 건강보험심사평가원이 기재합니다.
2. 종별구분은 1종수급권자 : 1, 2종수급권자 : 2, 행려 : 4, 2종수급권자 중 장애인 2차 의료급여 : 6, 2종수급권자 중 장애인 1차 의료급여 : 8, 노숙인 1종: N으로 기재합니다.
3. 진료과란은 의과①, 치과②, 조산③, 의과(피임시술)④, 물리치료⑤의 순으로 기재하되, 각 진료과목별 소계를 분류하여야 합니다.
4. 보건기관에서 18시~09시 또는 공휴일에 조산하여 소정금액의 50%를 가산하는 경우에는 조산시각 또는 공휴일임을 "상병명"란에 기재하여야 합니다.
5. 치과의 경우 상병명은 임상진단명을 기재하되 상병 부위(치식)를 기재합니다.
6. 보장시설 입소자인 경우 또는 노숙인 의료급여를 받은 경우에는 해당 보장시설 및 노숙인시설의 기호를 기재합니다.
7. 보훈 국비환자의 경우 급여구분란에 보훈 등 100분의100본인부담 진료내역(의약품)은 'V', 비급여 진료내역(의약품)은 'W'를 기재합니다

320㎜ × 190㎜(일반용지 60g/㎡(재활용품))

**[별지 제10호 서식]**

| 서식번호 | GI08 | 보 건 기 관 의 료 급 여 비 용 명 세 서 | 의료급여기관 | |
|---|---|---|---|---|
| | | | 기호 | |
| 진료형태 | 외래 | | 명칭 | |

| 일련번호 | 보장기관기호 | 종별구분 | 보장시설 및 노숙인시설 기호 | 세대주성명 | 보훈등구분 | 수진자 | | 상병 | | 진료과 | 면허종류 | 면허번호 | 당월진료개시일 | 방문횟수 | 진찰횟수 | 투약일수 | 물리치료일수 | 예외구분코드 | 당월진료일수(투약일수 포함) | 진료확인번호 | 의료급여비용 | | | | | | | | | | ※심사내역 | |
|---|---|---|---|---|---|---|---|---|---|---|---|---|---|---|---|---|---|---|---|---|---|---|---|---|---|---|---|---|---|---|---|---|
| | | | | | | 성명 | 주민등록번호 | 상병명 | 분류기호 | | | | | | | | | | | | 보훈등 100분의100본인부담총액 | 비급여총액 | 의료급여비용총액1 | 본인일부부담금 | 장애인의료비 | 청구액 | 의료급여비용총액2, 진료비총액 | 보훈청구액 | 의료급여 100분의100본인부담금총액 | 보훈본인일부부담금 | 증 | 감 |
| | | | | | | | | | | | | | | | | | | | | | | | | | | | | | | | | |

| 진료내역(의약품) | | | | | | | 진료내역(의약품) | | | | | | |
|---|---|---|---|---|---|---|---|---|---|---|---|---|---|
| 코드 | 분류 | 단가 | 1일 투여횟수 또는 실시횟수 | 총 투약일수 또는 실시횟수 | 금액 | 급여구분 | 코드 | 분류 | 단가 | 1일 투여횟수 또는 실시횟수 | 총 투약일수 또는 실시횟수 | 금액 | 급여구분 |
| | | | | | | | | | | | | | |

주: 1. ※ 란은 건강보험심사평가원이 기재합니다.
2. 종별구분은 1종수급권자 : 1, 2종수급권자 : 2, 행려 : 4, 2종수자 중 장애인 2차 의료급여 : 6, 2종수급권자 중 장애인 1차 의료급여 : 8, N: 노숙인 1종으로 기재합니다.
3. 진료과란은 의과①, 치과②, 조산③, 의과(피임시술)④, 물리치료⑤, 한방시술단독⑦, 한방투약단독⑧, 한방시술과 투약병행⑨의 순으로 기재하되, 각 진료과목별 소계를 분류하여야 합니다
4. 치과의 경우 상병명은 임상진단명을 기재하되 상병 부위(치식)를 기재합니다
5. 같은 진료과이고 본인부담금 산정방법이 같은 경우에는 한 줄에 통합하여 작성합니다
6. 보장시설 입소자인 경우 또는 노숙인 의료급여를 받은 경우에는 해당 보장시설 및 노숙인시설의 기호를 기재합니다.

320mm × 190mm(일반용지 60g/㎡(재활용품))

[별지 제10-1호 서식]

| 서식번호 | GI08 | 보 건 기 관 의 료 급 여 비 용 명 세 서 | 의료급여기관 | |
|---|---|---|---|---|
| | | | 기호 | |
| 진료형태 | 외래 | | 명칭 | |

| 일련번호 | 보장기관기호 | 종별구분 | 보장시설 및 노숙인시설 기호 | 세대주 성명 | 보훈등구분 | 수진자 | | 상병 | | 진료과 | 면허종류 | 면허번호 | 당월진료개시일 | 방문횟수 | 진찰횟수 | 투약일수 | 물리치료일수 | 예외구분코드 | 원외처방 | | | 당월진료일수(원내투약일수포함) | 진료확인번호 | 의료급여비용 | | | | | | | | | ※ 심사내역 | |
|---|---|---|---|---|---|---|---|---|---|---|---|---|---|---|---|---|---|---|---|---|---|---|---|---|---|---|---|---|---|---|---|---|---|---|
| | | | | | | 성명 | 주민등록번호 | 상병명 | 분류기호 | | | | | | | | | | 처방전발급횟수 | 처방전발급번호 / 점검번호 | 총처방일수 | | | 보훈등 100분의100 본인부담금 총액 | 비급여 총액 | 의료급여비용 총액1 | 본인일부부담금 | 청구액 | 의료급여비용 총액2, 진료비 총액 | 보훈청구액 | 의료급여 100분의100본인부담금 총액 | 보훈본인일부부담금 | 증 | 감 |
| | | | | | | | | | | | | | | | | | | | | | | | | | | | | | | | | | | |
| | | | | | | | | | | | | | | | | | | | | | | | | | | | | | | | | | | |

| 원외처방내역 및 진료내역(의약품) | | | | | | | | 원외처방내역 및 진료내역(의약품) | | | | | | | |
|---|---|---|---|---|---|---|---|---|---|---|---|---|---|---|---|
| 처방전 발급번호 | 약품코드 (일반명 또는 제품명코드) | 약품명 (일반명 또는 제품명) | 1회 투약량 | 1일 투여횟수 | 총 투약일수 | 본인부담률 구분코드 | 급여 구분 | 처방전 발급번호 | 약품코드 (일반명 또는 제품명코드) | 약품명 (일반명 또는 제품명) | 1회 투약량 | 1일 투여횟수 | 총 투약일수 | 본인부담률 구분코드 | 급여 구분 |
| | 코드 | 분류 | 단가 | 1일 투여횟수 또는 실시횟수 | 총 투여일수 또는 실시횟수 | 금액 | 급여 구분 | | 코드 | 분류 | 단가 | 1일 투여횟수 또는 실시횟수 | 총 투여일수 또는 실시횟수 | 금액 | 급여 구분 |
| | | | | | | | | | | | | | | | |

320mm × 190mm(일반용지 60g/㎡(재활용품))

주: 1. ※ 란은 건강보험심사평가원이 기재합니다.
2. 종별구분은 1종수급권자 : 1, 2종수급권자 : 2, 행려 : 4, 2종수급권자 중 장애인 2차 의료급여 : 6, 2종수급권자 중 장애인 1차 의료급여 : 8, N: 노숙인 1종으로 기재합니다.
3. 진료과 란은 의과①, 치과②, 조산③, 의과(피임시술)④, 물리치료⑤, 한방시술단독⑦, 한방투약단독⑧, 한방시술과투약병행⑨의 순으로 기재합니다.
4. 치과의 경우 상병명은 임상진단명을 기재하되 상병 부위(치식)를 기재합니다.
5. 같은 진료과이고 본인부담금 산정방법이 같은 경우에는 한 줄에 통합하여 작성합니다.
6. 원외처방내역은 "처방전 발급번호"를 기재한 순서대로 각각 구분하여 처방전발급번호, 코드, 약품명, 1회투약량, 1일투여횟수, 총투약일수, 본인부담률구분코드, 급여구분를 기재합니다.
7. 본인부담률 구분코드는 의료급여 중 「의료급여수가의기준 및 일반기준」 제23조의2에 따른 약제를 처방한 경우 본인이 부담할 비용의 부담률에 부여된 해당 구분코드를 기재합니다.
 • A: 100분의50 본인부담, B: 100분의80 본인부담, D: 100분의30 본인부담, E: 100분의90 본인부담, U: 건강보험(의료급여) 100분의100본인부담, V: 보훈 등 100분의100본인부담, W: 비급여
8. 보장시설 입소자인 경우 또는 노숙인 의료급여를 받은 경우에는 해당 보장시설 및 노숙인시설의 기호를 기재합니다.
9. 보훈위탁진료 보건기관의 보훈 국비환자 진료분인 경우 급여구분란에 보훈 등 100분의100본인부담 진료내역(의약품)은 'V', 비급여 진료내역(의약품)은 'W'를 기재하고, 원외처방 약제중 약값의 100분의100 본인부담에 해당되는 약제에 대해서는 급여구분란에 'F'를 기재합니다.

[별지 제11호 서식] 삭제, [별지 제12호 서식] 삭제, [별지 제13호 서식] 삭제

**[별지 제14호 서식]**

(한방 입원)

# 의료급여비용명세서

| 서 식 번 호 | | G | I | O | 12 | 의 료 급 여 기 관 | |
|---|---|---|---|---|---|---|---|
| 보장기관 | 기 호 | | | | | 기 호 | |
| | 명 칭 | | | | | | |
| 등록번호 | | | 종 별 | | 보훈 등 | 명 칭 | |
| 세 대 주 성 명 | | | 보장시설 및 노숙인시설 기호 | | | | |
| 수 진 자 성 명 | | | | - | | | |

| 상 병 명 | 한방상병 분류기호 | 진료과목 | 상해외인 | 특정기호 | 면허 종류 | 면허 번호 | 당월진료개시일 / 최초입원개시일 | 당월진료일수 (투약일수 포함) | 진료확인번호 | 진료결과 |
|---|---|---|---|---|---|---|---|---|---|---|
| | | | | | | | | 일 | | |
| | | | | | | | | 일 | | |
| | | | | | | | | 일 | | |
| 처 방 명 | | | | | | | | | | |
| 입 원 일 수 | 일 | | | | | | | | | |

| 구 | 분 | 기본진료 약제( I ) | 진료행위 ( II ) | 분 류 | 단가 | 1일투여량 또는 실시횟수 | 총투여일수 또는 실시횟수 | 금액 | 면허 종류 | 면허 번호 |
|---|---|---|---|---|---|---|---|---|---|---|
| 1. 진찰료 (외래관리료 포함) | ①초진 회 | 원 | 야간,공휴 회 | | | | | | | |
| | ②재진 회 | 원 | 야간,공휴 회 | | | | | | | |
| | ③기타 | 원 | | | | | | | | |
| 2. 입원료 | ①일반 일 | 원 | | | | | | | | |
| | ②내과질환자, 정신질환자, 만8세미만의 소아 일 | 원 | | | | | | | | |
| | ③집중치료 일 | 원 | | | | | | | | |
| | ④식대 | 원 | | | | | | | | |
| | ⑤안치료 | 원 | | | | | | | | |
| 3. 투약료 | ①내복약 일분 | 원 | | | | | | | | |
| | ②처방·조제·복약지도료 일분 | | 원 | | | | | | | |
| 4.시술 및 처치료 | ①침술 회 | | 원 | | | | | | | |
| | ②구술 회 | | 원 | | | | | | | |
| | ③부항술 회 | | 원 | | | | | | | |
| | ④처치료 회 | | 원 | | | | | | | |
| | ⑤기타 회 | | 원 | | | | | | | |
| 5. 검사료 | ①양도락검사 회 | | 원 | | | | | | | |
| | ②맥전도검사 회 | | 원 | | | | | | | |
| | ③경락기능검사 회 | | 원 | | | | | | | |
| | ④기타 회 | | 원 | | | | | | | |
| A. 100분의 100미만 본인부담50 | ①의약품 | 원 | 원 | | | | | | | |
| | ②치료재료 | 원 | 원 | | | | | | | |
| | ③진료행위 | 원 | 원 | | | | | | | |
| B. 100분의 100미만 본인부담80 | ①의약품 | 원 | 원 | | | | | | | |
| | ②치료재료 | 원 | 원 | | | | | | | |
| | ③진료행위 | 원 | 원 | | | | | | | |
| D. 100분의 100미만 본인부담30 | ①의약품 | 원 | 원 | | | | | | | |
| | ②치료재료 | 원 | 원 | | | | | | | |
| | ③진료행위 | 원 | 원 | | | | | | | |
| E. 100분의 100미만 본인부담90 | ①의약품 | 원 | 원 | | | | | | | |
| | ②치료재료 | 원 | 원 | | | | | | | |
| | ③진료행위 | 원 | 원 | | | | | | | |
| U. 의료급여 100분의 100본인부담 | ①의약품 | 원 | 원 | | | | | | | |
| | ②치료재료 | 원 | 원 | | | | | | | |
| | ③진료행위 | 원 | 원 | | | | | | | |
| V. 보훈 등 100분의 100본인부담 | ①의약품 | 원 | 원 | 특정내역 | | | | | | |
| | ②치료재료 | 원 | 원 | | | | | | | |
| | ③진료행위 | 원 | 원 | | | | | | | |
| W. 비급여 | ①의약품 | 원 | 원 | | | | | | | |
| | ②치료재료 | 원 | 원 | | | | | | | |
| | ③진료행위 | 원 | 원 | | | | | | | |

| 항목 | | 금액 | ※ 심사내역 | 구분 | 코드 | 조정금액 | I, II | 구분 | 코드 | 조정금액 | I, II |
|---|---|---|---|---|---|---|---|---|---|---|---|
| 보훈 등 100분의100본인부담금총액 | | 원 | | | | | | | | | |
| 비 급 여 총 액 | | 원 | | | | | | | | | |
| 11. 소 계 | 원 | 원 | | | | | | | | | |
| 12. 가 산 율 | % | 원 | | | | | | | | | |
| 13. 의 료 급 여 비 용 총 액 1 | | 원 | | | | | | | | | |
| 14. 본 인 일 부 부 담 금 | | 원 | | | | | | | | | |
| 15. 장 애 인 의 료 비 | | 원 | | | | | | | | | |
| 16. 대 지 급 금 | | 원 | | | | | | | | | |
| 17. 청 구 액 | | 원 | | | | | | | | | |
| 18. 의료급여비용총액2, 진료비총액 | | 원 | | | | | | | | | |
| 19. 보 훈 청 구 액 | | 원 | | | | | | | | | |
| 20. 의료급여 100분의100본인부담금총액 | | 원 | | | | | 감 I | | | | 감 I |
| 21. 보 훈 본 인 일 부 부 담 금 | | 원 | | | | | 감 II | | | | 감 II |
| 22. 100분의100미만 총액 | | 원 | | | | | 증 I | | | | 증 I |
| 23. 100분의100미만 본인일부부담금 | | 원 | | | | | 증 II | | | | 증 II |
| 24. 100분의100미만 청구액 | | 원 | | | | | | | | | |
| 25. 100분의100미만 보훈청구액 | | 원 | | 계 | | | | 계 | | | |
| 일련번호 | | ※ 심사조정 | | | | | | | | | |

190mm×320mm(일반용지 60g/㎡(재활용품))

• 종별구분 - 1: 1종수급권자, 2: 2종수급권자, 4: 행려, 6: 2종장애인 2차의료급여
8: 2종장애인 1차 의료급여, N: 노숙인 1종

**[별지 제15호 서식]**

(한방 외래)

# 의료급여비용명세서

| 서 식 번 호 | G | I | O | 13 | 의 료 급 여 기 관 | |
|---|---|---|---|---|---|---|
| 보장기관 기 호 | | | | | 기 호 | |
| 보장기관 명 칭 | | | | | | |
| 등록번호 | | 종 별 | | 보훈 등 | 명 칭 | |
| 세 대 주 성 명 | | 보장시설 및 노숙인시설 기호 | | | | |
| 수 진 자 성 명 | | - | | | | |

| 상 병 명 | 한방상병 분류기호 | 진료과목 | 상해외인 | 특정기호 | 본인부담 구분 | 면허 종류 | 면허 번호 | 내원일자 | 당월진료일수 (투약일수포함) | 진료 확인번호 | 본인부담금 발생횟수 | 직접 조제횟수 | 진료결과 |
|---|---|---|---|---|---|---|---|---|---|---|---|---|---|
| | | | | | | | | | 일 | | | | |
| | | | | | | | | | 일 | | | | |
| | | | | | | | | | | | | | |
| 처 방 명 | | | | | | | | | | | | | |

| 구 분 | | 기본진료 약제(I) | 진료행위 (II) |
|---|---|---|---|
| 1. 진찰료 (외래관리료 포함) | ①초진 회 | 원 | 야간,공휴 회 |
| | ②재진 회 | 원 | 야간,공휴 회 |
| | ③기타 | 원 | |
| | ④가정간호기본방문료 | 원 | |
| 3. 투약료 | ①내복약 일분 | 원 | |
| | ②처방·조제·복약지도료 일분 | | 원 |
| 4. 시술료 및 처치료 | ①침술 회 | | 원 |
| | ②구술 회 | | 원 |
| | ③부항술 회 | | 원 |
| | ④처치료 회 | | 원 |
| | ⑤기 타 회 | | 원 |
| 5. 검사료 | ①양도락검사 회 | | 원 |
| | ②맥전도검사 회 | | 원 |
| | ③경락기능검사 회 | | 원 |
| | ④기타 회 | | 원 |
| A. 100분의 100미만 본인부담50 | ①의약품 | 원 | 원 |
| | ②치료재료 | 원 | 원 |
| | ③진료행위 | 원 | 원 |
| B. 100분의 100미만 본인부담80 | ①의약품 | 원 | 원 |
| | ②치료재료 | 원 | 원 |
| | ③진료행위 | 원 | 원 |
| D. 100분의 100미만 본인부담30 | ①의약품 | 원 | 원 |
| | ②치료재료 | 원 | 원 |
| | ③진료행위 | 원 | 원 |
| E. 100분의 100미만 본인부담90 | ①의약품 | 원 | 원 |
| | ②치료재료 | 원 | 원 |
| | ③진료행위 | 원 | 원 |
| U. 의료급여 100분의 100본인부담 | ①의약품 | 원 | 원 |
| | ②치료재료 | 원 | 원 |
| | ③진료행위 | 원 | 원 |
| V. 보훈 등 100분의 100본인부담 | ①의약품 | 원 | 원 |
| | ②치료재료 | 원 | 원 |
| | ③진료행위 | 원 | 원 |
| W. 비급여 | ①의약품 | 원 | 원 |
| | ②치료재료 | 원 | 원 |
| | ③진료행위 | 원 | 원 |
| 보훈 등 100분의100본인부담총액 | | | 원 |
| 비 급 여 총 액 | | | 원 |
| 11. 소 계 | | 원 | 원 |
| 12. 가 산 율 | | % | 원 |
| 13. 의 료 급 여 비 용 총 액 1 | | | 원 |
| 14. 본 인 일 부 부 담 금 | | | 원 |
| 15. 장 애 인 의 료 비 | | | 원 |
| 16. 청 구 액 | | | 원 |
| 17. 의료급여비용총액2, 진료비총액 | | | 원 |
| 18. 보 훈 청 구 액 | | | 원 |
| 19. 의료급여 100분의100본인부담금총액 | | | 원 |
| 20. 보훈 일부본인부담금 | | | 원 |
| 21. 100분의100미만 총액 | | | 원 |
| 22. 100분의100미만 본인일부부담금 | | | 원 |
| 23. 100분의100미만 청구액 | | | 원 |
| 24. 100분의100미만 보훈청구액 | | | 원 |
| 일련번호 | | ※ 심사조정 | |
| 수진자 일련번호 | - | | |

| 분 류 | 단가 | 1일투여량 또는 실시횟수 | 총투여일수 또는 실시횟수 | 금액 | 면허 종류 | 면호 번호 |
|---|---|---|---|---|---|---|
| | | | | | | |
| 특정내역 | | | | | | |

※ 심사내역

| 구분 | 코드 | 조정 금액 | I, II | 구분 | 코드 | 조정 금액 | I, II |
|---|---|---|---|---|---|---|---|
| | | | | | | | |
| | | | 감 I | | | | 감 I |
| | | | 감 II | | | | 감 II |
| | | | 증 I | | | | 증 I |
| | | | 증 II | | | | 증 II |
| 계 | | | | 계 | | | |

190mm×320mm(일반용지 60g/㎡(재활용품))

※ 종별구분 - 1: 1종수급권자, 2: 2종수급권자, 4: 행려, 6: 2종장애인 2차의료급여
8: 2종장애인 1차 의료급여, N: 노숙인 1종

**[일 자 별]**

**[별지 제16호 서식]**

약국 직접 조제

# 의료급여비용명세서

| 서식번호 | G | I | 2 | 0 | | 의료급여기관 | |
|---|---|---|---|---|---|---|---|
| 사업장(보장기관) | 기호 | | | | | 기호 | |
| | 명칭 | | 보장시설 및 노숙인시설 기호 | | | | |
| 등록번호 | | | 종별구분 | | | 명칭 | |
| 세대수성명 | | | | | | | |
| 수진자성명 | | | | - | | | |

| 증상분류기호 | | | 본인부담 구분 | 면허종류 | 면허번호 | 조제투약일 | 의료급여일수 (투약일수 포함) | 진료확인번호 |
|---|---|---|---|---|---|---|---|---|
| | | | | | | | 일 | |
| | | | | | | | | |

증상:

**조 제 투 약 내 역**

| 약품명 | 단가 | 1회 투약량 (I항 해당) | 1일 투약횟수 또는 실시횟수 | 총 투약일수 또는 실시횟수 | 금액(원) | 면허종류 | 면허번호 |
|---|---|---|---|---|---|---|---|
| | | | | | | | |

특정내역

| 구분 | 금액 | 심사내역 | | | | | | | |
|---|---|---|---|---|---|---|---|---|---|
| | | 구분 | 코드 | 조정금액 | I.II | 구분 | 코드 | 조정금액 | I.II |
| 1. 약가 | 원 | | | | | | | | |
| 2. 조제료등 | 원 | | | | | | | | |
| 3. 의약품관리료 | 원 | | | | | | | | |
| 4. 의료급여비용총액 1 | 원 | | | | | | | | |
| 5. 본인일부부담금 | 원 | | | | | | | | |
| 6. 청구액 | 원 | | | | | | | | |
| 7. 의료급여비용총액2, 진료비총액 | 원 | | | | | | | | |
| 8. 의료급여 100분의 100본인부담금총액 | 원 | | | | | | | | |
| 9. 보훈본인일부부담금 | 원 | | | | | | | | |
| 10 A항 100분의100미만 본인부담 50 | 원 | | | | | | | | |
| 11. B항 100분의100미만 본인부담 80 | 원 | | | | 감I | | | | 감I |
| 12. D항 100분의100미만 본인부담 30 | 원 | | | | | | | | |
| 13. E항 100분의100미만 본인부담 90 | 원 | | | | 감II | | | | 감II |
| 14. 100분의100미만 총액 | 원 | | | | | | | | |
| 15. 100분의100미만 본인일부부담금 | 원 | | | | 증I | | | | 증I |
| 16. 100분의100미만 청구액 | 원 | | | | | | | | |
| 17. 100분의100미만 보훈청구액 | 원 | | | | 증II | | | | 증II |

| 일련번호 | | ※심사조정 | | 계 | | | | 계 | | | |
|---|---|---|---|---|---|---|---|---|---|---|---|
| 수진자 일련번호 | - | | | | | | | | | | |

190mm×320mm(일반용지 60g/㎡(재활용품))

주 : 1. *란은 건강보험심사평가원이 기재합니다
2. 종별구분란은 해당번호(1종수급권자:1, 2종수급권자:2, 행려:4, 2종장애인 1차 의료급여:8, N: 노숙인 1종)를 기재합니다.

**[별지 제17호 서식]**

약국 처방 조제

# 의료급여비용명세서

| 서 식 번 호 | G | I | 2 | 1 | | 의 료 급 여 기 관 | |
|---|---|---|---|---|---|---|---|
| 사업장 (보장기관) | 기 호 | | | | | 기 호 | |
| | 명 칭 | | | | 보장시설 및 노숙인시설 기호 | | |
| 등록번호 | | | | 종 별 | | 보훈 등 | 명 칭 |
| 세 대 주 성 명 | | | | | | | |
| 수 진 자 성 명 | | | | | - | | |

| 상병분류기호 | 특정 기호 | 본인부담 구분 | 면허종류 | 면허번호 | 처방전발급 기관기호 | 처방전 발급번호 | 사용기간 | 조제 투약일 | 투약 일수 | 진료확인 번호 | 비 고 (재해발생일자) |
|---|---|---|---|---|---|---|---|---|---|---|---|
| | | | | | | | | | 일 | | |
| | | | | | | | | | | | |
| | | | | | | | | | | | |

| 구 분 | | 약가(I) | 조제료등(II) |
|---|---|---|---|
| 1. 약 제 비 | ①내복 일분 | 원 | 원 |
| | ②외용 일분 | 원 | 원 |
| | ③주사료 일분 | 원 | |
| | ④약국관리료, 기본조제기술료, 복약지도료 | | 원 |
| | ⑤소 계(①~④) | | 원 |
| | ⑥의약품관리료 | | 원 |
| A. 100분의 100미만 본인부담 50 | ①내복 일분 | 원 | 원 |
| | ②외용 일분 | 원 | 원 |
| | ③주사료 일분 | 원 | 원 |
| | ④소 계(①~③) | | 원 |
| B. 100분의 100미만 본인부담 80 | ①내복 일분 | 원 | 원 |
| | ②외용 일분 | 원 | 원 |
| | ③주사료 일분 | 원 | 원 |
| | ④소 계(①~③) | | 원 |
| D. 100분의 100미만 본인부담 30 | ①내복 일분 | 원 | 원 |
| | ②외용 일분 | 원 | 원 |
| | ③주사료 일분 | 원 | 원 |
| | ④소 계(①~③) | | 원 |
| E. 100분의 100미만 본인부담 90 | ①내복 일분 | 원 | 원 |
| | ②외용 일분 | 원 | 원 |
| | ③주사료 일분 | 원 | 원 |
| | ④소 계(①~③) | | 원 |
| U. 의료급여 100분의 100본인부담 약제비 | ①내복 일분 | 원 | 원 |
| | ②외용 일분 | 원 | 원 |
| | ③주사료 일분 | 원 | 원 |
| | ④소 계(①~③) | | 원 |
| W. 비급여 약제비 | ①내복 일분 | 원 | 원 |
| | ②외용 일분 | 원 | 원 |
| | ③주사료 일분 | 원 | 원 |
| | ④소 계(①~③) | | 원 |
| 보훈 등 100분의100 본인부담 약제비 총액 | | | 원 |
| 비 급 여 약 제 비 총 액 | | | 원 |
| 2. 소 계 | | 원 | 원 |
| 3. 수 급 권 자 의 료 급 여 비 용 총 액 | | | 원 |
| 4 의 료 급 여 비 용 총 액 1 | | | 원 |
| 5. 본 인 일 부 부 담 금 | | | 원 |
| 6. 청 구 액 | | | 원 |
| 7 의료급여비용총액2, 진료비총액 | | | 원 |
| 8 보 훈 청 구 액 | | | 원 |
| 9 의료급여 100분의100본인부담금총액 | | | 원 |
| 10 보 훈 본 인 일 부 부 담 금 | | | 원 |
| 11. 100분의100미만 총액 | | | 원 |
| 12. 100분의100미만 본인일부부담금 | | | 원 |
| 13. 100분의100미만 청구액 | | | 원 |
| 14. 100분의100미만 보훈청구액 | | | 원 |
| 일련번호 | | ※ 심사조정 | |
| 수진자 일련번호 | - | | |

조 제 투 약 내 역

| 코 드 | 약품명 | 조제 구분 | 단가 | 1회 투약량 (1항 해당) | 1일 투약횟수 또는 실시횟수 | 총 투약일수 또는 실시횟수 | 금액(원) | 면허 종류 | 면허 번호 |
|---|---|---|---|---|---|---|---|---|---|

처 방 내 역

| 코드 (일반명코드 또는 제품명코드) | 약 품 명 (일반명 또는 제품명) | 1회 투약량 | 1일 투약횟수 | 총 투약일수 | 본인부담률 구분코드 | 비 고 |
|---|---|---|---|---|---|---|
| | | | | | | |

특정내역

※ 심 사 내 역

| 구분 | 코드 | 조정금액 | I,II | 구분 | 코드 | 조정금액 | I,II |
|---|---|---|---|---|---|---|---|
| | | | | | | | |
| | | | 감I | | | | 감I |
| | | | 감II | | | | 감II |
| | | | 증I | | | | 증I |
| | | | 증II | | | | 증II |
| 계 | | | | 계 | | | |

190mm×320mm(일반용지 60g/㎡(재활용품))

주 : 1. ※란은 심사기관에서 기재합니다.
2. 의료급여종별 구분란은 해당번호(1종대상자:1, 2종대상자:2, 행려대상자:4, N: 노숙인 1종)를 기재합니다.
3. 보훈 등 구분란은 해당번호(보훈감면환자(30%) : 3, 보훈감면환자(50%) : 5, 보훈감면환자(60%) : 6)를 기재합니다.
4. 조제투약내역의 조제구분란은 해당번호(대체:1, 수정:2, 변경:3, 저가대체 4, 성분처방 5, 저가대체 가산금 9)를 기재합니다.
5. 본인부담률 구분코드는 의료급여 중 「의료급여수가의기준 및 일반기준」 제23조의2에 따른 약제를 처방한 경우 본인이 부담할 비용의 부담률에 부여된 해당 구분코드를 기재합니다.
 - A: 100분의50 본인부담, B: 100분의80 본인부담, D: 100분의30 본인부담, E: 100분의90 본인부담, U: 건강보험(의료급여) 100분의100본인부담, V: 보훈 등 100분의100본인부담, W: 비급여
 - V항(보훈 등 100분의100 본인부담 약제비), W항(비급여 약제비)은 보훈위탁진료 요양기관에서 발행한 처방전에 따른 "보훈 국비환자"의 처방 조제분인 경우에만 해당.

[별지 제18호서식] (앞쪽)

# 의료급여 정신건강의학과 입원료 차등제 산정현황 통보서

| 의료급여기관기호 (요양기관기호) | | 의료급여기관명 (요양기관명) | | | |
|---|---|---|---|---|---|
| 소재지 | | 신고자 성명 | | 전화번호 | |
| 적용 구분 | 년 분기적용 | | | | |
| 기관등급 | ① 등급 | | | | |

| 간호인력 | | | 정신건강전문요원 | | | 의사인력 | | |
|---|---|---|---|---|---|---|---|---|
| | ② 배점 | 점 | | ⑧ 배점 | 점 | | ⑫ 배점 | 점 |
| | ③ 적용입원환자수(3개월 평균) | 명 | | ⑨ 적용입원환자수(3개월 평균) | 명 | | ⑬ 적용입원환자수(3개월 평균) | 명 |
| | ④ 간호사수(3개월 평균) | 명 | | ⑩ 적용정신건강전문요원수 (3개월 평균) | 명 | | ⑭ 적용정신건강의학과의사수 (3개월 평균) | 명 |
| | ⑤ 간호조무사수(3개월 평균) | 명 | | ⑪ 적용입원환자수 대 적용정신건강전문요원수⑨/⑩ | 명 | | ⑮ 적용입원환자수 대 적용정신건강의학과의사수 ⑬/⑭ | 명 |
| | ⑥ 적용간호인력수(3개월 평균) | 명 | | | | | | |
| | ⑦ 적용입원환자수 대 적용간호인력수 ③/⑥ | 명 | | | | | | |

**[환자수 현황]**

| 구 분 | 계 | 년 월(전월15일-당월14일) | | 년 월(전월15일-당월14일) | | 년 월(전월15일-당월14일) | |
|---|---|---|---|---|---|---|---|
| | | 건강보험 | 의료급여 | 건강보험 | 의료급여 | 건강보험 | 의료급여 |
| ⑯ 입원환자수 (환자별재원일수의 합) | | | | | | | |
| ⑰ 낮병동환자수 | | | | | | | |
| ⑱ 외래환자수 | | | | | | | |
| ⑲ 적용입원환자수 (3개월 평균) | 명 | | | | | | |

**[간호인력 현황]**

| 연번 | ※⑳ 인력구분 | ※㉑ 근무형태 | ※㉒ 직책구분 | 성명 | 주민등록번호 | 면허(자격)번호 | 취득일자 | 입사일자 | 퇴사일자 | 병동: ※㉓ 병동구분 병동코드 | 병동: 최초근무일자 | 병동: 최종근무일자 | 휴가: ※㉔ 구분 | 휴가: 시작일자 | 휴가: 종료일자 | ㉕ 적용구분 | ㉖ 재직일수 |
|---|---|---|---|---|---|---|---|---|---|---|---|---|---|---|---|---|---|
| | | | | | | | | | | | | | | | | | |
| | | | | | | | | | | | | | | | | | |

⑥ 적용간호인력수 : 명

**[정신건강전문요원인력 현황]**

| 연번 | ※㉗ 인력구분 | ※㉘ 근무형태 | ※㉙ 직책구분 | 성명 | 주민등록번호 | 면허(자격)번호 | 취득일자 | 입사일자 | 퇴사일자 | 휴가: ※㉚ 구분 | 휴가: 시작일자 | 휴가: 종료일자 | ㉛ 적용구분 | ㉜ 재직일수 |
|---|---|---|---|---|---|---|---|---|---|---|---|---|---|---|
| | | | | | | | | | | | | | | |
| | | | | | | | | | | | | | | |

⑩ 적용정신건강전문요원수 : 명

**[정신건강의학과의사인력 현황]**

| 연번 | ※㉝ 근무형태 | ㉞의사형태 1.전문의 2.레지던트 | 성명 | 주민등록번호 | ※㉟ 면허종별 | 면허번호 | 면허취득일자 | ※㊱ 자격종별 | 자격번호 | 자격취득일자 | 입사일자 | 퇴사일자 | 휴가: ※㊲ 구분 | 휴가: 시작일자 | 휴가: 종료일자 | ㊳ 재직일수 |
|---|---|---|---|---|---|---|---|---|---|---|---|---|---|---|---|---|
| | | | | | | | | | | | | | | | | |
| | | | | | | | | | | | | | | | | |

⑭ 적용정신건강의학과의사수 : 명

정신건강의학과 입원료 차등제 산정현황 통보서를 제출합니다.

년 월 일

개설자(대표자) (서명 또는 인)

**건강보험심사평가원장** 귀하

주1) 작성요령은 뒷면을 참고하시기 바라며 ※란은 반드시 해당 번호를 기재하여야 합니다.

주2) 「정신건강의학과 입원료 차등제 산정현황 통보서」 작성·제출은 건강보험심사평가원(http://Biz.hira.or.kr)을 이용하시기 바랍니다.

210㎜×297㎜(백상지(80g/㎡) 또는 중질지(80g/㎡))

(뒷쪽)

## 작성방법

① 기관등급 : 적용 입원환자수 대 적용 정신건강의학과의사, 정신건강의학과간호사, 정신건강전문요원수에 따른 기관등급을 기재
② 간호인력 배점 : 적용 입원환자수 대 적용 간호인력 수에 따른 해당 배점을 기재
③ ⑨ ⑬ 적용 입원환자수(3개월 평균) : ⑲
④ 간호사수 (3개월 평균), ⑤ 간호조무사수 (3개월 평균) : 전전분기 마지막 월 15일부터 전분기 마지막 월 14일까지 정신건강의학과 입원병동, 정신건강의학과 낮병동, 정신건강의학과 외래병동에 배치되어 실제 환자간호를 전담하고 있는 간호사, 간호조무사의 재직일수의 合/대상기간 일수의 合(소수점 3자리에서 반올림).
- 계약직 및 단시간 근무 간호인력은 「기간제 및 단시간근로자 보호 등에 관한 법률」 제17조(근로조건의 서면명시)를 준수하고, 계약직의 경우에는 3개월 이상 고용계약을 체결한 경우에 산정함
- 전일제 근무 간호인력으로 1주간의 근로시간이 휴게시간을 제외하고 월평균 40시간 이상인 근무자는 1인으로 산정함. 다만, 계약직 간호조무사는 전일제인 경우에만 3인을 2인으로 산정함 (계약직 간호조무사수 × 0.6666667)
- 단시간 근무 간호사로 1주간의 근로시간이 휴게시간을 제외하고 월평균 40시간 미만인 근무자에 대하여 16(이상)~20시간(미만) 근무자의 경우 0.4인, 20(이상)~24시간(미만) 근무자는 0.5인, 24(이상)~28시간(미만) 근무자는 0.6인, 28(이상)~32시간(미만) 근무자는 0.7인, 32(이상)~36시간(미만) 근무자는 0.8인, 36(이상)~40시간(미만) 근무자는 0.9인으로 산정하며, 「소득세법」 시행규칙 제7조제4호에 의한 의료취약지역 소재 요양기관은 각각 0.5인, 0.6인, 0.7인, 0.8인, 0.9인, 1인으로 산정함. 다만, 계약직 간호사를 고용하는 경우, 정규직 간호사 의무고용비율은 100분의 80으로 함
- 출산휴가자를 대체하는 간호사는 1주간의 근로시간이 휴게시간을 제외하고 월평균 40시간 이상인 근무자의 경우 1인으로 산정함
⑥ 적용 간호인력수(3개월 평균) : ⑤ >(④x0.75)인 경우 {④+(④x0.75)}, ⑤ ≤ (④×0.75)인 경우, ④+⑤ (소수점 3자리에서 반올림)
⑦ 적용 입원환자수 대 적용 간호인력수 : ③/⑥ (소수점 3자리 이하 절사)
⑧ 정신건강전문요원 배점 : 적용 입원환자수 대 정신건강전문요원수에 따른 배점을 기재
⑩ 적용 정신건강전문요원수(3개월 평균) : 전전분기 마지막 월 15일부터 전분기 마지막 월 14일까지 정신건강전문요원별 재직일수의합(정신건강전문요원별 수련생 재직일수의 합 × 0.5) / 대상기간 일수의 합 (소수점 3자리에서 반올림). 단, 시간제 또는 격일제 정신건강전문요원은 주3일 이상이면서 주20시간 이상인 경우 0.5인으로 인정하며 기간제 정신건강전문요원은 근무시간 등 근무조건이 정규직 근무자와 동일하면서 3개월 이상 고용계약을 체결한 경우에는 1인으로 인정함.
⑪ 적용 입원환자수 대 적용 정신건강전문요원수 : ⑨/⑩ (소수점 3자리 이하 절사)
⑫ 의사인력 배점 : 적용 입원환자수 대 적용 정신건강의학과의사수에 따른 배점을 기재
⑭ 적용 정신건강의학과의사수(3개월 평균) : 전전분기 마지막 월 15일부터 전분기 마지막 월 14일까지 의사별 재직일수의 合(정신건강의학과 레지던트는 재직일수의 합 × 0.5) / 대상기간 일수의 합 (소수점 3자리에서 반올림) 단, 시간제 또는 격일제 정신건강의학과 의사는 주3일 이상이면서 주20시간 이상인 경우(0.5인)으로 인정하며 기간제 정신건강의학과 의사는 근무시간 등 근무조건이 정규직 근무자와 동일하면서 3개월 이상 고용계약을 체결한 경우는 1인으로 인정함
⑮ 적용 입원환자수 대 적용 정신건강의학과의사수 : ⑬/⑭ (소수점 3자리 이하 절사)
⑯ 입원환자수 : 정신건강의학과(개방병동+폐쇄병동) 입원환자수(대상기간 입원환자별 재원일수의 합), 건강보험/의료급여 각각 기재
⑰ 낮병동환자수 : 정신건강의학과 낮병동환자수(대상기간 일자별 낮병동환자수의 합), 건강보험/의료급여 각각 기재
⑱ 외래환자수 : 정신건강의학과 외래환자수(대상기간 일자별 외래내원환자수의 합), 건강보험/의료급여 각각 기재
⑲ 적용 입원환자수(3개월 평균) : ⑯+(⑰/2)+(⑱/3)(낮병동환자 1인은 입원환자 0.5인으로, 외래환자 3인은 입원환자 1인으로 환산)/대상기간 일수의 합(소수점 셋째자리에서 절사)
⑳ 인력구분 (코드번호로 기재 또는 선택) : 01.간호사, 02.간호조무사
㉑ 근무형태 (코드번호로 기재 또는 선택)
01.정규직 전일제: 정규직으로서 1주간의 근로시간이 월평균 40시간 이상 근무
02.계약직 전일제(40시간): 계약직으로서 1주간의 근로시간이 월평균 40시간 이상 근무
03.단시간 시간제(36~40시간): 정규직 또는 계약직으로 1주간의 근로시간이 월평균 36시간 이상 40시간 미만 근무
04.단시간 시간제(32~36시간): 정규직 또는 계약직으로 1주간의 근로시간이 월평균 32시간 이상 36시간 미만 근무
05.단시간 시간제(28~32시간): 정규직 또는 계약직으로 1주간의 근로시간이 월평균 28시간 이상 32시간 미만 근무
06.단시간 시간제(24~28시간): 정규직 또는 계약직으로 1주간의 근로시간이 월평균 24시간 이상 28시간 미만 근무
07.단시간 시간제(20~24시간): 정규직 또는 계약직으로 1주간의 근로시간이 월평균 20시간 이상 24시간 미만 근무
08.단시간 시간제(16~20시간): 정규직 또는 계약직으로 1주간의 근로시간이 월평균 16시간 이상 20시간 미만 근무
㉒ 직책구분 : 01.부원장, 02.이사, 03.부장, 04.과장(팀장, 감독), 05.수간호사, 06.책임간호사, 07.부책임간호사, 08.간호사
㉓ 병동구분 병동코드 : 「요양급여의 적용기준 및 방법에 관한 세부사항」 별지 제3호 서식에 신고된 현황
㉔, ㉚, ㊲ 휴가구분 (코드번호로 기재 또는 선택) : 01.출산, 02.육아, 03.연수, 04.파견, 05.병가, 06.기타
㉕ 적용구분 (코드로 기재 또는 선택) : Y 적용, N 미적용
㉖ 재직일수 : 전전분기 마지막 월 15일부터 전분기 마지막 월 14일까지 재직한 일수를 기재 단, 휴가의 ㉔일수는 제외
㉗ 인력구분 (코드번호로 기재 또는 선택) : 03.정신건강간호사 04.정신건강임상심리사 05.정신건강사회복지사
㉘ 근무형태 (코드번호로 기재 또는 선택) : 01.정규직, 02.계약직, 03.임시직
㉙ 직책구분 : 01.원장, 02.부원장, 03.이사, 04.부장, 05.과장(팀장,감독) 06.정신건강전문요원(전담), 07.정신건강전문요원 수련생
08.정신건강전문요원(비전담)
㉛ 적용구분 (코드로 기재 또는 선택) : Y 적용, N 미적용
㉜ 재직일수 : 전전분기 마지막 월 15일부터 전분기 마지막 월 14일까지 재직한 일수를 기재 단, 휴가의 ㉚일수는 제외
㉝ 근무형태 (코드번호로 기재 또는 선택) : 01.상근, 02.비상근, 03.대진의
㉞ 의사형태((코드번호로 기재 또는 선택) : 01.전문의, 02.레지던트
㉟ 면허종별 (코드번호로 기재 또는 선택) : 01.의사
㊱ 자격종별 (코드번호로 기재 또는 선택) : 03.정신건강의학과
㊳ 재직일수 : 전전분기 마지막 월 15일부터 전분기 마지막 월 14일까지 재직한 일수를 기재 단, 휴가의 ㊲일수는 제외

[별지 제19호서식] (앞쪽)

# 정신건강전문요원인력 일반현황 통보서

| 의료급여기관기호<br>(요양기관기호) | | 의료급여기관명<br>(요양기관명) | | | |
|---|---|---|---|---|---|
| 소 재 지 | | 담당자 성명 | | 전화번호 | |

| ①<br>연번 | ②<br>인력<br>구분<br>※ | ③<br>주민<br>등록<br>번호<br>※ | ④<br>적용<br>일자<br>※ | ⑤<br>근무<br>형태<br>※ | ⑥<br>직책<br>구분<br>※ | ⑦<br>성명<br>※ | ⑧<br>자격<br>번호<br>※ | ⑨<br>취득<br>일자<br>※ | ⑩<br>입사<br>일자<br>※ | ⑪<br>퇴사<br>일자<br>※ | 휴가<br>⑫<br>구분<br>※ | 휴가<br>⑬<br>적용일자<br>(from)<br>※ | 휴가<br>⑭<br>적용일자<br>(to)<br>※ | ⑮<br>적용<br>여부 |
|---|---|---|---|---|---|---|---|---|---|---|---|---|---|---|
| 1 | | - | | | | | | | | | | | | |
| 2 | | - | | | | | | | | | | | | |
| 3 | | - | | | | | | | | | | | | |
| 4 | | - | | | | | | | | | | | | |
| 5 | | - | | | | | | | | | | | | |
| 6 | | - | | | | | | | | | | | | |
| 7 | | - | | | | | | | | | | | | |
| 8 | | - | | | | | | | | | | | | |
| 9 | | - | | | | | | | | | | | | |
| 10 | | - | | | | | | | | | | | | |

의료급여 정신건강의학과 입원료 차등제 산정관련 정신건강전문요원인력 일반현황 통보서를 제출합니다.

년 월 일

개설자(대표자) (서명 또는 인)

작성자 성 명 (서명 또는 인)

**건강보험심사평가원장 귀하**

주1) 세부 작성요령은 뒷면을 참조하여 작성하시기 바라며, ※'란은 반드시 기재하여야 합니다.

주2) 「정신건강전문요원인력 일반현황 통보서」 작성·제출은 건강보험심사평가원(http://Biz.hira.or.kr)을 이용하시기 바랍니다.

210㎜×297㎜(백상지(80g/㎡) 또는 중질지(80g/㎡))

(뒷쪽)

## 작성방법

① 연번 :
② 인력구분 (코드번호로 기재 또는 선택) :
03.정신건강간호사, 04.정신건강임상심리사, 05.정신건강사회복지사
③ 주민번호 : 생년월일 및 뒷자리수 7자리수를 기재 또는 입력(000000-0000000)
④ 적용일자 : 근무형태, 직책구분, 적용여부 변경시 적용일자 기재
⑤ 근무형태(코드번호로 기재 또는 선택) : 1.정규직, 2.계약직, 3.임시직
⑥ 직책구분(코드번호로 기재 또는 선택) :
01.원장, 02.부원장, 03.이사, 04.부장, 05.과장(팀장,감독), 06.정신건강전문요원(전담), 07.정신건강전문요원 수련생, 08.정신건강전문요원(비전담)
⑦ 성명 : 한글로 띄어쓰기 없이 기재(예 : 홍길동)
⑧ 자격번호 : 띄어쓰기 없이 한글과 영문, 아라비아숫자로 기재
⑨ 취득일자 : 8자리 숫자로 아라비아숫자로 기재 또는 입력(예 : 20061231)
⑩ 입사일자 : 8자리 숫자로 입력(예 : 20061231)
⑪ 퇴사일자 : 8자리 숫자로 입력(예 : 20061231)
⑫ 휴가구분(코드번호로 기재 또는 선택) : 01.출산, 02.육아, 03.연수, 04.파견, 05.병가, 06.기타
⑬ 적용일자(from) : "휴가시작일" 8자리 아라비아숫자로 기재 또는 입력(예 : 20061231)
⑭ 적용일자(to) : "휴가종료일" 8자리 아라비아숫자로 기재 또는 입력(예 : 20061231)
⑮ 적용여부(코드번호로 기재 또는 선택) : 1.적용, 2.미적용

210㎜×297㎜(백상지(80g/㎡) 또는 중질지(80g/㎡))

[별지 제20호 서식]

# 의료급여 (암) 산정특례 등록 신청서

※ 뒷면의 유의사항 및 작성방법을 참고하여 작성해 주시기 바랍니다. ※ 해당란에 ☑표기 (앞 면)

| 산정특례 등록번호 | *보장기관기재사항 | 접수일자 | *보장기관기재사항 |
|---|---|---|---|
| 진료받은 사람 | ① 보장기관명 | ② 세대주 성명 | |
| | ③ 성명 | ④ 주민(외국인)등록번호 | |
| | ⑤ 휴대전화번호 | ⑥ 자택전화번호 | |
| | ⑦ 이메일주소 | ⑧ 등록결과 통보방법 □ SMS □ 이메일 | |
| | ⑨ 주소 | | |

**[의료급여기관 확인란]**

| ① 신청구분 □ 신규암 □ 재등록암 □ 중복암 | | |
|---|---|---|
| ② 진료과목 | ③ 구분 □ 입원 □ 외래 | ④ 진단확진일 *입원초일이 있는 경우 함께 기재 |
| ⑤ 상병명 (□원발 □전이) | ⑥ 상병코드 | ⑦ 특정기호 V193 |

**⑧ 최종확진방법** ※중복체크가능

□ 1. 조직학적 검사

□ 2. 세포학적 검사

□ 3. 영상검사 □ MRI □ CT (소견 : )

□ Sono □ 기타 ( )

□ 4. □ 특수 생화학적 검사 □면역학적 검사 □ 혈액학적 검사

□ 5. 조직검사 없는 진단적 수술

□ 6. 기타( )

**⑨ 조직학적·세포학적 검사 필수인 상병에서 조직학적·세포학적 검사 불가하여 등록기준 미충족한 경우에만 작성***

* 상병별 등록기준을 미충족한 경우에는 전문의가 환자상태 및 진료소견을 구체적으로 기재 후 신청서를 발행하여야 함

**⑨-1 조직학적·세포학적 검사 미실시 사유** ※중복체크가능

□ 1. 전신상태가 ECOG performance status 3 이상인 경우

□ 2. 출혈 위험성이 큰 경우

□ 3. 검사를 위한 전신마취 및 수술을 견딜 수 없는 경우

□ 4. 감염 위험성이 높은 경우

□ 5. 기타( )

**⑨-2 환자상태 및 진료소견(확진의견을 포함하여 구체적으로 기재)**

**위의 기록한 사항이 사실임을 확인합니다.**

년 월 일

의료급여기관명(기호) : ( ) (직 인)

담당의사(면허번호/전문의 자격번호) : ( / ) (서명 또는 인)

담당의사 전문과목 :

상기와 같이 의료급여 산정특례 등록을 신청합니다. 신청일 년 월 일

신청인 (서명 또는 인)

진료받은 사람과의 관계 ( )

시장·군수·구청장 귀하

## 개인정보 수집 및 제공 안내

1. **「의료급여법」 제10조(급여비용의 부담)**
2. **「의료급여법 시행령」 제13조(급여비용의 부담), 제21조(민감정보 및 고유식별정보의 처리)**
3. **「의료급여수가의 기준 및 일반기준」 (보건복지부 고시)**
   - 보장기관은 위 법령 등에서 정하는 소관 업무수행을 위하여 세대주 성명, 진료받은 사람 성명, 주민등록번호, 외국인등록번호, 전화번호, 이메일주소, 주소, 신청인 성명, 진료받은 사람과의 관계, [의료급여기관 확인란]에 기록된 신청구분, 진료과목, 진료구분, 진단확진일, 상병명, 상병코드, 특정기호, 최종확진방법, 조직학적·세포학적 검사 미실시 사유, 환자상태 및 진료소견을 수집·이용할 수 있습니다.
   - 보장기관이 수집·이용하고 있는 개인정보는 **「개인정보보호법」** 에 따른 경우에만 제3자에게 제공됩니다.
   - 본인일부부담률 인하 적용을 위해 의료급여기관에 등록자료 제공 및 암환자의료비지원사업 수행시 활용됩니다.

## 유 의 사 항

1. **「의료급여법」 제23조(부당이득의 징수)**
   - 산정특례 등록신청서에 기재된 [**의료급여기관 확인란**]이 허위로 기재된 경우 위 법령 및 의료관계법령(의료법 제66조 등)에 의거, 제1항 및 제3항에 의해 속임수나 그 밖의 부당한 방법으로 의료급여를 받은 사람이나 급여비용을 받은 의료급여기관에 대하여 해당 의료급여비용을 부당한 것으로 확인·결정하여 의료급여 비용의 전부 또는 일부를 징수할 수 있습니다.
2. **「의료급여수가의 기준 및 일반기준」 (보건복지부 고시)**
   - 고시 제17조의2 제6항 및 제7항에 의해 보장기관에서 산정특례 등록 자료의 확인이 필요하다고 인정되는 경우 산정특례 등록자 및 의료급여기관에 검사내역 등 자료를 제공하도록 요청할 수 있습니다.
3. 산정특례 등록신청서 발급에 대한 비용은 등록신청인 또는 보장기관에 별도로 청구할 수 없습니다.
4. 의료급여기관 확인란은 반드시 해당 상병으로 확진한 의료급여기관 및 담당의사가 작성 후 자필서명·확인하여야 합니다.
5. 산정특례는 진단확진일로부터 30일 이내 신청 시 확진일로부터 소급하여 적용하고, 30일 이후에 신청 시 신청일부터 적용됩니다. 다만, 고시 제17조의2제8항 각호의 경우는 그러하지 않습니다.
6. **산정특례 등록신청서의 기재사항이 사실과 상이할 경우, 산정특례 등록내역이 원천 취소될 수 있습니다.**
7. **등록신청은 의료급여기관 수급권자 조회 시 [산정특례 대상자 조회]와 연관되므로 본인서명이 필수로 요구됩니다.**
   ※ 단, 진료받은 사람이 미성년인 경우 또는 중증치매·정신질환·의식불명 등으로 진료받은 사람 본인의 인지능력이 저하되거나 의사판단이 어려워 위임이 불가한 경우 대리인의 동의가 필요하므로 신분증과 보장기관 전산 또는 가족관계서류를 확인(징구) 후 등록함
   - 미성년자 : 부모(법정대리인) - 인지능력과 의사판단이 어려워 위임이 불가한 경우 : 배우자 또는 성년인 직계존비속
8. **산정특례 등록 이후 모든 의료급여기관에서 수급권자 자격조회를 통해 수급권자의 산정특례 등록정보를 확인할 수 있습니다.**

## 작 성 방 법

**[진료받은 사람]**

①,② : 산정특례 등록 신청자의 보장기관명과 세대주 성명을 각각 기재합니다.
③,④ : 산정특례 신청인의 성명을 한글로, 주민(외국인)등록번호를 아라비아숫자로 기재합니다.
⑤ : 등록결과 통보 등을 위해 진료받은 사람 또는 그 대리인의 연락 가능한 휴대전화번호를 기재합니다.
⑥ : 진료받은 사람 또는 그 대리인의 연락 가능한 자택전화번호를 기재합니다.(부재시 생략 가능)
⑦ : 등록결과 통보 등을 위해 진료받은 사람 또는 그 대리인의 연락 가능한 이메일 주소를 기재합니다.
⑧ : 등록결과를 통보 받을 방법(휴대전화번호-SMS 또는 이메일)을 선택하여 필수적으로 "✔" 표시합니다.
⑨ : 신청 시점에서의 진료받은 사람의 주소를 기재합니다.

**[의료급여기관 확인란]**

① : 신규암, 재등록암, 중복암 신청 여부를 해당란에 "✔" 표시합니다.
② : 진료과목을 기재합니다.
③ : 입원 또는 외래 여부를 해당란에 "✔" 표시합니다.
④ : 최종 진단방법에 의하여 의사가 해당질환으로 판정한 날을 아라비아숫자로 기재합니다.(입원초일이 있는 경우 함께 기재)
⑤,⑥,⑦ : 확진한 질환의 상병명, 상병코드, 특정기호를 기재합니다.
⑧ : 최종확진방법 작성 시, 해당 상병의 등록기준(검사기준 및 필수검사항목)을 확인하여 기재합니다.
- (검사항목) 1~6에 해당하는 내역을 "✔" 표시 또는 텍스트 형태로 기재합니다.

⑨ : 해당 상병의 등록기준을 확인하여 조직학적·세포학적 검사가 필수인 상병에서 조직학적·세포학적 검사 불가하여 암 산정특례 등록기준을 미충족한 경우에만 작성합니다. 이 경우에는 전문의가 의료급여 (암) 산정특례 등록신청서를 작성 및 발행해야 합니다.
⑨-1 : 조직학적·세포학적 검사가 불가한 사유를 한 가지 이상 "✔" 표시 또는 텍스트 형태로 기재합니다.
⑨-2 : 확진 의견을 포함하여 진료내역에 대한 의학적 소견을 구체적으로 기재합니다.

[별지 제20-1호 서식]

# 의료급여 (희귀, 중증난치) 산정특례 등록 신청서

※ 뒷면의 유의사항 및 작성방법을 참고하여 작성해 주시기 바랍니다.

(앞 면)

| □ 희귀질환 | | □ 중증난치질환 | ※ 해당란에 ☑표기 |
|---|---|---|---|
| **산정특례번호** | *보장기관기재사항 | **접수일자** | *보장기관기재사항 |
| 진료받은 사람 | ① 보장기관명 | ② 세대주 성명 | |
| | ③ 성명 | ④ 주민(외국인)등록번호 | |
| | ⑤ 휴대전화번호 | ⑥ 자택전화번호 | |
| | ⑦ 이메일주소 | ⑧ 등록결과 통보방법 □ SMS □ 이메일 | |
| | ⑨ 주소 | | |

**【의료급여기관 확인란】**

① 신청구분 □ 신규등록 □ 재등록

| ② 진료과목 | ③ 구분 □ 입원 □ 외래 | ④ 진단확진일 *입원초일이 있는 경우 함께 기재 |
|---|---|---|
| ⑤ 상병명 | ⑥ 상병코드 | ⑦ 특정기호 |

⑧ 최종확진방법 ※ 중복 체크 가능

□ 1. 영상검사 □ X-ray □ CT □ Sono □ MRI □ 기타 ( )

□ 2. 특수생화학/면역학, 도말/배양검사 등

□ 3. 유전학적 검사

□ 4. 조직학적 검사

□ 5. 임상적 소견

□ 6. 기타 ( 검사 )

⑨ 질병정보 - 가족력 ※ 희귀질환(극희귀·상세불명 희귀·기타염색체 이상질환 포함) 필수

□ 없음 □ 있음 ( □ 조부 □ 조모 □ 외조부 □ 외조모 □ 부 □ 모 □ 동성형제 □ 이성형제 □ 자 □ 녀 )

위의 기록한 사항이 사실임을 확인합니다.

년 월 일

의료급여기관명 (기호) : ( ) (직 인)

담당의사 (면허번호/전문의 자격번호) : ( / ) (서명 또는 인)

담당의사 전문과목 :

상기와 같이 의료급여 산정특례 등록을 신청합니다.

신청일 년 월 일

신청인 (서명 또는 인)

진료받은 사람과의 관계 ( )

## 시장·군수·구청장 귀하

1. 「의료급여법」 제10조(급여비용의 부담)
2. 「의료급여법 시행령」 제13조(급여비용의 부담), 제21조(민감정보 및 고유식별정보의 처리)
3. 「의료급여수가의 기준 및 일반기준」 (보건복지부 고시)

- 보장기관은 위 법령 등에서 정하는 소관 업무수행을 위하여 세대주 성명, 진료받은 사람 성명, 전화번호, 주민등록번호, 외국인등록번호, 주소, 이메일주소, [의료급여기관 확인란]에 기록된 신청구분, 진료과목, 진료구분, 진단확진일, 상병명, 상병코드, 특정기호, 최종확진방법, 환자상태 및 진료소견, 등록기준 미충족 사유 및 임상소견을 수집·이용할 수 있습니다.
- 보장기관이 수집·이용하고 있는 개인정보는 「개인정보보호법」 에 따른 경우에만 제3자에게 제공됩니다.
- 본인일부부담률 인하 적용을 위해 의료급여기관에 등록자료 제공 및 암환자의료비지원사업 수행시 활용됩니다.

(뒷 면)

## 유 의 사 항

1. **「의료급여법」 제23조(부당이득의 징수)**
   - 산정특례 등록신청서에 기재된 [**의료급여기관 확인란**]이 허위로 기재된 경우 위 법령 및 의료관계법령(의료법 제66조 등)에 의거, 제1항 및 제3항에 의해 속임수나 그 밖의 부당한 방법으로 의료급여를 받은 사람이나 급여비용을 받은 의료급여기관에 대하여 해당 의료급여비용을 부당한 것으로 확인·결정하여 의료급여 비용의 전부 또는 일부를 징수할 수 있습니다.
2. **「의료급여수가의 기준 및 일반기준」 (보건복지부 고시)**
   - 고시 제17조의2 제6항 및 제7항에 의해 보장기관에서 산정특례 등록 자료의 확인이 필요하다고 인정되는 경우 산정특례 등록자 및 의료급여기관에 검사내역 등 자료를 제공하도록 요청할 수 있습니다.
3. 산정특례 등록신청서 발급에 대한 비용은 등록신청인 또는 보장기관에 별도로 청구할 수 없습니다.
4. 의료급여기관 확인란은 반드시 해당 상병으로 확진한 의료급여기관 및 담당의사가 작성 후 자필서명·확인하여야 합니다.
5. 산정특례는 진단확진일로부터 30일 이내 신청 시 확진일로부터 소급하여 적용하고, 30일 이후에 신청 시 신청일부터 적용됩니다. 다만, 고시 제17조의2제8항 각호의 경우는 그러하지 않습니다.
6. **산정특례 등록신청서의 기재사항이 사실과 상이할 경우, 산정특례 등록내역이 원천취소될 수 있습니다.**
7. **등록신청은 의료급여기관 수급권자 조회 시 [산정특례 대상자 조회]와 연관되므로 본인서명이 필수로 요구됩니다.**

   ※ 단, 진료받은 사람이 미성년인 경우 또는 중증치매·정신질환·의식불명 등으로 진료받은 사람 본인의 인지능력이 저하되거나 의사판단이 어려워 위임이 불가한 경우 대리인의 동의가 필요하므로 신분증과 보장기관 전산 또는 가족관계서류를 확인(징구) 후 등록함
   - 미성년자 : 부모(법정대리인) - 인지능력과 의사판단이 어려워 위임이 불가한 경우 : 배우자 또는 성년인 직계존비속
8. **산정특례 등록 이후 모든 의료급여기관에서 수급권자 자격조회를 통해 수급권자의 산정특례 등록정보를 확인할 수 있습니다.**

## 작 성 방 법

**[진료받은 사람]**

①,② : 산정특례 등록 신청자의 보장기관명과 세대주 성명을 각각 기재합니다.
③,④ : 산정특례 신청인의 성명을 한글로, 주민(외국인)등록번호를 아라비아숫자로 기재합니다.
⑤ : 등록결과 통보 등을 위해 진료받은 사람 또는 그 대리인의 연락 가능한 휴대전화번호를 기재합니다.
⑥ : 진료받은 사람 또는 그 대리인의 연락 가능한 자택전화번호를 기재합니다.(부재시 생략 가능)
⑦ : 등록결과 통보 등을 위해 진료받은 사람 또는 그 대리인의 연락 가능한 이메일 주소를 기재합니다.
⑧ : 등록결과를 통보 받을 방법(SMS 또는 이메일)을 선택하여 필수적으로 "✔" 표시합니다.
⑨ : 신청 시점에서의 진료받은 사람의 주소를 기재합니다.

**[의료급여기관 확인란]**

① : 신규등록 또는 재등록 신청 여부를 해당란에 "✔" 표시 합니다.
② : 질환의 확진을 실시한 진료과목을 기재합니다.
③ : 의료급여기관 확진 시 입원 또는 외래 구분을 해당란에 "✔" 표시 합니다.
④ : 최종확진방법에 의하여 의사가 해당질환으로 판정한 날을 아라비아 숫자로 기재합니다.(입원초일이 있는 경우 함께 기재)
⑤,⑥,⑦ : 확진한 질환의 상병명, 상병코드, 특정기호를 기재합니다.
⑧ : 최종확진방법 작성 시, 해당 상병의 등록기준(검사기준 및 필수검사항목)을 확인하여 기재합니다.
- (검사항목) 1~6에 해당하는 내역을 "✔" 표시 또는 텍스트 형태로 기재합니다.

⑨ : 가족력 여부를 해당란에 "✔" 표시 합니다.
- 가족력이 없는 경우 '없음'에 표시하고, 있는 경우 '있음'에 표시 후 해당 사항을 체크합니다.

## 의료급여 희귀질환 및 중증난치질환 산정특례 제도 안내

1. **제도 목적** : 희귀질환 및 중증난치질환의 치료에 소요되는 고액 진료비 부담 완화
2. **희귀질환 및 중증난치질환 산정특례 등록대상**
   - 희귀질환 : 보건복지부 고시 「본인일부부담금 산정특례에 관한 기준」 [별표4]의 해당상병 중 산정특례 검사기준 및 필수검사항목을 충족하는 것으로 확진된 희귀질환 환자
   - 중증난치질환 : 보건복지부 고시 「본인일부부담금 산정특례에 관한 기준」 [별표4의2]의 해당상병 중 산정특례 검사기준 및 필수검사항목을 충족하는 것으로 확진된 중증난치질환 환자

   ※ 신생아의 호흡곤란(상병코드 P22.0) 상병은 생후 24개월 이내 신청 가능, 최초 등록 후 재등록 불가
   인체면역바이러스질환(상병코드 B20~B24)는 등록하지 않고 산정특례 적용
3. **해당 희귀질환 및 중증난치질환으로 산정특례 등록한 사람은 등록기간 중 모든 상병 진료에 대한 급여대상 본인부담금 면제**

   ※ 비급여, 100분의100본인부담항목, 선별급여 등은 산정특례 적용대상에서 제외
4. **적용기간** : 산정특례 적용시작일로부터 5년째 되는 날의 전날(상세불명희귀질환의 경우 적용시작일로부터 1년째 되는 날의 전날)

[별지 제20호의2 서식]

# 의료급여 (결핵) 산정특례 등록 신청서

※ 뒤쪽의 유의사항 및 작성방법을 참고하여 작성해 주시기 바랍니다. (앞 쪽)

| 산정특례번호 *보장기관기재사항 | | 접수일자 *보장기관기재사항 |
|---|---|---|
| 진료받은 사람 | ① 보장기관명 | ② 세대주 성명 |
| | ③ 성명 | ④ 주민(외국인)등록번호 |
| | ⑤ 휴대전화번호 | ⑥ 자택전화번호 |
| | ⑦ 이메일주소 | ⑧ 등록결과 통보방법 [ ] SMS [ ] 이메일 |
| | ⑨ 주소 | |

**【의료급여기관 확인란】**

| ① 진료과목 | ② 구분 [ ] 입원 [ ] 외래 | ③ 진단확진일 *입원초일이 있는 경우 함께 기재 |
|---|---|---|
| ④ 상병명 | ⑤ 상병코드 | ⑥ 특정기호 |

⑦ 최종확진방법 ※ 중복 체크 가능

[ ] 1. 영상검사 [ ] X-ray [ ] CT [ ] Sono [ ] MRI [ ] 기타 ( )
[ ] 2. 도말/배양검사 [ ] 도말 [ ] 배양
[ ] 3. 조직학적 검사
[ ] 4. 임상적 소견 ( )
[ ] 5. 기타 ( 검사)

⑧ 타 요양기관의 검사결과로 확진한 경우, 해당사항 체크 ※ 중복 체크 가능

[ ] 없음 [ ] 있음 ([ ] 1.영상검사 [ ] 2.도말/배양검사 [ ] 3.조직학적 검사 [ ] 5.기타)

위의 기록한 사항이 사실임을 확인합니다.

년 월 일

의료급여기관명 (기호) : ( ) (직 인)
담당의사 (면허번호/전문의 자격번호) : ( / ) (서명 또는 인)
담당의사 전문과목 :

상기와 같이 의료급여 산정특례 등록을 신청합니다.

신청일 년 월 일
신청인 (서명 또는 인)
진료받은 사람과의 관계 ( )

**시장·군수·구청장** 귀하

1. 「의료급여법」 제10조(급여비용의 부담)
2. 「의료급여법 시행령」 제13조(급여비용의 부담), 제21조(민감정보 및 고유식별정보의 처리)
3. 「의료급여수가의 기준 및 일반기준」 (보건복지부 고시)
   - 보장기관은 위 법령 등에서 정하는 소관 업무수행을 위하여 세대주 성명, 진료받은 사람 성명, 전화번호, 주민등록번호, 외국인등록번호, 주소, 이메일주소, [의료급여기관 확인란]에 기록된 신청구분, 진료과목, 진료구분, 진단확진일, 상병명, 상병코드, 특정기호, 최종확진방법, 환자상태 및 진료소견, 등록기준 미충족 사유 및 임상소견을 수집·이용할 수 있습니다.
   - 보장기관이 수집·이용하고 있는 개인정보는 「개인정보보호법」 에 따른 경우에만 제3자에게 제공됩니다.
   - 본인일부부담률 인하 적용을 위해 의료급여기관에 등록자료 제공 및 암환자의료비지원사업 수행시 활용됩니다.

210㎜ × 297㎜[백상지(80g/㎡) 또는 중질지(80g/㎡)]

## 유의사항

1. **「의료급여법」 제23조(부당이득의 징수)**
   - 산정특례 등록신청서에 기재된 [의료급여기관 확인란]이 허위로 기재된 경우 위 법령 및 의료관계법령(의료법 제66조 등)에 의거, 제1항 및 제3항에 의해 속임수나 그 밖의 부당한 방법으로 의료급여를 받은 사람이나 급여비용을 받은 의료급여기관에 대하여 해당 의료급여비용을 부당한 것으로 확인·결정하여 의료급여 비용의 전부 또는 일부를 징수할 수 있습니다.
2. **「의료급여수가의 기준 및 일반기준」 (보건복지부 고시)**
   - 고시 제17조의2 제6항 및 제7항에 의해 보장기관에서 산정특례 등록 자료의 확인이 필요하다고 인정되는 경우 산정특례 등록자 및 의료급여기관에 검사내역 등 자료를 제공하도록 요청할 수 있습니다.
3. 산정특례 등록신청서 발급에 대한 비용은 등록신청인 또는 보장기관에 별도로 청구할 수 없습니다.
4. 의료급여기관 확인란은 반드시 해당 상병으로 확진한 의료급여기관 및 담당의사가 작성 후 자필서명·확인하여야 합니다.
5. 산정특례는 진단확진일로부터 30일 이내 신청 시 확진일로부터 소급하여 적용하고, 30일 이후에 신청 시 신청일부터 적용됩니다. 다만, 고시 제17조의2제8항 각호의 경우는 그러하지 않습니다.
6. **산정특례 등록신청서의 기재사항이 사실과 상이할 경우, 산정특례 등록내역이 원천취소될 수 있습니다.**
7. **등록신청은 의료급여기관 수급권자 조회 시 [산정특례 대상자 조회]와 연관되므로 본인서명이 필수로 요구됩니다.**
   ※ 단, 진료받은 사람이 미성년인 경우 또는 중증치매·정신질환·의식불명 등으로 진료받은 사람 본인의 인지능력이 저하되거나 의사판단이 어려워 위임이 불가한 경우 대리인의 동의가 필요하므로 신분증과 보장기관 전산 또는 가족관계서류를 확인(징구) 후 등록함
   - 미성년자 : 부모(법정대리인)　　- 인지능력과 의사판단이 어려워 위임이 불가한 경우 : 배우자 또는 성년인 직계존비속
8. **산정특례 등록 이후 모든 의료급여기관에서 수급권자 자격조회를 통해 수급권자의 산정특례 등록정보를 확인할 수 있습니다.**

**※ 결핵치료를 위하여 수급권자가 여러 의료급여기관에서 의료급여를 받는 경우에는 의료급여기관마다 산정특례 등록 신청서를 수급권자의 보장기관에 제출하여야 합니다.**

**※ 결핵 산정특례 등록은 결핵예방법 시행규칙 제3조에 따라 질병관리청에 신고여부 확인 후 승인처리 됩니다.**
**(결핵 산정특례 등록 신청 시, 결핵환자등 신고·보고서' 제출 필수)**

## 작성방법

**[진료받은 사람]**

①,② : 산정특례 등록 신청인의 보장기관명과 세대주 성명을 각각 기재합니다.
③,④ : 산정특례 신청인의 성명을 한글로, 주민(외국인)등록번호를 아라비아숫자로 기재합니다.
⑤ : 등록결과 통보 등을 위해 진료받은 사람 또는 그 대리인의 연락 가능한 휴대전화번호를 기재합니다.
⑥ : 진료받은 사람 또는 그 대리인의 연락 가능한 자택전화번호를 기재합니다.(부재시 생략 가능)
⑦ : 등록결과 통보 등을 위해 진료받은 사람 또는 그 대리인의 연락 가능한 이메일주소를 기재합니다.
⑧ : 등록결과를 통보 받을 방법(휴대전화번호-SMS 또는 이메일)을 선택하여 필수적으로 "✔" 표시합니다.
⑨ : 신청 시점에서의 진료받은 사람의 주소를 기재합니다.

**[의료급여기관 확인란]**

① : 질환의 확진을 실시한 진료과목을 기재합니다.
② : 의료급여기관 확진 시 입원 또는 외래 여부를 해당란에 "✔" 표시 합니다.
③ : 최종 진단방법에 의하여 의사가 해당질환으로 판정한 날을 아라비아숫자로 기재합니다.(입원초일이 있는 경우 함께 기재)
④,⑤,⑥ : 확진한 질환의 상병명, 상병코드, 특정기호를 기재합니다.
⑦ : 최종확진방법 작성 시, 해당 상병의 등록기준(검사기준 및 필수검사항목)을 확인하여 기재하시기 바랍니다.
- (검사항목) 1~5에 해당하는 내역을 "✔" 표시 또는 텍스트 형태로 기재합니다.

⑧ : 타 요양기관의 검사결과로 확진한 경우에 한하여 기재하며, 해당 검사내역에 "✔" 표시 합니다.

## 의료급여 결핵 산정특례 제도 안내

1. **제도 목적** : 결핵 치료에 소요되는 고액의 진료비 부담 완화
2. **결핵 산정특례 등록대상**
   - 「본인일부부담금 산정특례에 관한 기준」 [별표5]의 해당상병(A15-A19,U84.3) 으로 확진된 결핵 환자
3. **결핵으로 산정특례 등록한 사람은 등록기간 중 모든 상병 진료에 대한 급여대상 본인부담금 면제**
   ※ 비급여, 100분의100본인부담 항목, 선별급여 등은 산정특례 적용대상에서 제외
4. **적용기간** : 산정특례 적용시작일부터 결핵예방법 시행규칙 제3조 및 별지서식의 치료결과보고에 따른 산정특례 종료일까지

[별지 제20호의3 서식]

# 의료급여 (중증화상) 산정특례 등록 신청서

※ 뒤쪽의 유의사항 및 작성방법을 참고하여 작성해 주시기 바랍니다. (앞 쪽)

| 산정특례번호 *보장기관기재사항 | | 접수일자 *보장기관기재사항 |
|---|---|---|
| 진료받은 사람 | ① 보장기관명 | ② 세대주 성명 |
| | ③ 성명 | ④ 주민(외국인)등록번호 |
| | ⑤ 휴대전화번호 | ⑥ 자택전화번호 |
| | ⑦ 이메일주소 | ⑧ 등록결과 통보방법 [ ] SMS [ ] 이메일 |
| | ⑨ 주소 | |

**【의료급여기관 확인란】**

| ① 신청구분 [ ] 신규등록 [ ] 재등록 | | |
|---|---|---|
| ② 진료과목 | ③ 구분 [ ] 입원 [ ] 외래 | ④ 진단확진일(V306의 경우 최초수상일) |
| ⑤ 상병명 | ⑥ 상병코드 | ⑦ 특정기호 |

⑧ 최종확진방법(임상적 소견으로 최종 진단 시 기재)

⑨ 재등록 또는 V306으로 신규등록하는 경우에만 작성

⑨-1. 수술개시일 ( )

⑨-2. 수술명 및 수술코드

[ ] 1. 반흔구축성형술(운동제한이 있는 것) (N0241)

[ ] 2. 반흔구축성형술 및 식피술(운동제한이 있는 것) (N0242~N0247, NA241~NA243)

[ ] 3. 반흔구축성형술 및 국소피판술(운동제한이 있는 것) (N0249)

위의 기록한 사항이 사실임을 확인합니다.

년 월 일

의료급여기관명 (기호) : ( ) (직 인)

담당의사 (면허번호/전문의 자격번호) : ( / ) (서명 또는 인)

담당의사 전문과목 :

상기와 같이 의료급여 산정특례 등록을 신청합니다.

신청일 년 월 일

신청인 (서명 또는 인)

진료받은 사람과의 관계 ( )

**시장·군수·구청장** 귀하

1. 「의료급여법」 제10조(급여비용의 부담)
2. 「의료급여법 시행령」 제13조(급여비용의 부담), 제21조(민감정보 및 고유식별정보의 처리)
3. 「의료급여수가의 기준 및 일반기준」 (보건복지부 고시)
   - 보장기관은 위 법령 등에서 정하는 소관 업무수행을 위하여 세대주 성명, 진료받은 사람 성명, 전화번호, 주민등록번호, 외국인 등록번호, 주소, 이메일주소, [의료급여기관 확인란]에 기록된 신청구분, 진료과목, 진료구분, 진단확진일, 상병명, 상병코드, 특정기호, 최종확진방법, 환자상태 및 진료소견, 등록기준 미충족 사유 및 임상소견을 수집·이용할 수 있습니다.
   - 보장기관이 수집·이용하고 있는 개인정보는 「개인정보보호법」 에 따른 경우에만 제3자에게 제공됩니다.
   - 본인일부부담률 인하 적용을 위해 의료급여기관에 등록자료 제공 및 암환자의료비지원사업 수행시 활용됩니다.

210㎜ × 297㎜[백상지(80g/㎡) 또는 중질지(80g/㎡)]

(뒤 쪽)

## 유의사항

1. **「의료급여법」 제23조(부당이득의 징수)**
   - 산정특례 등록신청서에 기재된 [의료급여기관 확인란]이 허위로 기재된 경우 위 법령 및 의료관계법령(의료법 제66조 등)에 의거, 제1항 및 제3항에 의해 속임수나 그 밖의 부당한 방법으로 의료급여를 받은 사람이나 급여비용을 받은 의료급여기관에 대하여 해당 의료급여비용을 부당한 것으로 확인·결정하여 의료급여 비용의 전부 또는 일부를 징수할 수 있습니다.
2. **「의료급여수가의 기준 및 일반기준」 (보건복지부 고시)**
   - 고시 제17조의2 제6항 및 제7항에 의해 보장기관에서 산정특례 등록 자료의 확인이 필요하다고 인정되는 경우 산정특례 등록자 및 의료급여기관에 검사내역 등 자료를 제공하도록 요청할 수 있습니다.
3. 산정특례 등록신청서 발급에 대한 비용은 등록신청인 또는 보장기관에 별도로 청구할 수 없습니다.
4. 의료급여기관 확인란은 반드시 해당 상병으로 확진한 의료급여기관 및 담당의사가 작성 후 자필서명·확인하여야 합니다.
5. 산정특례는 진단확진일로부터 30일 이내 신청 시 확진일로부터 소급하여 적용하고, 30일 이후에 신청 시 신청일부터 적용됩니다. 다만, 고시 제17조의2제8항 각호의 경우는 그러하지 않습니다.
6. **산정특례 등록신청서의 기재사항이 사실과 상이할 경우, 산정특례 등록내역이 원천취소될 수 있습니다.**
7. **등록신청은 의료급여기관 수급권자 조회 시 [산정특례 대상자 조회]와 연관되므로 본인서명이 필수로 요구됩니다.**
   ※ 단, 진료받은 사람이 미성년인 경우 또는 중증치매·정신질환·의식불명 등으로 진료받은 사람 본인의 인지능력이 저하되거나 의사 판단이 어려워 위임이 불가한 경우 대리인의 동의가 필요하므로 신분증과 보장기관 전산 또는 가족관계서류를 확인(징구) 후 등록함
   - 미성년자 : 부모(법정대리인) - 인지능력과 의사판단이 어려워 위임이 불가한 경우 : 배우자 또는 성년인 직계존비속
8. **산정특례 등록 이후 모든 의료급여기관에서 수급권자 자격조회를 통해 수급권자의 산정특례 등록정보를 확인할 수 있습니다.**

## 작성방법

**[진료받은 사람]**

①,② : 산정특례 등록 신청인의 보장기관명과 세대주 성명을 각각 기재합니다.
③,④ : 산정특례 신청인의 성명을 한글로, 주민(외국인)등록번호를 아라비아숫자로 기재합니다.
⑤ : 등록결과 통보 등을 위해 진료받은 사람 또는 그 대리인의 연락 가능한 휴대전화번호를 기재합니다.
⑥ : 진료받은 사람 또는 그 대리인의 연락 가능한 자택전화번호를 기재합니다.(부재시 생략 가능)
⑦ : 등록결과 통보 등을 위해 진료받은 사람 또는 그 대리인의 연락 가능한 이메일 주소를 기재합니다.
⑧ : 등록결과를 통보 받을 방법(휴대전화번호-SMS 또는 이메일)을 선택하여 필수적으로 "✔" 표시합니다.
⑨ : 신청 시점에서의 진료받은 사람의 주소를 기재합니다.

**[의료급여기관 확인란]**

① : 신규등록 또는 재등록 신청 여부를 해당란에 "✔" 표시 합니다.
※ 특정기호 V306에 해당하는 상병으로 확진된 경우 재등록이 불가능합니다.
② : 질환의 확진을 실시한 진료과목을 기재합니다.
③ : 의료급여기관 확진 시 입원 또는 외래 여부를 해당란에 "✔" 표시 합니다.
④ : 최종 진단방법에 의하여 의사가 해당질환으로 판정한 날을 아라비아숫자로 기재합니다.
※ 특정기호 V306으로 등록하는 경우에는 최초 수상일'을 아라비아숫자로 기재합니다.
⑤,⑥,⑦ : 확진한 질환의 상병명, 상병코드, 특정기호를 기재합니다.
⑧ : 확진 의견을 포함하여 진료내역에 대한 의학적 소견을 구체적으로 기재합니다.
⑨ : 재등록 또는 V306으로 신규 등록하는 경우에만 작성합니다.
⑨-1 : 「본인일부부담금 산정특례에 관한 기준」 [별첨3]의 수술을 시행한 수술개시일을 작성합니다.
⑨-2 : 해당하는 수술명 및 수술코드에 "✔" 표시 합니다.

## 의료급여 중증화상 산정특례 제도 안내

1. **제도 목적** : 중증화상 치료에 소요되는 고액의 진료비 부담 완화
2. **중증화상 산정특례 등록대상**
   - 「본인일부부담금 산정특례에 관한 기준」 [별표3]의 중증도 기준 및 체표면적 기준을 충족하거나 기능 및 일상생활에 중요한 영향을 주는 안면부, 수부, 족부 등의 부위의 수상 또는 안구화상으로 입원하는 경우
3. **중증화상으로 산정특례 등록한 사람은 등록기간 중 모든 상병 진료에 대한 급여대상 본인부담금 면제**
   ※ 비급여, 100분의100본인부담 항목, 선별급여 등은 산정특례 적용대상에서 제외
4. **적용기간** :등록일로부터 1년(단, 적용기간 종료일로부터 2년 이내에 [별첨3]에 해당하는 수술을 받는 경우 재등록 가능)

[별지 제21호 서식]

# 의료급여 틀니 대상자 등록 신청서

**①( ◻ 신규 ◻ 재등록 )**

※ 유의사항 및 작성방법은 뒷면을 참고하여 주시기 바라며, 색상이 어두운 란은 신청인이 적지 않습니다. (앞면)

<table>
<tr><td rowspan="2">등록번호</td><td>상악</td><td></td><td rowspan="2">접수일자</td><td rowspan="2"></td></tr>
<tr><td>하악</td><td></td></tr>
</table>

<table>
<tr><td rowspan="3">②<br>수급권자</td><td>성명</td><td>주민등록번호</td><td>종별</td></tr>
<tr><td colspan="2">주소 (　　　)</td><td>휴대전화</td></tr>
<tr><td>자택전화</td><td>등록결과<br>통보방법</td><td>■ 문자서비스(SMS)<br>※ 의료급여기관에서 등록 결과 확인 가능</td></tr>
</table>

<table>
<tr><td rowspan="6">③<br>의료급여기관<br>확인란</td><td>상병명</td><td>사고, 발치 또는 국한성 치주병에 의한 치아상실</td><td>상병기호</td><td colspan="2">K08.1</td></tr>
<tr><td>시술시작일<br>(신청서발급일)</td><td colspan="4"></td></tr>
<tr><td rowspan="3">확인사항</td><td>(1) 시술 부위</td><td colspan="3">◻ 상악 ◻ 하악</td></tr>
<tr><td>(2) 틀니 종류</td><td colspan="2">◻ 완전틀니 (레진상)<br>◻ 완전틀니 (금속상)</td><td>◻ 부분틀니</td></tr>
<tr><td>(3) 임시틀니 여부</td><td colspan="3">◻ 제작 ◻ 미제작</td></tr>
<tr><td colspan="5">위에 기록한 사항이 사실임을 확인함<br>년 월 일<br>의료급여기관기호, 명칭 : , (의료급여기관 직인)<br>담당의사 면허번호, 성명 : , (서명 또는 인)</td></tr>
</table>

의료급여법 제10조 및 같은 법 시행령 제13조제1항에 따라 의료급여 틀니대상자 등록을 신청합니다.

년 월 일

④신청인 (서명 또는 인)

수급권자와의 관계 (　　) 전화번호 (　　　　)

시장 · 군수 · 구청장 귀하

210mm×297mm[일반용지(재활용품) 60g/㎡]

## 노인틀니 급여 서비스 안내

- **만 65세 이상**으로(2016.6.30.이전 : 만70세 이상)
  - **완전틀니**(레진상,금속상)는 상악 또는 하악에 **치아가 전혀 없는 어르신이**
  - **부분틀니**는 상악 또는 하악에 **부분 치아결손으로 남은 치아를 이용하여 부분틀니 제작이 가능한 어르신**에게 **의료급여가 적용됩니다.**
- 의료급여가 적용되는 틀니는 **레진상 및 금**속상 완전틀니(귀금속이 포함된 틀니는 제외), **클라스프(고리) 유지형 부분틀니**입니다.
- 의료급여 대상자 본인부담금은 **1종수급권자는 급여비용총액의 5%, 2종수급권자는 15%로, 각 단계별** 비율로 **부담합니다.**

| 단계 | 완전틀니 | | | 부분틀니 | |
|---|---|---|---|---|---|
| | 진료내용 | 비율(%)(누적) | | 진료내용 | 비율(%)(누적) |
| | | 레진상 | 금속상 | | |
| 1 | 진단·치료계획 | 15 | 13 | 진단·치료계획 | 12.28 |
| 2 | 인상 채득 | 25 (40) | 27(40) | 지대치 형성 및 인상 채득 | 13.86 (26) |
| 3 | 악간 관계 채득 | 15 (55) | 21(61) | 금속구조물 시적 | 29.50 (55) |
| 4 | 납의치 시적 | 20 (75) | 17(78) | 최종 악간 관계 채득 | 8.51 (65) |
| 5 | 의치장착·조정 | 25(100) | 22(100) | 납의치 시적 | 8.42 (73) |
| 6 | | | | 의치장착·조정 | 27.43 (100) |

- 틀니 장착 후, 무상 수리는 **3개월 이내 6회**(진찰료만 부담)까지 가능 합니다.
  - 무상 수리기간 종료 후 첨상(Relining) 및 개상(Rebasing) 등 **필수 유지관리행위**는 보험적용되며, **기존** 레진상,금속상 **완전틀니 또는 클라스프 부분틀니가 있는 분도 유지관리행위가 급여 적용 됩니다.**
- 틀니 급여주기는 **7년(악당)에 1회입니다.**
  - 틀니 제작 도중 병원을 옮기거나, 7년 이내에 환자 부주의로 새로 틀니를 제작 할 경우는 비급여로 적용됩니다.
- **임시틀니(완전)**는 완전틀니(레진상,금속상) **제작 전 치아를 새로이 발치한 무치악 환자가** 희망하는 경우, **임시틀니(부분)**은 **클라스프 부분틀니 제작을 전제로 음식섭취 또는 대외활동이 어려워 제작을 원하는 경우** 의료급여가 적용됩니다.(본인부담률 **1종 5%, 2종 15%**)

## 유의사항 및 작성방법

### 유의사항

1. **'재등록'** 은 구강상태가 심각하게 변화되어 새로운 틀니가 필요한 경우, 7년 이내에 재제작할 수 있으며, 신청서 및 증빙자료를 첨부하여 시 · 군 · 구청으로 제출하여야 합니다.
2. ② 의료급여기관 확인란 확인사항의 (1)~(2)번이 모두 확인되어야 의료급여 틀니 대상자로 등록이 가능합니다.
3. **의료급여기관 확인란**은 반드시 **치과의사**가 확인하여야 합니다.
4. 틀니 대상자 등록신청서 발급 비용은 진찰료에 포함되어 별도 부담하지 않습니다.

### 작성방법

① : 처음 또는 틀니 급여 후 7년 경과에 따라 의료급여 틀니 대상자로 등록하는 경우에 **'신규'** 에 √ 표시하고, 의료급여 틀니를 7년 이내에 재제작하고자 할 경우 **'재등록'** 에 √ 표시합니다.

② : 수급권자의 성명을 한글로 기재하고, 의료급여증에 기재된 주민등록번호를 기재합니다.
- 외국인(재외국민)은 외국인 및 재외국민 등록번호를 기재합니다.
- 자택 및 휴대전화 중 하나를 반드시 기재합니다. 기재한 **휴대전화번호**로 틀니대상자 **등록 결과가 통보**됩니다.

③ : 의료급여기관에서 기재하는 항목입니다.
- **시술시작일**은 **1단계 진료일**이나 **임시틀니 시작일**을 정확히 기재하여야 합니다.

④ : 신청인은 다음에 해당하는 사람이어야 합니다.
- 수급권자 본인
- 가족 : 「민법」 제779조에 따른 가족으로 배우자, 직계혈족, 형제자매, 직계혈족의 배우자, 배우자의 직계혈족 및 배우자의 형제자매

210mm×297mm[일반용지(재활용품) 60g/㎡]

[별지 제22호 서식]

# 의료급여 틀니 대상자 변경/해지/취소 신청서

※ 아래 유의사항 및 작성방법을 참고하여 작성해 주시기 바랍니다.

<table>
<tr><td rowspan="4">① 등록 내역</td><td>등록 번호</td><td>☐ 상악<br>☐ 하악</td><td></td><td>틀니 종류</td><td></td><td>시술 시작일</td><td></td></tr>
<tr><td rowspan="2">수급권자 정보</td><td colspan="3">성명</td><td colspan="3">종별</td></tr>
<tr><td colspan="3">주민번호</td><td colspan="3">전화번호</td></tr>
<tr><td>의료급여기관 정보</td><td colspan="2">의료급여기관기호</td><td colspan="2">의료급여기관명</td><td colspan="2">전화</td></tr>
</table>

<table>
<tr><td rowspan="4">☐ ②변경</td><td rowspan="2">변경신청</td><td>신청구분</td><td colspan="2">☐ 수급권자 요청 ☐ 의료급여기관 요청 ☐ 기타</td></tr>
<tr><td>사유기재</td><td colspan="2"></td></tr>
<tr><td rowspan="2">변경내용</td><td>항목</td><td>변경 전</td><td>변경 후</td></tr>
<tr><td>(변경항목기재)</td><td></td><td></td></tr>
<tr><td rowspan="3">☐ ③해지</td><td rowspan="2">해지신청</td><td>신청구분</td><td colspan="2">☐ 수급권자 요청</td></tr>
<tr><td>사유기재</td><td colspan="2"></td></tr>
<tr><td colspan="4">※ 시술시작일로부터 7년간 급여가 제한됩니다.</td></tr>
<tr><td rowspan="3">☐ ④취소</td><td rowspan="3">취소신청</td><td>신청구분</td><td colspan="2">☐ 의료급여기관 요청</td></tr>
<tr><td>시술시작여부</td><td colspan="2">☐ 시술시작하지 않음 ☐ 시술 진행 중(취소처리불가)</td></tr>
<tr><td>사유기재</td><td colspan="2"></td></tr>
</table>

위와 같이 의료급여 노인틀니 대상자 변경/해지/취소를(을) 신청합니다.

년 월 일

<table>
<tr><td rowspan="2">신청기관 또는 신청인</td><td>☐의료급여 기관</td><td>의료급여기관명(기호) : ( ) (직인)<br>담당의사(면허번호) : ( ) (서명 또는 인)</td></tr>
<tr><td>☐수급권자</td><td>⑤ 신청인 : (서명 또는 인)<br>수급권자와의 관계 ( ) 전화번호 ( )</td></tr>
</table>

시장·군수·구청장 귀하

## 유의사항

1. 의료급여기관 요청에 의한 **변경/취소**는 반드시 의료급여기관 **직인** 및 치과의사의 **서명**이 있어야 합니다.
2. 신청한 내용에 대한 변경사항이 있을 경우, 변경 항목을 기재하여 신청합니다.
   ※**시술부위, 틀니종류**에 대한 변경 : 시군구에 **취소신청** 후 의료급여기관에서 다시 **등록**합니다.
3. ③**'해지'**는 수급권자 요청에 의해서만 가능하며, **7년간 급여가 제한**되므로 신중히 결정하셔야 합니다.
4. ④**'취소'**는 의료급여기관 요청에 의해서만 가능하며, **시술이 시작되지 않았을 경우** 가능합니다.

## 작성방법

① : 의료급여 틀니 대상자로 **등록된 내역을 정확히** 기재합니다.
- 수급권자의 성명을 한글로 기재하고, 의료급여증에 기재된 주민등록번호를 기재합니다.
- 외국인(재외국민)은 외국인 및 재외국민 등록번호를 기재합니다.

②, ③, ④ : 등록된 내용을 변경, 해지, 취소하고자 할 경우, 해당 항목에 √ 표시하고 관련내용을 기재합니다.

⑤ : 신청인은 다음에 해당하는 사람이어야 합니다.
- 수급권자 본인
- 가족 : 「민법」 제779조에 따른 가족으로 배우자, 직계혈족, 형제자매, 직계혈족의 배우자, 배우자의 직계혈족 및 배우자의 형제자매

210mm×297mm[일반용지(재활용품) 60g/㎡]

**[별지 제23호 서식]** 〈삭 제, '18.1.23〉
**[별지 제24호 서식]**

# 의료급여 틀니 유지관리 행위 등록내역 취소 신청서

※ 아래 유의사항 및 작성방법을 참고하여 작성해 주시기 바랍니다.

| ① 등록내역 | 시술부위 | □상악 □하악 | 시술행위 항목 | | 시술 등록일자 | |
|---|---|---|---|---|---|---|
| | 수급권자 정보 | 성명 | | | 주민등록번호 | |
| | 의료급여기관 정보 | 의료급여기관기호 | | | 의료급여기관명 | |
| ②취소 | 취소사유 | | | | | |

위와 같이 의료급여 틀니 유지관리행위 등록내역 취소를 신청합니다.

년 월 일

| 신청기관 | 의료급여기관명(기호) : ( ) (직인)<br>전화 : ( )<br>담당의사(면허번호) : ( ) (서명 또는 인) |
|---|---|

시장·군수·구청장 귀하

| 유의사항 |
|---|
| 1. 틀니 유지관리 행위를 등록한 의료급여기관에서만 신청이 가능합니다.<br>2. 반드시 의료급여기관 직인 및 치과의사의 서명이 있어야 합니다. |

| 작성방법 |
|---|
| ① : 등록된 '틀니 유지관리 행위' 내용을 기재합니다.<br>- 수급권자의 성명을 한글로 기재하고, 의료급여증에 기재된 주민등록번호를 기재합니다.<br>- 외국인(재외국민)은 외국인 및 재외국민 등록번호를 기재합니다.<br>② : 등록내역을 취소하고자 하는 사유를 구체적으로 기재합니다. |

210mm×297mm[일반용지(재활용품) 60g/㎡]

**[별지 제25호 서식]** 〈삭 제, '18.1.23〉

**[별지 제26호 서식]**

# 의료급여 치석제거 등록내역 취소 신청서

※ 아래 유의사항 및 작성방법을 참고하여 작성해 주시기 바랍니다.

| ①등록내역 | 시술정보 | 급여항목<br>치석제거 | 시술일자 |
|---|---|---|---|
| | 수급권자 정보 | 성명 | 주민등록번호 |
| | 의료급여기관 정보 | 의료급여기관기호 | 의료급여기관명 |
| ②취소 | 취소사유 | | |

위와 같이 의료급여 치석제거 등록내역 취소를 신청합니다.

년 월 일

| 신청기관 | 의료급여기관명(기호) : ( ) (직인)<br>전화 : ( )<br>담당의사(면허번호) : ( ) (서명 또는 인) |
|---|---|

시장·군수·구청장 귀하

**유의사항**

1. 치석제거를 등록한 의료급여기관에서만 신청이 가능합니다.
2. 반드시 의료급여기관 직인 및 치과의사의 서명이 있어야 합니다.

**작성방법**

① : 등록된 '치석제거' 내용을 기재합니다.
- 수급권자의 성명을 한글로 기재하고, 의료급여증에 기재된 주민등록번호를 기재합니다.
- 외국인(재외국민)은 외국인 및 재외국민 등록번호를 기재합니다.

② : 등록내역을 취소하고자 하는 사유를 구체적으로 기재합니다.

210mm×297mm[일반용지(재활용품) 60g/㎡]

[별지 제27호 서식]

# 의료급여 치과임플란트 대상자 등록 신청서

①( ㅁ 신규　　ㅁ 재등록 )

※ 유의사항 및 작성방법은 뒷면을 참고하여 주시기 바라며, 색상이 어두운 란은 신청인이 적지 않습니다. (앞면)

| 등록번호 | | 접수일자 | |
|---|---|---|---|

| ②수급권자 | 성명 | 주민등록번호 | 종별 | |
|---|---|---|---|---|
| | 주소 ( ) | | 전화번호 | |

| ③ 의료급여기관 확인란 | 상병명 | 사고, 발치 또는 국한성 치주병에 의한 치아상실 | | 상병기호 | K08.1 |
|---|---|---|---|---|---|
| | 시술시작일 | | | | |
| | 치식번호 | * 치식번호: 우상(11~18), 좌상(21~28), 좌하(31~38), 우하(41~48) | | | |
| | 재등록<br>※재등록시에만 작성합니다. | 재등록 구분 | 의료급여기관 구분 | 재등록 시술 시작 단계 | |
| | | | □ 동일 의료급여기관 재등록 | □ 2단계 | |
| | | | □ 타 의료급여기관 재등록 | □ 1단계<br>□ 2단계<br>□ 3단계 | |
| | | 재등록 사유<br>□ 2단계 시술 실패(골유착실패)<br>□ 의료급여기관 폐업 등 불가피한 사유로 진료진행이 불가한 경우 | | | |
| | 위에 기록한 사항이 사실임을 확인함<br>년 월 일<br>의료급여기관 기호, 명칭 : , (의료급여기관 직인)<br>담당의사 면허번호, 성명 : , (서명 또는 인) | | | | |

의료급여법 제10조 및 같은 법 시행령 제13조제1항에 따라 의료급여 치과임플란트 대상자 등록을 신청합니다.

년 월 일

④신청인 (서명 또는 인)

수급권자와의 관계 ( ) 전화번호 ( )

**시장・군수・구청장 귀하**

# 의료급여 치과임플란트 급여 서비스 안내

- **만 65세 이상**(2016.6.30.이전 : 만70세 이상) **부분무치악** 어르신(완전무치악 제외)에게 **분리형 식립재료**와 **비귀금속도재관(PFM crown) 보철수복**으로 시술된 치과임플란트에 한하여 의료급여 적용이 됩니다.
- 상·하악 구분 없이 **1인당 평생 2개 이내**에서 급여가 가능합니다.
(2015.6.30.이전:구치부에 제한 적용).
- **의료급여** 대상자의 본인부담금은 **의료급여비용 총액의 1종 수급권자는 10%, 2종 수급권자는 20%**입니다.
- 분리형 식립재료의 **고정체(Fixture), 지대주(Abutment)**는 **별도 산정**하고, 그 외 재료(Cover screw, Healing abutment 등) 및 보철수복재료는 찬11 치과임플란트 소정 점수에 포함되어 별도 산정할 수 없습니다.
- 치과임플란트의 사후점검기간은 보철 장착 후 **3개월**(진찰료만 부담)까지 입니다.
- 치과임플란트 시술 시 필요에 따라 시행하는 **부가수술(골이식술 등)**은 **비급여**입니다.

## 유의사항 및 작성방법

### 유의사항

1. **재등록**은 **같은 치식번호**에 한해서 가능합니다. **동일 의료급여기관 재등록**은 **'2단계 시술 실패(골유착실패)'**인 경우에만 가능합니다.
2. **의료급여기관 확인란**은 반드시 **치과의사**가 확인하여야 합니다.
3. 치과임플란트 대상자 등록신청서 발급 비용은 진찰료에 포함되어 별도 부담하지 않습니다.

### 작성방법

① 처음 의료급여 치과임플란트 대상자로 등록하는 경우에 **'신규'**에 √ 표시하고, 치과임플란트를 재시술하고자 할 경우 **'재등록'**에 √ 표시합니다.

② 수급권자의 성명을 한글로 기재하고, 의료급여증에 기재된 주민등록번호를 기재합니다.
- 외국인(재외국민)은 외국인 및 재외국민 등록번호를 기재합니다.
- 자택 및 휴대전화 중 하나를 반드시 기재합니다.(**휴대전화가** 있는 경우 우선적으로 기재).

③ 의료급여기관에서 기재하는 항목입니다.
- **시술시작일**은 **1단계 진료일**을 정확히 기재하여야 합니다. 재등록 건은 재등록 시술시작단계의 시술시작일을 기재합니다.
- **치식번호**는 변경할 수 없으므로 신중히 기재합니다.

④ 보장기관에 대상자 등록 신청은 본인 또는 가족이 하실수 있습니다.
- 임플란트 대상자 본인 : 만65세 이상 의료급여수급권자
- 가족 : 「민법」 제779조에 따른 가족으로 배우자, 직계혈족, 형제자매, 직계혈족의 배우자, 배우자의 직계혈족 및 배우자의 형제자매

210mm×297mm[일반용지(재활용품) 60g/㎡]

[별지 제28호 서식]

# 의료급여 치과임플란트 대상자 시술중지/변경/해지/취소 신청서

※ 아래 유의사항 및 작성방법을 참고하여 작성해 주시기 바랍니다.

<table>
<tr><td rowspan="5">① 등록내역</td><td>등록번호</td><td></td><td>치식번호</td><td></td><td>시술시작일</td><td></td></tr>
<tr><td rowspan="2">수급권자 정보</td><td colspan="3">성명</td><td colspan="2">종별</td></tr>
<tr><td colspan="3">주민번호</td><td colspan="2">전화번호</td></tr>
<tr><td>의료급여 기관정보</td><td colspan="2">의료급여기관기호</td><td colspan="2">의료급여기관명</td><td>전화</td></tr>
</table>

<table>
<tr><td rowspan="2">□ ②시술중지</td><td rowspan="2">중지신청</td><td>시술중지일</td><td colspan="2"></td></tr>
<tr><td>사유</td><td colspan="2">□ 2단계 시술 실패(골유착 실패)</td></tr>
<tr><td rowspan="4">□ ③변경</td><td rowspan="2">변경신청</td><td>신청구분</td><td colspan="2">□ 수급권자 요청 □ 의료급여기관 요청 □ 기타</td></tr>
<tr><td>사유기재</td><td colspan="2"></td></tr>
<tr><td rowspan="2">변경내용</td><td>항목</td><td>변경 전</td><td>변경 후</td></tr>
<tr><td>(변경항목기재)</td><td></td><td></td></tr>
<tr><td rowspan="2">□ ④해지</td><td>해지신청</td><td>사유기재</td><td colspan="2"></td></tr>
<tr><td colspan="4">※ 해지신청건도 치과임플란트 보험인정 개수에 포함됩니다.</td></tr>
<tr><td>□ ⑤취소</td><td>취소신청</td><td>사유기재</td><td colspan="2"></td></tr>
<tr><td colspan="2">□ ⑥ 청구여부</td><td colspan="2">□ 청구안함</td><td>□ 청구</td></tr>
</table>

위와 같이 의료급여 치과임플란트 대상자 시술중지/변경/해지/취소를(을) 신청합니다.

년 월 일

<table>
<tr><td rowspan="2">신청기관 또는 신청인</td><td>□의료급여기관</td><td>의료급여기관명(기호) : ( ) (직인)<br>담당의사(면허번호) : ( ) (서명 또는 인)</td></tr>
<tr><td>□수급권자</td><td>⑥ 신청인 : (서명 또는 인)<br>수급권자와의 관계 ( )</td></tr>
</table>

## 시장·군수·구청장 귀하

### 유의사항

1. 의료급여기관 요청에 의한 **시술중지/변경/취소**는 반드시 의료급여기관 **직인** 및 치과의사의 **서명**이 있어야 합니다.
2. ②**시술중지**는 등록한 의료급여기관 요청에 의해서만 가능하며, 3단계 시술 후에는 '시술중지'를 하실 수 없습니다.
3. ③ **변경**은 신청한 내용에 대한 변경사항이 있을 경우, 변경 항목을 기재하여 신청합니다.
   ※ **치식번호**에 대한 변경 : 보장기관에 **취소신청** 후 보장기관에서 다시 **등록**합니다.
4. ④ **해지**는 수급권자 요청에 의해서만 가능하며, 치과임플란트 평생 인정개수에 포함되므로, 신중히 결정하셔야 합니다.
5. ⑤⑥ **취소**는 요양기관 요청에 의해서만 가능하며, 의료급여비용을 청구한 경우 건강보험심사평가원에 의료급여비용 자진환수신청 후 환수내역을 첨부하셔야합니다.

### 작성방법

① 의료급여 치과임플란트 대상자로 **등록된 내역을 정확히** 기재합니다.
- 수급권자의 성명을 한글로 기재하고, 의료급여증에 기재된 주민등록번호를 기재합니다.
- 외국인(재외국민)은 외국인 및 재외국민 등록번호를 기재합니다.

②, ③, ④, ⑤ 등록된 내용을 시술중지, 변경, 해지, 취소하고자 할 경우, 해당 항목에 √ 표시하고 관련내용을 기재합니다.
⑥ 보장기관에 대상자 등록 신청은 본인 또는 가족이 하실수 있습니다.
- 임플란트 대상자 본인 : 만65세 이상 의료급여수급권자
- 가족 : 「민법」 제779조에 따른 가족으로 배우자, 직계혈족, 형제자매, 직계혈족의 배우자, 배우자의 직계혈족 및 배우자의 형제자매

210mm×297mm[일반용지(재활용품) 60g/㎡]

[별지 제29호 서식]

# 의료급여 2종 조산아 및 저체중출생아 등록 신청서

( □ 조산아　　□ 저체중 출생아 )

| | | | | |
|---|---|---|---|---|
| ① 신청인 | 성명 | | 주민등록번호 | |
| | 주소 | | 전화번호 | |
| ② 조산아 및 저체중출생아 | 성명 | | 주민등록번호 | |
| ③ 출생증명서 발급기관 (의료급여기관기호) | | | | |
| ④ 출생일자 | | ⑤ 출생장소 | | |
| ⑥ 임신기간 (임신주수) | (　　) 주 | ⑦ 몸무게 | Kg | |

위와 같이 의료급여(2종) 조산아 및 저체중 출생아 등록을 신청합니다.

년　　월　　일

**신청인**　　　　**(서명 또는 인)**

**(조산아 또는 저체중 출생아**

시장·군수·구청장　귀하

| 시군구 기재사항 | 지원기간 | 20　.　. 부터　20　.　. 까지 |
|---|---|---|

<첨부서류>

- 출생증명서(임신기간과 몸무게가 기재된 출생증명서) 1부
- 주민등록등본 1부

<조산아 및 저체중 출생아 등록절차>

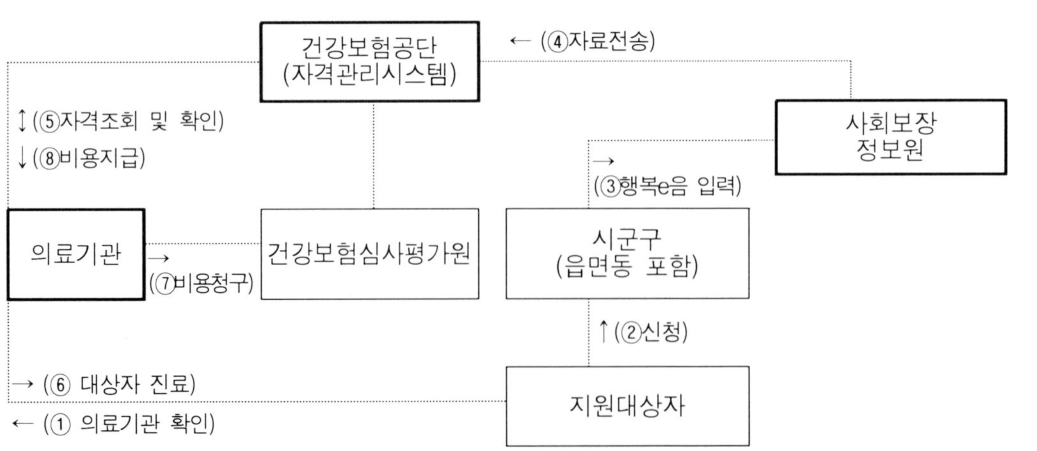


210mm×297mm[일반용지(재활용품) 60g/㎡]

# 급여비용의 예탁 및 지급에 관한 규정

# 급여비용의 예탁 및 지급에 관한 규정

보건복지부 고시 제2001- 53호(2001.10. 1 시행)
보건복지부 고시 제2002-100호(2003. 1. 1 시행)
보건복지부 고시 제2004- 66호(2004.11.15 시행)
전부개정 보건복지부 고시 제2007-201호(2007. 6. 1 시행)
보건복지가족부 고시 제2008-155호(2008.12.15 시행)
보건복지가족부 고시 제2009-150호(2009. 8.24 시행)
보건복지부 고시 제2010- 37호(2010. 3. 1 시행)
보건복지부 고시 제2012-103호(2012. 8.24 시행)
보건복지부 고시 제2015-264호(2015. 8.24 시행)
보건복지부 고시 제2020-140호(2020. 7. 1 시행)
보건복지부 고시 제2020-227호(2020.10. 8 시행)

## 제1장 총 칙

**제1조(목적)** 이 규정은 의료급여법 시행규칙 제21조제5항, 제23조, 제28조 제7항 및 제31조제2항의 규정에 의한 급여비용의 예탁금 결정액의 예탁, 급여비용의 지급에 필요한 세부절차 및 방법, 급여비용의 가감지급기준에 관한 사항을 정함을 목적으로 한다.

**제2조(정의)** 이 규정에서 사용하는 용어의 정의는 다음과 같다.

1. "현물급여비용"이라 함은 건강보험심사평가원(이하 "심사평가원"이라 한다)의 의료급여비용심사결과통보서에 의하여 의료급여기관에 지급하기로 결정된 기관부담금에서 대지급금을 제외한 금액을 말한다.
2. "임신·출산 진료비용"이라 함은 의료급여법 시행규칙(이하 "시행규칙"이라 한다) 제8조의2에 따라 임산부에게 지원되는 비용을 말한다.
3. "건강생활유지비용"이라 함은 시행규칙 제28조제7항제1호에 따라 수급권자의 본인부담금 지원을 위한 비용을 말한다.
4. "급여비용"이라 함은 제1호의 규정에 의한 현물급여비용과 제2호 및 제3호의 규정에 의한 임신·출산 진료비용과 건강생활유지비용(이하 "본인부담금지원비용"이라 한다)을 말한다.
5. "급여비용예탁금"이라 함은 제4호의 규정에 의한 급여비용의 지급을 위하여 국민건강보험공단(이하 "공단"이라 한다)이 특별시장·광역시장·도지사(이하 "시·도지사"라 한다)로부터 예탁받은 금액(이하 "예탁금"이라 한다)을 말한다.
6. "월별예탁금결정액"이라 함은 시행규칙 제31조제1항제7호의 규정에 의한 시·도별 건강생활유지비예탁금결정액을 말한다.
7. "분기별예탁금결정액"이라 함은 시행규칙 제28조제7항제1호의 규정에 의한 시·도의 분기별 본인부담금지원비용예탁금결정액을 말한다.
8. "전월예탁금잔액"이라 함은 전월 예탁금에서 의료급여기관에 지급 또는 환수한 금액을 가감한 금액을 말한다.
9. "확인번호"라 함은 공단의 수급권자의 자격관리를 위한 시스템(이하 "의료급여 자격관리시스템"이라 한다)에서 공단에서 임

신·출산 진료비 및 건강생활유지비 차감, 급여일수 관리 등을 통해 의료급여기관에 지원하는 프로그램 등을 통해 정상적으로 절차가 이루어진 경우에 부여하는 번호를 말한다.

**제3조(적용범위 등)** 이 규정의 적용범위는 다음 각 호와 같다.

1. 예탁금의 수납
2. 급여비용의 지급
3. 예탁금의 보관·운용과정에서 발생된 이자수입
4. 급여비용의 예탁 및 지급과정에서 발생되는 송금수수료, 전산통신망이용료 등의 직접경비

**제4조(위탁기관 등)** 공단은 제3조 각호의 업무를 수행하기 위하여 국민건강보험법 제89조제1항의 규정에 의한 금융기관 또는 체신관서(이하 "위탁금융기관"이라 한다)와 위탁계약을 체결할 수 있다. 이 경우 위탁계약의 내용은 공단의 "사이버통합자금관리시스템"의 방식에 따른다.

**제5조(계좌의 설치)** ① 공단은 제4조의 위탁금융기관중 중앙모점을 지정하여 예탁금수납계좌(이하 "수납계좌"라 한다)를 설치하여야 한다.

② 공단은 제1항의 규정에 의한 수납계좌의 설치 또는 변경을 행한 경우에는 이를 즉시 보건복지부장관, 시·도지사 등에게 통보하여야 한다.

③ 공단은 급여비용의 지급을 위하여 위탁금융기관 중앙모점에 지급용 자금을 관리하기 위한 급여비용지급계좌(이하 "지급계좌"라 한다)를 설치하여야 한다.

④ 공단은 의료급여기관의 계좌불명 등의 사유로 급여비용이 지급되지 않은 자금을 관리하기 위한 미입금반송관리계좌를 위탁금융기관 중앙모점에 설치하여야 한다.

**제6조(급여비용의 회계연도 소속 구분)** 급여비용의 회계연도 소속 구분은 다음 각호의 1과 같다.

1. 예탁금은 공단의 수납계좌에 입금된 날이 속하는 연도
2. 현물급여비용은 심사평가원으로부터 시행규칙 제21조제2항의 규정에 의한 의료급여비용심사결과통보서 및 전산기록장치를 인수받은 날이 속하는 연도
3. 의료급여기관에 지급하는 본인부담금지원비용은 공단에서 급여비용의 지급액을 결정한 날이 속하는 연도
4. 보장기관의 수급권자 확인에 의하여 지급하는 급여비용은 공단에서 급여비용의 지급액을 결정한 날이 속하는 연도
5. 건강생활유지비용 잔액을 수급권자에게 지급하는 급여비용은 공단에서 급여비용의 지급액을 결정한 날이 속하는 연도

**제7조(예탁금의 관리)** ① 공단은 예탁금을 시·도별로 구분·계리하여야 한다.

② 공단은 예탁금의 관리와 그 회계를 건강보험재정 및 공단의

회계와 별도로 구분·처리하여야 한다. 이 경우 급여비용의 예탁과 그 지급에 관한 회계처리는 공단의 "회계규정"을 준용한다.

③ 급여비용의 회계처리방식은 자산의 증감과 부채의 증감으로 표시한다.

④ 공단은 예탁금을 의료급여법(이하 "법"이라 한다) 제26조제3항에 규정된 방법으로 관리·운용할 수 있다.

**제8조(예탁금의 수납확인 및 대장정리)** ① 공단은 월별 또는 분기별 예탁금결정액 통보내역과 수납된 예탁금을 대조확인하고, 수납내역에 이상이 없는 경우에는 수납내역을 각 시·도별 예탁금 원장에 반영·전산관리하여야 한다.

② 공단은 각 시·도별 급여비용지급내역을 예탁금 원장에 반영하고 시·도별 일일 예탁금잔액을 관리하여야 한다.

**제9조(예탁금의 이자관리)** ① 공단은 예탁금에서 발생된 수입이자에 대하여는 연도말 결산시점에 정산하고, 시·도별 배분금액을 해당 시·도의 예탁금에 반영하여야 한다. 이 경우 공단은 시·도별 결산이자 발생내역서를 해당 시·도에 송부하여야 한다.

② 제1항의 규정에 의한 배분금액은 회계연도 예탁금총액에 대한 시·도별 예탁금납부금액의 비율에 예탁금 수입이자총액을 곱하여 산출한다.

**제10조(착오지급시 정산)** 공단은 급여비용이 착오로 지급된 경우에는 해당 의료급여기관에 즉시 그 지급액의 반환을 요청하여야 하며, 이를 이행하지 않는 의료급여기관에 대하여는 차후 지급할 급여비용과 상계정산하여 지급할 수 있다.

**제11조(급여비용의 결산)** ① 결산은 당해 연도의 급여비용의 지급실적과 예탁금의 운용현황을 명확히 파악할 수 있도록 회계연도말을 기준으로 실시한다. 다만, 업무상 필요한 경우 등에는 분기별로 가결산을 실시할 수 있다.

② 공단은 결산시에 각 시·도의 급여비용 지급내역별로 정산을 실시하되, 분기별·연도별 정산을 원칙으로 한다. 이 경우 미지급금액은 정산기간중 지급결정액과 그 기간 중 지급된 지급액을 확정하여 계산한다.

③ 공단은 결산서에 다음 각호의 서류를 첨부하여 회계연도 종료 후 2개월 이내에 보건복지부장관 및 시·도지사에게 통보하여야 한다.

1. 대차대조표(총괄, 시·도별)
2. 예금잔액 증명서
3. 각 계정명세서
4. 합계잔액시산표(총괄)
5. 제2항의 연도별 정산서

**제12조(급여비용 지급관련 직접경비)** 제3조제5호의 규정에 의한 직접경비는 다음 각호의 1에 정한 기준에 의하여 예탁금에서 집행·반영한다.

1. 계좌입금을 위한 송금수수료(타행환 수수료 포함)는 시·도별 발생건수를 기준으로 한다.
2. 펌 뱅킹(Firm Banking)을 위한 전산통신망 이용요금은 시·도별 송신건수를 기준으로 배분하되 전산통신망 제공업체의 고지에 의하여 납부하고, 납부일을 기준으로 한다.
3. 예탁금 부족으로 인하여 미지급액이 발생한 경우에는 예탁금 예탁 즉시 정산한다.

**제13조(문서의 관리 등)** 예탁금의 예탁과 지출에 관한 문서의 관리는 공단의 사무관리규정을 준용한다.

## 제2장 현물급여비용의 예탁 및 지급에 관한 규정

**제14조(현물급여비용 예탁금결정액의 통보 및 납부 등)** ① 보건복지부장관은 매분기별 각 시·도에 국고보조금을 교부할 때 월별 현물급여비용 예탁금을 결정하여 해당 시·도지사와 공단이사장에게 통보하여야 한다. 이 경우 월별 예탁금결정액 통보는 별지 제1호 서식에 의한다.

② 제1항의 규정에 의한 현물급여비용예탁금납부통보서를 받은 시·도지사는 매월 20일까지 해당 예탁금을 제5조제1항의 규정에 의한 공단의 수납계좌에 입금하여야 한다. 이 경우 각 시·도지사는 국고보조금과 지방자치단체출연금의 내역을 공단에 통보하여야 한다.

③ 시·도지사는 제1항의 규정에 의한 월별 예탁금결정액을 지정 예탁일까지 납부하지 못한 경우에는 그 사유를 보건복지부장관 및 공단이사장에게 통보하여야 한다.

④ 공단은 시·도지사가 정당한 사유없이 현물급여비용을 예탁하지 않을 경우에는 그 시·도의 해당 현물급여비용의 지급을 중단할 수 있다.

⑤ 공단은 시·도별 현물급여비용 예탁금 납부현황과 현물급여비용 지급현황을 공단의 홈페이지에 공개하여 관계기관 및 이해관계인 등으로 하여금 이를 참고하게 할 수 있다.

**제15조(시·군·구별 출연금의 결정통보 등)** ① 제14조제1항의 규정에 의한 현물급여비용예탁금결정액을 통보받은 시·도지사는 관할 시·군·구의 수급권자수, 전년도 진료비 등을 감안하여 "지방재정법시행령 제33조제1항의 규정에 의한 지방자치단체 경비부담의 기준 등에 관한 규칙" 별표에 규정된 시·군·구별 부담비율에 따라 해당 시·군·구별 출연금을 지체없이 결정·통보하여야 한다.

② 시장·군수·구청장은 제1항의 규정에 의하여 통보받은 출연금을 제14조제2항의 규정에 의한 시·도의 현물급여비용 예탁기일 3일전까지 시·도에 설치된 기금에 출연하여야 한다.

**제16조(현물급여비용의 지급원칙)** ① 공단은 시행규칙 제21조제3항의 규정에 따라 해당 시·도별 현물급여비용 예탁금의 범위 안에서 현물급여비용을 지급하여야 한다.

② 공단은 현물급여비용에 대하여 심사평가원이 통보한 심사결정내역과 보장기관이 지급 또는 환수 결정한 내용에 따라 지급할 금액에서 현물급여비용 대지급금을 제외한 현물급여비용을 지급한다.

**제17조(현물급여비용의 가감지급)** 시행규칙 제23조의 규정에 의한 현물급여비용의 가산 또는 감액지급에 관한 기준은 국민건강보험법 시행규칙 제11조의 규정에 의하여 보건복지부장관이 고시한 "요양급여의적정성평가및요양급여비용의가감지급기준"에 의한다.

**제18조(현물급여비용의 지급절차 등)** ① 공단은 의료급여에 관한 산정특례 대상자 자격정보를 심사평가원에 제공할 수 있다.

② 심사평가원은 현물급여비용 심사청구건에 관하여 의료급여 산정특례 대상자의 자격정보를 연계하여 점검할 수 있다.

③ 심사평가원은 현물급여비용의 심사청구건에 대한 심사결정이 완료된 때에는 지체 없이 의료급여비용심사결과통보서와 심사결정내역화일을 공단에 송부하여야 한다. 다만, 전자문서교환방식(EDI)청구건중 오류건에 대하여는 심사결정전에 의료급여기관에 반송하여 새로이 청구하도록 안내하여야 한다.

④ 공단은 심사평가원으로부터 제3항의 의료급여비용심사결과통보서를 송부받은 때에는 심사결정내역화일과 공단의 자격내역을 연계·점검하여 정상지급건과 자격확인대상 지급보류건, 무자격자 진료 지급불능건으로 현물급여비용의 지급여부를 구분·처리하고, 그 자격점검결과를 지체없이 전산화일로 심사평가원에 송부하여야 한다. 다만, 의료급여 자격관리시스템을 활용하여 확인번호를 부여받은 건에 대하여는 현물급여비용을 지급하고 사후 정산한다.

⑤ 심사평가원은 의료급여비용심사결과통보서에 제4항의 규정에 의하여 공단으로부터 통보받은 지급불능건과 지급보류건의 내역을 표기하여 의료급여기관 및 시장·군수·구청장에게 통보하여야 한다. 이 경우 지급불능건에 대하여는 의료급여기관으로 하여금 새로이 청구하도록 안내하여야 한다.

⑥ 공단은 수급권자 자격점검결과 정상지급건에 대하여는 다음 각호의 절차에 의하여 현물급여비용을 지급하여야 한다.

1. 현물급여비용총괄표, 은행별지급의뢰서총괄표 및 계좌송금의뢰총괄표를 통하여 지급건수 및 금액, 원천징수세액, 본인부담금환급금, 채권압류금액 등을 확인한 후 현물급여비용의 지급액을 결정한다.
2. 제1호의 지급결정액중 증감사유가 발생하는 경우 이를 가감한 후 위탁금융기관에 송금을 의뢰한다.
3. 공단은 현물급여비용을 지급할 때에는 별지 제2호서식(의료급여비용지급통보서)을 의료급여기관에, 별지 제3호서식(의료급여비용지급결과통보서)을 시장·군수·구청장에게 송부하고, 의료급여기관별 소득세(주민세)원천징수액 집계표(차수별, 월별)를 별도로 관리하여야 한다.

⑦ 공단은 현물급여비용 지급대상건중 예탁금 부족으로 지급하지 못한 미지급내역을 각 시·도 및 의료급여기관별로 관리하여야 한다.

⑧ 공단은 제4항의 규정에 의한 수급권자 자격점검결과 지급보류건에 대하여는 별지 제2호서식(현물급여비용지급통보서)에 지급보류 및 지급불능사유를 표기하여 의료급여기관에 통보하여야 한다.

**제19조(지급보류건 등의 처리)** 제18조제4항의 규정에 의한 자격확인대상 지급보류건과 행려환자의 현물급여비용청구건의 지급절차는 다음 각호와 같다.

1. 공단은 의료급여비용의 지급을 보류하고, 별지 제4호서식(의료급여비용수급권확인및결정내역통보서)을 시장·군수·구청장에게 통보하여야 한다.
2. 시장·군수·구청장은 의료급여비용수급권확인및결정내역서를 통보받은 날로부터 7일 이내에 그 수급권자의 자격을 확인하고, 그 결과를 공단에 통보하여야 한다.
3. 공단은 시장·군수·구청장이 통보한 결정내역에 따라 제18조제6항의 절차를 적용하여 현물급여비용을 지급한다.

**제20조(건강보험과 현물급여비용의 정산)** 공단은 시장·군수·구청장이 건강보험 급여비용과의 정산으로 인하여 지급결정 통보한 건강보험 급여비용 정산액을 해당 시·도의 예탁금에서 지급한다.

**제21조(현물급여비용의 지급 순위)** 공단은 현물급여비용에 대하여 시·도별로 의료급여비용심사청구 접수일을 기준으로 현물급여비용을 지급하되, 예탁금잔액의 부족으로 동일일자 현물급여비용을 전액 지급할 수 없는 경우에는 소액 현물급여비용을 우선 지급할 수 있다.

**제22조(본인부담금환급금의 지급)** ① 공단은 법 제11조제3항의 규정에 의한 본인부담금환급금이 발생한 경우에는 시·도별 예탁금잔액에 반영하고 그 발생내역을 해당 시·도지사에게 통보하여야한다.
② 공단은 시·군·구별로 본인부담금환급금 발생내역을 통보하고, 시장·군수·구청장은 그 내역을 확인하여 수급권자에게 반환하여야 한다.
③ 제2항의 규정에 의하여 수급권자에게 반환된 본인부담금환급금액은 다음달 시·도에서 예탁할 예탁금결정액과 정산한다.

**제23조(현물급여비용 대지급금의 통보 등)** 공단은 의료급여비용심사차수별 현물급여비용대지급금 내역을 시장·군수·구청장에게 통보하고 시장·군수·구청장은 그 내역을 확인하여 의료급여기관에 지급하여야 한다.

**제24조(현물급여비용의 정산)** ① 공단은 매월 또는 분기별 예탁된 시·도별 예탁금중에서 예탁금 지급내역을 매월 단위로 정산한 후 예탁금액, 지급액, 미지급액, 예탁금잔액 등 그 정산내역을 해당 시·도지사에게 통보하여야 한다.
② 공단은 매분기말 현재 시·도에서 예탁한 예탁금의 지급내역을 정산하여 그 결과를 매분기 다음달 말일까지 보건복지부장관에게 보고하고 시·도지사에게 통보하여야 한다.

**제25조(현물급여비용의 상계환수)** ① 공단은 시장·군수·구청장이 의료급여기관에 지급할 현물급여비용에서 상계환수를 요청한 금액에 대하여 현물급여비용 지급시 상계환수하고, 예탁금에 반영하여야 한다.
② 공단은 심사평가원이 통보한 심사결정내용중 의료급여기관에서 환수할 금액에 대하여 해당 의료급여기관에 현물급여비용 지급시 차감하여 지급하고 예탁금에 반영하여야 한다.

## 제3장 본인부담금지원비용의 예탁 및 지급에 관한 규정

**제26조(본인부담금지원비용예탁금결정액의 통보 및 납부 등)** ① 보건복지부장관은 매분기별 각 시·도에 국고보조금을 교부할 때 분기별 예탁금을 결정하여 해당 시·도지사와 공단이사장에게 통보하여야 한다. 이 경우 분기별 예탁금결정액 통보는 별지 제5호서식에 의한다.
② 제1항의 규정에 의한 본인부담금지원비용예탁금납부통보서를 받은 시·도지사는 매분기 전월 말일까지 해당 예탁금을 제5조제1항의 규정에 의한 공단의 수납계좌에 입금하여야 하며 이 경우 각 시·도지사는 국고보조금과 지방자치단체출연금의 내역을 공단에 통보하여야 한다. 다만, 1분기는 국고보조금 교부 결정 즉시 예탁하여야 한다.
③ 제2항의 매분기 전월 말일이 토요일, 공휴일인 경우 그 전일까지 해당 예탁금을 제5조제1항의 규정에 의한 공단의 수납계좌에 입금한다.

**제27조(시·군·구별 출연금의 결정통보 등)** 제26조제1항의 규정에 의한 건강생활유지비용예탁금결정액을 통보받은 시·도지사는 관할 시·군·구의 수급권자수 등을 감안하여 "지방재정법시행령 제33조제1항의 규정에 의한 지방자치단체경비 부담의 기준 등에 관한 규칙" 별표에 규정된 시·군·구별 부담비율에 따라 해당 시·군·구별 출연금을 시장·군수·구청장에게 지체 없이 결정·통보하여야 한다.

**제28조(본인부담금지원비용의 지급원칙)** ① 공단은 해당 시·도별 본인부담금지원비용 예탁금의 범위 안에서 임신·출산 진료비용 및 건강생활유지비용을 의료급여기관에 지급하여야 한다.
② 의료급여기관에서 수급권자에 대한 진료 또는 조제 후 수급권자의 본인부담금을 본인부담금지원비용에서 차감할 것을 청구하여 의료급여 자격관리시스템 등을 통해 확인번호가 부여된 경우 그 내용에 따라 지급한다.
③ 공단은 건강생활유지비용을 지급하는 경우 의료급여기관에 별지 제6호 및 제7호 서식(건강생활유지비용지급통보서, 건강생활유지비용 개인별 지급통보서)을 송부하고 별지 제8호 서식(건강생활유지비용 지급결과통보서)을 보장기관에 송부한다.
④ 공단은 임신·출산 진료비용을 지급하는 경우 의료급여기관에 별지 제9호 및 제10호 서식(임신·출산 진료비용지급통보서, 임신·출산 진료비용 개인별 지급통보서)을 송부하고 별지 제11호 서식(임신·출산 진료비용 지급결과통보서)을 보장기관에 송부한다.
⑤ 공단은 의료급여기관별 소득세(주민세)원천징수액 집계표(차수

별, 월별)를 별도로 관리하여야 한다.

**제29조(본인부담금지원비용의 정산)** ① 공단은 매분기별 예탁된 시·도별 본인부담금지원비용 예탁금 중에서 지급내역을 매분기 단위로 정산한 후 예탁금액, 지급액, 예탁금잔액 등 그 정산내역을 보건복지부장관, 해당 시·도지사에게 통보하여야 한다.

② 공단은 수급권자별 건강생활유지비용 잔액을 이월하여 관리하되 매회계년도말을 기준으로 하여 다음연도 상반기 중 보건복지부 장관이 정하는 날까지 수급권자별 잔액정산내역을 보장기관에 통보하고, 보장기관은 통보를 받은 날로부터 1월 이내에 수급권자에게 지급하여야 한다. 다만, 자격상실 등의 사유가 발생한 경우 해당 반기별로 정산하여 지급한다.

③ 공단은 임신·출산 진료비 지원기간중 사용하지 않은 잔액은 지급하지 아니한다. 다만, 건강보험가입자로 자격이 전환되는 경우 매월말일기준 다음월 15일까지 보장기관에 수급권자별 정산내역을 통보 하고, 보장기관은 수급권자에게 지체없이 지급하여야 한다.

④ 공단은 수급권자별 건강생활유지비용 차감내역 및 잔액 등 정산내역을 매년도말을 기준으로 보장기관에 통보하고, 보장기관은 해당 수급권자에게 동 내용을 통보하여야 한다.

**제30조(다른 기준의 준용)** 제3장 "본인부담금지원비용 예탁 및 지급에 관한 규정"에서 규정하지 아니한 기타 사항은 제2장 "현물급여비용의 예탁 및 지급에 관한 규정"을 준용한다.

**제31조(재검토기한)** 보건복지부장관은 이 고시에 대하여 「훈령·예규 등의 발령 및 관리에 관한 규정」에 따라 2020년 7월 1일을 기준으로 매3년이 되는 시점(매 3년째의 6월 30일까지를 말한다)마다 그 타당성을 검토하여 개선 등의 조치를 하여야 한다.

**부 칙** 〈제201호, 2007. 5. 30.〉

이 고시는 2007년 6월 1일부터 시행한다.

**부 칙** 〈제2009-150호, 2009. 8. 24.〉

이 고시는 2009년 8월 24일부터 시행한다.

**부 칙** 〈제2010-37호, 2010. 2. 26.〉

이 고시는 2010년 3월 1일부터 시행한다.

**부 칙** 〈제2012-103호, 2012. 8. 23.〉

**제1조(시행일)**이 고시는 2012년 8월 24일부터 시행한다.

**부 칙** 〈제2015-264호, 2015. 6. 26.〉

이 고시는 2015년 8월 24일부터 시행한다.

**부 칙** 〈제2020-140호, 2020. 7. 1.〉

이 고시는 발령한 날부터 시행한다.

**부 칙** 〈제2020-227호, 2020. 10. 8.〉

이 고시는 발령한 날부터 시행한다.

〔별지 제1호 서식〕

# 현물급여비용예탁금납부통보서

| 납부의무자 | 월별 예탁금액 | | | 납부장소<br>(금융기관명, 계좌번호) | 비고 |
|---|---|---|---|---|---|
| | 월 | 월 | 월 | | |
| 서울특별시장 | | | | | |
| 부산광역시장 | | | | | |
| 대구광역시장 | | | | | |
| 인천광역시장 | | | | | |
| 광주광역시장 | | | | | |
| 대전광역시장 | | | | | |
| 울산광역시장 | | | | | |
| 경기도지사 | | | | | |
| 강원도지사 | | | | | |
| 충청북도지사 | | | | | |
| 충청남도지사 | | | | | |
| 전라북도지사 | | | | | |
| 전라남도지사 | | | | | |
| 경상북도지사 | | | | | |
| 경상남도지사 | | | | | |
| 제주도지사 | | | | | |

210㎜×297㎜(일반용지60g/㎡(재활용품))

**[별지 제2호 서식]** (전 면)

발 신 **국민건강보험공단**

# 의료급여비용 지급 통보서(의료급여기관용)

(사업자등록번호 : 105 - 82 - 11133)
서울특별시 마포구 독막길24 (건강보험회관) ㉾ 121-749

| ①지급 구분 | |
|---|---|
| 의료급여기관기호 | |

심평원 지급차수: 공단 지급차수:

지원: 심평원 심사차수: 접수번호: 묶음번호 : 대 표 자 귀 하

| 지급 내역 | 심사결정 기금부담금 | 지급보류액 | 예탁부족 미지급금 | 원천징수세액 | | | 본인부담금 환급금 | 100분이 100 미만 본인부담의 심사결정내역 | | |
|---|---|---|---|---|---|---|---|---|---|---|
| | | | | 소득세 | 주민세 | 세액 계 | | 100분의 100 미만 총액 | 본인부담금 | 기관부담금 |
| | | | | | | | | | | |

| 지급 내역 | 환수상계액 | | | 과다본인부담공제금액 | 검사기관 지급액 | 절사금액 | 당 차 수 실지급액 | 이전차수 미지급금 지 급 액 | 지급액합계 |
|---|---|---|---|---|---|---|---|---|---|
| | 가 | 나 | 다 | | | | | | |
| | | | | | | | | | |

귀 원의 의료급여비는 은행: 예금주: 지급계좌: 로 년 월 일 지급결정 하였으며, 장애인 의료비는 해당 보장 기관에서 같은 계좌로 입금토록 통보하였습니다.

| 심평원 지급차수 | 해 당 시도명칭 | 의료급여비용심사결정내역 | | | | | | 지급결정내역 | | | | | 예탁부족 미지급금 | 당차수 실지급 결정액 | 이전차수 미지급금 지 급 액 |
|---|---|---|---|---|---|---|---|---|---|---|---|---|---|---|---|
| | | 건수 | 총의료급여비용 | 본인 부담금 | 기관부담금 | 장애인 의료비 | 절사 금액 | 기금 부담금 | 본인부담 금환급금 | 대불금 | 검사기관 지 급 액 | | | | |
| 합 계 | | | | | | | | | | | | | | | |
| | | | | | | | | | | | | | | | |
| | | | | | | | | | | | | | | | |
| | | | | | | | | | | | | | | | |
| | | | | | | | | | | | | | | | |
| | | | | | | | | | | | | | | | |

②의료급여비용지급보류내역(지급보류건중 지급불능내역)

| 명세서 번호 | 진료 구분 | 수진자 성명 | 진료비명세서 | | | 심사결정 | | 검사기관 지급액 | 사유 | 보 류 (불 능) 내 용 |
|---|---|---|---|---|---|---|---|---|---|---|
| | | | 총의료급여비용 | 본인부담금 | 청구액 | 본인부담금 | 기관부담금 | | | |
| | | | | | | | | | | |
| | | | | | | | | | | |
| | | | | | | | | | | |

**국민건강보험공단이사장** 직인 생략

297㎜×210㎜(일반용지 60g/㎡(재활용품))

(후 면)

# 의료급여비용 지급통보서 주요내용 안내

## 《1. 의료급여비용 심사지급 절차》

○ **심평원** : 의료급여비용 청구서를 접수, 심사하고 심사내역(의료급여비용 심사결과 통지서)을 의료급여기관에 통보합니다.

○ **공 단** : 심사평가원으로부터 심사결과 자료를 인수받아 지급불능 및 지급보류에 해당하는 내역을 제외하고 의료급여비용 지급신청계좌로 입금 후 송금내역을 통보합니다.

※ 의료급여비용 수령계좌 변경신고 요령: 계좌번호, 예금주 등이 변경되었을 때에는 변경사항 신고서와 개설자(법인) 인감증명서를 제출하여 주시기 바랍니다

## 《2. 의료급여비용 지급통보서의 주요항목에 대한 설명》

청구액과 송금액의 차액내역을 상세히 알고자 할 때에는 심평원에 접수된 접수번호에 해당하는 "심사결과통보서"와 공단에서 보내드린 "의료급여비용 지급통보서"를 함께 확인하시기 바랍니다.

○ **의료급여비용 지급불능 및 보류내역**
- 심사평가원에서 심사결정한 건 중에서 공단의 수급자격 점검 결과 지급보류(초심) 및 불능 결정한 개인별 내역

| 초 심 | | | | 1차지급보류건중 | | | |
|---|---|---|---|---|---|---|---|
| 지급보류 | | 지급불능 | | 지급불능 | | 지 급 보 류 | |
| 항목 | 내 역 | 항목 | 내 역 | 항목 | 내 역 | 항목 | 내 역 |
| 30 | 주민등록번호 상이 | 31 | 책정전 진료 | 51 | 청구시효소멸건 청구 급여비 | 55 | 보장기관 상이 |
| 33 | 보호종별 상이 | 32 | 책정제외후진료 | 52 | 책정전 진료비 청구 급여비 | 57 | 종별 상이 |
| 34 | 보장기관 상이 | | | 53 | 책정제외후 진료비 청구 급여비 | 58 | 종별및보장기관 상이 |
| 35 | 행려환자 | | | 54 | 행려환자 적용대상제외 급여비 | | |
| 40 | 종별및보장기관 상이 | | | 59 | 종별 및 보장기관 상이 | | |
| | | | | 60 | 주민등록번호 상이 | | |

※ - **유형별 사유중 진료비 지급보류건**(30·33·34, 35, 40)은 보장기관에서 자격유무를 확인하여 공단으로 통보하면 그 결과에 따라 공단에서 진료비를 지급할 예정입니다.
- **유형별 사유중 지급불능건**은 의료급여비용 지급불능 사유가 보완되도록 의료급여비용 청구명세서를 재작성한 후 소명자료가 있을 경우 이를 명세서에 첨부하여 차기 의료급여비용 청구분과 함께 "심사평가원"에 청구하여야 합니다.

○ **심평원 심사차수** : 심사평가원에서 심사한 차수

○ **심평원 지급차수** : 심사평가원에서 지급결정한 차수

☞ 이전차수 미지급금 지급시⇒ 시도별 심평원 지급차수란에 이전 심평원 지급차수 표기

○ **공 단 지급차수** : 공단에서 의료급여비용 계좌입금 차수

○ **총의료급여비용** : 심사평가원에서 심사결정한 총진료비 건수 및 금액
= 기관부담금 + 본인부담금 + 건강생활유지비+장애인의료비 + 절사금액

세부적인 심사조정내역은 심사평가원에서 통보하는 "의료급여비용(약제비) 심사결과 통지서에 기재됨

○ **심사결정 기관부담금** : 심사평가원에서 심사결정한 기관부담금

○ **예탁부족 미지급금** : 해당 시·도의 예탁금 잔액 부족으로 지급하지 못하는 금액

○ **본인부담금환급금**: 심사조정결과 의료급여기관이 본인에게 과다 부담시킨 금액을 의료급여기관에 지급할 의료급여비용중에서 차감하여 본인(수급권자)에게 돌려줄 진료비

○ **검사기관 지급액**: 수탁 검사기관에 직접 지급하는 검사료 총액

○ **절사금액**: 국고금단수계산법에 의해 의료급여비용명세서별로 단수 처리한 금액

○ 환수상계금액 : 보장기관에서 의료급여기관에 대하여 환수의뢰한 금액 중 지급액과 전산 상계환금액(중복청구진료비, 초심 · 재심 · 실사환수 금액, 원외처방 약제비 정산액 등)
- 가 : 환수상계금액과 공단지급액이 귀속년도가 같은 경우의 정산금, 원천징수과표는 공단지급액과 환수상계금액의 차액이 됨
- 나 : 환수상계금액과 공단지급액이 귀속년도가 다른 경우의 정산금, 원천징수과표는 각각의 금액으로 하여 계산하되, 원천징수세액 표기는 각각의 금액에 대한 차감으로 표기하며 지급조서에서는 과년도분의 경우 세액 환급으로 표기
- 다 : 과표에 영향을 미치지 않는 환수 상계금액

○ **당차수 실지급액** : 심사결정 기금부담금 - 지급보류액 - 지급불능액 - 예탁부족 미지급금 - 원천징수세액 - 본인부담금환급금 - 검사기관 지급액 - 절사금액

○ **이전차수 미지급금 지급액** : 예탁금 잔액부족으로 지급하지 못한 이전차수 미지급금 중 당차수 지급 금액

○ **지급액 합계** : 당차수 실지급액 + 이전차수 미지급금 지급액

○ **원천징수세액** : 과세표준액(과표)을 기준으로 공단이 원천징수한 세액(대상기관만 해당)

•소득세: 과세표준액의 100분의3, ·주민세: 소득세액의 100분의 10

원천징수 업무: 의료법에 의한 의사, 치과의사 또는 한의사, 약사, 조산사 등 개인이 설립한 의료급여기관(법인설립의료급여기관, 보건기관은 제외)에 대한 의료급여비용 지급시 소득세 관계법령이 정하는 바에 따라 공단에서 소득세(주민세)를 원천징수하여 세무당국에 납부하고 있습니다.

## 《3. 지급보류 건 중 지급 건에 대한 설명》

○ 지급보류 건에 대하여 보장기관에서의 확인 결과 통보에 따라 지급하는 건임
- "①지급 구분란" : "지급보류 건 중 지급"으로 표기
- "②지급 보류 건 중 지급 불능 내역"란 : 지급보류 건 중 보장기관 확인 결과 지급이 불가능하다고 통보된 건

**○ 대불금과 장애인 의료비는 심사결정된 금액을 시·군·구에서 지급합니다**

● 민원안내
- **서울, 강원지역 소재 요양기관 : 국민건강보험공단 서울지역본부** 【☎ 02)2126-8912~7】
: 서울특별시 영등포구 여의도동 12번지 CCMM빌딩 6층, 우 150-869
- **부산, 울산, 경남지역 소재 요양기관 : 국민건강보험공단 부산지역본부** 【☎051)801-0581~4】
: 부산광역시 부산진구 전포2동 874-14번지 우 614-706
- **대구, 경북지역 소재 요양기관 : 국민건강보험공단 대구지역본부** 【☎ 053)650-8880~4】
: 대구광역시 달서구 두류2동 148-3번지 우 704-731
- **광주, 전남·북, 제주도 소재 요양기관 : 국민건강보험공단 광주지역본부** 【☎ 062)250-5583】
: 광주광역시 북구 두암동 882-25번지 우 500-884
- **대전, 충남·북, 소재 요양기관 : 국민건강보험공단 대전지역본부** 【☎ 042)605-7151~4】
: 대전광역시 동구 삼성2동 332-3번지 우 300-712
- **인천, 경기지역 소재 요양기관 : 국민건강보험공단 경인지역본부** 【☎ 031)230-7911~5】
: 경기도 수원시 팔달구 인계동 1134-6번지 우 442-835

**[별지 제3호 서식]**

발 신

국민건강보험공단

(사업자등록번호 : 105-82-11133)

우) **121-749** 서울특별시 마포구 독막길24 (염리동 168-9, 건강보험회관)

# 의료급여비용지급결과통보서(보장기관통보용-시 · 군 · 구)

보장기관 명칭 :

공단지급차수 :

공단 지급결정일 :

귀하

| 이전차수 미지급금 지 급 액 | 의료급여비용심사결정내역 | | | | | 의료급여비용지급결정내역 | | | | 예탁부족 미지급금 | 지급액 합 계 | 100분의 100미만 본인부담의 심사결정내역 |
|---|---|---|---|---|---|---|---|---|---|---|---|---|
| | 건 수 | 총의료 급여비용 | 기관부담금 | 장애인의료비 | 절 사 금 액 | 건 수 | 기금부담금 | 장애인의료비 | 본인부담금환급금 (1,000원미만) | | | 총 액 |
| | | | | 본인부담금 | | | 대 불 금 | 본인부담금환급금 (1,000원이상) | 본인부담금환급금 (단 수) | 당 차 수 실지급액 | | 본인부담금 |
| | | | | | | | | | | | | 기관부담금 |
| | | | | | | | | | | | | |
| | | | | | | | | | | | | |

※ 대지급금과 장애인의료비는 별도 통보되는 『대지급금 및 장애인의료비 발생 내역』을 참조하여 보장기관에서 지급하여야합니다.

※ 지급보류건은 수급권 불일치 청구건으로 보장기관에서는 공단에서 송부하는 『의료급여비용 수급권 확인 및 결정내역 통보서』에 의해 확인 후 결정내역을 공단 지역본부로 통보하여야 지급 할 수 있습니다.

## 국민건강보험공단이사장 [직인 생략]

297㎜×210㎜(일반용지 60g/㎡(재활용품))

- **이전차수 미지급금 지급액** : 예탁금 잔액 부족으로 지급하지 못한 이전차수 미지급금중 당차수 지급 금액
- **총의료급여비용** : 심사평가원에서 심사결정한 총진료비 건수 및 금액 = 기관부담금+본인부담금+장애인의료비+절사금액
- **기관부담금** : 심사평가원에서 심사결정한 보장기관 부담금(기금부담금+대불금)
- **장애인의료비** : 장애인복지법 제33조에 의해 장애인 수급권자(의료급여 2종) 본인부담금중 장애인의료비에서 부담하는 금액으로 시·군·구에서 별도 지급 대상
- **본인부담금** : 의료급여법시행규칙 제21조에 의해 수급권자(의료급여 2종) 본인이 의료급여기관에 납부한 금액
- **절사금액** : 국고금단수계산법 제1조에 의해 의료급여비용명세서별로 단수 처리한 금액
- **기금부담금** : 의료급여법 제10조에 의해 의료급여기금에서 부담하는 금액
- **대 불 금** : 의료급여법 제20조에 의해 수급권자(의료급여 2종) 본인부담금중 의료급여기금에서 부담하는 금액
- **본인부담금환급금** : 심사조정결과 의료급여기관이 본인에게 과다 부담시킨 금액을 의료급여법 제11조에 의해 의료급여기관에 지급할 급여비용 중에서 차감하여 수급권자 본인에게 반환하는 금액

- **예탁부족 미지급금** : 당차수 지급결정액 중 예탁금 부족으로 지급하지 못한 금액 = 심사결정 기관부담금 - 지급결정 기금부담금 - 지급결정 대불금
- **당차수 실지급액** : 의료급여비용 지급결정내역의 기금부담금-본인부담금환급금
- **지급액 합계** : 이전차수 미지급금 지급액 + 당차수 실지급액

※ 본인부담금 환급금은 전액 예탁금과 정산되었으며, 보장기관에서는 본인부담금 환급금중 1,000원이상에 해당하는 금액만큼 시·도로부터 자금을 배정받아 수급권자에게 지급하시기 바랍니다.
(개인별 본인부담금 환급금 내역은 별도 송부하는 본인부담금 환급금 명세서 참조)

● **공단 지역본부 안내**

| | | | |
|---|---|---|---|
| **서울지역본부** ☎ | **[02) 2126-8912~7]** | **광주지역본부** ☎ | **[062) 250-5583]** |
| **부산지역본부** ☎ | **[051) 801-0581~4]** | **대전지역본부** ☎ | **[042) 605-7151~4]** |
| **대구지역본부** ☎ | **[053) 650-8880~4]** | **경인지역본부** ☎ | **[031) 230-7911~5]** |

297㎜×210㎜(일반용지 60g/㎡(재활용품))

**[별지 제4호 서식]** (전 면)

| 공단접수번호 | |
|---|---|

# 의료급여비 수급권 확인 및 결정내역 통보서

주소: 우편번호: 전화번호:

수신:국민건강보험공단00지사장 보장기관기호: 지급차수: 업무구분: 페이지:

접수일:

| 심사지원 | 의료급여기관기호<br>(전화번호) | 보류번호 | 수진자 | | 세대주 | 종별 | 처방전 | | | 진료개시일 | | | 자격점검결과 | | | 장애여부 | 만성질환자 | 정액정율 | 심사결정급여비용 | | 식대 | C/T, MRI, PET 등 | 확인사항 | 의료급여비결정내역(종별상이청구건) | | | |
|---|---|---|---|---|---|---|---|---|---|---|---|---|---|---|---|---|---|---|---|---|---|---|---|---|---|---|---|
| 서식명 | 의료급여기관명 | | 성명 | 주민등록번호 | | | 원내직접조제횟수 | 보건기관 건수 | 의료급여기관건수 | 내원 | 투약 | 진료기간 | 자격확인 유형 | 청구내역 | D/B내역 | | | | 총의료급여비용 | 기관부담금 | | | | 총의료급여비용 | 본인부담금 | 기관부담금 | 장애인의료비 |

시장·군수·구청장 직인

297㎜×210㎜(일반용지 60g/㎡(재활용품))

(후 면)

본 통보서는 의료급여기관에서 심사청구한 의료급여비 명세서상의 자격내역과 우리공단 수급권자 자격D/B내역이 상이하여 급여비용 지급을 보류한 수급권 불일치 내역입니다. 따라서, 보장기관(시·군·구)에서는 수급권자 자격내역을 확인·정확하게 작성하시어, **그 결과를 통보받은 날로부터 7일 이내 [「급여비용의예탁및지급에관한규정」 제19조(지급보류 등의 처리)] 에 공단 지사로 통보**하여 주시기 바랍니다.

작성요령

**【확인사항】**

- 보장기관에서는 아래 유형별 작성요령을 참고하여 해당 수급권자의 자격 등을 확인한 후 앞면의 '확인사항' 및 '의료급여비결정내역'란을 정확히 기재하고
- 보장기관 자격변경건은 자격정리후 변경내역을 전송하고, 공단자격D/B 변경건은 관련 첨부서류('기재사항변경통보서' 또는 자격상실, 취득통보서)를 공단으로 통보하여야 함

| 확인 유형 | 사 례 | '확인사항' 기재방법 | 세부 작성요령 및 조치사항 | '의료급여비 결정내역'기재방법 |
|---|---|---|---|---|
| 30<br>(주민등록번호 상이) | 의료급여기관에서 수진자 주민등록번호를 착오 기재한 경우 | '청구내역의 주민번호 수정' | 확인된 주민등록번호 기재 | * 종별 기재시 (장애인여부 우선 확인)<br>· 1종대상을 2종대상으로 청구한 경우: '심결금액 지급'으로 기재<br>· 2종대상을 1종이나 4종으로 청구한 경우: 2종 수급권자를 기준으로 한 기관부담금, 본인부담금, 장애인의료비를 산정하여 기재 |
| | 의료급여기관에서 청구한 주민등록번호와 보장기관명부상 주민등록번호가 일치한 경우 | '공단자격D/B 수정'으로 기재 | '기재사항변경통보서' 작성 첨부 | |
| | 의료급여기관에서 행려환자(4종)를 1,2종대상자로 착오 기재한 경우 | '행려자 지급대상'으로 기재 | - | |
| | 의료급여기관에서 수급권자의 주민등록번호와 종별을 동시에 착오기재한 경우 | '청구내역의 주민번호 및 종별 수정'으로 기재 | 확인된 주민등록번호와 종별 기재 | |
| | 성명으로 주민등록번호 확인이 불가능한 경우 | '확인불가'로 기재 | - | |
| | 진료기간(입내원)내에 보장기관이나 종별이 변경된 경우 | '지급불가'로 기재 | - | |
| | 청구한 주민번호는 일치하나 보장기관기호가 상이한 경우 | '공단자격 D/B수정', '보장기관기호상이' 기재 | - | |
| 33<br>(수급권자 종별 상이) | 의료급여기관에서 2종수급권자의 종별을 1종수급권자로 착오 청구한 경우 | '청구내역의 종별 수정'으로 기재 | 종별 기재 | * 종별 기재시 (장애인여부 우선 확인)<br>· 2종수급권자를 기준으로한 기관부담금, 본인부담금, 장애인의료비를 산정하여 기재 |
| | 진료기간(입내원)내에 수급권자의 보장기관이나 종별이 변경된 경우 | '지급불가'로 기재 | - | |
| | 의료급여기관에서 청구한 종별과 진료기간(입내원)에 수급권자가 소속된 보장기관의 종별이 일치한 경우 | '공단자격D/B수정'으로 기재 | '기재사항변경통보서' 또는 '자격상실·취득통보서' 작성 첨부 | |
| 34<br>(보장기관기호 상이) | 의료급여기관에서 소속 보장기관기호를 착오기재한 경우 | '청구내역의 보장기관기호 수정'으로 기재 | - | - |
| | 의료급여기관에서 청구한 보장기관기호와 진료기간(입내원)에 수급권자가 소속된 보장기관기호가 일치한 경우 | '공단자격D/B수정'으로 기재 | '자격상실·취득통보서' 작성 첨부 | |
| | 진료기간(입내원)내에 보장기관이나 종별이 변경된 경우 | '지급불가'로 기재 | | |
| 35<br>(행려환자 확인대상) | 의료급여기관에서 행려환자(4종)로 맞게 청구한 경우 | '지급대상'으로 기재 | - | * 종별 기재시 (장애인여부 우선 확인)<br>· 1종대상을 4종대상으로 청구한 경우: '심결금액 지급'으로 기재<br>· 2종대상을 4종대상으로 청구한 경우: 2종 수급권자를 기준으로 한 기관부담금, 본인부담금, 장애인의료비를 산정하여 기재 |
| | 행려환자 아님에도 행려환자로 청구된 경우 (1,2종 수급권자도 아닌 경우) | '지급불가'로 기재 | - | |
| | 의료급여 수급권자 (1,2종)를 행려자로 착오기재한 경우 | '확인종별 '기재 | 종별 기재 | |
| | 진료기간(입내원)내에 수급권자의 보장기관이나 종별이 변경된 경우 | '지급불가'로 기재 | - | |
| 40<br>(종별 및 기관기호 동시 상이) | 의료급여기관에서 수급권자의 종별과 보장기관기호를 동시에 착오기재한 경우 | 종별상이(33), 보장기관기호상이(34)와 동일한 방법으로 기재 | 종별상이(33), 보장기관기호상이(34)와 동일한 방법으로 처리 | 종별상이(33)와 동일한 방법으로 처리 |

[별지 제5호 서식]

# 본인부담금지원비용예탁금납부통보서

| 납부의무자 | 분기 예탁금액 | | 납부장소<br>(금융기관명,<br>계좌번호) | 비고 |
|---|---|---|---|---|
| | 임신·출산 진료비 | 건강생활유지비 | | |
| 서울특별시장 | | | 납부장소<br><br>임신·출산 진료비<br>(금융기관명,계좌번호)<br><br>건강생활유지비<br>(금융기관명,계좌번호) | |
| 부산광역시장 | | | | |
| 대구광역시장 | | | | |
| 인천광역시장 | | | | |
| 광주광역시장 | | | | |
| 대전광역시장 | | | | |
| 울산광역시장 | | | | |
| 경 기 도 지 사 | | | | |
| 강 원 도 지 사 | | | | |
| 충청북도지사 | | | | |
| 충청남도지사 | | | | |
| 전라북도지사 | | | | |
| 전라남도지사 | | | | |
| 경상북도지사 | | | | |
| 경상남도지사 | | | | |
| 제 주 도 지 사 | | | | |

210㎜×297㎜(일반용지60g/㎡(재활용품))

**[별지 제6호 서식]**

발　신 **국민건강보험공단**

# 건강생활유지비용 지급통보서 (의료급여기관용)

(사업자등록번호 : 105-82-11133)
서울특별시 마포구 독막길24 (건강보험회관) ㊓ 121-749

| ①지급 구분 | |
|---|---|
| 의료급여기관기호 | |

지원:　　　　심평원 심사차수:　　　　접수번호:　　　　묶음번호 :

| 지급 내역 | 지급결정 건강생활유지비용 | 예탁부족 미지급금 | 원천징수세액 | | | 환수상계액 | | | 환급액 | 당차수 실지급액 | 이전차수 미지급금 지급액 | 지급액 합계 |
|---|---|---|---|---|---|---|---|---|---|---|---|---|
| | | | 소득세 | 주민세 | 세액합계 | 가 | 나 | 다 | | | | |
| | | | | | | | | | | | | |

대 표 자　귀 하

귀 원의 건강생활유지비는 은행:　　　 예금주:　　　 지급계좌:　　　　　 로　　 년　 월　 일 지급결정 하였습니다.

| 공단 지급차수 | 해당 시도명칭 | 지급 내역 | | | 예탁부족 미지급금 | 당 차 수 실지급결정액 | 이전차수미지급금 지 급 액 | 지급액 합 계 |
|---|---|---|---|---|---|---|---|---|
| | | 건 수 | 건강생활유지비용 | 절사금액 | | | | |
| 합 계 | | | | | | | | |
| | | | | | | | | |
| | | | | | | | | |
| | | | | | | | | |
| | | | | | | | | |
| | | | | | | | | |
| | | | | | | | | |
| | | | | | | | | |
| | | | | | | | | |
| | | | | | | | | |
| | | | | | | | | |
| | | | | | | | | |
| | | | | | | | | |

| 환수상계액, 환급금 등 정산 내역 | | | | | | | |
|---|---|---|---|---|---|---|---|
| 해당 시도명칭 | | 성 명 | 진료일자 | 건강생활유지비 | 진료확인번호 | 취소번호 | 사 유 |
| | | | | | | | |

국민건강보험공단이사장 [직인 생략]

297㎜×210㎜(일반용지 60g/㎡(재활용품))

[별지 제7호 서식]

# 건강생활유지비용 개인별 지급통보서 (의료급여기관용)

| ①지급 구분 | |
|---|---|
| 의료급여기관기호 | |

| 연번 | 공단 지급차수 | 해당시도명칭 | 수진자성명 | 진료일자 | 진료확인번호 | 건강생활유지비용 | 비 고 |
|---|---|---|---|---|---|---|---|
| | | | | | | | |
| | | | | | | | |
| | | | | | | | |
| | | | | | | | |
| | | | | | | | |
| | | | | | | | |
| | | | | | | | |
| | | | | | | | |
| | | | | | | | |
| | | | | | | | |
| | | | | | | | |
| | | | | | | | |
| | | | | | | | |
| | | | | | | | |
| | | | | | | | |
| | | | | | | | |
| | | | | | | | |
| | | | | | | | |
| | | | | | | | |
| | | | | | | | |

국민건강보험공단이사장 직인 생략

297㎜×210㎜(일반용지 60g/㎡(재활용품))

**[별지 제8호 서식]**

# 건강생활유지비용지급결과 통보서 (보장기관용)

보장기관명칭 :
공단지급차수 :
공단 지급결정일 :

| 이전차수 미지급금 지 급 액 | 건강생활유지비용 지급결정 내역 | | | 환수상계액 | 환급액 | 예탁금부족 미지급금 | 당 차 수 실지급액 | 지 급 액 합 계 |
|---|---|---|---|---|---|---|---|---|
| | 건수 | 건강생활유지비용 | 절사금액 | | | | | |
| | | | | | | | | |

국민건강보험공단이사장 직인 생략

297㎜×210㎜(일반용지 60g/㎡(재활용품))

**[별지 제9호 서식]**

발 신 국민건강보험공단

# 임신·출산 진료비용 지급통보서 (의료급여기관용)

(사업자등록번호 : 105-82-11133)
서울특별시 마포구 독막길24 (건강보험회관) ㊐ 121-749

| ①지급 구분 | |
|---|---|
| 의료급여기관기호 | |

대 표 자 귀 하

| 지급 내역 | 지급결정 임신·출산 진료비용 | 예탁부족 미지급금 | 원천징수세액 | | | 환수상계액 | | | 환급액 | 당차수 실지급액 | 이전차수 미지급금 지급액 | 지급액 합계 |
|---|---|---|---|---|---|---|---|---|---|---|---|---|
| | | | 소득세 | 주민세 | 세액합계 | 가 | 나 | 다 | | | | |
| | | | | | | | | | | | | |

귀 원의 임신·출산 진료비는 은행: 예금주: 지급계좌: 로 년 월 일 지급결정 하였습니다.

| 지급차수 | 해당 시도명칭 | 지급 내역 | | | 예탁부족 미지급금 | 당 차 수 실지급결정액 | 이전차수미지급금 지급액 | 지급액 합계 |
|---|---|---|---|---|---|---|---|---|
| | | 건 수 | 임신·출산 진료비용 | 절사금액 | | | | |
| 합 계 | | | | | | | | |
| | | | | | | | | |
| | | | | | | | | |
| | | | | | | | | |
| | | | | | | | | |
| | | | | | | | | |
| | | | | | | | | |
| | | | | | | | | |
| | | | | | | | | |
| | | | | | | | | |
| | | | | | | | | |
| | | | | | | | | |
| | | | | | | | | |

| 환수상계액, 환급금 등 정산 내역 | | | | | | | |
|---|---|---|---|---|---|---|---|
| 해당 시도명칭 | | 성 명 | 진료일자 | 임신·출산진료비 | 진료확인번호 | 취소번호 | 사 유 |
| | | | | | | | |
| | | | | | | | |

국민건강보험공단이사장 직인 생략

297㎜×210㎜(일반용지 60g/㎡(재활용품))

[별지 제10호 서식]

# 임신·출산 진료비용 개인별 지급통보서 (의료급여기관용)

| ①지급 구분 | |
|---|---|
| 의료급여기관기호 | |

| 연번 | 지급차수 | 해당시도명칭 | 수진자성명 | 진료일자 | 진료확인번호 | 임신·출산 진료비용 | 비 고 |
|---|---|---|---|---|---|---|---|
| | | | | | | | |
| | | | | | | | |
| | | | | | | | |
| | | | | | | | |
| | | | | | | | |
| | | | | | | | |
| | | | | | | | |
| | | | | | | | |
| | | | | | | | |
| | | | | | | | |
| | | | | | | | |
| | | | | | | | |
| | | | | | | | |
| | | | | | | | |
| | | | | | | | |
| | | | | | | | |
| | | | | | | | |
| | | | | | | | |
| | | | | | | | |

국민건강보험공단이사장 직인 생략

297㎜×210㎜(일반용지 60g/㎡(재활용품))

**[별지 제11호 서식]**

# 임신·출산 진료비용 지급결과 통보서 (보장기관용)

보장기관명칭 :
공단지급차수 :
공단 지급결정일 :

| 이전차수 미지급금 지 급 액 | 임신·출산 진료비용 지급결정 내역 | | | 환수상계액 | 환급액 | 예탁금부족 미지급금 | 당 차 수 실지급액 | 지 급 액 합 계 |
|---|---|---|---|---|---|---|---|---|
| | 건수 | 임신·출산 진료비용 | 절사금액 | | | | | |
| | | | | | | | | |

국민건강보험공단이사장 직인 생략

297㎜×210㎜(일반용지 60g/㎡(재활용품))

# 선택의료급여기관 적용 대상자 및 이용 절차 등에 관한 규정

# 선택의료급여기관 적용 대상자 및 이용 절차 등에 관한 규정

제정 보건복지부 고시 제2007- 49호(2007. 7. 1 시행)
보건복지가족부 고시 제2008- 9호(2008. 4. 1 시행)
보건복지가족부 고시 제2009-150호(2009. 8.24 시행)
보건복지부 고시 제2009-255호(2010. 3. 1 시행)
보건복지부 고시 제2012- 93호(2012. 8.24 시행)
보건복지부 고시 제2015-265호(2015. 8.24 시행)
보건복지부 고시 제2020-140호(2020. 7. 1 시행)
보건복지부 고시 제2020-329호(2021. 1. 1 시행)

**제1조(목적)** 이 고시는 「의료급여법 시행규칙」 제8조의3 및 별표1 제4호에서 위임한 사항과 그 시행에 관하여 필요한 사항을 규정함을 목적으로 한다.

**제2조(선택의료급여기관 적용 대상자)** 「의료급여법 시행규칙」(이하 "규칙"이라 한다) 제8조의3제3항에서 "보건복지가족부장관이 정하여 고시하는 기준에 해당하는 자"라 함은 다음 각 호에 해당하는 경우를 말한다.

1. 규칙 제8조의3제1항제1호에 따른 상한일수에 90일을 합한 급여일수를 초과하여 의료급여를 받고자 하는 자
2. 규칙 제8조의3제1항제2호에 따른 상한일수에 75일을 합한 급여일수를 초과하여 의료급여를 받고자 하는 자
3. 규칙 제8조의3제1항제3호에 따른 상한일수에 145일을 합한 급여일수를 초과하여 의료급여를 받고자 하는 자

**제3조(급여일수에 따른 자격관리 등)** ① 시장·군수·구청장은 의료급여기관에서 수급권자를 진료·조제한 후에 전자문서교환방식 또는 정보통신망을 통해 국민건강보험공단(이하 "공단"이라 한다)으로 전송하는 급여일수 등을 기준으로 수급권자의 자격을 관리한다. 다만, 불가피한 경우 의료급여기관에서 건강보험심사평가원에 심사청구한 급여일수 등으로 자격관리를 할 수 있다.

② 제1항에 따라 공단은 급여일수 등 자격관리를 위한 시스템을 구축하고, 의료급여기관에 관련 프로그램 등을 지원할 수 있다.

③ 의료급여기관에서는 수급권자를 진료·조제한 후 지체 없이 제2항에 따라 설치된 자격관리 시스템 등을 통해 다음 각호의 내용을 공단으로 전송하여야 한다.

1. 주상병명
2. 급여일수
3. 처방전교부기관기호
4. 처방전교부번호
5. 진료를 의뢰한 선택의료급여기관 기호 등 보건복지가족부장관이 정하는 사항

④ 제3항에 따라 전송받은 경우 공단은 지체 없이 이를 확인하는 번호를 의료급여기관으로 전송하여야 한다.

**제4조(선택의료급여기관의 신청)** 규칙 제8조의3제3항 내지 제5항에 따라 선택의료급여기관을 선택하여야 하는 수급권자 또는 신청에 의하여 선택의료급여기관을 선택하는 수급권자는 별지 제1호서식의 선택의료급여기관 (신규·변경) 신청서를 작성하여 관할 시장·군수·구청장에게 제출하여야 한다.

**제5조(선택의료급여기관 이외 치과의원, 한의원 선택 이용)** 규칙 별표1 제2호나목에 따라 치과의원, 한의원을 선택하여 이용하는 수급권자가 그 치과의원, 한의원에서 외래진료를 받는 경우에는 의료급여법 시행령(이하 "영"이라 한다) 별표 제1호가목에서 의료급여기금에서 부담하는 급여비용 외의 비용을 부담한다.

**제6조(의료급여 의뢰 범위 등)** ① 선택의료급여기관에서 진찰결과 또는 진료 중에 다른 의료급여기관으로의 진료가 필요하다고 판단되는 경우에 의료급여를 의뢰할 수 있는 범위는 다음 각 호와 같다.

1. 선택의료급여기관이 제1차의료급여기관인 경우, 다른 제1차의료급여기관 또는 제2차의료급여기관으로 의료급여를 의뢰하는 경우
2. 선택의료급여기관이 제2차 또는 제3차의료급여기관인 경우, 그 선택의료급여기관 이외의 다른 의료급여기관으로 의료급여를 의뢰하는 경우

② 제1항에 따라 의료급여를 의뢰받은 의료급여기관은 진찰결과 또는 진료 중에 규칙 제3조에 따라 다른 의료급여기관에서 진료가 필요하다고 판단되는 경우에 의료급여를 의뢰할 수 있다. 다만, 다음 각 호의 하나에 해당하는 경우에는 의료급여를 의뢰할 수 없다.

1. 제1차의료급여기관에서 다른 제1차의료급여기관으로 의뢰하는 경우
2. 제2차의료급여기관에서 다른 제2차의료급여기관으로 의뢰하는 경우
3. 제3차의료급여기관에서 다른 제3차의료급여기관으로 의뢰하는 경우

**제7조(의료급여 의뢰 사실 통보)** 규칙 별표1 제1호다목 및 라목에 따라 선택의료급여기관 또는 선택의료급여기관에서 의뢰받은 의료급여기관에서 보장기관으로 의료급여 의뢰 사실의 통보는 제3조 제2항에 따라 설치된 자격관리 시스템 등을 통해 전송하는 것으로 갈음할 수 있다.

**제8조(의료급여 의뢰시 진료기간)** 선택의료급여기관에서 다른 의료급여기관으로 진료의뢰를 받은 수급권자는 그 질환에 대한 치료가 종료될 때까지 그 의료급여기관에서 진료를 받을 수 있다. 이 경우 수급권자는 영 별표 제1호가목에서 의료급여기금에서 부담하는 급여비용 외의 비용을 부담한다.

**제9조(희귀난치성질환자의 선택의료급여기관 추가 특례)** ① 제2조제1항제1호에 해당하는 자로서 선택의료급여기관을 제2차의료급여기관 또는 제3차의료급여기관 중 한 곳으로 정하고, 규칙 별표1 제2호가목에 해당하지 않는 경우에는 제1차의료급여기관 또는 제2차의료급여기관 중 한 곳을 추가하여 선택하게 할 수 있다.
② 제1항에 따라 추가적으로 선택한 제1차의료급여기관 또는 제2차의료급여기관에서 외래진료를 받은 경우 규칙 제19조의4제1항제3호에 따라 선택의료급여기관에서 외래진료를 받은 것으로 본다.

**제10조(응급상황 발생 등)** 규칙 제8조의3제3항 내지 제5항에 따라 선택의료급여기관을 이용하는 자가 「응급의료에 관한 법률」 제2조제1호에 해당하는 응급환자로서 진료를 받고자 하는 경우 또는 장애인 보장구를 지급받고자 하는 경우에는 선택의료급여기관 이외의 의료급여기관을 이용할 수 있다. 이 경우 규칙 제19조의4제1항제3호에 따라 선택의료급여기관에서 외래진료를 받은 것으로 본다.

**제11조(선택의료급여기관의 변경)** ① 선택의료급여기관을 변경하고자 하는 수급권자는 별지 제1호서식의 선택의료급여기관 (신규·변경) 신청서를 작성하여 관할 시장·군수·구청장에게 제출하여야 한다.
② 제1항에 따라 신청서를 받은 시장·군수·구청장은 규칙 별표1 제3호가목에 따라 변경사유에 해당하는지 여부를 확인해야 한다.
③ 제2항에 따라 선택의료급여기관이 변경되면 그 사실을 기존 선택의료급여기관 및 새로운 선택의료급여기관에 각각 통보하여야 한다.

**제12조(선택의료급여기관 이용의 탈퇴)** ① 규칙 제8조의3제5항에 따라 선택의료급여기관을 선택하여 이용하는 자는 제2조의 각 호의 기준에 해당하지 아니하는 경우에는 본인의 신청에 의하여 선택의료급여기관 이용에서 탈퇴 할 수 있으며, 이 경우 별지 제1호서식의 선택의료급여기관 (신규·변경)신청서를 작성하여 관할 시장·군수·구청장에게 제출하여야 한다.
② 제1항에 따라 선택의료급여기관 이용에서 탈퇴한 수급권자는 그 해 다시 제8조의3제5항에 따라 의료급여기관을 선택하여 이용할 수 없다.

**제13조(재검토기한)** 보건복지부장관은 이 고시에 대하여 「훈령·예규 등의 발령 및 관리에 관한 규정」에 따라 2020년 7월 1일을 기준으로 매3년이 되는 시점(매 3년째의 6월 30일까지를 말한다)마다 그 타당성을 검토하여 개선 등의 조치를 하여야 한다.

**부 칙** 〈제2012-93호, 2012. 7. 20.〉

**제1조(시행일)**이 고시는 2012년 8월 24일부터 시행한다. 〈단서 생략〉

**부 칙** 〈제2015-265호, 2015. 6. 26.〉

이 고시는 2015년 8월 24일부터 시행한다.

**부 칙** 〈제2020-140호, 2020. 7. 1.〉

이 고시는 발령한 날부터 시행한다.

**부 칙** 〈제2020-329호, 2020. 12. 30.〉

이 고시는 2021년 1월 1일부터 시행한다.

**[별지 제1호서식]**

<table>
<tr><td colspan="5">선택의료급여기관 (신규·변경) 신청서</td></tr>
<tr><td>보장<br>기관</td><td>기관명</td><td></td><td>기 호</td><td></td></tr>
<tr><td rowspan="3">수급<br>권자</td><td>성 명</td><td></td><td>주민등록번호</td><td>-</td></tr>
<tr><td>주 소</td><td colspan="3"></td></tr>
<tr><td>신청사유</td><td colspan="3">① 등록 희귀난치성질환 중 하나의 질환으로 상한일수+90일을 초과하여 연장승인을 받고자 하는 경우(　)<br>② 등록 중증질환 중 하나의 질환으로 상한일수+90일을 초과하여 연장승인을 받고자 하는 경우(　)<br>③ 만성고시질환 중 하나의 질환으로 상한일수+75일을 초과하여 연장승인을 받고자 하는 경우(　)<br>④ 상기 ①, ② 외의 기타 질환(들)으로 상한일수+145일을 초과하여 연장승인을 받고자 하는 경우(　)<br>⑤ 자발적으로 신청하고자 경우(　)</td></tr>
<tr><td rowspan="5">신규<br>신청</td><td>① 선택의료급여<br>기관명</td><td colspan="3">(기관기호:　　　　　)</td></tr>
<tr><td rowspan="2">② 추가 선택의료<br>급여기관명</td><td colspan="3">(기관기호:　　　　　)</td></tr>
<tr><td>추가<br>사유</td><td colspan="2"></td></tr>
<tr><td>③ 선택 한의원명</td><td colspan="3">(기관기호:　　　　　)</td></tr>
<tr><td>④ 선택 치과의원명</td><td colspan="3">(기관기호:　　　　　)</td></tr>
<tr><td rowspan="3">변경<br>(탈퇴)<br>신청</td><td>기존 선택<br>의료급여기관명</td><td colspan="3">(기관기호:　　　　　)</td></tr>
<tr><td>변경 선택<br>의료급여기관명</td><td colspan="3">(기관기호:　　　　　)</td></tr>
<tr><td>변경(탈퇴)사유</td><td colspan="3"></td></tr>
<tr><td colspan="5">위 의료급여기관을 선택의료급여기관으로 신청(변경)합니다.<br>년　　월　　일<br>신청인　　　　　　(서명 또는 인)<br>(시장·군수·구청장) 귀하</td></tr>
<tr><td colspan="5">비고 1. 선택의료급여기관에서 외래 진료시 1종수급권자는 본인부담이 없으며, 수급권자가(2종포함) 의료급여 의뢰서 없이 다른 의료급여기관을 이용하는 경우에는 의료비 전액을 본인이 부담하여야 합니다.<br>2. 추가 선택의료급여기관(②)은 선택의료급여기관(①) 외의 다른 의료급여기관에서 6개월 이상의 진료가 필요한 복합질환자인 경우에 한하여 신청합니다.<br>3. 선택의료급여기관(①) 또는 추가선택의료급여기관(②)으로 한의원·치과의원을 선택하지 않은 경우 선택한의원(③) 또는 선택치과의원(④)을 지정하여 진료의뢰서 없이 한의원 및 치과의원을 이용할 수 있으며, 이 경우 영 별표에 따른 본인부담금이 부과됩니다.<br>4. 조건부 연장승인 기간은 급여상한일수를 초과한 연도의 다음연도 말까지입니다.<br>5. 자발적으로 선택의료급여기관에 참여했다가 탈퇴한 수급권자의 경우 당해연도에 다시 선택의료급여기관 이용을 신청할 수 없으나, 해당 수급권자가 급여상한일수를 초과한 경우에는 선택의료급여기관 당연 적용대상자가 됩니다.</td></tr>
</table>

# 의료급여기관 간 동일성분 의약품 중복투약 관리에 관한 기준

# 의료급여기관 간 동일성분 의약품 중복투약 관리에 관한 기준

보건복지가족부 고시 제2010- 38호 (2010. 3. 1 시행)
보건복지부 고시 제2013-111호 (2013. 8. 1 시행)
보건복지부 고시 제2014-201호 (2015. 1. 1 시행)
보건복지부 고시 제2019-308호 (2020. 1. 1 시행)
보건복지부 고시 제2020-140호 (2020. 7. 1 시행)

**제1조(목적)** 이 기준은 「의료급여법 시행규칙」(이하 "규칙"이라 한다) 제8조의6 및 별표 1의2 제1호 사목에 따라 의료급여 수급권자가 둘 이상의 의료급여기관을 방문하여 동일한 상병으로 동일성분 의약품을 6개월 동안 215일 이상 처방·조제 받는 경우(이하 "중복투약"이라 한다)의 구체적인 인정기준과 관리 등을 규정함을 목적으로 한다.

**제2조(중복투약의 범위와 인정기준)** ① 규칙 제8조의6의 "동일한 상병"이라 함은 통계청에서 고시한 한국표준질병·사인분류(KCD)의 동일한 대분류에 속한 질환을 말한다.
② 규칙 제8조의6의 "동일성분 의약품"이라 함은 「국민건강보험법 시행령」 제24조제3항 및 「국민건강보험 요양급여의 기준에 관한 규칙」 제8조제2항에 따른 「약제급여목록 및 급여 상한금액표」 상의 주성분코드를 기준으로 주성분 일련번호(1~4번째 자리)와 투여경로(7째 자리)가 동일한 의약품을 말한다.
③ 규칙 제8조의6의 "의료급여기관을 방문하여 처방·조제"라 함은 「의료법」에 따라 개설된 의료기관, 「지역보건법」에 따른 보건소·보건의료원·보건지소, 「농어촌 등 보건의료를 위한 특별조치법」에 따라 설치된 보건진료소에서 처방받은 후 동 기관에서 원내조제 받거나 「약사법」에 따라 등록된 약국에서 조제 받는 행위, 「약사법」에 의하여 등록된 약국에서 「약사법」 제23조제3항제1호에 의해 처방전 없이 조제 받는 행위를 말한다.

**제3조(중복투약일수의 관리 등)** ① 국민건강보험공단(이하 "공단"이라 한다)은 중복투약 관리를 위한 시스템을 구축하여 수급권자의 중복투약일수를 관리하여야 한다.
② 공단은 수급권자의 중복투약일수에 관한 현황을 시장·군수·구청장에 통보하여야 한다.
③ 시장·군수·구청장은 제2항에 따라 공단에서 통보받은 중복투약일수 등을 기준으로 수급권자의 합리적인 의료이용을 할 수 있도록 사례관리를 실시해야 한다.

**제4조(수급권자에 대한 통보 및 계도 등)** ① 공단은 중복투약을 받은 수급권자에게 다음 각 호의 사항을 통보하여야 한다.
1. 중복투약 일수 및 그 내용
2. 규칙 별표 1의2 제1호 사목에 따른 약제비 전액본인부담 가능성

② 수급권자는 중복투약일수에 대한 의료급여내역의 확인을 시장·군수·구청장에 요청할 수 있다.

**제5조(약제비 전액본인부담)** ① 수급권자가 제4조제1항의 통보를 받은 후에도 규칙 제8조의6을 위반하여 중복투약을 받은 경우에는 3개월 간 조제료 등을 포함하여 약국에서 소요되는 급여비용을 전액 본인부담(이하 "약제비 전액본인부담"이라 한다) 하여야한다. 다만, 영 별표 제1호다목, 규칙 제19조의4제1항제1호에 의료급여기금에서 급여비용의 전부를 부담하는 경우, 인체면역결핍바이러스질환자 및 보건기관(보건의료원은 제외한다)에서 처방·조제받은 경우에는 그러하지 아니하다.

② 제1항 본문의 약제비 전액본인부담 수급권자가 다시 규칙 제8조의6을 위반하여 중복투약을 받은 경우에는 6개월간 약제비전액을 본인부담 하여야한다.

**제6조(약제비 전액본인부담 대상자의 통보)** 공단은 제5조에 따른 약제비전액 본인부담 대상자를 「선택의료급여기관 적용 대상자 및 이용절차 등에 관한 규정」 제3조제2항에 따라 설치된 의료급여 자격관리시스템을 통하여 의료급여기관에 통보하여야 한다.

**제7조(의료급여기관의 전액본인부담 대상자 확인)** 의료급여기관은 원외처방전을 발행하거나 다른 의료급여기관의 처방전에 따라 조제하고자 할 경우에는 약제비전액 본인부담 대상자 여부를 확인하여야 한다.

**제8조(기간의 정산 등 세부사항)** 중복투약 기간의 정산, 동일성분 의약품 중복투약의 계도, 의료급여기관 및 수급권자에 대한 약제비 전액 본인부담 대상자 통보방법 등에 필요한 세부사항은 국민건강보험공단 이사장이 정한다.

**제9조(규제의 재검토)** 보건복지부장관은 「행정규제기본법」 제8조에 따라 이 고시에 대하여 2015년 1월 1일을 기준으로 매 2년이 되는 시점(매 2년째의 12월 31일까지를 말한다)마다 그 타당성을 검토하여 개선 등의 조치를 하여야 한다.

**제10조(재검토기한)** 보건복지부장관은 이 고시에 대하여 「훈령·예규 등의 발령 및 관리에 관한 규정」에 따라 2020년 7월 1일을 기준으로 매3년이 되는 시점(매 3년째의 6월 30일까지를 말한다)마다 그 타당성을 검토하여 개선 등의 조치를 하여야 한다.

**부 칙** 〈제2010-38호, 2010. 2. 26.〉

이 고시는 2010년 3월 1일 진료분부터 시행한다.

**부 칙** 〈제2013-111호, 2013. 7. 25.〉

**제1조(시행일)** 이 고시는 2013년 8월 1일부터 시행한다.

**부 칙** 〈제2014-201호, 2014. 11. 19.〉

이 고시는 2015년 1월 1일부터 시행한다.

**부 칙** 〈제2019-308호, 2019. 12. 27.〉

이 고시는 2020년 1월 1일부터 시행한다.

**부 칙** 〈제2020-140호, 2020. 7. 1.〉

이 고시는 발령한 날부터 시행한다.

# 요양비의 의료급여기준 및 방법

# 요양비의 의료급여기준 및 방법

제　　정 보건복지부 고시 제2007-158호 (2007. 4.28 시행)
전부개정 보건복지부 고시 제2013-117호 (2013. 7. 1 시행)
타법개정 보건복지부 고시 제2014-201호 (2015. 1. 1 시행)
일부개정 보건복지부 고시 제2015-245호 (2016. 1. 1 시행)
일부개정 보건복지부 고시 제2016-245호 (2017. 1. 1 시행)
일부개정 보건복지부 고시 제2018-152호 (2018. 8. 1 시행)
일부개정 보건복지부 고시 제2018-160호 (2018. 8. 1 시행)
일부개정 보건복지부 고시 제2018-170호 (2018. 8.22 시행)
타법개정 보건복지부 고시 제2018-263호 (2018.12.10 시행)
일부개정 보건복지부 고시 제2018-291호 (2019. 1. 1 시행)
일부개정 보건복지부 고시 제2019-141호 (2019. 7. 1 시행)
일부개정 보건복지부 고시 제2019-320호 (2020. 1. 1 시행)
타법개정 보건복지부 고시 제2020-140호 (2020. 7. 1 시행)
일부개정 보건복지부 고시 제2020-275호 (2020.12. 2 시행)

**제1조(목적)** 이 고시는 의료급여법 제12조 및 동법 시행규칙 제24조에서 위임한 사항과 그 시행에 관하여 필요한 사항을 규정함을 목적으로 한다.

**제2조(자동복막투석 소모성 재료)** ① 「의료급여법 시행규칙」(이하 "규칙"이라 한다) 제24조제1항제2호의 "자동복막투석에 사용되는 소모성 재료"는 「국민건강보험법 시행규칙」 제23조제1항 제3호·제4항 및 제7항에 따라 고시한 「요양비의 보험급여기준 및 방법」(이하 "요양비기준고시"라 한다.) 제2조제1항에 따른다.

② 규칙 제24조제2항제2호의 "보건복지부장관이 정하여 고시하는 기준에 해당하는 의약품판매업소"는 "요양비기준고시" 별표1의 기준에 따라 공단에 등록한 업소를 말한다.

**제3조(산소치료)** ① 규칙 제24조제1항제3호의 "보건복지부장관이 정하여 고시하는 방법"은 요양비기준고시 제3조제1항에 따른다.

② 규칙 제24조제2항제3호의 "보건복지부장관이 정하여 고시하는 기준에 해당하는 기관"은 "요양비기준고시" 별표2의 기준에 따라 공단에 등록한 업소를 말한다.

**제4조(당뇨병환자의 소모성재료)** ① 규칙 제24조제1항제4호의 "혈당검사 또는 인슐린주사에 사용되는 소모성 재료(이하 "당뇨병 소모성 재료"라 한다)"는 "요양비기준고시" 제4조제1항에 따른다

② 규칙 제24조제2항제4호의 "당뇨병 환자에게 당뇨병 소모성 재료를 판매하는 의료기기판매업소"는 "요양비기준고시" 별표 3의 기준에 따라 공단에 등록한 업소를 말한다.

**제4조의2(당뇨병 관리기기 등)** ① 규칙 제24조제1항제4호에서 "당뇨병 관리기기"란 「의료기법」 관련 규정에 따라 식품의약품안전처장의 허가를 받은 연속혈당측정기, 인슐린자동주입기를 말한다.

② 당뇨병 환자에게 제1항의 관리기기를 판매하는 의료기기판매업소 등이 규칙 제24조제2항제4호에 따라 공단에 등록하는 기준은 "요양비기준고시" 별표 3의3에 따른다.

**제5조(자가도뇨 소모성 재료 등)** ① 규칙 제24조제1항제5호의 "자가도뇨 소모성 재료"는 "요양비기준고시" 제5조제1항에 따른다.

② 신경인성 방광환자에게 자가도뇨 소모성 재료를 판매하는 의료기기판매업소 등이 규칙 제24조제2항제5호에 따라 공단에 등록하는 기준은 "요양비기준고시" 별표4에 따른다.

**제5조의2(인공호흡기 치료 등)** ① 규칙 제24조제1항제6호에서 "보건복지부장관이 정하여 고시하는 질환"이란 "요양비기준고시" 별표 4의2에서 정하는 상병을 말한다.

② 규칙 제24조제1항제6호의 "인공호흡기"는 "요양비기준고시" 제5조의2제2항에 따른다.

③ 규칙 제24조제1항제6호의 "기침유발기"는 "요양비기준고시" 제5조의2제3항에 따른다.

④ 인공호흡기·기침유발기를 필요로 하는 환자에게 이를 대여하는 의료급여기관 외의 기관이 규칙 제24조제2항제6호에 따라 공단에 등록하는 기준은 "요양비기준고시" 별표 4의3 및 별표 4의4에 따른다.

**제5조의3(양압기치료)** ① 규칙 제24조제1항제7호에서 "양압기"란 「의료기기법」 관련 규정에 따라 식품의약품안전처장의 허가를 받은 양압지속유지기를 말한다.

② 양압기를 필요로 하는 환자에게 이를 대여하는 의료급여기관 외의 기관이 규칙 제24조제2항제7호에 따라 공단에 등록하는 기준은 "요양비기준고시" 별표 4의5에 따른다.

**제6조(처방전)** ① 요양비를 지급받으려는 사람이 규칙 제24조제3항에 따라 시장·군수·구청장에게 제출하여야 하는 처방전은 요양비 지급 대상별로 다음 각 호와 같다.

1. 복막관류액 및 자동복막투석 소모성재료: 내과 전문의(소아의 경우에는 소아청소년과 전문의를 포함한다)가 발행한 「의료법 시행규칙」 별지 제9호서식의 처방전
2. 산소치료: 내과, 결핵과 또는 흉부외과 전문의(소아의 경우에는 소아청소년과 전문의를 포함한다)가 발행한 별지 제6호서식의 처방전
3. 당뇨병 소모성 재료: 다음 각 목의 구분에 따른 의사가 발행한 별지 제7호서식의 처방전(연속혈당측정용 전극의 경우에는 별지 제5호서식의 처방전을 말한다)
   가. 제1형 당뇨병: 내과, 가정의학과 또는 소아청소년과 전문의
   나. 제2형 당뇨병: 의사
   다. 임신 중 당뇨병: 내과, 가정의학과, 산부인과 또는 소아청소년과 전문의

3의2. 당뇨병 관리기기: 내과, 가정의학과 또는 소아청소년과 전문의가 발행한 별지 제8호서식의 처방전

4. 자가도뇨 소모성 재료: 비뇨기과, 재활의학과, 정형외과, 신경과 또는 신경외과 전문의가 발행한 별지 제1호서식의 처방전
5. 인공호흡기: 신경과, 신경외과, 재활의학과, 내과, 흉부외과, 또는 결핵과 전문의(소아의 경우에는 소아청소년과 전문의를 포함한다)가 발행한 별지 제2호서식의 처방전

6. 기침유발기: 신경과, 신경외과, 재활의학과, 내과 또는 흉부외과 전문의(소아의 경우에는 소아청소년과 전문의를 포함한다)가 발행한 별지 제3호서식의 처방전
7. 양압기: 다음 각 목의 구분에 따른 의사가 발행한 별지 제4호서식의 처방전
  가. 가정의학과, 내과, 소아청소년과, 신경과, 이비인후과, 정신건강의학과, 재활의학과 전문의
  나. 「요양급여의 적용기준 및 방법에 관한 세부사항」고시에 따라 수면다원검사 실시 자격 기준을 충족한 전문의

② 제1항 각 호의 처방전은 해당 처방전으로 요양비를 받을 수 있는 처방기간(제1항제1호의 처방전의 경우에는 처방일수를 말한다)이 기재된 것이어야 한다. 이 경우 그 기간은 처방전별로 다음 각 호와 같다.
1. 제1항제1호의 처방전: 1개월. 다만, 해당 처방전을 발행하는 전문의가 필요하다고 인정하는 경우에는 그 전문의가 기재한 기간으로 한다.
2. 제1항제2호의 처방전: 1년 이내
3. 제1항제3호의 처방전: 다음 각 목의 구분에 따른 기간
  가. 별지 제7호서식의 처방전: 90일 이내, 다만 해당 처방전을 발행하는 전문의(제1항제3호 나목의 제2형 당뇨병의 경우, 제1항제3호 가목의 전문의를 말한다)가 필요하다고 인정하는 경우에는 180일 이내의 기간
  나. 별지 제5호서식의 처방전: 100일 이내 (최초 처방의 경우에는 30일 이내)

3의2. 제1항제3호의2 처방전: 다음 각 목의 구분에 따른 기간
  가. 연속혈당측정기: 12개월 이내
  나. 인슐린자동주입기: 60개월 이내

3의3. 제1항제4호의 처방전: 90일 이내
4. 제1항제5호·제6호의 처방전: 다음 각 목의 구분에 다른 기간
  가. 최초 처방: 6개월 이내
  나. 재(再)처방: 2년 이내
5. 제1항제7호의 처방전: 다음 각 목의 구분에 따른 기간
  가. 순응기간(최초 처방일부터 90일까지의 기간) 중 처방: 90일 이내
  나. 순응기간 후 처방: 3개월 이내

**제7조(요양비의 지급기준 등)** ① 규칙 제24조제1항 각 호에 해당하는 요양비의 지급대상자 및 지급기준은 각각 별표 1 및 별표 2와 같다.
② 요양비의 지급절차 및 그 밖의 필요한 사항은 보건복지부장관이 정하는 바에 의한다.

**제8조(재검토기한)** 보건복지부장관은 이 고시에 대하여 「훈령·예규 등의 발령 및 관리에 관한 규정」에 따라 2020년 7월 1일을 기준으로 매3년이 되는 시점(매 3년째의 6월 30일까지를 말한다)마다 그 타당성을 검토하여 개선 등의 조치를 하여야 한다.

**부 칙** 〈제2007-158호, 2007. 4. 25.〉

① **(시행일)** 이 고시는 2007년 4월 28일부터 시행한다.

② **(가정산소치료서비스기준에 대한 경과조치)** 제2조에 따라 가정산소치료서비스제공업소로 등록한 자가 시행일 현재 유통 중인 의료용 산소발생기로 제공하는 가정산소치료서비스는 「요양비의 보험급여 기준 및 방법」 별표1 제1호가목의 규정에도 불구하고 2007년 10월 31일까지는 가정산소치료서비스 기준 등에 적합한 것으로 본다. 이 경우 가정산소치료서비스 가격은 「요양비의 보험급여 기준 및 방법」별표1 제2호가목에서 정한 가격 이하로 본다.

③ **(산소치료에 대한 요양비 지급에 관한 적용례)** 규칙 제24조의 개정규정에 따른 요양비 지급은 2006년 11월 1일 이후 실시한 산소치료분부터 적용한다.

**부 칙** 〈제2013-117호, 2013. 7. 1.〉

**제1조(시행일)**이 고시는 2013년 7월 1일부터 시행한다.

**부 칙** 〈제2014-201호, 2014. 11. 19.〉

**제1조(시행일)**이 고시는 2015년 1월 1일부터 시행한다.

**부 칙** 〈제2015-245호, 2015. 12. 31.〉

이 고시는 2016년 1월 1일부터 시행한다.

**부 칙** 〈제2016-245호, 2016. 12. 30.〉

이 고시는 2017년 1월 1일부터 시행한다.

**부 칙** 〈제2020-275호, 2020. 12. 2.〉

**제1조(시행일)** 이 고시는 2020년 12월 2일부터 시행한다.

**제2조(양압기치료 서비스 급여에 관한 적용례)**① 제6조제2항제5호 나목 개정규정은 이 고시 시행 이후 발행한 처방전에 따라 대여하는 경우부터 적용한다.

② 이 고시 시행 당시 급여대상자로 등록되어 있는 사람(순응기간 중에 있는 사람은 제외한다)이 이 고시 시행 이후 처음으로 발행한 처방전에 따라 대여하는 경우에는 별표1 양압기치료 서비스란 제1호 나목의 개정규정과 제3호의 신설규정을 적용하지 않는다.

**제3조(당뇨병 소모성 재료 급여에 관한 적용례)**제6조제2항제3호, 별표 2 제1호 '당뇨병 소모성재료(규칙 제24조제1항제4호 관련)란의 나목, 별표 2 제1호 '당뇨병 관리기기(규칙 제24조제1항제4호 관련)란, 별표2 제3호 가목 및 차목의 개정규정은 이 고시 시행 이후 발행한 처방전에 따라 구입하는 경우부터 적용한다.

**[별표 1]**

# 요양비 지급 대상자 (제7조제1항 관련)

<table>
<tr><th>구 분</th><th>대상자</th></tr>
<tr><td>복막<br>관류액<br>및<br>자동<br>복막투석<br>소모성 재료</td><td>내과 전문의(소아의 경우에는 소아청소년과 전문의를 포함한다. 이하 제2호에서 같다)가 복막평형검사 결과 등에 따라 복막관류액 또는 자동복막투석이 필요하다고 인정한 사람 중<br>1. 다음 상병 중 어느 하나에 해당하는 경우<br><table>
<tr><th>상병코드</th><th>상병명</th></tr>
<tr><td>N18</td><td>만성 신장병</td></tr>
<tr><td>N180</td><td>말기 콩팥(신장)병</td></tr>
<tr><td>N181</td><td>만성신장병(1기)</td></tr>
<tr><td>N182</td><td>만성신장병(2기)</td></tr>
<tr><td>N183</td><td>만성신장병(3기)</td></tr>
<tr><td>N184</td><td>만성신장병(4기)</td></tr>
<tr><td>N185</td><td>만성신장병(5기)</td></tr>
<tr><td>N188</td><td>기타 만성 콩팥(신장) 기능상실</td></tr>
<tr><td>N189</td><td>상세 불명의 만성 신장병</td></tr>
</table>
2. 제1호의 상병에 해당하지 않는 만성신부전증 환자 중 내과 전문의가 복막관류액 또는 자동복막투석이 필요하다는 내용의 소견서를 발급한 경우</td></tr>
<tr><td>산소치료</td><td>다음 각 호의 어느 하나에 해당하는 사람<br>1. 중증의 만성심폐질환 등으로 산소치료가 필요하다고 인정되는 사람 중 90일 동안의 적절한 내과적 치료 후 별도로 시행한 동맥혈가스 검사 또는 산소포화도 검사 결과가 다음 각 목의 어느 하나에 해당하는 사람. 다만, 90일 미만의 신생아 또는 장애정도가 심한 호흡기 장애인의 경우에는 내과적 치료 없이 검사를 시행할 수 있다.<br>가. 동맥혈가스 검사 결과가 다음의 어느 하나에 해당하는 경우<br>1) 동맥혈 산소분압이 55mmHg 이하인 경우<br>2) 동맥혈 산소포화도가 88% 이하인 경우<br>3) 다음의 어느 하나에 해당하면서 적혈구 증가증(헤마토크릿이 55%를 넘는 경우를 말한다. 이하 같다)이 있거나, 울혈성 심부전을 시사하는 말초부종이 있거나, 폐동맥고혈압이 있는 경우<br>가) 동맥혈 산소분압이 56～59mmHg인 경우<br>나) 동맥혈 산소포화도가 89% 이상인 경우<br>나. 산소포화도 검사 결과가 다음의 어느 하나에 해당하는 경우<br>1) 산소포화도가 88% 이하인 경우<br>2) 산소포화도가 89% 이상이면서 적혈구 증가증이 있거나, 울혈성 심부전을 시사하는 말초부종이 있거나, 폐동맥고혈압이 있는 경우<br>2. 2019년 7월 1일전 호흡기 장애 1급 또는 2급으로 확인되는 경우에는 제1호의 검사 없이 내과, 결핵과, 흉부외과 또는 소아청소년과 전문의가 산소치료가 필요하다고 판단한 사람</td></tr>
</table>

<table>
<tr><th>구 분</th><th>대상자</th></tr>
<tr><td>당뇨병<br>소모성재료</td><td>다음 각 호의 어느 하나에 해당하는 사람<br>1. 제1형 당뇨병환자: 다음의 요건을 모두 충족하는 사람<br>가. 다음 중 하나 이상에 해당하는 사람<br>1) 혈중 씨펩타이드(C-peptide) 수치가 기저치 0.6ng/ml 이하, 경구 포도당섭취자극(또는 글루카곤 주사 또는 식사 후 등) 후 1.8ng/ml 이하 또는 24시간 소변 씨펩타이드(C-peptide) 수치가 30μg/24hr 미만인 경우<br>2) 최초 진단 시 당뇨병성케톤산증(DKA)의 병력이 있는 경우<br>3) 항글루타민산탈탄산효소항체(anti-GAD antibody) 등 췌도 또는 인슐린 등에 대한 자가항체 양성인 경우<br>나. 적절한 혈당조절을 위하여 인슐린 투여가 반드시 필요한 사람<br>다. 다음 상병에 해당하는 사람
<table>
<tr><th>상병코드</th><th>상병명</th></tr>
<tr><td>E10.x</td><td>인슐린-의존당뇨병</td></tr>
</table>
* 단, 위의 조건에 해당된다 할지라도 제2형 당뇨병환자는 제외한다.<br><br>2. 제2형 당뇨병환자: 다음의 요건을 모두 충족하는 사람(처방일 기준으로 만 19세 미만인 경우에는 나목을 충족하지 않는 사람도 포함한다)<br>가. 다음 중 하나 이상에 해당하는 사람<br>1) 8시간 이상의 공복 혈당 수치가 126mg/dL 이상<br>2) 당뇨병의 전형적인 증상(다뇨, 다음, 설명되지 않는 체중감소)이 있고 임의 혈당 수치가 200mg/dL 이상<br>3) 75g 경구당부하검사 후 2시간 혈장 혈당 수치가 200mg/dL 이상<br>4) 당화혈색소의 수치가 6.5% 이상<br>나. 적절한 혈당조절을 위하여 인슐린 투여가 반드시 필요한 사람<br>다. 다음 상병 중 어느 하나에 해당하는 사람
<table>
<tr><th>상병코드</th><th>상병명</th></tr>
<tr><td>E11.x</td><td>인슐린-비의존당뇨병</td></tr>
<tr><td>E12.x</td><td>영양실조-관련 당뇨병</td></tr>
<tr><td>E13.x</td><td>기타 명시된 당뇨병</td></tr>
<tr><td>E14.x</td><td>상세불명의 당뇨병</td></tr>
</table>
3. 임신 중 당뇨병환자: 다음의 요건을 모두 충족하는 사람<br>가. 다음 상병 중 어느 하나에 해당하는 사람
<table>
<tr><th>상병코드</th><th>상병명</th></tr>
<tr><td>E11.x</td><td>인슐린-비의존당뇨병</td></tr>
<tr><td>E12.x</td><td>영양실조-관련 당뇨병</td></tr>
<tr><td>E13.x</td><td>기타 명시된 당뇨병</td></tr>
<tr><td>E14.x</td><td>상세불명의 당뇨병</td></tr>
<tr><td>O24.x</td><td>임신 중 당뇨병</td></tr>
</table>
나. 제6조제1항제3호의 처방전 발급 당시 임신 중인 사람</td></tr>
</table>

<table>
<tr><th>구 분</th><th>대상자</th></tr>
<tr><td>당뇨병<br>관리기기</td><td>다음 각 호의 요건을 모두 충족하는 제1형 당뇨병환자에 해당하는 사람<br>1. 다음 각 목의 어느 하나에 해당하는 사람<br>가. 혈중 씨펩타이드(C-peptide) 수치가 기저치 0.6ng/ml 이하, 경구포도당 섭취자극(또는 글루카곤 주사 또는 식사 후 등) 후 1.8ng/ml 이하 또는 24시간 소변 씨펩타이드(C-peptide) 수치가 30μ g/24hr 미만인 경우<br>나. 최초 진단 시 당뇨병성케톤산증(DKA)의 병력이 있는 경우<br>다. 항글루타민산탈탄산효소항체(anti-GAD antibody) 등 췌도 또는 인슐린 등에 대한 자가항체 양성인 경우<br>2. 적절한 혈당조절을 위하여 인슐린 투여가 반드시 필요할 것<br>3. 다음 상병에 해당하는 사람<br><table><tr><th>상병코드</th><th>상병명</th></tr><tr><td>E10.x</td><td>인슐린-의존당뇨병</td></tr></table>* 단, 위의 조건에 해당된다 할지라도 제2형 당뇨병환자는 제외한다.</td></tr>
<tr><td>자가도뇨<br>소모성재료</td><td>1. 다음 각 목 모두에 해당하는 것으로 진단된 신경인성 방광환자(요류역학검사결과지 첨부) 다만, 비뇨기계통의 선천성 기형으로 요류역학검사가 불가능한 경우에는 환자상태와 함께 자가도뇨 소모성재료가 필요하다는 의사소견서를 제출한 경우에는 요류역학검사를 실시한 것으로 본다.<br>가. 다음의 어느 하나에 해당할 것<br>1) 다음의 상병이 있는 선천성 신경인성 방광환자<br><table><tr><th>연번</th><th>상병명</th><th>상병코드</th></tr><tr><td>1</td><td>이분척추</td><td>Q05</td></tr><tr><td>2</td><td>말린자두배증후군</td><td>Q79.4</td></tr><tr><td>3</td><td>복벽의 기타 선천기형</td><td>Q79.5</td></tr><tr><td>4</td><td>엘러스-단로스증후군</td><td>Q79.6</td></tr><tr><td>5</td><td>근골격계통의 기타 선천기형</td><td>Q79.8</td></tr><tr><td>6</td><td>방광외반</td><td>Q64.1</td></tr><tr><td>7</td><td>선천성 후부요도판막</td><td>Q64.2</td></tr><tr><td>8</td><td>요도 및 방광경부의 기타 폐쇄 및 협착</td><td>Q64.3</td></tr><tr><td>9</td><td>비뇨계통의 기타 명시된 선천기형</td><td>Q64.8</td></tr><tr><td>10</td><td>비뇨계통의 상세불명의 선천기형</td><td>Q64.9</td></tr></table>2) 다음의 후천성 척수손상 상병이 있는 신경인성 방광환자<br><table><tr><th>연번</th><th>상병명</th><th>상병코드</th></tr><tr><td>1</td><td>결핵성 수막염(G01*)</td><td>A17.0</td></tr><tr><td>2</td><td>뇌 및 척수의 결핵종(G07*)</td><td>A17.80</td></tr><tr><td>3</td><td>결핵성 수막뇌염(G05.0*)</td><td>A17.81</td></tr><tr><td>4</td><td>뇌 및 척수의 결핵성 농양(G07*)</td><td>A17.88</td></tr><tr><td>5</td><td>척수매독</td><td>A52.1</td></tr></table></td></tr>
</table>

<table>
<tr><th>구 분</th><th>대상자</th></tr>
<tr><td></td><td>

| 연번 | 상병명 | 상병코드 |
|---|---|---|
| 6 | 열대성 강직성 하반신마비 | G04.1 |
| 7 | 달리 분류되지 않은 세균성 수막뇌염 및 수막척수염 | G04.2 |
| 8 | 기타 뇌염, 척수염 및 뇌척수염 | G04.8 |
| 9 | 상세불명의 뇌염, 척수염 및 뇌척수염 | G04.9 |
| 10 | 달리 분류된 질환에서의 뇌염, 척수염 및 뇌척수염 | G05 |
| 11 | 다발경화증 | G35 |
| 12 | 시신경척수염[데빅병] | G36.0 |
| 13 | 중추신경계통의 탈수초질환에서의 급성 횡단척수염 | G37.3 |
| 14 | 하반신마비 및 사지마비 | G82.× |
| 15 | 말총증후군 | G83.4 |
| 16 | 혈관성 척수병증 | G95.1 |
| 17 | 상세불명의 척수압박 | G95.2 |
| 18 | 척수의 기타 명시된 질환 | G95.8 |
| 19 | 척수의 상세불명 질환 | G95.9 |
| 20 | 달리 분류된 질환에서의 척수병증 | G99.2 |
| 21 | 신경병성 척추병증 | M49.4 |
| 22 | 목부위의 신경 및 척수의 손상 | S14.× |
| 23 | 흉부부위의 신경 및 척수의 손상 | S24.× |
| 24 | 복부, 아래등 및 골반 부위의 신경 및 허리척수의 손상 | S34.× |
| 25 | 척수의 상세불명 부위의 손상 | T09.3 |

3) 가목1) 또는 2)에 해당하지 아니하는 상병으로 인한 신경인성방광 환자로 진단되어 비뇨기과 또는 재활의학과 전문의가 자가도뇨가 필요하다고 인정하는 경우

나. 요류역학검사 결과 다음의 어느 하나 이상에 해당하고 검사결과지를 제출하였을 것
1) 무반사 방광(Areflexic bladder)
2) 배뇨근 저활동성(Detrusor underactivity)
3) 기능이상성 배뇨(Dysfunctional voiding)
4) 배뇨근-외조임근 협동장애(Detrusor external-sphincter dyssynergia)
5) 배뇨근 과활동성 및 수축력 저하(Detrusor hyper-reflexia and impaired contractility)

다. 제1호가목2)·3)에 해당하는 사람[제1호가목2)에 해당하는 사람이 해당 상병에 대한 최초 진단일부터 2년이 지난 후 전문의의 진단을 통해 재확인(최초 급여 적용일 이후 2년이 지난후 전문의의 진단을 통해 재확인한 경우를 포함한다)한 사람은 제외한다]은 최초 급여 적용일로부터 2년이 지나지 아니하였을 것

</td></tr>
</table>

| 구 분 | 대상자 |
|---|---|
| 인공호흡기 대여 서비스 등 | 다음의 각 호의 요건을 모두 충족하는 사람<br>1. 「요양비의 보험급여기준 및 방법」(이하 "요양비기준고시"라 한다.) 별표 4의2의 상병 중 어느 하나에 해당하는 사람으로서 자가 호흡이 불가능하거나 어려워 인공호흡기가 필요하다고 진단받았을 것<br>2. 다음의 각 목의 요건을 모두 충족하는 사람. 다만, 24시간 지속적인 인공호흡기 사용으로 인공호흡기를 이탈하여 가목의 임상 증상확인 및 나목의 검사가 어려운 경우에는 환자상태와 함께 인공호흡기 이용이 필요하다는 내용을 적은 의사소견서가 있는 경우에는 다음 각 목의 요건을 모두 충족한 것으로 보며, 의식저하 등으로 의사표현이 불가능한 경우에는 나목의 요건만 충족하면 된다.<br>가. 다음의 고이산화탄소혈증 임상 증상 중에서 두 가지 이상 해당 될 것<br>1) 숨참<br>2) 피로감<br>3) 두통<br>4) 정신이 밝지 못하고 멍함<br>5) 밤에 자주 깨거나 낮에 졸리고 토막잠을 자주 자거나 악몽을 자주 꾸거나 가위에 눌림<br>6) 불안하여 안절부절 못함<br>7) 빈맥(頻脈)<br>나. 2회 이상 실시한 이산화탄소 분압 검사 결과가 다음의 어느 하나에 해당하고, 그 검사결과지 또는 해당 검사결과를 적은 의사소견서를 제출하였을 것<br>1) 동맥혈가스 검사 결과 이산화탄소 분압($PaCO_2$)이 45mmHg 이상<br>2) 호기말 이산화탄소 분압($EtCO_2$)이 40mmHg 이상 |
| 기침유발기 대여 서비스 | 다음 각 호의 요건을 모두 충족한 사람<br>1. 다음 각 목 요건을 모두 충족하는 사람<br>가. 요양비 기준고시 별표 4의2제1호 및 제2호(뇌간뇌졸중 증후군 및 중추성 수면무호흡은 제외한다)의 상병으로 인공호흡기를 사용하는 사람이 스스로 기도분비물 배출이 어려워 기침 유발기가 필요하다고 진단받았을 것<br>나. 호흡기능검사에서 최고호기(呼氣)유량 측정 결과 최대 기침 유량이 250 L/min 이하일 것. 다만, 최고호기유량 측정을 할 수 없는 다음의 어느 하나에 해당하는 사람은 그 상태를 적은 의사소견서를 제출하면 해당 요건을 충족한 것으로 본다.<br>1) 24시간 지속적인 인공호흡기 사용으로 인공호흡기를 이탈할 수 없는 경우<br>2) 만 6세 이하의 소아<br>3) 의식 저하, 인지기능 저하 또는 기관절개를 한 경우<br>2. 별지 제3호서식의 처방전을 최초로 받을 때 기침유발기에 대한 기본 사용법과 주의사항에 대하여 교육을 받았을 것 |

<table>
<tr><th>구 분</th><th>대상자</th></tr>
<tr><td>양압기<br>치료 서비스</td><td>
1. 다음 각 목의 요건을 모두 충족하는 사람<br>
가. 다음 상병 중 어느 하나에 해당하는 수면무호흡증후군 환자로서 양압기가 필요하다고 진단받았을 것
<table>
<tr><th>상병코드</th><th>상병명</th></tr>
<tr><td>G47.3</td><td>수면무호흡</td></tr>
<tr><td>P28.3</td><td>신생아의 원발성 수면무호흡, 신생아의 중추성 수면무호흡,<br>신생아의 수면무호흡 NOS, 신생아의 폐색성 수면무호흡</td></tr>
<tr><td>P28.4</td><td>신생아의 기타 무호흡, 신생아폐색성(~의) 무호흡,<br>미숙아(~의) 무호흡</td></tr>
</table>
나. 대상자별로 다음 구분에 따른 요건을 충족할 것<br>
1) 일반의 경우: 제Ⅰ형 수면다원검사(LevelⅠ)[별지 제4호서식의 처방전 발행일부터 소급하여 1년 이내에 실시한 것이어야 한다. 이하 2)에서 같다] 결과 무호흡 · 저호흡 지수(AHI, Apnea Hypopnea Index)가 15 이상이거나 다음의 어느 하나에 해당할 것<br>
가) 무호흡·저호흡 지수가 10 이상이면서 다음의 어느 하나에 해당할 것<br>
① 불면증<br>
② 주간졸음<br>
③ 인지기능 감소<br>
④ 기분장애<br>
나) 무호흡·저호흡 지수가 5 이상이면서 다음의 어느 하나에 해당할 것<br>
① 고혈압<br>
② 빈혈성 심장질환<br>
③ 뇌졸중의 기왕력<br>
④ 산소포화도가 85% 미만<br>
2) 12세 이하 소아의 경우: 제Ⅰ형 수면다원검사(LevelⅠ) 결과 무호흡 · 저호흡 지수(AHI)가 5 이상이거나 또는 1이상이면서 다음의 어느 하나에 해당할 것<br>
가) 불면증<br>
나) 주간졸음<br>
다) 부주의-과행동증<br>
라) 아침두통<br>
마) 행동장애<br>
바) 학습장애<br>
사) 산소포화도가 91% 미만<br>
3) 1), 2)에도 불구하고 2세 이하의 영유아인 경우 또는 선천이상 기형이나 신경발달 지연으로 제Ⅰ형 수면다원검사(LevelⅠ)를 실시할 수 없는 경우: 수면 중 이산화탄소 분압 검사 결과가 다음의 어느 하나에 해당할 것
</td></tr>
</table>

| 구 분 | 대상자 |
| --- | --- |
| | 가) 호기말 또는 경피적 이산화탄소 분압(EtCO2 또는 TcCO2)이 수면 시간의 25% 이상에서 50mmHg 이상일 것<br>나) 2회 이상 실시한 호기말 또는 경피적 이산화탄소 분압(EtCO2 또는 TcCO2) 결과가 모두 50mmHg 이상일 것<br>다. 다음의 서류를 제출하였을 것<br>1) 나목 1), 2)에 해당하는 사람: 제Ⅰ형 수면다원검사(Level Ⅰ) 결과지<br>2) 나목 3)에 해당하는 사람: 해당 이산화탄소 분압 검사 결과지(또는 해당 검사결과를 명시한 소견서)와 환자 상태에 대한 의사소견서<br>2. 순응기간(최초 처방일부터 90일까지의 기간) 중 연이은 30일의 사용기간에서 1일 4시간 이상(12세 이하인 경우에는 3시간 이상) 사용한 날이 21일 이상인 경우에 해당하지 않는 사람은 순응기간 중이거나, 순응기간 말일의 다음 날부터 180일이 지났을 것<br>3. 직전 처방기간 동안의 하루 평균 기기사용 시간이 2시간 이상인 경우에 해당하는 자에 한정한다. 다만, 12세 이하의 소아인 경우에는 이를 적용하지 않는다. |

[별표 2]

## 요양비 의료급여 지급기준 (제7조제1항관련)

### 1. 요양비 기준금액

<table>
<tr><th>항 목</th><th>지급기준액</th></tr>
<tr><td>의료급여기관을 이용할 수 없거나 의료급여기관이 없는 경우<br>(규칙 제24조제1항 제1호 관련)</td><td>가. 질병·부상·출산(사산의 경우에는 임신 16주 이상인 경우를 말한다)에 대하여 요양을 받은 경우에는 의료급여비용(의료급여법 시행령 제13조 규정에 의한 본인부담액을 제외한 금액을 말한다)에 상당하는 금액<br>나. 의료급여기관 외의 장소에서 출산한 경우에는 1명당 25만원</td></tr>
<tr><td>복막관류액 및 자동복막투석 소모성 재료<br>(규칙 제24조제1항 제2호 관련)</td><td>가. 복막관류액은 건강보험 약가기준액 범위내 실구입가로 한다.<br>나. 자동복막투석에 사용되는 소모성 재료의 기준가격은 1일 10,420원으로 한다.</td></tr>
<tr><td>산소치료<br>(규칙 제24조제1항 제3호 관련)</td><td>
<table>
<tr><th>구분</th><th>가정용</th><th>휴대용</th></tr>
<tr><td>기준금액</td><td>12만원/월</td><td>20만원/월</td></tr>
</table>
비고: 휴대용 산소발생기로 산소치료서비스를 1개월에 15일을 넘지 않는 기간 동안 받은 경우에 기준금액은 10만원/월로 한다.</td></tr>
<tr><td>당뇨병 소모성 재료<br>(규칙 제24조제1항 제4호 관련)</td><td>가. 당뇨병 소모성 재료의 기준금액은 다음 표에 따른 금액으로 한다. (연속혈당측정용 전극은 제외한다.)
<table>
<tr><th colspan="3" rowspan="2">지원대상자</th><th colspan="2">기준금액</th></tr>
<tr><th>인슐린 투여자</th><th>인슐린 미투여자</th></tr>
<tr><td colspan="3">제1형 당뇨병환자</td><td>2,500원/일</td><td>해당사항 없음</td></tr>
<tr><td rowspan="4">제2형 당뇨병 환자</td><td colspan="2">만 19세 미만</td><td>2,500원/일</td><td>1,300원/일</td></tr>
<tr><td rowspan="3">만 19세 이상 1일 인슐린 투여횟수</td><td>1회 투여</td><td>900원/일</td><td>해당사항 없음</td></tr>
<tr><td>2회 투여</td><td>1,800원/일</td><td>해당사항 없음</td></tr>
<tr><td>3회 이상 투여</td><td>2,500원/일</td><td>해당사항 없음</td></tr>
<tr><td colspan="3">임신 중 당뇨병환자</td><td>2,500원/일</td><td>1,300원/일</td></tr>
</table>
※ 비고: 나이는 처방일을 기준으로 계산한다(이하 이 별표에서 같다).<br><br>
나. 당뇨병 소모성 재료 중 연속혈당측정용 전극의 기준금액: 「요양비기준고시」 별표6 제5호에 따른 제품별 사용가능일수(제품 1개당 최대 사용가능 일수를 말한다.)에 다음 표의 일당 기준금액을 곱하여 산정한 금액
<table>
<tr><th>지원대상자</th><th>일당 기준금액</th></tr>
<tr><td>제1형 당뇨병환자</td><td>10,000원</td></tr>
</table>
</td></tr>
</table>

<table>
<tr><th>항 목</th><th>지급기준액</th></tr>
<tr><td>당뇨병 관리기기<br>(규칙 제24조제1항 제4호 관련)</td><td>
<table>
<tr><th rowspan="2">지원대상자</th><th colspan="2">기준금액</th></tr>
<tr><th>연속혈당측정기</th><th>인슐린자동주입기</th></tr>
<tr><td>제1형 당뇨병환자</td><td>210,000원/3개월</td><td>1,700,000원/개</td></tr>
</table>
</td></tr>
<tr><td>자가도뇨<br>소모성 재료<br>(규칙 제24조제1항 제5호 관련)</td><td>자가도뇨 소모성 재료의 기준금액은 1일 9,000원(1일당 최대 6개 이내의 범위)으로 한다.</td></tr>
<tr><td>인공호흡기<br>대여 서비스 등<br>(규칙 제24조제1항 제6호 관련)</td><td>
가. 인공호흡기 대여 서비스 등 기준금액(인공호흡기와 관련된 것에 한정한다.)은 다음 표에 따른 금액으로 한다.
<table>
<tr><th colspan="4">급여대상 품목 구분</th><th>기준금액(원)</th></tr>
<tr><td colspan="2" rowspan="2">인공호흡기 대여료</td><td colspan="2">혼합형</td><td>535,000원/월</td></tr>
<tr><td colspan="2">압력형·볼륨형</td><td>356,000원/월</td></tr>
<tr><td colspan="2" rowspan="2">기본소모품</td><td colspan="2">세트 1</td><td>60,000원/월</td></tr>
<tr><td colspan="2">세트 2</td><td>80,000원/월</td></tr>
<tr><td rowspan="6">선택 소모품</td><td rowspan="2">기관절개 환자용 커넥터</td><td colspan="2">일반 일체형</td><td>7,000원/개</td></tr>
<tr><td colspan="2">실리콘 연결형</td><td>14,500원/개</td></tr>
<tr><td rowspan="4">마스크</td><td rowspan="2">코마스크 (Nasal, pillow)</td><td>실리콘 또는 필로우</td><td>125,000원/개</td></tr>
<tr><td>겔</td><td>120,000원/개</td></tr>
<tr><td rowspan="2">코·입마스크 (Facial)</td><td>실리콘</td><td>72,000원/개</td></tr>
<tr><td>겔</td><td>148,000원/개</td></tr>
</table>
비고: 기본소모품 중 세트 1은 튜브 1개, 필터 4개 및 가습기물통 1개의 세트를 말하며, 세트 2는 튜브 2개, 필터 4개 및 가습기물통 1개의 세트를 말한다.<br>
나. 기침유발기 대여서비스의 기준금액은 16만원/월으로 한다.
</td></tr>
<tr><td>양압기치료<br>서비스 등<br>(규칙 제24조제1항 제7호 관련)</td><td>
<table>
<tr><th colspan="2">급여대상 품목 구분</th><th>기준금액(원)</th></tr>
<tr><td rowspan="3">양압기 대여료</td><td>지속형(CPAP)</td><td>76,000원/월</td></tr>
<tr><td>자동형(APAP)</td><td>89,000원/월</td></tr>
<tr><td>이중형(BiPAP)</td><td>126,000원/월</td></tr>
<tr><td>소모품</td><td>마스크</td><td>95,000원/개</td></tr>
</table>
</td></tr>
</table>

2. 요양비 구입비용의 기금부담

가. 자동복막투석 소모성 재료, 산소치료 서비스, 당뇨병 소모성 재료, 당뇨병 관리기기, 자가도뇨 소모성 재료, 인공호흡기, 기침유발기 또는 양압기 대여 서비스 등 구입 및 대여에 대한 기금의 부담은 유형별 기준금액 이내의 금액으로 구입한 경우 실구입가의 전부로 한다. 다만, 기준금액을 초과하는 금액으로 구입한 경우에는 기준금액의 전부

나. 가목에서 정한 기금에서 부담하는 금액외의 금액은 수급권자가 전액 부담

3. 제1호 및 제2호에 따라 요양비를 지급할 때는 다음 각 목의 기준에 따라야 한다.

가. 자동복막투석 소모성 재료(카세트, 배액백 및 카테터말단폐색기 각 1개를 하나의 세트로 한다), 당뇨병 소모성 재료 및 자가도뇨 소모성 재료에 대한 요양비는 일당 금액으로, 당뇨병 관리기기와 산소치료·인공호흡기·기침유발기·양압기 대여 서비스에 대한 요양비는 월당 금액으로 지급한다. 다만, 인공호흡기, 기침유발기 또는 양압기 대여 서비스를 월중에 시작하거나 월중에 종료한 경우 그 시작 월 또는 종료 월의 요양비(인공호흡기와 양압기의 경우에는 기계대여료에 한정한다)는 일할 계산하여 지급한다.

나. 산소치료 서비스 및 기침유발기 대여 서비스에 대하여 요양비로 지급하는 금액은 산소발생기 및 기침유발기의 유지, 보수를 위한 재료비, 소모품비 등 제반비용을 포함한 금액으로 한다.

다. 자가도뇨 소모성 재료에 대한 요양비는 1일에 6개를 넘지 않는 범위에서 지급한다.

라. 인공호흡기 대여 서비스 중 선택소모품에 대한 요양비는 기관절개 환자용 커넥터와 마스크 중 하나에 대하여 지급한다. 이 경우 이미 받은 선택소모품과 다른 종류의 소모품에 대하여 요양비를 지급받으려면 그 사유를 증명하는 서류를 제출하여야 한다.

마. 인공호흡기 대여 서비스 중 선택소모품에 대한 요양비는 그 종류별로 다음 표에서 정하는 금액을 넘지 못한다.

| 구분 | | 기준금액 |
|---|---|---|
| 기관절개환자용 커넥터 | 일반 일체형 | 14,000원/월 |
| | 실리콘 연결형 | 29,000원/월 |
| 마스크 | | 400,000원/연 |

바. 기침유발기 대여 서비스 중 소모품(마스크 또는 기관절개용연결관 중 하나와 튜브, 필터 및 커넥터를 하나의 세트로 한다)에 대한 요양비는 1개월에 1개에 대해서만 지급한다.

사. 양압기치료에 대한 요양비는 다음의 어느 하나에 해당하는 경우에 지급한다.

1) 순응기간(최초 처방일부터 90일까지의 기간) 중 양압기 대여

2) 순응기간 후 최초 양압기 대여[순응기간 중 연이은 30일의 사용기간에서 1일 4시간 이상(12세 이하인 경우에는 3시간 이상) 사용한 날이 21일 이상인 경우에 해당하는 자에 한정한다]

3) 양압기 대여(직전 처방기간 동안 하루 평균 사용시간이 2시간 이상인 경우에 해당하는 자에 한정한다. 단, 12세 이하인 경우에는 이를 적용하지 않는다.)

아. 양압기에 대한 의료급여는 지속형(CPAP)과 자동형(APAP)에 대해서 실시하는 것을 원칙으로 한다. 다만, 지속형(CPAP) 또는 자동형(APAP)을 사용하였을 때[13세 이상인 경우에는 지속형(CPAP) 또는 자동형(APAP)을 15cmH2O 이상의 압력으로 사용하였을 때로 한다] 다음의 어느 하나에 해당하는 경우에는 이중형(BiPAP)에 대해서도 실시할 수 있다.

1) 동맥혈 이산화탄소 분압(PaCO2) 또는 경피적 이산화탄소 분압(TcCO2) 또는 호기말 이산화탄소 분압(EtCO2) 수치가 50mmHg를 초과하는 수면 과탄산혈증(nocturnal hypercapnia)을 보이는 경우

2) 무호흡·저호흡 지수(AHI)가 10(12세 이하의 경우에는 5)을 초과하는 경우

자. 양압기치료 서비스 중 소모품(마스크)에 대한 요양비는 1년에 1개에 대해서만 지급한다.

차. 연속혈당용 전극에 대한 의료급여비는 구입한 제품의 총 사용가능 일수의 범위 내에서 산정하여 지급하며, 총 사용가능 일수는 제품별로 구입한 개수와 「요양비기준고시」 별표6 제5호의 최대 사용가능 일수를 곱한 값을 합하여 계산한다. 다만, 구입한 제품의 총 사용가능 일수는 처방전에 기재된 처방기간을 초과하여 산정할 수 없다..

카. 의료급여기관에 입원하였다 하더라도 부득이한 사유로 의료급여진료비와 중복되지 않는 경우에는 요양비를 지급할 수 있다.

**4. 연속혈당용 전극 등록제품 및 제품 1개당 사용가능 일수는 「요양비기준고시」 별표6제5호에 따른다.**

[별지 제1호서식]

# 자가도뇨 소모성재료 처방전

[ ] 재발급

| 보장기관명(기호) | | | |
|---|---|---|---|
| 진료받은 사 람 | 성 명 | 주민(외국인)등록번호 | |
| | 전화번호 | 휴대전화번호 | |
| | 주 소 | | |
| 진료과목 | | 진단확인일 | |
| 상병구분 | [ ] ①선천성 ②후천성 척수손상([ ]2년경과 [ ]2년 미경과) [ ] ①,② 이외 상병<br>※ 후천성 척수손상 진단 후 2년 미경과자 및 ①,② 이외 상병환자는 2년간 급여 적용 후 재확인 대상 | | |
| 상병코드 | [ ] [ ] [ ] [ ] [ ]<br>※ 세분류(소수점 한자리)까지는 반드시 정확히 입력 | 상병명 | |
| 확인사항 | 요류역학검사 시행일<br>(요류역학검사결과지를 반드시 첨부) | ※ 처방전 발행일을 기준으로 3년 이내 시행한 검사만 유효 | |
| | 1) 요류역학검사 결과 다음 중 하나 이상에 해당하는 경우<br>[ ] 무반사방광(Areflexic bladder)<br>[ ] 배뇨근 저활동성(Detrusor underactivity)<br>[ ] 기능이상성 배뇨(Dysfunctional voiding)<br>[ ] 배뇨근-외조임근 협동장애(Detrusor external-sphincter dyssynergia)<br>[ ] 배뇨근 과활동성 및 수축력 저하(Detrusor hyper-reflexia and impaired contractility) | | |
| | 2) [ ] 비뇨기계통의 선천기형으로 요류역학검사 불가능<br>(요류역학검사가 불가능 하다는 환자상태를 자세히 기재한 의사소견서 제출) | | |

| 처방 및 지시사항 | | | |
|---|---|---|---|
| 1일 처방개수 | 총 처방기간 | 총계 | 비고 |
| | | | |

| 처방전 사용기간 | 교부일로부터 처방기간까지 | ※ 사용기간 내에 구입 · 제출하여야 합니다. |
|---|---|---|

년 월 일

의료급여기관기관명(기호) : ( ) (의료급여기관 직인)

담당의사성명(면허번호) : (제 호)

전문과목(전문의 자격번호) : (제 호) (서명 또는 인)

## 유 의 사 항

1. 처방전 발급비용은 진찰료에 포함되어 별도 부담하지 않습니다.
2. 의사의 처방 및 지시에 따라 사용해 주십시오.
3. 처방전은 반드시 비뇨기과, 재활의학과, 정형외과, 신경과 또는 신경외과 전문의가 발행하여야 하며, 최초급여 · 재확인 대상자는 요류역학검사결과지를 반드시 첨부합니다. (비뇨기계통의 선천기형으로 요류역학검사가 불가능한 경우에는 환자상태를 자세히 기재한 의사소견서 제출로 대체)
4. 총 처방일수는 최대 90일을 넘지 못합니다.
5. 교부일 이내에 환자가 처방전을 분실한 경우 "재발급" 에 [✔] 표시한 후 재발행하면 됩니다.
6. 처방전 발행의사는 환자의 배뇨일지 등 환자의 상태를 확인하여 자가도뇨 소모성 재료를 처방할 수 있습니다.
7. 처방전 사용기간은 교부일로부터 총 처방기간 이내입니다.
8. 주민(외국인)등록번호란에 외국인의 경우 외국인 등록번호를 적습니다.
9. 의료급여기관에 입원하여 의료급여와 요양비를 중복하여 받으시는 경우, 지급된 의료급여비는 환수될 수 있습니다.

210mm × 297mm[백상지(80g/㎡) 또는 중질지(80g/㎡)]

[별지 제2호서식]

# 의료급여 인공호흡기 처방전

[ ] 재발급

보장기관명(기호)

| 수진자 | 성 명 | | 주민(외국인)등록번호 | |
|---|---|---|---|---|
| | 전화번호 | | 휴대전화번호 | |
| | 주 소 | | | |

| 진료과목 | | 상병명 | | 상병코드 | | 진단확인일 | |
|---|---|---|---|---|---|---|---|

| | |
|---|---|
| 상병별 검사방법 (해당사항에 √표시) | 1. 인공호흡기 요양비 지급대상 상병(별표4의2) 해당 여부 [ ] 예 [ ] 아니오<br>2. 상병별 진단기준에 따른 검사 실시 (해당 번호에 √ 표시)<br>① 영상검사 [ ] Sono [ ] CT [ ] MRI [ ] 심초음파(심도자) [ ] 기타 ( )<br>② 특수생화학 / 면역학적 검사, 도말 / 배양검사<br>③ 유전학적 검사<br>④ 조직학적 검사<br>⑤ 임상 진단 [ ] 폐기능검사 [ ] 수면검사 [ ] 그 외 ( )<br>⑥ 기타 특수검사 [ ] 근전도검사 [ ] 뇌파검사 [ ] 그 외 ( ) |
| 환자상태 및 진료소견 (해당사항에 √표시) | ※ 아래기준을 모두 만족해야 함.<br>① 고이산화탄소혈증 2가지 이상의 임상증상<br>([ ] 제외: 의식저하 등으로 의사표현이 불가능하여 고이산화탄소혈증 임상증상 파악이 어려움)<br>[ ] 숨이 참 [ ] 피로감 [ ] 두통 [ ] 정신이 맑지 못하고 멍함<br>[ ] 밤에 자주 깨거나 낮에 졸리고 토막잠을 자주 잠, 혹은 악몽을 자주 꾸거나 가위에 눌림<br>[ ] 불안하여 안절부절 못함 [ ]빈맥<br>② 이산화탄소 분압(최소 한 가지 이상)<br>[ ] 동맥혈 가스 검사에서 이산화탄소 분압($PaCO_2$ )이 45mmHg 이상<br>[ ] 호기말 이산화탄소 분압($ETCO_2$ )이 40mmHg 이상<br>※ 이산화탄소 분압은 2회 이상의 검사결과지 또는 검사결과를 명시한 소견서를 반드시 첨부<br>③ [ ] 24시간 지속적인 인공호흡기 사용자로 호흡기를 이탈하여 ①,② 검사 불가능 (의사소견서로 대체) |

| 처방 구분 | [ ] 최초 처방 [ ] 재처방(2차 이상) | 인공호흡기 환기타입 | [ ]혼합형(압력+볼륨)<br>[ ]압력형 [ ]볼륨형 |
|---|---|---|---|
| 처방 기간 | 20 . . .<br>– 20 . . . ( 개월) | 다음 처방일 | 20 . . . |
| 처방전 사용기간 | 교부일로부터 처방기간까지 | ※ 사용기간 내에 대여 · 제출하여야 합니다. | |

년 월 일

의료급여기관기관명(기호) : ( ) (의료급여기관 직인)

담당의사성명(면허번호) : (제 호)

전문과목(전문의 자격번호) : (제 호) (서명 또는 인)

## 유 의 사 항

1. 처방전 발급비용은 진찰료에 포함되어 별도 부담하지 않습니다.
2. 교부일 이내에 환자가 처방전을 분실한 경우 좌측 상단 "재발급" 에 [✔] 표시한 후 재발행할 수 있습니다.
3. 주민(외국인)등록번호란에 주민등록번호(외국인 등록번호)를 적습니다.
4. 진료소견 작성시 ①과 ②를 모두 체크하고, ②이산화탄소 분압은 2회 이상의 검사결과지 또는 검사결과를 명시한 소견서를 반드시 첨부합니다. 단, 24시간 지속적인 인공호흡기 사용자로 호흡기를 이탈하여 ①과 ②번의 검사가 불가능 한 경우 ③에 표시한 후 환자 상태를 상세히 기재한 의사소견서로 대체 가능합니다.
5. 처방기간은 최초 처방 시 6개월의 범위에서, 재 처방부터는 2년의 범위에서 의사가 판단하여 기재합니다. 다만 처방 기간 내에 환기타입을 변경할 경우에는 기존 처방기간을 유지합니다.
6. 처방전은 반드시 신경과, 신경외과, 재활의학과, 내과, 흉부외과, 결핵과 전문의가 발행하여야 합니다. 소아의 경우 소아청소년과 전문의가 발행할 수 있습니다
7. 인공호흡치료 서비스 제공업소 현황, 인공호흡기 종류, 서비스 내용 등은 국민건강보험공단 홈페이지(www.nhis.or.kr)/ 정책센터에서 확인할 수 있습니다.
8. 의료급여기관에 입원하여 의료급여와 요양비를 중복하여 받으시는 경우, 지급된 의료급여비는 환수될 수 있습니다.

210mm × 297mm[백상지(80g/㎡) 또는 중질지(80g/㎡)]

[별지 제3호서식]

# 의료급여 기침유발기 처방전

[ ] 재발급

보장기관명(기호)

| 진료받은 사 람 | 성 명 | 주민(외국인)등록번호 |
|---|---|---|
| | 전화번호 | 휴대전화번호 |
| | 주 소 | |

| 진료과목 | | 진단확인일 | |
|---|---|---|---|
| 상병명 | | 상병코드 | |

| 환자상태 및 진료소견 (해당사항에 √표시 및 기재) | 1. [ ] 인공호흡기 사용자(의료급여 수급자)<br>2. [ ] 기침유발기 요양비 지급대상 상병(별표4의2제1호 및 제2호)에 해당<br>※ 뇌간뇌졸중 증후군(G46.3) 및 중추성 수면무호흡(G47.31) 제외<br>3. 호흡기 질환 병력 [ ] 없음 [ ] 있음( )<br>※ 폐기종, 기흉, 압력외상 등 호흡기 질환 병력이 있거나 있었던 환자는 개인사용에 주의를 요하므로 반드시 의사의 진단을 받은 후에 사용하여야 합니다.<br>4. 호흡기능검사<br>[ ] 최고호기유량측정 결과 최대기침유량이 250 L/min 이하( L/min)<br>[ ] 아래 사유로 최고호기유량측정이 불가능한 경우 의사소견서로 대체<br>(해당사항에 √표시)<br>[ ] 24시간 지속적인 인공호흡기 사용자로 호흡기 이탈 불가<br>[ ] 만 6세 이하의 소아 [ ] 의식 저하 [ ] 인지기능 저하 [ ] 기관절개 |
|---|---|
| | 5. 기본 사용법 및 주의사항 교육(최초 처방 시에는 반드시 실시)<br>[ ] 환자 및 보호자에게 기침유발기의 기본 사용법 및 주의사항 교육을 충분히 하였음 |

| 처방 구분 | [ ] 최초 처방 [ ] 재처방(2차 이상) | | |
|---|---|---|---|
| 처방 기간 | ( 개월) | 다음 처방일 | |
| 처방전 사용기간 | 교부일로부터 처방기간까지 | ※ 사용기간 내에 대여 · 제출하여야 합니다. | |

년 월 일

의료급여기관기관명(기호) : ( ) (의료급여기관 직인)

담당의사성명(면허번호) : (제 호)

전문과목(전문의 자격번호) : (제 호) (서명 또는 인)

## 유 의 사 항

1. 처방전 발급비용은 진찰료에 포함되어 별도 부담하지 않습니다.
2. 교부일 이내에 환자가 처방전을 분실한 경우 좌측 상단 "재발급" 에 [✔] 표시한 후 재발행할 수 있습니다.
3. 진료소견 작성 시 해당기준에 모두 체크하여야 합니다.
4. 24시간 지속적인 인공호흡기 사용자로 인공호흡기를 이탈할 수 없는 경우, 만 6세 이하의 소아, 의식 저하, 인지기능 저하 또는 기관절개로 최고호기유량측정을 할 수 없는 사람의 경우에는 환자상태를 상세히 기재한 의사소견서를 반드시 첨부하여야 합니다.
5. 최초 처방전 발행 전에 반드시 환자 및 보호자에게 기침유발기의 기본 사용법 및 주의사항 교육을 충분히 실시하여야 합니다.
6. 처방전은 반드시 신경과, 신경외과, 재활의학과, 내과, 흉부외과 전문의가 발행하여야 합니다. 소아의 경우 소아청소년과 전문의가 발행할 수 있습니다.
7. 주민등록번호 등 란에는 주민등록번호를 적습니다. 다만, 수진자가 외국인인 경우에는 외국인등록번호를 적습니다.
8. 호흡기 질환 병력이 있는 경우 괄호 안에 질환명을 기재합니다.
9. 호흡기능검사에서 최고호기유량을 측정한 최대기침유량 결과를 기재합니다.
10. 처방기간은 최초 처방시 6개월의 범위에서, 재처방부터는 2년의 범위에서 의사가 판단하여 기재합니다.
11. 기침유발기 서비스 제공업소 현황, 기침유발기 종류, 서비스 내용 등은 국민건강보험공단 홈페이지(www.nhis.or.kr)의 정책센터에서 확인할 수 있습니다.
12. 의료급여기관에 입원하여 의료급여와 요양비를 중복하여 받으시는 경우, 지급된 의료급여비는 환수될 수 있습니다.

210mm × 297mm[백상지(80g/㎡) 또는 중질지(80g/㎡)]

[별지 제4호서식]

# 의료급여 양압기 처방전

[ ] 재발급 (앞 쪽)

<table>
<tr><td colspan="4">보장기관명(기호)</td></tr>
<tr><td rowspan="2">진료받은 사 람</td><td>성 명</td><td colspan="2">주민(외국인)등록번호</td></tr>
<tr><td>전화번호 (자택)</td><td colspan="2">(휴대전화)</td></tr>
<tr><td>진료과목</td><td colspan="3">상병명   상병코드   진단확인일</td></tr>
<tr><td>상병 및 검사방법<br>(해당사항에 √표시 및 기재)</td><td colspan="3">1. [ ] 양압기 요양비 지급대상 상병(고시 별표1)에 해당<br>2. [ ] 제Ⅰ형 수면다원검사(Level Ⅰ)실시 일자: 년 월 일<br>※ 제Ⅰ형 수면다원검사(Level Ⅰ) 결과지를 반드시 첨부<br>(처방전 발행일을 기준으로 1년 이내 시행한 검사만 유효)</td></tr>
<tr><td>환자상태 및 진료소견<br>(해당사항에 √표시)</td><td colspan="3">1. 제Ⅰ형 수면다원검사(Level Ⅰ) 결과<br>① 일반<br>[ ] 무호흡 · 저호흡 지수(AHI)가 15 이상 또는<br>[ ] 무호흡 · 저호흡 지수(AHI)가 10 이상 이면서 아래의 어느 하나에 해당 (해당사항에 √표시)<br>[ ] 불면증 [ ] 주간졸음 [ ] 인지기능 감소<br>[ ] 기분장애<br>[ ] 무호흡 · 저호흡 지수(AHI)가 5 이상 이면서 아래의 어느 하나에 해당 (해당사항에 √표시)<br>[ ] 고혈압 [ ] 빈혈성 심장질환<br>[ ] 뇌졸중 기왕력 [ ] 산소포화도가 85% 미만<br><br>② 소아의 경우(12세 이하)<br>[ ] 무호흡 · 저호흡 지수(AHI)가 5 이상 또는<br>[ ] 무호흡 · 저호흡 지수(AHI)가 1 이상 이면서 아래의 어느 하나에 해당 (해당사항에√표시)<br>[ ] 불면증 [ ] 주간졸음 [ ] 부주의-과행동증<br>[ ] 아침두통 [ ] 행동장애 [ ] 학습장애<br>[ ] 산소포화도가 91% 미만<br><br>2. 제Ⅰ형 수면다원검사(Level Ⅰ)가 불가능한 경우(①, ② 모두 충족) / (해당사항에 √표시)<br>① 환자 유형<br>[ ] 2세 이하의 영유아 또는 [ ] 협조가 불가능한 질환자(선천이상 기형, 신경발달지연)<br>② 수면 중 이산화탄소 분압 검사 결과 아래의 어느 하나에 해당<br>[ ] 호기말 또는 경피적 이산화탄소 분압(EtCO2 또는 TcCO2)이 수면시간의 25% 이상에서 50mmHg 이상<br>[ ] 2회 이상 실시한 호기말 또는 경피적 이산화탄소 분압(EtCO2 또는 TcCO2) 결과가 모두 50mmHg 이상<br>※ 해당 이산화탄소 분압 검사 결과지(또는 해당 검사결과를 명시한 소견서)와 환자 상태에 대한 소견서를 반드시 첨부</td></tr>
<tr><td>압력 처방 및 순응도 평가 등<br>(해당사항에 기재 및 √표시)</td><td colspan="3">1. 압력 처방<br>[ ] 단일압력: ( cmH2O) → 지속형 양압기(CPAP) 처방<br>[ ] 구간압력: ( cmH2O) → 자동형 양압기(APAP) 처방<br>[ ] 호기압력(EPAP)( cmH2O) 및 흡기압력(IPAP)( cmH2O) → 이중형 양압기(BiPAP) 처방<br><br>2. 순응기간(최초 처방일부터 90일) 중 순응도 평가 (순응기간 후 최초 처방 시 기재)<br>① 연이은 30일 사용기간: 년 월 일 ~ 년 월 일<br>② 연이은 30일 사용기간 중 1일 4시간 이상 사용일수(소아의 경우는 3시간 이상): ( 일)<br>※ 사용기간 동안 기기 사용내역 반드시 첨부<br><br>3. 이중형(BiPAP) 처방기준 (이중형 처방 시 기재)<br>① 일반<br>[ ] 지속형(CPAP) 또는 자동형(APAP) 기기로 15cmH2O 이상의 압력을 사용하였을 때 다음의 어느 하나에 해당하는 경우 (해당사항에 √표시)<br>[ ] 수면 과탄산혈증(nocturnal hypercapnia)을 보일 때: PaCO2 또는 TcCO2 또는 EtCO2가 50mmHg 초과<br>[ ] 무호흡·저호흡 지수(AHI)가 10 초과일 때<br><br>② 소아의 경우(12세 이하)<br>[ ] 지속형(CPAP) 또는 자동형(APAP) 기기로 치료에도 불구하고 다음의 어느 하나에 해당하는 경우 (해당사항에 √표시)<br>[ ] 수면 과탄산혈증(nocturnal hypercapnia)을 보일 때: PaCO2 또는 TcCO2 또는 EtCO2가 50mmHg 초과<br>[ ] 무호흡·저호흡 지수(AHI)가 5 초과일 때<br><br>※ BiPAP 처방 시 양압기 압력적정 수면다원검사(Titration) 결과지를 반드시 첨부(BiPAP 최초 처방시)하고, 수면과탄산혈증에 해당하는 경우 이산화탄소 분압 검사 결과지 또는 검사결과를 명시한 소견서를 반드시 추가 첨부</td></tr>
<tr><td>처방 구분</td><td>[ ] 순응기간 중 처방<br>[ ] 순응기간 후 처방</td><td>양압기 종류</td><td>[ ] 지속형(CPAP)…단일압력처방<br>[ ] 자동형(APAP)…구간압력처방<br>[ ] 이중형(BiPAP)</td></tr>
<tr><td>처방기간</td><td>. . . ~ . . .( 개월)</td><td>하루 평균 사용시간<br>(직전 처방기간 총 사용시간 / 총 처방일수)<br>※ 순응기간 후 최초처방의 경우<br>(연이은 30일 간 총 사용시간/30일)</td><td>시간<br>(기기 사용내역 반드시 첨부)</td></tr>
<tr><td>처방전 사용기간</td><td>교부일로부터 처방기간까지</td><td colspan="2">* 사용기간 내에 대여·제출 하여야 합니다.</td></tr>
</table>

210mm × 297mm[백상지(80g/㎡) 또는 중질지(80g/㎡)]

(뒤 쪽)

년 월 일

의료급여기관: (명칭) (의료급여기관 기호 ) (의료급여기관 직인)

담당의사 성명: (면허번호 제 호)

전문과목: (전문의 자격번호 제 호) (서명 또는 인)

## 유의사항

1. 처방전 발급비용은 진찰료에 포함되어 별도 부담하지 않습니다.
2. 교부일 이내에 환자가 처방전을 분실한 경우 좌측 상단 "재발급" 에 [✔] 표시한 후 재발행할 수 있습니다.
3. 순응기간 중 처방은 최초 처방일부터 90일 이내 처방을 말하며, 순응기간 후 처방은 순응도 평가 결과 순응한 자*에 한하여 처방할 수 있습니다.
   * 순응기간(최초 처방일부터 90일까지) 중 연이은 30일 사용기간에서 1일 4시간 이상(12세 이하인 경우에는 3시간 이상) 사용한 날이 21일 이상인 경우에 해당하는 자를 말한다.
4. 순응기간 후 처방 시 직전 처방기간 동안 기기에 기록된 사용내역을 반드시 첨부하여야 하며, 하루 평균 사용시간이 2시간 이상일 경우(만 12세 이하 제외)에 한하여 순응기간 후 처방전 발급이 가능합니다.
   다만, 순응기간 후 최초 처방 시에는 순응기간 중 연이은 30일 사용기간 동안의 사용내역을 첨부합니다.
5. 처방전은 반드시 가정의학과, 내과, 소아청소년과, 신경과, 이비인후과, 정신건강의학과, 재활의학과 전문의 또는 「요양급여의 적용기준 및 방법에 관한 세부사항」 고시에 따라 수면다원검사 실시 자격기준을 충족한 의사가 발행하여야 합니다.
6. 양압기치료 서비스 제공업소 현황, 양압기 종류, 서비스 내용 등은 국민건강보험공단 요양기관 홈페이지(www.nhis.or.kr)의 정책센터에서 확인할 수 있습니다.
7. 의료급여기관에 입원하여 의료급여와 요양비를 중복하여 받으시는 경우, 지급된 의료급여비는 환수될 수 있습니다.

## 작성방법

1. 수진자의 성명(한글) 및 주민등록번호를 기재합니다.
   - 자택 및 휴대전화 중 하나를 반드시 기재합니다.(휴대전화가 있는 경우 우선적으로 기재)
2. 순응기간 중 순응도 평가는 평가 결과가 순응한 자에 해당 될 경우 관련 내역을 기재합니다.
3. 하루 평균 사용시간은 직전 처방기간 동안의 하루 평균 사용시간을 기재합니다. 다만, 순응기간 후 최초 처방 시에는 순응기간 중 연이은 30일 사용기간 동안 평균 사용시간을 기재합니다.
   - 하루 평균 사용시간이 2시간 이상(만 12세 이하의 소아는 제외)인 경우에 한하여 순응기간 후 처방 가능
4. 처방기간은 순응기간 중 처방의 경우에는 90일 이내, 순응기간 후 처방의 경우에는 3개월의 범위에서 의사가 판단하여 기재합니다. 다만, 처방기간 내에 양압기 종류를 변경할 경우에는 기존 처방기간을 유지합니다.

## 처리절차

| 신청서 작성 | ➔ | 접수 및 확인 | ➔ | 청구서 처리 | ➔ | 양압기 급여대상자 |
|---|---|---|---|---|---|---|
| 신청인 | | 시 · 군 · 구 | | 시 · 군 · 구 | | 수진자 |

[별지 제5호서식]

# 당뇨병환자 소모성 재료 처방전(연속혈당측정용 전극용)

※ 그 밖의 유의사항 및 작성방법은 뒷면을 참고하여 주시기 바랍니다. (앞 쪽)

① [ ] 재발급

보장기관명(기호)

| ② 진료받은 사 람 | 성 명 | 주민(외국인)등록번호 |
|---|---|---|
| | 전화번호 | 휴대전화번호 |
| | 주 소 | |

| 진료과목 | | 상병명 | | 상병코드 | | 진단확인일 | |
|---|---|---|---|---|---|---|---|

## 처방전 확인사항

| 당뇨병 구분 | [ ] 제1형 당뇨병 |
|---|---|
| 제1형 당뇨병<br>* (1)(2) 동시 만족 | (1) 다음 중 하나 이상에 해당하는 경우<br>[ ] c-peptide 0.6ng/ml 이하<br>[ ] 경구포도당섭취자극(또는 글루카곤 주사, 식사 후 등) 후 1.8ng/ml 이하<br>[ ] 24시간 소변 시펩타이드(C-peptide) 수치가 30μg/24hr 미만<br>[ ] 최초 진단시 당뇨병성케톤산증(DKA)의 병력<br>[ ] 항글루타민산탈탄산효소항체(anti-GAD antibody) 등 췌도 또는 인슐린 등에 대한 자가 항체 양성인 경우 |
| | (2) [ ] 인슐린 투여 |
| 구 분 | ③ 확인사항 |
| 제1형 당뇨병 | [ ] 연속혈당측정 시작일 ( ) ~ 종료일 ( ),<br>기간 동안 착용일수 ( )일 또는 착용비율 ( )%<br>[ ] 당 평균값 ( ) mg/dl<br>[ ] 변동계수 ( )% 혹은 표준편차 ( ) mg/dl<br>[ ] 당화혈색소 검사내역 : 시행일 ( ), 검사수치 ( )% |

## 처방 및 지시사항

| ④ 제품명 | 하단에 직접 체크 |
|---|---|
| ⑤ 총 처방기간 | 일 |

[연속혈당측정용 전극 등록제품 및 제품별 사용가능 일수]

* 등록제품명 및 사용가능 일수를 고려하여 총 처방기간을 기재하며, 100일 이내로 처방가능 합니다.(다만, 최초 처방일은 30일 이내)

| 연 번 | 모델명 (제품 등록명) | 제품처방 ☑ | 사용가능 일수 (일/1개) |
|---|---|---|---|
| 1 | Dexcom G5ⓡ Mobile/G4ⓡ PLATINUM Sensor | ☐ | 7일/개 |
| 2 | Guardian Sensor 3(MMT-7020C3) | ☐ | 7일/개 |
| 3 | Guardian Sensor 3(MMT-7020D3) | | |
| 4 | Enlite Glucose Sensor (MMT-7008A) | ☐ | 6일/개 |
| 5 | Enlite Glucose Sensor (MMT-7008B) | | |
| 6 | FreeStyle Libre | ☐ | 14일/개 |
| 7 | G6 sensor Applicator -STS-GS-012 | ☐ | 10일/개 |
| 8 | G6 sensor Applicator -STS-GS-009 | | |

| ⑥ 처방개수 | |
|---|---|

| 처방전 사용기간 | 처방기간 | ※ 사용기간 내에 구입 · 제출하여야 합니다. |
|---|---|---|

년 월 일

의료급여기관기관명(기호) : ( ) (의료급여기관 직인)

담당의사 성명(면허번호) : (제 호)

전문과목(전문의 자격번호) : (제 호) (서명 또는 인)

210mm × 297mm[백상지(80g/㎡) 또는 중질지(80g/㎡)]

## 유의사항

1. 처방전 발급비용은 진찰료에 포함되어 별도 부담하지 않습니다.
2. 의사의 처방 및 지시에 따라 사용해 주십시오.
3. 처방전은 반드시 내과 · 소아청소년과 · 가정의학과 전문의가 발행하여야 합니다.
4. 총 처방기간은 해당 전문의의 판단에 따라 최대 **100**일 이내에서 처방이 가능합니다. (단, 최초처방은 **30**일 이내)
   - 등록제품별 '사용가능 일수(일/개)' 를 고려하여 처방기간 기재
5. 처방전 발행의사는 환자의 효과적인 당뇨 자가관리를 위해 혈당검사 기록 등 환자의 상태를 확인하여 당뇨병 소모성 재료를 처방할 수 있습니다.
6. 연속혈당측정용 전극의 기준금액은 아래 표의 일당 기준금액에 구입제품의 총 사용가능 일수를 곱하여 산정합니다. 다만, 구입제품의 총 가능일수는 총 처방기간을 초과할 수 없습니다.
   * 구입 제품의 총 사용가능 일수 : 제품별 구입 개수와 사용가능 일수를 곱한 값의 합

| 지원대상자 | 일당 기준금액 |
|---|---|
| 제**1**형 당뇨병환자 | **10,000**원 |

7. 의료급여기관에 입원하여 의료급여와 요양비를 중복하여 받으시는 경우, 지급된 의료급여비는 환수될 수 있습니다.

## 작성방법

① 교부일 이내에 환자가 처방전을 분실한 경우 "재발급" 에 [✔] 표시한 후 재발행하면 됩니다.
② 진료받은 사람의 성명, 주민(외국인)등록번호, 주소 및 전화번호를 적습니다.
- 자택 및 휴대전화 중 하나를 반드시 기재합니다(휴대전화가 있는 경우 우선적으로 기재)
③ 확인사항 중 해당되는 모든 항목에 [✔] 표시를 한 후 내용을 기재합니다.
- 날짜는 **CCYYMMDD**의 형식으로 표기하십시오. (예시) **20190101**
- 변동계수 혹은 표준편차와 당화혈색소 검사수치는 소수 첫째자리까지 기재합니다.
- 가장 최근의 당화혈색소 검사 일자와 수치를 기재합니다.
④ 처방하고자 하는 연속혈당측정용 전극 제품을 처방전 하단 '제품 처방란' 에 [√]표시 합니다.
- 이외 제품은 당뇨 소모성재료(연속혈당 측정용 전극) 요양비 처방 불가합니다.
⑤ 총 처방기간은 일단위로 기재합니다.
- 제품별 제품 **1**개당 사용일수를 고려하여 총 처방기간을 기재합니다.
- 총 처방기간은 최대 **100**일 이내로 처방가능 합니다. (다만, 최초처방은 **30**일 이내)
⑥ 처방기간 동안 처방하는 연속혈당측정용 전극의 개수를 기재합니다.

[별지 제6호서식]

# 산소치료처방전

[ ] 재발급

보장기관명(기호)

| | | |
|---|---|---|
| 진료받은 사 람 | 성 명 | 주민(외국인)등록번호 |
| | 전화번호 | 휴대전화번호 |
| | 주 소 | |
| 진료과목 | | |
| 상 병 | 상병명 | 상병코드 |

| | | | |
|---|---|---|---|
| 산소처방 지시사항 (1일에) | 안정 시 | L/분 | 시간 |
| | 운동 시 | L/분 | 시간 |
| | 취침 시 | L/분 | 시간 |
| 동맥혈 가스검사 결과 | [ ] 산소분압(Pa02)이 55mmHg 이하<br>[ ] 산소포화도(Sa02)가 88% 이하 | | |
| | [ ] 산소분압(Pa02)이 56~59mmHg<br>[ ] 산소포화도(Sa02)가 89% 이상 | [ ] 적혈구 증가증(헤마토크리트 55% 초과)<br>[ ] 울혈성 심부전을 시사하는 말초부종<br>[ ] 폐동맥고혈압 | |
| 산소포화도 검사결과 | [ ] 산소포화도가 88% 이하 | | |
| | [ ] 산소포화도가 89% 이상 | [ ] 적혈구 증가증(헤마토크리트 55% 초과)<br>[ ] 울혈성 심부전을 시사하는 말초부종<br>[ ] 폐동맥고혈압 | |
| 호흡기장애 정도 | [ ] 심한 정도 [ ] 심하지 않은 정도<br>[ ] 2019. 7. 1. 전 호흡기장애 1급 또는 2급으로 확인된 자(별도의 검사 없이 처방 가능)<br>※ 장애인복지법 상 장애정도 또는 장애등급을 의미함 | | |
| 산소치료 처방기간 | . . . ~ . . . 까지 | | |
| 처방전 사용기간 | ※ 교부일로부터 처방기간까지 | | |

년 월 일

의료급여기관 명칭 (의료급여기관 직인)

의료급여기관 기호

담당의사 (서명 또는 인) 면허번호 제 호

전문과목 전문의 자격번호

## 유의사항

1. 처방전 발급비용은 진찰료에 포함되어 별도 부담하지 않습니다.
2. 의사의 처방 및 지시에 따라 사용해 주십시오.
3. 처방전은 반드시 내과 · 결핵과 · 흉부외과의 전문의가 발행하여야 합니다. 다만, 소아의 경우에는 소아청소년과 전문의가 발행할 수 있습니다.
4. 처방기간은 1년 이내입니다.
5. 교부일 이내에 환자가 처방전을 분실한 경우 "재발급"에 [✔] 표시한 후 재발행하면 됩니다.
6. 가정산소치료서비스 제공업소별로 산소발생기 종류, 서비스 내용, 서비스 가격 등에 차이가 있으므로 국민건강보험공단 홈페이지(www.nhic.or.kr) 정책센터에서 그 내용을 확인하시고 이용하십시오.
7. 2019년 7월 1일전 호흡기 장애 1급 또는 2급으로 확인되는 경우에는 별도의 검사 없이 처방전 발급이 가능합니다.
8. 의료급여기관에 입원하여 의료급여와 요양비를 중복하여 받으시는 경우, 지급된 의료급여비는 환수될 수 있습니다.

210mm × 297mm[백상지(80g/㎡) 또는 중질지(80g/㎡)]

[별지 제7호서식]

# 당뇨병환자 소모성 재료 처방전

※ 그 밖의 유의사항 및 작성방법은 뒷면을 참고하여 주시기 바랍니다. (앞 쪽)

① [ ] 재발급

보장기관명(기호)

| ② 진료받은 사 람 | 성 명 | | 주민(외국인)등록번호 | | | |
|---|---|---|---|---|---|---|
| | 전화번호 | | 휴대전화번호 | | | |
| | 주 소 | | | | | |
| 진료과목 | | 상병명 | | 상병코드 | | 진단확인일 |

## 처방전 확인사항

| 당뇨병 구분 | [ ] 제1형 당뇨병 [ ] 제2형 당뇨병<br>※ 임신 중에 당뇨병으로 진단받은 경우는 별도 환자 등록신청 없이 지원합니다. |
|---|---|
| 제1형 당뇨병<br>* (1)(2) 동시 만족 | (1) 다음 중 하나 이상에 해당하는 경우<br>[ ] c-peptide 0.6ng/ml 이하<br>[ ] 경구포도당섭취자극(또는 글루카곤 주사, 식사 후 등) 후 1.8ng/ml 이하<br>[ ] 24시간 소변 시펩타이드(C-peptide) 수치가 30μg/24hr 미만<br>[ ] 최초 진단시 당뇨병성케톤산증(DKA)의 병력<br>[ ] 항글루타민산탈탄산효소항체(anti-GAD antibody) 등 췌도 또는 인슐린 등에 대한 자가항체 양성인 경우 |
| | (2) [ ] 인슐린 투여 |
| 제2형 당뇨병<br>* (1)(2) 동시 만족 | (1) 다음 중 하나 이상에 해당하는 경우<br>[ ] 8시간 이상의 공복혈당 ≥ 126mg/dL<br>[ ] 당뇨병의 전형적인 증상(다뇨, 다음, 설명되지 않는 체중감소)과 임의혈당 ≥ 200mg/dL<br>[ ] 75g 경구당부하검사 후 2시간 혈장 혈당 ≥ 200mg/dL<br>[ ] 당화혈색소 ≥ 6.5% |
| | (2) [ ] 인슐린 투여<br>[ ] 인슐린 미투여(만 19세 미만만 해당)<br>※ 만 19세 미만(처방전 발행일 기준)은 인슐린 투여 여부와 무관하게 등록 가능 |

| ③ 구분 | ④ 확인사항 |
|---|---|
| [ ] 제1형 당뇨병 | - |
| [ ] 제2형 당뇨병<br>※ 나이는 처방일 기준 | [ ] 만 19세 미만: [ ] 인슐린 투여 [ ] 인슐린 미투여<br>[ ] 만 19세 이상: [ ] 인슐린 투여 ※ 인슐린 미투여시 지원대상에서 제외 |
| [ ] 임신 중 당뇨병<br>※ 제2형 당뇨병 환자가 임신중인 경우 임신 중 당뇨병에 표시 | [ ] 인슐린 투여<br>[ ] 인슐린 미투여<br>※ 참고 : 분만 예정일 ( ) |

## 처방 및 지시사항

| ⑤ 처방품목 | | [ ] 혈당측정검사지 [ ] 채혈침 [ ] 인슐린주사기 [ ] 인슐린주사바늘<br>[ ] 인슐린펌프용 주사기 [ ] 인슐린펌프용 주사바늘 |
|---|---|---|
| ⑥ 총 처방기간 | | |
| ⑦ 1일 평균 횟수 | 혈당검사 | 평균 [ ] 회 검사/일 |
| | 인슐린주사 | 평균 [ ] 회 주사/일<br>※ 인슐린 투여횟수에 따른 기준금액: 1회 투여 900원, 2회 투여 1,800원, 3회 이상 2,500원 |

| 처방전 사용기간 | 처방기간 | ※ 사용기간 내에 구입 · 제출하여야 합니다. |
|---|---|---|

년 월 일

의료급여기관기관명(기호) : ( ) (의료급여기관 직인)

담당의사 성명(면허번호) : (제 호)

전문과목(전문의 자격번호) : (제 호) (서명 또는 인)

210㎜ × 297㎜[백상지(80g/㎡) 또는 중질지(80g/㎡)]

(뒤 쪽)

## 유의사항

1. 처방전 발급비용은 진찰료에 포함되어 별도 부담하지 않습니다.
2. 의사의 처방 및 지시에 따라 사용해 주십시오.
3. 처방전은 반드시 다음과 같은 전문의가 발행해야 합니다.
   - 제1형 당뇨병 : 내과 · 소아청소년과 · 가정의학과 전문의
   - 제2형 당뇨병 : 의사(다만, 90일을 초과하여 처방할 경우 내과·소아청소년과·가정의학과전문의)
   - 임신중 당뇨병 : 내과 · 소아청소년과 · 가정의학과 · 산부인과 전문의
4. 총 처방기간은 90일 이내이나 해당 전문의의 판단에 따라 최대 180일 이내에서 처방이 가능합니다.
5. 처방전 발행의사는 환자의 효과적인 당뇨 자가관리를 위해 혈당검사 기록 등 환자의 상태를 확인하여 당뇨병 소모성 재료를 처방할 수 있습니다.
6. 당뇨병 소모성 재료의 기준금액은 아래와 같습니다. 이 경우 나이는 처방일을 기준으로 합니다.

| 지원대상자 | | | 기준금액 | |
|---|---|---|---|---|
| | | | 인슐린 투여자 | 인슐린 미투여자 |
| 제1형 당뇨병환자 | | | 2,500원/일 | 해당사항 없음 |
| 제2형 당뇨병환자 | 만 19세 미만 | | 2,500원/일 | 1,300원/일 |
| | 만 19세 이상 1일 인슐린 투여횟수 | 1회 투여 | 900원/일 | 해당사항 없음 |
| | | 2회 투여 | 1,800원/일 | 해당사항 없음 |
| | | 3회이상 투여 | 2,500원/일 | 해당사항 없음 |
| 임신 중 당뇨병환자 | | | 2,500원/일 | 1,300원/일 |

**7. 의료급여기관에 입원하여 의료급여와 요양비를 중복하여 받으시는 경우, 지급된 의료급여비는 환수될 수 있습니다.**

## 작성방법

① 재발급: 교부일 이내에 환자가 처방전을 분실한 경우 '재발급' 에 [✔] 표시한 후 재발행합니다

② 진료받은 사람: 진료받은 사람의 성명, 주민(외국인)등록번호, 주소 및 전화번호를 적습니다.
   - 자택 및 휴대전화 중 하나를 반드시 기재합니다(휴대전화가 있는 경우 우선적으로 기재)

③ 구분: 해당 당뇨병의 종류 중 하나에 [✔] 표시를 합니다.
   - 제2형 당뇨병 환자가 임신중인 경우 임신 중 당뇨병에 [✔] 표시를 합니다.

④ 확인사항: 당뇨병의 구분에 따른 확인사항 중 해당되는 모든 항목에 [✔] 표시를 합니다.

⑤ 처방품목: 처방하는 품목에 [✔] 표시를 합니다.

⑥ 총 처방기간은 해당 전문의의 판단에 따라 최대 180일 이내에서 처방이 가능합니다.

⑦ 1일 평균 횟수: 혈당검사 또는 인슐린주사 1일 평균 실시횟수를 기재합니다.

[별지 제8호서식]

# 당뇨병 관리기기 처방전(연속혈당측정기, 인슐린자동주입기)

① [  ] 재발급

| 보장기관명(기호) | | | | | | | |
|---|---|---|---|---|---|---|---|
| ② 진료받은 사 람 | 성 명 | | | 주민(외국인)등록번호 | | | |
| | 전화번호 | | | 휴대전화번호 | | | |
| | 주 소 | | | | | | |
| 진료과목 | | 상병명 | | 상병코드 | | 진단확인일 | |

**처방전 확인사항**

| 당뇨병 구분 | [ ] 제1형 당뇨병 |
|---|---|
| 제1형 당뇨병<br>* (1)(2)<br>동시 만족 | (1) 다음 중 하나 이상에 해당하는 경우<br>[ ] c-peptide 0.6ng/ml 이하<br>[ ] 경구포도당섭취자극(또는 글루카곤 주사, 식사 후 등) 후 1.8ng/ml 이하<br>[ ] 24시간 소변 시펩타이드(C-peptide) 수치가 30μg/24hr 미만<br>[ ] 최초 진단시 당뇨병성케톤산증(DKA)의 병력<br>[ ] 항글루타민산탈탄산효소항체(anti-GAD antibody) 등 췌도 또는 인슐린 등에 대한 자가항체 양성인 경우 |
| | (2) [ ] 인슐린 투여 |

**처방 및 지시사항**

| ③ 처방품목 | [ ]연속혈당측정기 | [ ] 인슐린자동주입기 | |
|---|---|---|---|
| ④ 총 처방기간 | (        ) 개월 | ⑤ 처방개수 | (        ) 개 |
| ⑥ 다음 처방일 | | | |
| 처방전 사용기간 | 30일 | ※ 사용기간 내에 구입 · 제출하여야 합니다. | |

년 월 일

의료급여기관기관명(기호) : (        ) (의료급여기관 직인)

담당의사 성명(면허번호) : (제 호)

전문과목(전문의 자격번호) : (제 호) (서명 또는 인)

**유의사항**

1. 처방전 발급비용은 진찰료에 포함되어 별도 부담하지 않습니다.
2. 의사의 처방 및 지시에 따라 사용해 주십시오.
3. 처방전은 반드시 내과 · 소아청소년과 · 가정의학과 전문의가 발행하여야 합니다.
4. 처방전 발행의사는 환자의 효과적인 당뇨 자가관리를 위해 혈당검사 기록 등 환자의 상태를 확인하여 당뇨병 관리기기를 처방할 수 있습니다.
5. **의료급여기관에 입원하여 의료급여와 요양비를 중복하여 받으시는 경우, 지급된 의료급여비는 환수될 수 있습니다.**

**작성방법**

① 교부일 이내에 환자가 처방전을 분실한 경우 "재발급" 에 [✔] 표시한 후 재발행하면 됩니다.
② 진료받은 사람의 성명, 주민(외국인)등록번호, 주소 및 전화번호를 기재합니다.
- 외국인(재외국민)은 외국인 및 재외국민 등록번호를 기재합니다.
- 자택 및 휴대전화 중 하나를 반드시 기재합니다(휴대전화가 있는 경우 우선적으로 기재)

③ 처방품목 중 해당되는 모든 항목에 [✔] 표시합니다.
④ 총 처방기간은 개월 단위로 기재합니다.
- 연속혈당측정기는 3개월 ~ 12개월 이내에서 의사가 판단하여 기재합니다.
- 인슐린자동주입기는 60개월 이내에서 의사가 판단하여 기재합니다.

⑤ 처방기간동안 처방하는 당뇨병 관리기기의 개수를 기재합니다.
⑥ 날짜는 CCYYMMDD의 형식으로 표기하십시오. (예시) 20200101

210㎜ × 297㎜[백상지(80g/㎡) 또는 중질지(80g/㎡)]

# 임신·출산 진료비 등의 의료급여기준 및 방법

# 임신 · 출산 진료비 등의 의료급여기준 및 방법

일부개정 보건복지부고시 제2009-150호(2009. 8.24. 시행)
일부개정 보건복지가족부고시 제2010- 36호(2010. 3. 1. 시행)
일부개정 보건복지부고시 제2010- 70호(2010. 9. 7. 시행)
일부개정 보건복지부고시 제2011- 35호(2011. 4. 1. 시행)
일부개정 보건복지부고시 제2011- 75호(2011. 7. 4. 시행)
일부개정 보건복지부고시 제2012- 40호(2012. 4. 1. 시행)
타법개정 보건복지부고시 제2012-103호(2012. 8.24. 시행)
일부개정 보건복지부고시 제2013- 64호(2013. 4.22. 시행)
일부개정 보건복지부고시 제2013-119호(2013. 7. 1. 시행)
일부개정 보건복지부고시 제2014-204호(2014.11.19. 시행)
일부개정 보건복지부고시 제2015-266호(2015. 8.24. 시행)
일부개정 보건복지부고시 제2015-247호(2016. 1. 1. 시행)
일부개정 보건복지부고시 제2016-115호(2016. 7. 1. 시행)
일부개정 보건복지부고시 제2016-246호(2017. 1. 1. 시행)
일부개정 보건복지부고시 제2017-162호(2017. 9.15. 시행)
일부개정 보건복지부고시 제2018-153호(2018. 8. 1. 시행)
일부개정 보건복지부고시 제2018-290호(2019. 1. 1. 시행)
일부개정 보건복지부고시 제2019-225호(2019.10.24. 시행)
일부개정 보건복지부고시 제2020-131호(2020. 7. 1. 시행)
일부개정 보건복지부고시 제2020-149호(2020. 7.14. 시행)

## 제1장 총 칙

**제1조(목적)** 이 고시는 「의료급여법」 제13조 및 같은 법 시행규칙 제8조의2, 제25조에서 위임한 사항과 그 시행에 관하여 필요한 사항을 규정함을 목적으로 한다.

## 제2장 임신·출산 진료비의 의료급여기준 및 방법

**제2조(임신·출산 진료비의 신청 등)** ① 임신 중이거나 출산(유산 또는 사산을 포함한다. 이하 같다)한 의료급여 수급권자(이하 "임산부"라 한다)는 「의료급여법 시행규칙」(이하 "규칙"이라 한다) 제8조의2에 따른 임신·출산 진료비를 지급 받으려면 별지 제1호 서식의 "의료급여 임신·출산 진료비 지원(변경) 신청서" 및 산부인과 전문의가 작성한 임신·출산 사실을 증빙할 수 있는 자료를 시장·군수·구청장에게 제출하여야 한다.

② 임산부가 제1항에 따라 임신·출산 진료비를 신청할 때에는 「의료급여법」 제15조에 따라 의료급여가 제한된 경우 임신·출산 진료비를 지원하지 아니한다.

③ 시장·군수·구청장은 제1항에 따른 신청이 있으면 신청인의 자격과 임신·출산 여부에 대한 확인을 거쳐 「국민건강보험법」 제13조에 따른 국민건강보험공단에 구축된 자격관리시스템을 통하여 수급권자별 가상계좌에 임신·출산 진료비를 적립하여야 한다.

④ 규칙 제8조의2제1항에 따라 다음 각 호의 요건을 충족하는 경우에는 임신·출산 진료비 20만원을 추가하여 지급할 수 있다.

1. 제1항에 따른 임신·출산 진료비 지급 신청 당시 추가 지원이 필요한 지역 (「공공보건의료에 관한 법률」에 따라 보건복지부

장관이 정하는 지역을 말한다)에「주민등록법」에 따른 주민 등록[외국인인 경우에는 「출입국관리법」에 따른 외국인 등록(외국국적동포인 경우에는「재외동포의 출입국과 법적 지위에 관한 법률」에 따른 국내거소신고를 포함한다)을 말한다. 이하 제2호에서 같다]이 되어 있을 것

2. 제1호에 따른 지역에서의 주민등록 기간이 제1항에 따른 임신·출산 진료비 지급 신청일까지 계속하여 30일 이상일 것. 다만, 신청한 날까지 30일 이상 되지 아니하는 경우에는 30일이 경과하는 시점에 적용한다.

⑤ 제1항에 따라 임신·출산 진료비를 신청한 임산부는 신청한 내역이 변경된 때에는 지체없이 별지 제1호 서식에 따른 "의료급여 임신·출산 진료비 지원(변경) 신청서" 및 변경사실을 증빙할 수 있는 자료를 작성하여 시장·군수·구청장에게 제출하여야 한다.

⑥ 임신·출산 진료비의 지급을 신청하려는 임산부가 고위험 임신 등의 부득이한 사유로 제1항에 따른 지원 신청 또는 제5항에 따른 변경 신고를 본인이 직접 할 수 없는 경우에는 다음 각 호의 사람이 대신 신청할 수 있다. 이 경우 임산부를 대신하여 신청하는 사람은 본인과 임산부와의 관계를 증명하는 가족관계증명서를 함께 제출하여야 한다.

1. 배우자, 직계혈족 및 형제자매
2. 직계혈족의 배우자, 배우자의 직계혈족 및 배우자의 형제자매.

**제3조(임신·출산 진료비의 사용 등)** ① 규칙 제8조의2에 따른 임신·출산 진료비는 임산부와 그 임산부의 1세 미만인 자녀(이하 "영아"라 한다)에 대한 출산 전후 건강관리에 대한 진료 및 그에 따라 처방된 약제·치료 재료의 구입(이하 "진료 등"이라 한다) 비용을 포함한다.

② 임산부는 입원·외래를 불문하고 다음 각 호의 어느 하나에 해당하는 의료급여기관에서 임신·출산 관련 진료 등(한의원·한방병원의 경우에는 보건복지부장관이 정하는 상병 진료에 한함)을 받은 본인부담금(비급여 포함)에 대하여 사용하여야 한다. 다만 제3항에 따라 영아에게 사용하는 경우 각 호외의 의료급여기관에서도 사용 가능하다.

1. 산부인과 전문의가 개설한 제1차 의료급여기관
2. 산부인과가 개설된 제2차 또는 제3차 의료급여기관
3. 「지역보건법」에 따라 개설된 보건소·보건의료원 및 보건지소
4. 「농어촌 등 보건의료를 위한 특별조치법」에 따라 개설된 보건진료소
5. 「의료법」에 따라 개설된 조산원, 한의원, 한방병원
6. 「약사법」에 따라 개설등록된 약국 및 같은 법 제91조에 따라 설립된 한국희귀·필수의약품센터

③ 임신·출산 진료비를 영아에게 사용하려면 임산부는 별지 제1호 서식에 따른 "의료급여 임신·출산 진료비 지원(변경) 신청서"를 시장·군수·구청장에게 제출하여야 한다.

④ 제3항에 따라 임신·출산 진료비 변경 신청이 있으면 시장·군수·구청장은 신청인과 영아의 자격을 확인하여 국민건강보험공단

자격관리시스템을 통해 임산부 가상계좌 적립되어 사용하지 않은 금액을 임산부뿐만 아니라 영아의 건강관리에 관한 진료비로 사용할 수 있도록 국민건강보험공단에 전송하여야 한다.

⑤ 규칙 제8조의2제1항에 따라 지급받은 임신·출산 진료비는 다음 각 호의 구분에 따른 날까지 사용할 수 있다.

1. 출산 전에 제2조제1항에 따른 신청을 한 경우: 분만예정일로부터 1년
2. 출산 후에 제2조제1항에 따른 신청을 한 경우(임신 중 신청하여 출산 후 분만예정일을 변경하는 경우를 포함한다): 출산일(유산의 경우에는 유산일, 사산의 경우에는 사산일을 말한다)로부터 1년

⑥ 유산, 사산 등으로 임신·출산 진료비 지원 기간 내에 재임신하여 임신·출산 진료비를 신청하는 경우 제5항에 따르며, 기존 임신·출산 진료비 잔액과 사용 기간은 소멸되고 새로이 지급한다.

⑦ 임신·출산 진료비 신청일 이전에 부담한 본인부담금에 대해서는 소급하여 사용할 수 없고, 지원기간 내 미사용한 잔액은 소멸한다.

## 제3장 장애인보조기기 의료급여기준 및 방법 등 세부사항

**제4조(급여 대상 보조기기)** ① 급여 대상 보조기기는 규칙 별표2에서 정한 것으로서 「장애인복지법」에 따라 의지·보조기 기사가 제조·수리하였거나 「의료기기법」 등에 따라 신고 또는 허가받은 보조기기로 한다.

② 제1항의 급여 대상 보조기기 중 전동휠체어, 전동스쿠터, 이동식전동리프트(이하'전동보조기기'라 한다), 수동휠체어, 자세보조용구, 보청기, 욕창예방방석, 욕창예방매트리스, 전·후방보행보조차 및 소모품(전동휠체어 및 전동스쿠터용 전지를 말한다)의 세부기준 및 의료급여기준은 「장애인보조기기 보험급여 기준 등 세부사항」 별표2와 같다.

**제5조(보조기기의 처방 및 검수 확인)** 규칙 별지 제14호서식 및 별지 제14호의2서식부터 별지 제14호의4서식에 따른 보조기기처방전 및 별지 제14호의6서식에 따른 보조기기검수확인서는 보조기기 유형별로 전문과목 전문의가 발급하여야 한다. 이 경우 보조기기 유형별 처방·검수확인 전문의의 전문과목은 「장애인보조기기 보험급여 기준 등 세부사항」 별표1과 같다.

**제5조의2(보청기 적합관리급여)** ① 규칙 별표2 제1호파목에 따른 보청기 적합관리급여는 다음 각 호의 구분에 따른다.

1. 초기 적합관리급여 : 보청기를 구매한 날로부터 1년간 제공되는 성능 유지·관리 서비스에 대한 급여
2. 후기 적합관리급여 : 보청기를 구매한 날로부터 1년이 지난 때부터 해당 보청기의 내구연한까지 제공되는 성능 유지·관리 서비스에 대한 급여

② 후기 적합관리를 받은 사람이 급여비의 지급을 청구하기 위해서는 별지 제2호서식의 보청기 적합관리 급여 청구서에 별지 제3

호서식의 보청기 적합관리 확인서를 첨부하여 시장·군수·구청장에게 제출하여야 한다.

③ 그 밖에 적합관리급여의 금액 및 지급 등에 관한 세부사항은 별표와 같다.

**제6조(재검토기한)** 보건복지부장관은 이 고시에 대하여 「훈령·예규 등의 발령 및 관리에 관한 규정」에 따라 2020년 7월 1일을 기준으로 매3년이 되는 시점(매 3년째의 6월 30일까지를 말한다)마다 그 타당성을 검토하여 개선 등의 조치를 하여야 한다.

**부 칙** 〈제2009-150호, 2009. 8. 24.〉

이 고시는 제2009년 8월 24일부터 시행한다.

**부 칙** 〈제2010-36호, 2010. 2. 26.〉

**제1조(시행일)**이 고시는 2010년 3월 1일부터 시행한다.

**제2조(출산 전 진료비에 관한 적용례)**제2조 및 제3조의 개정규정은 이 고시 시행 이후 최초로 지원을 신청한 자부터 적용한다.

**제3조(장애인보장구 급여기준에 관한 적용례)**이 고시 시행일 이전 「의료기기법」에 따라 허가받은 전동휠체어 및 전동스쿠터는 제8조의 규정에 불구하고 2010년 4월 30일까지 급여 대상 보장구로 본다.

**부 칙** 〈제2010-70호, 2010. 9. 7.〉

**제1조(시행일)**이 고시는 공포한 날부터 시행한다.

**제2조(임신·출산 진료비 지급에 관한 적용례)**제2조4항의 개정규정은 이 고시 시행 후 최초로 지원을 신청한 자부터 적용한다.

**부 칙** 〈제2011-35호, 2011. 3. 29.〉

**제1조(시행일)**이 고시는 2011년 4월 1일부터 시행한다.

**제2조(임신·출산 진료비 지급에 관한 적용례)**제2조제4항은 이 고시 시행 후 최초로 지원을 신청한 자부터 적용하고, 제3조제2항의 1일 사용가능한 금액 및 같은 조 같은 항 단서는 시행일 당시 지원금이 남아 있는 자에게 적용한다.

**부 칙** 〈제2011-75호, 2011. 7. 4.〉

**제1조(시행일)**이 고시는 공포한 날부터 시행한다.

**부 칙** 〈제2012-40호, 2012. 3. 30.〉

**제1조(시행일)**이 고시는 2012년 4월 1일부터 시행한다.

**제2조(임신·출산 진료비 지급에 관한 적용례)**제2조제4항 및 제3조제1항의 개정규정은 이 고시 시행 후 최초로 지원을 신청한 자부터 적용한다.

**부 칙** 〈제2012-103호, 2012. 8. 23.〉

**제1조(시행일)**이 고시는 2012년 8월 24일부터 시행한다.

**부 칙** 〈제2013-64호, 2013. 4. 22.〉

**제1조(시행일)**이 고시는 공포한 날부터 시행한다.

**부 칙** 〈제2014-204호, 2014. 11. 19.〉

**제1조(시행일)**이 고시는 2014년 11월 19일부터 시행한다.

**부 칙** 〈제2015-266호, 2015. 6. 26.〉

이 고시는 2015년 8월 24일부터 시행한다.

**부 칙** 〈제2015-247호, 2015. 12. 31.〉

이 고시는 2016년 1월 1일부터 시행한다.

**부 칙** 〈제2016-115호, 2016. 6. 30.〉

**제1조(시행일)**이 고시는 2016년 7월 1일부터 시행한다.

**제2조(적용례)**이 고시 시행 이후 최초로 임신·출산 진료비의 지원을 신청하는 경우부터 적용한다.

**부 칙** 〈제2016-246호, 2016. 12. 31.〉

이 고시는 2017년 1월 1일부터 시행한다.

**부 칙** 〈제2017-162호, 2017. 9. 15.〉

이 고시는 2017년 9월 15일부터 시행한다.

**부 칙** 〈제2018-153호, 2018. 8. 1.〉

**제1조(시행일)**이 고시는 발령한 날부터 시행한다.

**제2조(수동휠체어에 관한 적용례)**제4조제2항의 개정규정은 2018년 7월 2일 이후 신청을 한 경우부터 적용한다.

**부 칙** 〈제2018-290호, 2018. 12. 31.〉

**제1조(시행일)**이 고시는 2019년 1월 1일부터 시행한다.

**제2조(일반적 적용례)**이 고시는 시행 후 임신·출산 진료비 지원을 신청하는 경우부터 적용한다.

**제3조(서식 변경 따른 경과조치)**이 고시 시행 당시 종전의 서식에 따라 신청 절차가 진행 중인 경우에는 개정 서식에 따른 것으로 본다.

**부 칙** 〈제2019-225호, 2019. 10. 22.〉

이 고시는 2019년 10월 24일부터 시행한다.

**부 칙** 〈제2020-131호, 2020. 6. 29.〉

**제1조(시행일)**이 고시는 2020년 7월 1일부터 시행한다.

**제2조(보청기 적합관리급여에 관한 적용례)**제5조의2 개정규정은 이 고시 시행 이후 보청기를 구입하는 경우부터 적용한다.

**부 칙** 〈제2020-149호, 2020. 7. 14.〉

이 고시는 발령된 날부터 시행한다.

[별표]

## 보청기 적합관리급여의 지급금액 등 세부사항 (제5조의2 관련)

1. 적합관리 유형별 급여금액 및 횟수

| 구분 | 급여금액 | 내구연한 내 급여 횟수 |
|---|---|---|
| 초기 적합관리 | 200,000원 | 1회 |
| 후기 적합관리 | 50,000원 | 최대 4회 |

2. 초기 적합관리 지급 기준 및 방법

가. 초기 적합관리에 대한 의료급여는 보청기를 구매한 날로부터 해당 보청기가 검수확인된 경우에 보청기에 대한 의료급여와 같이 지급한다.

나. 공단은 보청기 제품별 고시 금액 산정 시 초기 적합관리 비용을 포함하여 산정한다.

3. 후기 적합관리 지급 기준 및 방법

가. 후기 적합관리에 대한 의료급여는 보청기에 대한 의료급여를 받은 사람(「국민건강보험법」 제51조에 따라 보청기에 대한 급여를 받은 후 의료급여수급권자가 된 사람을 포함한다)이 해당 보청기를 지속적으로 사용하고, 해당 보청기를 구매한 날부터 1년이 지난 때부터 지급한다.

나. 보청기를 구매한 지 1년이 지난 때부터 1년에 한 번 이상 후기 적합관리를 받은 사람은 제5조의2제2항에 따라 1년마다 한 번씩 시장·군수·구청장에게 후기 적합관리 급여비의 지급을 청구할 수 있다. 다만, 보청기 판매자가 폐업 등의 사유로 적합관리를 제공하지 못하게 되는 경우 의료급여를 받을 사람은 별지 제3호서식의 보청기 적합관리 확인서에 변경된 적합관리 업소 대표자의 서명 또는 날인을 받아 시장·군수·구청장에게 제출하여야 한다.

4. 보청기 판매자는 보청기 판매 시 작성 · 체결하는 표준계약서에 보청기 적합관리 실시에 대한 사항을 명시하여야 한다.

[별지 제1호 서식]

※ 유의사항 및 작성방법은 뒷면을 참고하여 주시기 바라며, 바탕색이 어두운 란은 신청인이 적지 않습니다. (앞쪽)

<table>
<tr><td colspan="3">의료급여 임신 · 출산 진료비 지원(변경)신청서</td><td>처리기간<br>3일</td></tr>
<tr><td colspan="4">□ 신규(제공)신청 □ 변경(추가) 신청</td></tr>
<tr><td colspan="2" rowspan="2">① 임산부</td><td>성명</td><td>주민등록번호</td></tr>
<tr><td>전화번호</td><td>전자우편주소</td></tr>
<tr><td colspan="2">② 영아<br>(진료 대상자에 영아를 추가할 경우 작성)</td><td>성명</td><td>주민등록번호</td></tr>
<tr><td colspan="2">③ 임신 · 출산확인서 발급기관<br>(의료급여기관기호)</td><td colspan="2"></td></tr>
<tr><td colspan="2">④ 임신확인일<br>(임신 중 신청자만 작성)</td><td colspan="2">년 월 일</td></tr>
<tr><td colspan="2">⑤ 분만예정일/유산일/출산일</td><td colspan="2">년 월 일</td></tr>
<tr><td colspan="2">⑥ 다태아구분</td><td colspan="2">□ 단태아 □ 다태아</td></tr>
<tr><td rowspan="3">지자체<br>확 인</td><td>⑦ 주민등록지</td><td colspan="2">□ 임신 · 출산 진료비 추가금 지급 대상 지역<br>□ 그 밖의 지역</td></tr>
<tr><td>⑧ 최초 전입일</td><td colspan="2">년 월 일</td></tr>
<tr><td>⑨ 지원기간</td><td colspan="2">20 . . 부터 20 . . 까지</td></tr>
<tr><td colspan="4">「의료급여법 시행규칙」 제8조의2에 따라 임신 · 출산 진료비를 위와 같이 신청(변경)합니다.<br><br>년 월 일<br><br>⑩ 신청인: (서명 또는 인)<br><br>임산부와의 관계( ) 전화번호( )<br><br>시장 · 군수 · 구청장 귀하</td></tr>
<tr><td colspan="4"></td></tr>
<tr><td>첨부서류</td><td colspan="3">임신 · 출산확인서(분만예정일, 출산일 또는 유산일이 기재된 소견서) 1부</td></tr>
<tr><td colspan="4">유 의 사 항</td></tr>
<tr><td colspan="4">- 진료 대상에 영아만 추가하여 변경 신청 시 담당 공무원이 기제출한 첨부 서류로 확인 가능한 경우 별도 서류를 제출하지 않아도 됩니다.<br>- 다태아가 서로 출산일이 다를 경우, 마지막 출생아를 기준으로 출산일을 적습니다.</td></tr>
</table>

210mm×297mm(일반용지 60g/㎡(재활용품))

(뒤쪽)

## 작 성 방 법

① : 지원대상자(임산부)의 성명을 한글로 기재하고, 주민등록번호, 전화번호(휴대전화가 있는 경우 우선 기재)를 적습니다.

※ 외국인은 외국인등록번호, 외국국적동포는 외국인등록번호 또는 국내거소신고번호를 기재합니다.

② : 진료 대상자를 영아로 변경(추가) 신청할 경우 기재합니다.

③ : 임신확인서를 발급받은 의료급여기관을 적습니다.

④~⑥ : 임신확인일, 분만예정일, 단태아 · 다태아 구분을 적습니다.

⑦~⑨ : 보장기관에서 확인하여 기재하는 항목입니다.

※ 최초 전입일은 임신·출산 진료비 추가금 지급 대상 지역인 경우만 작성합니다.

⑩ 신청인은 다음에 해당하는 사람이어야 합니다.

- 지원대상자(임산부)
- 가족 : 「민법」 제779조에 따른 가족으로 배우자, 직계혈족, 형제자매, 직계혈족의 배우자, 배우자의 직계 혈족 및 배우자의 형제자매

## 처 리 절 차

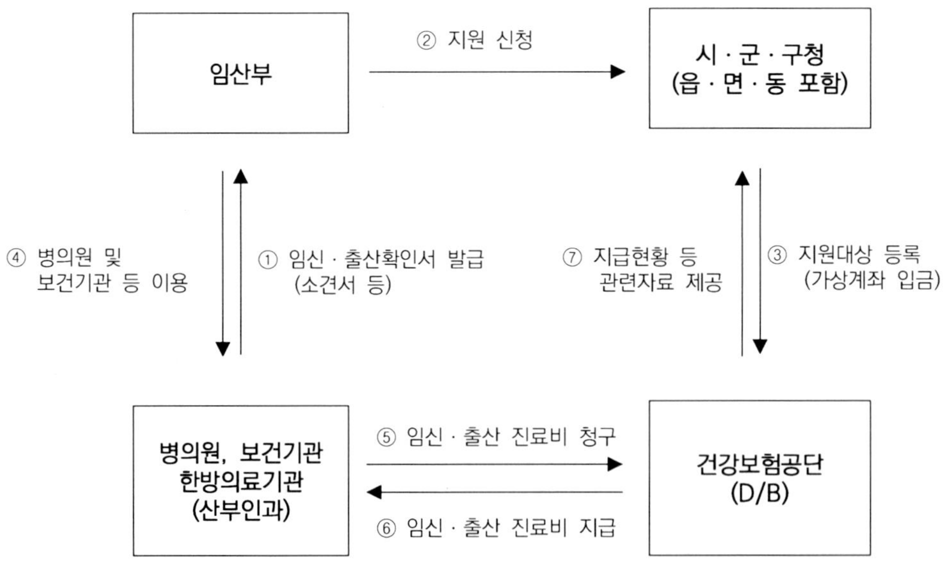

[별지 제2호서식]

# 보청기 적합관리 급여 청구서

※ 유의사항 및 작성방법은 뒤쪽을 참고하시기 바라며, 바탕색이 어두운 란은 청구인이 적지 않습니다. (앞 쪽)

| 접수번호 | 접수일 | 처리기간 7일 |
|---|---|---|

| | | |
|---|---|---|
| ①급여를 받은 사람 | 성명 | 주민등록번호 |
| | 전화번호 | |
| | 장애명 | 장애정도 |

| | | |
|---|---|---|
| ②보청기 | 모델명 | 구입일 |
| | 제품제조번호 | 착용 ☑ 우( ), 좌( ) |

| | | | |
|---|---|---|---|
| ③적합관리 제공업소 | 명칭 | 대표자 | 전화번호 |
| | 사업자등록번호 | 주소(우편번호 ) | |

| 구분 | ④방문기간 | | ⑤적합관리 횟수 | ⑥청구금액 |
|---|---|---|---|---|
| | 시작일 | 종료일 | | |
| 1차 | | | | |
| 2차 | | | | |
| 3차 | | | | |
| 4차 | | | | |

| | | | |
|---|---|---|---|
| ⑦ 수령 계좌 | 수급권자 등 계좌 [ ]<br>보청기판매업소 계좌 [ ] | 금융기관명 | 계좌번호 |
| | | 예금주 성명 | 주민(외국인)등록번호 또는 사업자등록번호 |

「의료급여법 시행규칙」 제25조 및 「임신·출산 진료비 등의 의료급여기준 및 방법」 제4조에 따라 위와 같이 적합관리 급여비의 지급을 청구합니다.

년 월 일

⑧청구인 (서명 또는 인)

주민등록번호

급여를 받은 사람과의 관계 (휴대) 전화번호

**시장·군수·구청장** 귀하

210mm×297mm[백상지(80g/㎡) 또는 중질지(80g/㎡)]

| 첨부서류 | 1. 「임신·출산 진료비 등의 의료급여기준 및 방법」 별지 제3호서식의 보청기 적합관리 확인서 |
|---|---|

## 유의사항

1. 적합관리비용 청구는 보청기 구입한 날부터 1년이 지나고 1년간의 적합관리 서비스 기간 종료 후 청구하여야 합니다.
2. 1년간의 적합관리 서비스 기간 동안 업소 변경 시 변경 전 적합관리 실시 업소에서 청구하여야 합니다.

## 작성방법

① : 보청기에 대한 의료급여를 받은 사람을 적습니다.
② : 급여비를 지급 받은 보청기에 대한 정보를 적습니다.
③ : 적합관리 서비스를 제공받은 업소를 적습니다.
④ : 구입 후 1년이 지난때부터 매 1년 단위로 적습니다. 1차: 1년 경과~2년, 2차: 2년 경과~3년, 3차: 3년 경과~4년, 4차: 4년경과~5년
⑤ : 방문기간(1년 단위) 중 적합관리 서비스를 받은 횟수를 적습니다.
⑥ : 1년 단위로 50,000원을 적습니다.
⑦ : 급여비를 수령할 계좌를 선택하여 "✔" 표시를 하고, 금융기관명, 예금계좌번호, 예금주, 주민등록번호(외국인인 경우에는 외국인등록번호)를 적습니다.

※ 예금주는 다음에 해당하는 사람이어야 합니다
- 수급권자 등 계좌: 급여를 받은 사람, 급여를 받은 사람의 세대주 또는 같은 의료급여증에 등재된 가족(배우자, 부모, 자녀, 형제자매 등)
- 보청기 판매업소 계좌: 급여를 받은 사람이 보청기 판매업소에 지급하도록 요청하는 경우에는 해당 업소

⑧ : 급여를 받은 사람, 급여를 받은 사람의 세대주 또는 같은 의료급여증에 등재된 가족(배우자, 부모, 자녀, 형제자매 등)의 해당사항을 적습니다. 이 경우 청구인은 본인의 이름을 적은 후 서명을 하거나 인장을 찍어야 하되, 청구인(급여받은 사람만 해당합니다)이 제한능력자일 경우 법정대리인이 서명을 하거나 인장을 찍어 청구할 수 있습니다.

[별지 제3호서식]

# 보청기 적합관리 확인서

**※ 작성방법은 뒷면을 참고하시기 바랍니다.** **(앞 쪽)**

| ① 급여를 받은사람 | 성명 | | 주민등록번호 | | | |
|---|---|---|---|---|---|---|
| | 연락처 | | 주소 | (우편번호 ) | | |
| ② 적합관리 제공 업소 | 명칭 | | 대표자 | | 연락처 | |
| | 사업자 등록번호 | | 업소관리번호 | | | |
| ③ 보청기 | 모델명 | | 제품제조번호 | | 착용 | 우( ) |
| | 구입처 | | 구입일 | | | 좌( ) |

④적합관리 내용

| 방문일자 | 적합관리 서비스 내용 | 적합관리 제공자 성명 | 확인(서명) | |
|---|---|---|---|---|
| | | | 제공자 | 급여를 받은사람 |
| | | | | |
| | | | | |
| | | | | |
| | | | | |
| | | | | |
| | | | | |
| | | | | |
| | | | | |
| | | | | |
| | | | | |

⑤적합관리 업소 변경 [ ]

| 명칭 | | 대표자 | |
|---|---|---|---|
| 사업자등록번호 | | 전화번호 | |

「의료급여법 시행규칙」 제25조 및 「임신·출산 진료비 등의 의료급여기준 및 방법」 제5조의2에 따라 위와 같이 보청기 적합관리 업소 변경을 신청합니다.

년 월 일

⑥신청인 (서명 또는 인)

⑦주민(외국인)등록번호

⑧급여를 받은 사람과의 관계 전화번호

⑨(변경 후)적합관리 제공 업소 대표자 (서명 또는 인)

**시장·군수·구청장** 귀하

210mm×297mm[백상지(80g/㎡) 또는 중질지(80g/㎡)]

(뒷 쪽)

## 작성방법

① : 보청기에 대한 의료급여를 받은 사람을 적습니다.
② : 적합관리 서비스를 제공받은 업소를 적습니다.
③ : 급여비를 지급 받은 보청기에 대한 정보를 적습니다.
④ : 일자별 적합관리 서비스 내용을 기록하고, 제공자와 사용자가 각각 서명합니다.
⑤ : 적합관리 업소 변경 시, [ ] 에 "✔" 표시를 합니다
⑥ : 적합관리 업소 변경 신청한 사람을 적습니다.
⑦ : 적합관리업소 변경 신청한 사람의 주민번호를 적습니다.
⑧ : 적합관리업소 변경 신청한 사람의 급여를 받은 사람과의 관계를 적습니다.
⑨ : 변경된 적합관리 제공 업소 대표자를 적고 서명 또는 인장을 찍습니다.

# 진통·진양·수렴·소염제인 외용제제

# 진통·진양·수렴·소염제인·외용제제

제　　정 보건복지부 고시 제2007-160호(2007. 4.28 시행)
일부개정 보건복지부 고시 제2009-150호(2009. 8.24 시행)
타법개정 보건복지부 고시 제2012-103호(2012. 8.24 시행)
일부개정 보건복지부 고시 제2015-267호(2015. 8.24 시행)
타법개정 보건복지부 고시 제2020-140호(2020. 7. 1 시행)

**제1조(목적)** 이 고시는 의료급여법 시행규칙 별표 1의2 제1호바목에 따른 진통·진양·수렴·소염제인 외용제제의 종류를 정함을 목적으로 한다.

**제2조(진통·진양·수렴·소염제인 외용제제의 종류)** ① 의료급여법 시행규칙 별표 1의2 제1호바목에 따른 진통·진양·수렴·소염제인 외용제제는 다음 각호의 조건을 모두 충족하는 약제로 한다.

1. 식품의약품안전청장이 정한 「의약품등분류번호에관한규정」에 따른 의약품분류번호 264에 해당하는 약제 중 제형이 카타플라스마제, 첩부제(경고제, 플라스타제를 포함한다), 패취제인 약제
2. diclofenac diethylammonium, diclofenac epolamine, felbinac, flurbiprofen, indomethacin, ketoprofen, piroxicam을 함유하는 약제

② 제1항에 불구하고 제1항제2호에 따른 성분이 함유된 약제가 아닌 것 중 제1항제2호의 성분을 함유한 약제와 동일 또는 유사한 효능·효과를 가지고 있는 약제로서 「국민건강보험 요양급여의 기준에 관한 규칙」 제8조제2항에 따른 급여목록표에 등재된 약제는 제1항제2호의 약제로 본다.

**제3조(재검토기한)** 보건복지부장관은 이 고시에 대하여 「훈령·예규 등의 발령 및 관리에 관한 규정」에 따라 2020년 7월 1일을 기준으로 매3년이 되는 시점(매 3년째의 6월 30일까지를 말한다)마다 그 타당성을 검토하여 개선 등의 조치를 하여야 한다.

**부　칙** 〈제2007-160호, 2007. 4. 26.〉

이 고시는 2007년 4월 28일부터 시행한다.

**부　칙** 〈제2009-150호, 2009. 8. 24.〉

이 고시는 2009년 8월 24일부터 시행한다.

**부　칙** 〈제2012-103호, 2012. 8. 23.〉

제1조(시행일)이 고시는 2012년 8월 24일부터 시행한다.

**부　칙** 〈제2015-267호, 2015. 6. 26.〉

이 고시는 2015년 8월 24일부터 시행한다.

**부　칙** 〈제2020-140호, 2020. 7. 1.〉

이 고시는 발령한 날부터 시행한다.

# 의료급여 포상금 및 장려금의 지급 등에 관한 기준

# 의료급여 포상금 및 장려금의 지급 등에 관한 기준

보건복지부 고시 제2014- 49호(2014. 4. 1 시행)
보건복지부 고시 제2017- 60호(2017. 4. 1 시행)
보건복지부 고시 제2018-289호(2019. 1. 1 시행)

## 제1장 총 칙

**제1조(목적)** 이 고시는 「의료급여법 시행령」제18조의2 제3항 및 제6항, 제18조의3 제1항 및 제3항에 따라 의료급여 포상금 및 장려금의 지급 기준과 방법·절차 등에 관하여 필요한 사항을 규정함을 목적으로 한다.

## 제2장 의료급여 포상금

**제2조(신고절차 및 신고기관)** 「의료급여법 시행령」(이하 "영"이라 한다) 제18조의2제1항에 따라 속임수나 그 밖의 부당한 방법으로 급여비용을 받은 의료급여기관을 신고하려는 사람(이하 "신고인"이라 한다)의 신고절차 및 신고기관은 다음 각 호와 같다.

1. 의료급여기관 관련자(의료급여기관 종사자, 약제·치료재료의 제조·판매업체 종 사자) : 별지 제1호서식의 의료급여 부당청구 신고서에 거짓·부당 청구임을 입증할 수 있는 서류를 첨부하여 그 의료급여기관의 소재지 관할 시장·군수·구청장에게 제출하여야 한다.
2. 의료급여기관 이용자(진료를 받은 사람 또는 그 배우자 및 직계존비속): 별지 제1호서식의 의료급여 부당청구 신고서에 급여일수통보서 등 거짓·부당 청구임을 입증할 수 있는 서류를 첨부하여 수급권자의 거주지를 관할하는 시장·군수·구청장에게 제출하여야 한다.
3. 그 밖의 신고인(제1호 및 제2호에 해당하지 않는 사람) : 별지 제1호서식의 의료급여 부당청구 신고서에 거짓·부당 청구임을 입증할 수 있는 서류를 첨부하여 그 의료급여기관의 소재지 관할 시장·군수·구청장에게 제출하여야 한다.

**제3조(조사 및 결정통보)** ① 제2조에 따른 신고를 받은 시장·군수·구청장은 거짓·부당청구 여부를 조사하여 신고서 접수 후 1개월 이내에 신고인이 포상금 지급대상에 해당하는지 여부를 신고인에게 통보하여야 한다. 다만, 제4조에 따른 확인 및 검사를 의뢰하는 경우에는 확인·검사기간을 감안하여 통보 기한을 연장할 수 있다.
② 시장·군수·구청장은 제1항에 따른 조사 결과 의료급여기관이 거짓 또는 그 밖의 부당한 방법으로 급여비용을 받은 것으로 확인된 때에는 그 급여 또는 급여비용에 상당하는 금액을 징수한다.

**제4조(확인 및 검사 의뢰)** ① 시장·군수·구청장은 거짓·부당청구 여부 판단에 필요한 경우에는 「국민건강보험법」제62조에 따른 건강

보험심사평가원에 확인을 의뢰할 수 있다.

② 제1항에 따른 확인 결과 현지조사의 필요성이 있다고 판단되는 경우 시장·군수·구청장은 보건복지부장관에게 「의료급여법」 제32조에 따른 의료급여기관 보고 및 검사를 의뢰할 수 있다.

**제5조(지급신청)** 제3조에 따라 포상금 지급대상자로 통보받은 신고인은 별지 제2호서식의 의료급여 신고포상금 지급신청서를 포상금 지급대상자로 통보받은 날로부터 6개월 이내에 시장·군수·구청장에게 제출하여야 한다.

**제6조(포상금의 지급)** 시장·군수·구청장은 신고포상금 지급신청서를 제출받은 날로부터 1개월 이내에 지급신청서에 기재된 신고인의 계좌에 영 별표 4의 포상금 지급 기준에 따른 포상금을 지급하여야 한다.

**제7조(포상금의 지급 제외)** 다음 각 호의 어느 하나에 해당하는 경우에는 포상금을 지급하지 아니한다.

1. 신고 받은 거짓·부당청구 내용이 언론매체 등에 의하여 신고 전에 공개된 내용이거나 관계 행정기관에서 사전 인지하여 이미 조사 또는 수사 중인 경우
2. 신고내용이 불충분하여 거짓·부당청구 행위의 확인이 곤란한 경우
3. 신고인이 익명이나 가명 또는 타인의 명의로 신고한 경우
4. 거짓사실을 신고하거나 포상금을 받을 목적으로 미리 공모하는 등 속임수나 기타 부정한 방법으로 신고한 경우
5. 수급권자 본인부담금 부분에만 거짓·부당청구가 있는 경우

**제8조(비밀유지)** 이 고시에 따른 포상금 지급과 관련된 업무를 담당하는 공무원은 신고인의 신원 등 신고와 관련된 사항을 타인에게 제공하거나 누설해서는 아니 된다.

## 제3장 의료급여 장려금

**제9조(장려금의 지급 기준 등)** ① 시장·군수·구청장은 「국민건강보험법 시행령」제75조의2에 따라 고시한 「장려금의 지급에 관한 기준」(이하 "장려금고시"라 한다.) 제6조 각 호의 어느 하나에 해당하여 의료급여 재정 지출을 절감하는 데 이바지한 의료급여기관에 장려금을 지급한다.

② 의료급여 장려금의 지급 방법, 절차 및 그 밖의 필요한 사항은 장려금고시를 준용한다.

## 제4장 보칙

**제10조(재검토기한)** 보건복지부장관은「훈령·예규 등의 발령 및 관리에

관한 규정」(대통령훈령 제334호)에 따라 이 고시에 대하여 2017년 4월 1일을 기준으로 매 3년이 되는 시점(매 3년이 되는 해의 3월 31일까지를 말한다)마다 그 타당성을 검토하여 개선 등의 조치를 하여야 한다.

**부칙** 〈제2014-49호, 2014. 4. 1.〉

**제1조(시행일)** 이 고시는 발령한 날부터 시행한다.

**제2조(포상금 지급에 관한 적용례)** 이 고시에 의한 포상금의 지급은 2013년 12월 13일 이후 최초로 신고된 거짓·부당청구행위부터 적용한다.

**제3조(장려금 지급에 관한 적용례)** 이 고시에 의한 장려금의 지급은 2013년 12월 13일 이후 최초로 시행된 처방 또는 조제부터 적용한다.

**부칙** 〈제2017-60호, 2017. 4. 1.〉

이 고시는 2017년 4월 1일부터 시행한다.

**부칙** 〈제2018-289호, 2018. 12. 28.〉

**제1조(시행일)** 이 고시는 2019년 1월 1일부터 시행한다.

**제2조(포상금 지급 기준에 관한 적용례)** 이 고시의 개정규정은 속임수나 그 밖의 부당한 방법으로 급여비용을 받은 의료급여기관을 이 고시 시행 이후 신고하는 경우부터 적용한다.

**[별지 제1호 서식]** 〈개정 2019. 1. 1〉

# 의료급여 부당청구 신고서

**※ 바탕색이 어두운 난은 신청인이 적지 않으며, [ ]에는 해당되는 곳에 √표시를 합니다.** (앞쪽)

| 접수번호 | 접수일 | 처리기간 | 1개월 |
|---|---|---|---|

| 구분 | 내용 | |
|---|---|---|
| 신고인 | 성명 | 주민등록번호 |
| | 연락처(휴대전화번호) | |
| | 주소 | |
| 신고인 구분 | 1. [ ] 의료급여기관 관련자(의료급여기관 종사자, 약제·치료재료의 제조·판매업체 종사자)<br>2. [ ] 의료급여기관 이용자(수급권자 또는 그 배우자 및 직계존비속)<br>3. [ ] 그 밖의 신고인(제1번 및 제2번에 해당하지 않는 사람) | |
| 의료급여기관명 | 기관명 | 의료급여기관기호 |
| | 소재지 | 전화번호 |
| 타 기관 신고여부 | 1. 해당 [ ] 2. 미해당 [ ] | |
| 신고 경위 및 내용 | * 신고경위(사유, 목적 등)와 신고내용(구체적인 부당청구 행위 등)을 가능한 한 자세하게 기재합니다.<br>신고내용이 긴 경우에는 신고내용을 요약하여 기재하고 자세한 내용은 별지로 작성합니다. | |

위와 같이 의료급여기관의 부당청구행위를 신고하며, 제출한 증거자료가 신고내용을 확인하기 위한 목적에 활용되는 것에 동의합니다.

년 월 일

신고인 성명 (서명 또는 인)

**시장 · 군수 · 구청장** 귀하

| 첨부서류 | 1. 급여일수통보서 사본(해당되는 경우에 한함)<br>2. 진료비영수증 사본(해당되는 경우에 한함)<br>3. 기타 부당청구 입증서류 | 수수료<br>없음 |
|---|---|---|

(뒤쪽)

## 처 리 절 차

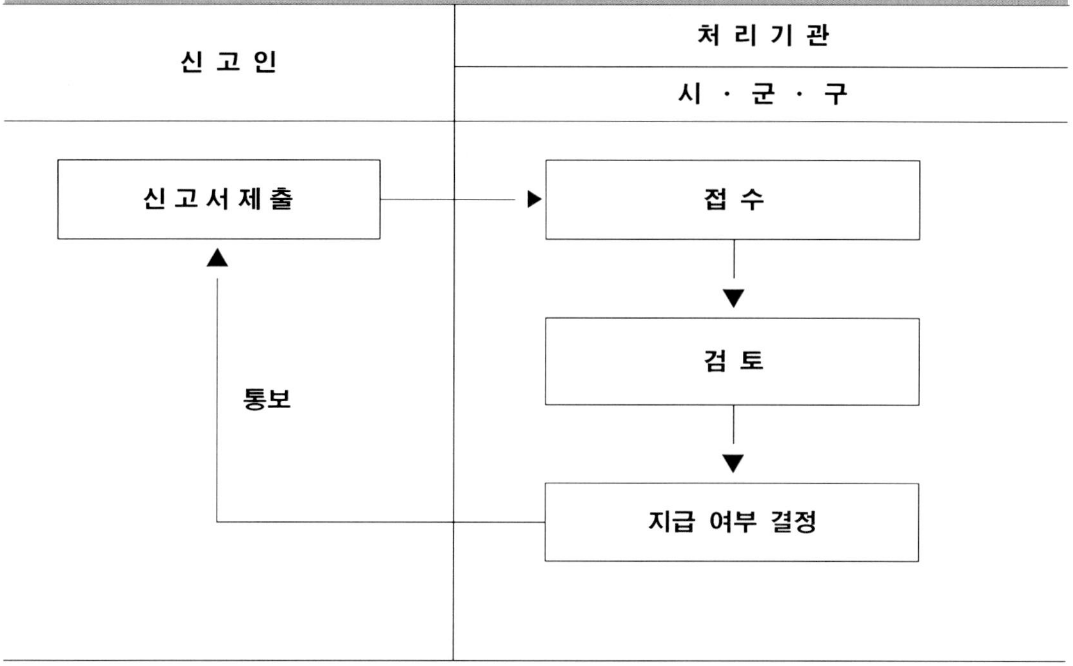


## 부당청구 의료급여기관 신고 시 유의 · 안내 사항

- 포상금 산정대상 금액은 현지조사 등에 의해 확인된 신고관련 징수금 중 보장기관에서 의료급여기관에 지급한 금액만 해당하고 수급자(본인)가 지급한 금액은 제외됩니다.

- 징수금이 변경되는 경우에는 수령한 포상금의 일부 또는 전부를 환불하셔야 합니다.
  ☞ 의료급여기관의 이의제기(행정소송 등)가 받아들여져 원래의 조사결과 변경 또는 무효처리 될 수 있기 때문입니다.

- 신고 후 포상금을 지급받기까지는 상당한 기간(1년 이상)이 소요될 수 있습니다.
  ☞ 사실관계 확인, 현지조사 등을 거쳐 부당이득 징수금 부과처분이 확정되고, 확정금액에 대한 징수가 이루어져야 포상금이 지급되기 때문입니다.

- 신고내용의 구체성·정확성 및 현지조사 등의 확인결과에 따라 '자체종결', '포상금 지급', '포상금 미발생'으로 구분하여 처리 됩니다.
  ☞ 신고내용 부정확 및 구체적 증거자료 미흡 등은 자체종결 사유가 되고, 현지조사 등이 이뤄졌어도 포상금이 발생 또는 미발생 할 수 있습니다.

- 무고 또는 허위신고인 경우에는 신고인에게 책임을 물을 수 있습니다.

# 코로나바이러스감염증-19 의료급여 절차 예외 인정기준

# 코로나바이러스감염증-19 의료급여 절차 예외 인정기준

제　　정 보건복지부 고시 제2020- 46호 (2020. 2.26 시행)
일부개정 보건복지부 고시 제2020-156호 (2020. 7.23 시행)
타법개정 보건복지부 고시 제2021-　2호 (2021. 1. 5 시행)

**제1조(목적)** 이 규정은 의료급여법 시행규칙 제3조제1항제7호에 따라 코로나바이러스감염증-19 확산에 신속하게 대처하고, 코로나바이러스감염증-19 감염 또는 의심환자에 대한 조기치료를 위해 의료급여 절차 예외 인정기준을 규정함을 목적으로 한다.

**제2조(의료급여 절차 예외 인정기준)** 의료급여 수급권자가 다음 각 호의 어느 하나에 해당하는 경우에는 의료급여법 시행규칙 제3조제1항 및 제8조의3에도 불구하고 제1·2차의료급여기관 및 선택의료급여기관을 거치지 아니하고 의료급여를 받을 수 있다.

1. 「요양급여의 적용기준 및 방법에 관한 세부사항」"코로나바이러스감염증-19[실시간역전사중합효소연쇄반응법] 검사의 급여기준"의 요양급여 범위에 해당하는 경우(환자가 전액본인부담하는 경우는 제외한다)
2. 그 밖에 보건복지부장관이 정하는 경우

**제3조(재검토기한)** 보건복지부장관은 이 고시에 대하여 「훈령·예규 등의 발령 및 관리에 관한 규정」에 따라 2021년 1월 1일을 기준으로 매3년이 되는 시점(매 3년째의 12월 31일까지를 말한다)마다 그 타당성을 검토하여 개선 등의 조치를 하여야 한다.

### 부　칙 〈제2020-46호, 2020. 2. 26.〉

**제1조(시행일)** 이 고시는 고시한 날부터 시행한다.

**제2조(적용례)** 제2조 규정은 이 고시 시행일 이전에 발생한 사유로 선별진료소를 방문한 경우에도 적용한다.

**제3조(유효기간)** 이 고시는 보건복지부장관이 정하는 날까지 그 효력을 가진다.

### 부　칙 〈제2020-156호, 2020. 7. 23.〉

**제1조(시행일)** 이 고시는 고시한 날부터 시행한다.

**제2조(의료급여 절차 예외 인정에 관한 적용례)** 제2조제1호는 이 고시 시행 전에 진단검사를 받은 의료급여수급권자 중「요양급여의 적용기준 및 방법에 관한 세부사항」"코로나바이러스감염증-19[실시간역전사중합효소연쇄반응법] 검사의 급여기준"에 부합하는 경우(환자가 전액본인부담하는 경우는 제외한다)에 대해서도 적용한다.

**제3조(유효기간)** 이 고시는 보건복지부장관이 정하는 날까지 그 효력을 가진다.

### 부　칙 〈제2021-2호, 2021. 1. 5.〉

(일몰기한 정비를 위한 27개 보건복지부고시의 일괄개정고시)

이 고시는 발령한 날부터 시행한다.

# 훈 령

# 의료급여사례관리사업지원단 설치·운영에 관한 규정

# 의료급여사례관리사업지원단 설치 · 운영에 관한 규정

제정 보건복지부 훈령 제189호(시행 2007. 5. 7.)
일부개정 보건복지부 훈령 제 31호(시행 2012. 1. 1.)
일부개정 보건복지부 훈령 제144호(시행 2020. 1. 1.)

**제1조(목적)** 이 규정은 의료급여법 제5조의2에 따른 의료급여 적정 이용 등의 사례관리업무에 대한 기술지원, 사업평가, 교육훈련 등을 효율적으로 추진하기 위하여 의료급여사례관리사업지원단을 설치·운영하는데 필요한 사항을 규정함을 목적으로 한다.

**제2조(지원단의 업무)** ① 의료급여사례관리사업지원단(이하 "지원단"이라 한다)은 다음 각 호에서 정하는 업무에 대하여 보건복지부를 지원한다.

1. 의료급여사례관리사업 및 재가의료급여사업과 관련된 각종 계획의 수립 및 집행상황의 관리
2. 의료급여사례관리사업 및 재가의료급여사업 실태조사
3. 의료급여사례관리사업 및 재가의료급여사업 운영지원, 교육 및 평가
4. 의료급여사례관리사업 및 재가의료급여사업 지침 및 제도개선 지원
5. 의료급여사례관리사업 및 재가의료급여사업의 모형개발
6. 의료급여사례관리사업 및 재가의료급여사업 교육훈련 및 교재개발
7. 의료급여사례관리사업 및 재가의료급여사업 평가지표 개발
8. 의료급여사례관리사업 및 재가의료급여사업의 사업 평가
9. 「의료급여사례관리사업지원단 운영규정」상의 지원단 역할 및 기능
10. 기타 의료급여사례관리사업 및 재가의료급여사업의 개발 및 사업수행을 위하여 보건복지부장관이 필요하다고 인정하는 사항

②제1항 각 호의 업무 이외의 의료급여사례관리사업지원단장(이하 "단장"이라 한다)이 특히 필요하다고 인정되는 경우에는 보건복지부장관의 승인을 받아 업무를 추가할 수 있다.

**제3조(지원단 설치)** 지원단은 건강보험심사평가원(이하 "심사평가원"이라 한다)에 설치한다.

**제4조(지원단의 조직)** ① 지원단의 조직은 단장을 포함하여 20명 이하로 구성한다.

②제1항의 규정에 의한 조직의 정원은 보건복지부장관의 승인을 받아 심사평가원의 원장(이하 "원장"이라 한다)이 정한다.

**제5조(단장 등의 임명)** ① 단장은 보건복지부 장관의 승인을 받아 원장이 임명한다.

② 단장의 임기는 2년으로 하되, 연임할 수 있다.

③단장은 지원단의 직원을 감독하고, 지원단의 업무를 총괄하며 주요사업에 대하여 원장에게 보고하여야 한다.

④ 지원단의 직원은 단장의 추천을 받아 원장이 임명한다.

⑤전임직원의 임용 및 보수 등 직원관리에 관하여 필요한 사항 중 이 규정에서 정하지 아니한 사항에 대하여는 심사평가원의 관계 규정을 적용한다.

**제6조(자문위원회 구성)** ① 지원단은 사례관리사업의 자문을 위해 관계 공무원, 관련전문가로 구성하는 자문위원회를 둔다.

②제1항에 따른 자문위원회의 위원은 위원장을 포함하여 10인 이하의 위원으로 구성한다.

③위원장 및 위원은 관련전문가와 관계공무원으로 구성하며 단장의 추천을 받아 원장이 위촉한다.

④위원회의 회의에 출석한 위원에게는 예산의 범위에서 수당을 지급할 수 있다.

⑤기타 위원회의 구성 및 운영에 관하여 필요한 사항은 위원회의 의결을 거쳐 위원장이 별도로 정할 수 있다.

**제7조(회계의 분리)** 원장은 지원단의 사업 및 운영에 대해서는 별도의 계정을 설정하고 다른 회계와 명백히 구분하여 계리하여야 한다.

**제8조(사업계획승인 및 사업실적보고)** ① 원장은 매 회계연도 개시 전까지 당해 연도 사업계획을 수립하여 보건복지부장관의 승인을 받아야 한다.

②원장은 매 회계연도 종료 후 2개월 이내에 당해 연도 사업추진 실적을 보건복지부장관에게 보고하여야 한다.

③보건복지부장관은 필요하다고 인정하는 경우 제1항 및 제2항의 규정에 의한 승인 및 보고 외에 중요사항에 대한 보고를 요구하거나 승인을 받게 할 수 있다.

**제9조(인력의 파견 및 지원)** ① 보건복지부장관은 필요한 경우 보건복지부, 자치단체, 관련 연구기관의 직원을 지원단에 파견하여 근무하게 할 수 있다.

②원장은 필요한 경우 심사평가원 소속 직원을 지원단에 파견하여 근무하게 할 수 있다.

③제1항의 규정에 의하여 자치단체 소속 직원과 연구기관의 직원을 지원단에 파견하여 근무하게 할 경우에는 자치단체의 장 및 연구기관의 장의 동의를 얻어야 한다.

④원장은 지원단에 파견·근무하는 자에 대하여 예산의 범위에서 심사평가원의 규정에서 정하고 있는 보수 이외의 수당을 지급할 수 있다.

**제10조(비용)** 보건복지부장관은 예산의 범위 안에서 지원단의 사업에 필요한 비용을 보조할 수 있다.

**제11조(교육비 징수)** ① 원장은 의료급여와 관련된 교육훈련의 향상 등을 위하여 교육생으로부터 교육에 필요한 경비의 일부 또는 전부를 받을 수 있다.

② 교육비 징수와 관련된 세부사항은 원장이 따로 정한다.

**제12조(다른 규정의 준용)** 지원단의 설치·운영에 관하여 이 규정에서 정하지 아니한 사항에 대하여는 심사평가원의 정관 및 내규를 준용한다.

**제13조(보칙)** 이 규정을 운영함에 있어 필요한 세부사항은 원장이 따로 정할 수 있다.

**부칙** 〈제31호, 2011. 12. 30.〉

① (시행일) 이 규정은 2012년 1월 1일부터 시행한다.

**부칙** 〈제144호, 2019. 12. 27.〉

이 규정은 2020년 1월 1일부터 시행한다.